U0092078

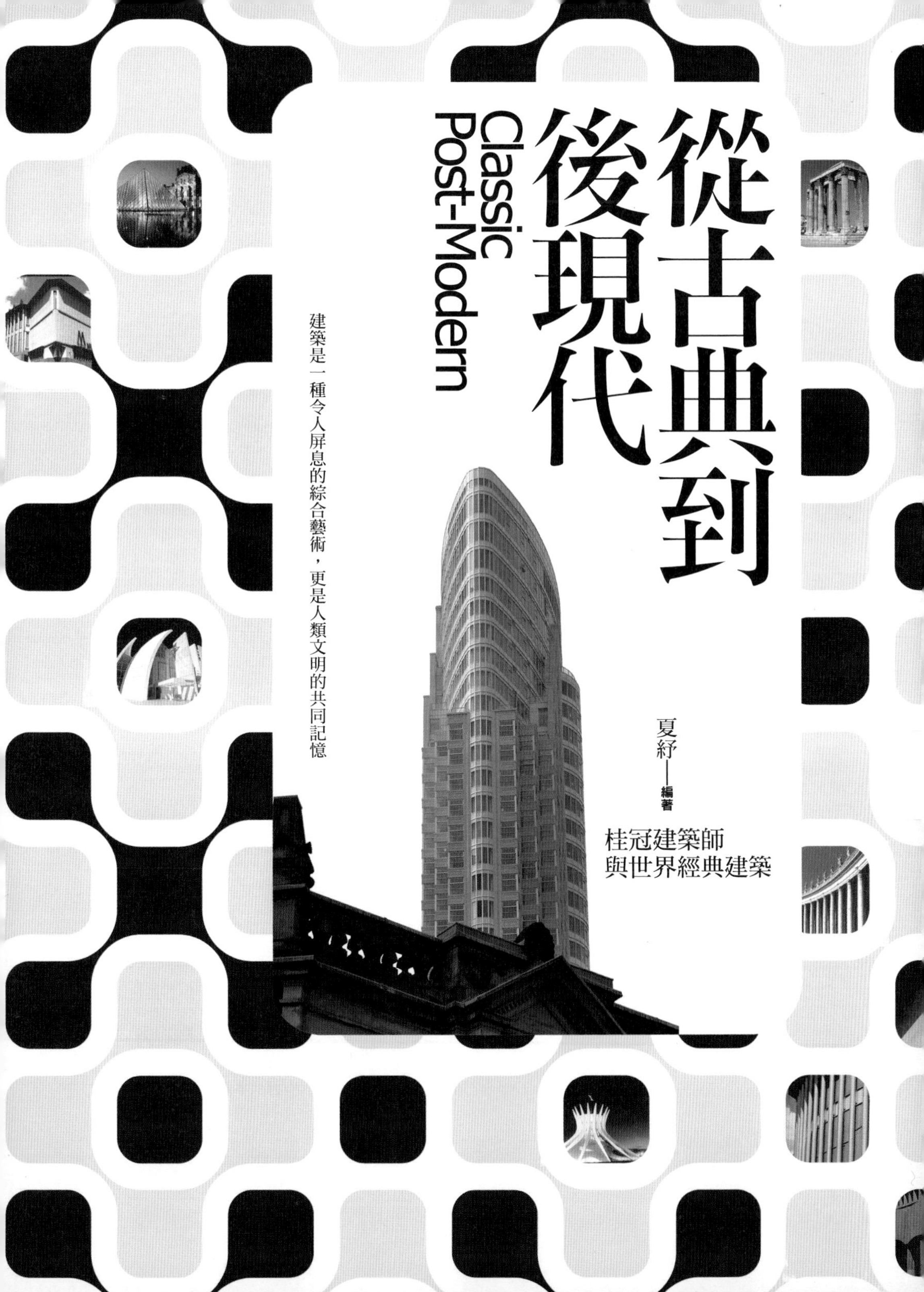

從古典到後現代
Classic Post-Modern
建築是一種令人屏息的綜合藝術，更是人類文明的共同記憶
夏紓——編著
桂冠建築師與世界經典建築

What's Art

從古典到後現代：桂冠建築師與世界經典建築

作　　者：夏紓／編著
總 編 輯：許汝紘
副總編輯：楊文玄
編　　輯：黃暐婷
美術編輯：楊詠棠
特約排版：沈　園
行銷企劃：陳威佑
發　　行：許麗雪
出　　版：信實文化行銷有限公司
地　　址：台北市大安區忠孝東路四段 341 號 11 樓之三
電　　話：（02）2740-3939
傳　　真：（02）2777-1413
網　　址：www.whats.com.tw
E-Mail　：service@whats.com.tw
Facebook：https://www.facebook.com/whats.com.tw
劃撥帳號：50040687 信實文化行銷有限公司

印　　刷：上海印刷廠股份有限公司
地　　址：新北市土城區大暖路 71 號
電　　話：（02）2269-7921

總 經 銷：高見文化行銷股份有限公司
地　　址：新北市樹林區佳園路二段 70-1 號
電　　話：（02）2668-9005

著作權所有．翻印必究
本書文字非經同意，不得轉載或公開播放

2014 年 6 月 三版
定價：新台幣 380 元

更多書籍介紹、活動訊息，請上網輸入關鍵字 華滋出版 搜尋或 九韵文化 搜尋

國家圖書館出版品預行編目(CIP)資料

從古典到後現代：桂冠建築師與世界經典建築／
夏紓編著. -- 三版. -- 臺北市：信實文化行銷,
2014.06
面；　公分. --（What's art ; 12-3）
ISBN 978-986-5767-25-9（平裝）
1.建築師 2.傳記 3.建築藝術

920.994　　103010255

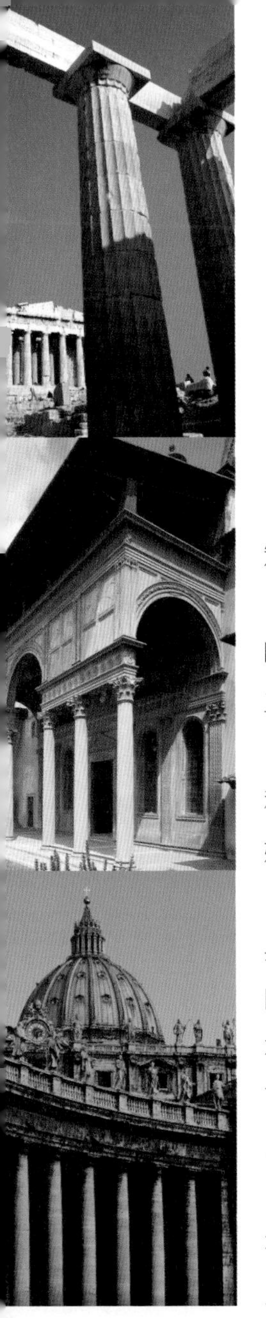

序
建築是藝術發展的搖籃

如果說建築是一部由石頭寫成的歷史，那麼建築師就是這部恢宏巨著的書寫者。

在遠古時期，所謂的「建築」只是人類遮風擋雨的藏身處，當時人類處在「穴居」、「巢居」的時代，嚴格定義來講，不算有人工建築，當然更不會有所謂的「建築師」。

關於專門建築師出現的早期紀錄，出現在兩河流域。隨著生產和文化的發展，這裡的統治者出於現實享樂和宗教祭祀的需求，開始不遺餘力地進行宮殿和神廟的建設。

這些貴族們不僅僅是工匠勞工的督促者，他們自己也往往會參與設計，並進行實地的指導，這些行為使他們無意中扮演了「建築師」的角色。在許多歷史遺跡石刻中，我可以看到公元前30世紀左右，拉迦什國王頭頂著一籃磚頭參加神廟奠基儀式的場景，而公元前23世紀時拉迦什國王古蒂埃的雕像，就是一個膝蓋上放著建築圖的建築師。

在古巴比倫王國的漢摩拉比法典中有明確的規定：建築師有權在建築活動中取得規定的報酬，但如果他建造的房屋坍塌壓死房屋主人，那建築師本人就得抵命；如果壓死的是房主的兒子，那建築師就得賠上自己兒子的性命。這段文字說明，建築活動在當時人們生活中，佔有極為重要的份量。

我們在這本書中主要討論的是西方世界的建築和建築師。作為西方文化的搖籃，古希臘光輝燦爛的建築藝術同樣是西方建築的直接源流，今天西方語言中的「建築師」（architect）一詞，就是來自古希臘語，古希臘人把建築師稱為architecton。它在希臘語中同時還有「創造者」的意思。在希臘人看來，建築是所有造型藝術的源頭，建築師不僅僅建造了建築本身，他們同時還為人們創造了美的典範。

無論是在東方還是在西方，建築師都是在人類的營造活動相當發達之後才出現的。有鑒於此，我們編選了西方各個歷史時期最具代表性的建築師，介紹他們的人生歷程和主要建築成就，並配以精美的圖片，讓人們確切地瞭解建築師們的真實故事。當然，我們還希望能夠在對建築師的描述中，向人們呈現出西方建築歷史的發展脈絡，使讀者了解建築風格的傳承與轉變，更可以從中看見人類如何實現夢想、創造奇蹟。

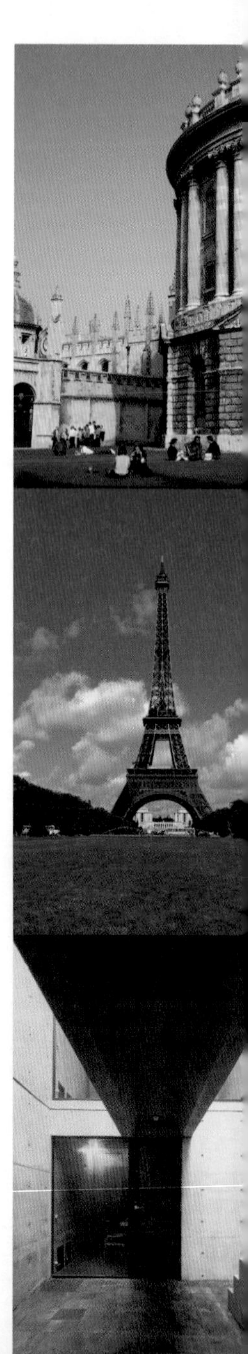

年代 3. 巴洛克及洛可可時期

年代 4. 古典主義時期

年代 5. 新古典主義時期

年代 6. 現代主義前期

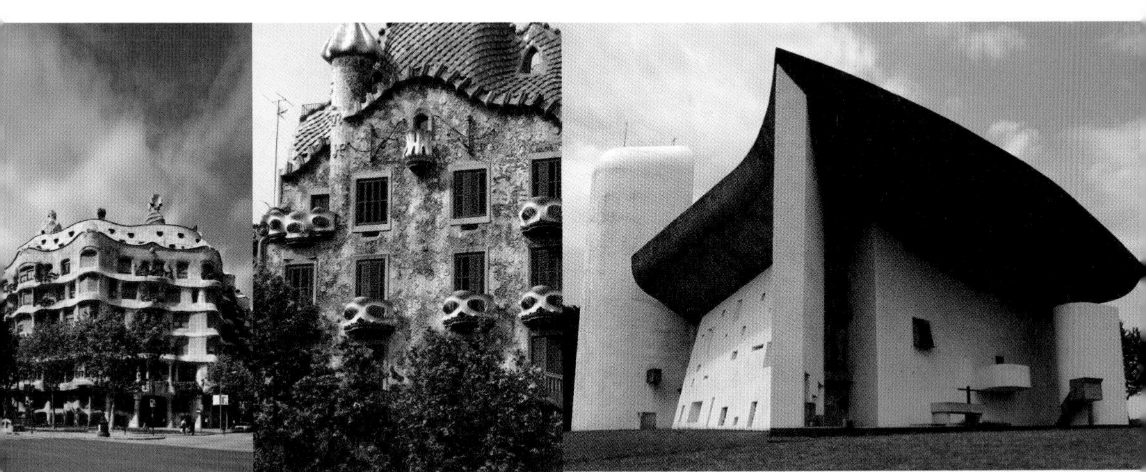

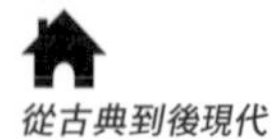

年代 7. 現代主義後期

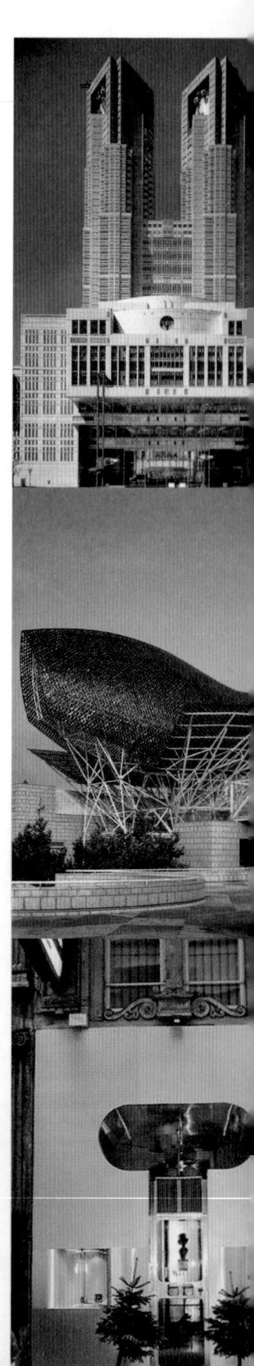

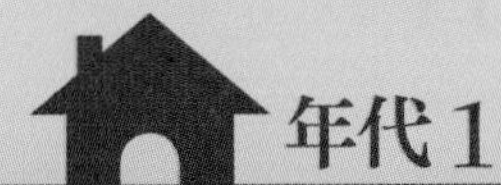

年代 1

希臘羅馬時期

前 5 世紀～ 13 世紀

古希臘文明是西方建築藝術的源頭，特別是在「古典時期」的一百多年中，雅典等地湧現出了一大批建築傑作，其中以雅典衛城建築群為代表。這些建築比例勻稱、莊嚴優美，它們所呈現出的完美與和諧令後人嘆服。雖然我們對於這一時期建築師的資料知之甚少，不過從這些輝煌的建築中，我們依然可以想像得到其間的建築師們卓越的藝術創造才能。

西元前 1 世紀，羅馬人在吞併了希臘之後，開始進行大規模的建築活動，興建了許多雄偉的宮殿、凱旋門、競技場、劇場和大浴場等，古希臘的建築藝術對它們產生了重要的影響。生活在這一時期的維特魯威寫出了歐洲第一本建築學專著《建築十書》（*De Architectura*），可以看作是對古希臘和古羅馬建築藝術的一個總結。

在接下來中世紀一千多年的時間裡，基督教堂和修道院始終是歐洲建築的主體，而隨著羅馬帝國和基督教的分裂，東西歐洲的建築風格也出現了分化。西歐在羅馬風之後盛行哥德式建築，東羅馬帝國則受到了拜占庭建築的深刻影響。這一階段後期，畫家喬托的建築創作預示了文藝復興的到來。

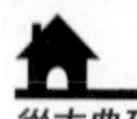

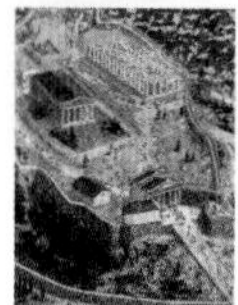

卡利克拉特

希臘古典時期建築的開拓者

Callicrat（希臘 B.C.500）

關於希臘建築師的個人資料，後世知道的很少。能確認的是希臘建築代表的雅典衛城是由建築師卡利克拉特、伊克蒂諾等人設計建造的。在雅典衛城的建築中，最先計畫建造的是勝利神廟，由建築師卡利克拉特設計。卡利克拉特在西元前 460 年到前 451 年間任職於雅典的著名政治家西門將軍麾下，他在這段時期規劃出雅典衛城的。

卡利克拉特早在西元前 449 年就做出了一個勝利神廟的模型。此時，波希戰爭剛剛結束，建築師製作了這個神廟模型，就是為了紀念希臘人這場戰爭的勝利。但勝利神廟的施工卻至少在西元前 432 年之後的 5、6 年才開始進行，此時，由建築師穆尼西克拉設計的衛城山門的建造工程已經陷入了停頓。根據有關學者的考證，衛城山門南翼的擴張就是因為勝利神廟而受阻，所以最終沒有形成對稱的構圖。

如果這一推論成立的話，那勝利神廟就應該是建於西元前 427 年到前424年。此時，雅典和斯巴達正在進行激烈的伯羅奔尼薩斯戰爭，那勝利神廟的建造就應該是祈禱雅典在這場戰爭取得勝利，而不是為了紀念與波斯人戰爭的勝利。

勝利神廟所在的雅典衛城處在城市的中心，建在一座孤立的石灰岩臺地上，它的最高點海拔 156.2 公尺，比四周平地高出大約 70 到 80 公尺。臺地東西長約 320 公尺，南北長為 130 公尺。岩石裸露，草木不生。只有西端一個不寬的斜坡可以上山。在早期，雅典衛城也和希臘本土的其他衛城一樣，上面建有首領和貴族的府邸以及神廟、寶

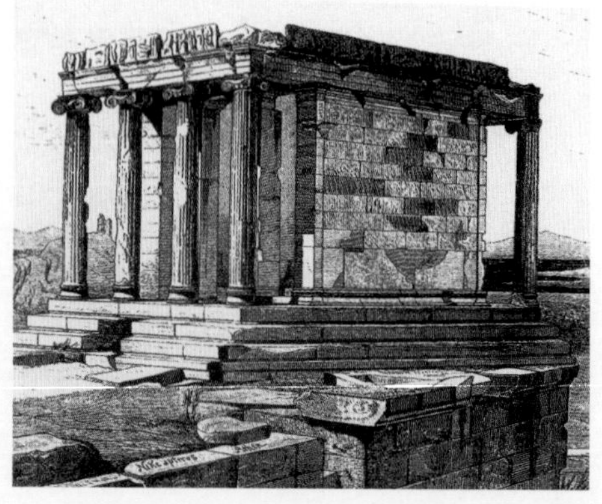

※ 勝利神廟是雅典衛城建築群中最先計畫建造的，這是勝利神廟在 20 世紀初第一次修復後的景象。

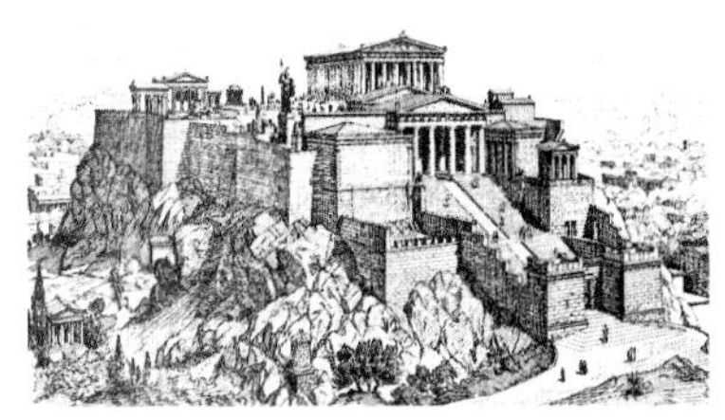
※ 希臘人試圖透過建築來提升雅典的氣勢，卡利克拉特等人設計的衛城建築群展現了這樣的效果。此為從西北方眺望雅典衛城的復原圖。

庫等。後來，首領和貴族們從衛城裡搬了出去，這裡成了戰神雅典娜的聖地。（雅典就是因為雅典娜女神而得名）。

波斯人在佔領雅典期間曾經摧毀了衛城上的所有建築，雅典人在贏得戰爭之後著手進行衛城的修建工作。西門將軍時期所進行的，主要是衛城的地基清理，衛城地面工程的主要是在伯里克利（Pericles, BC443~ BC429 在位）當政期間完成的，伯里克利任命了雕刻家菲迪亞斯主導衛城建設，而建築師則是卡利克拉特和伊克蒂諾。

卡利克拉特設計的勝利神廟並不大，處在衛城西南角一個向西突出的狹窄棱堡上，靠近山門，神廟的外立面及棱堡都和山門形成了一個角度。神廟有很強盛的氣勢，它所在的那個特殊位置有利於表現主題。同時，山門的存在也增加了衛城西端的層次，豐富了整個衛城建築群的構圖。

神廟是愛奧尼式的，面積不大，長 8.14 公尺，寬 5.40 公尺，平面呈長方形。神廟前後柱廊雕飾精美，體現出了居住在雅典的多利克人與愛奧尼亞人藝術的融合。神廟東西兩面各有 4 根柱子，基臺為 3 階，每階下面都有稍稍向內鑿的一條邊線，這是愛奧尼柱式的標準做法。愛奧尼柱廊柱身都是採用獨石製成，溝槽非常明顯，柱間淨距是兩倍的柱徑。柱子的柱頭帶有大漩渦，下端是一個很高的帶座盤飾的柱石，座盤飾上也有同樣的溝槽。柱子的直徑是 0.53 公尺，高為 4.11 公尺，是底徑的 7.75 倍。對於愛奧尼式的柱子而言，這樣的尺寸算是比較粗壯的，從中我們可以看出建築師的設計有意傾向多立克式風格。建築師這樣做的目的是為了能夠更突出神

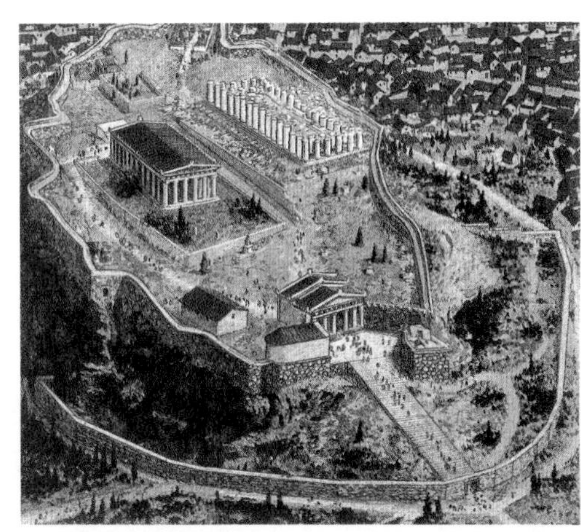
※ 西元前 480 年波斯大軍一度佔領雅典城，摧毀了衛城上的所有建築。這是雅典衛城被毀前的鳥瞰遠景復原圖，主要建築是雅典娜神廟和南面尚未完工的舊帕特農神廟。

廟的主題，並與山門的風格（多立克式）不至於形成太過強烈的對比，使神廟更加適合於其所處位置的格調。

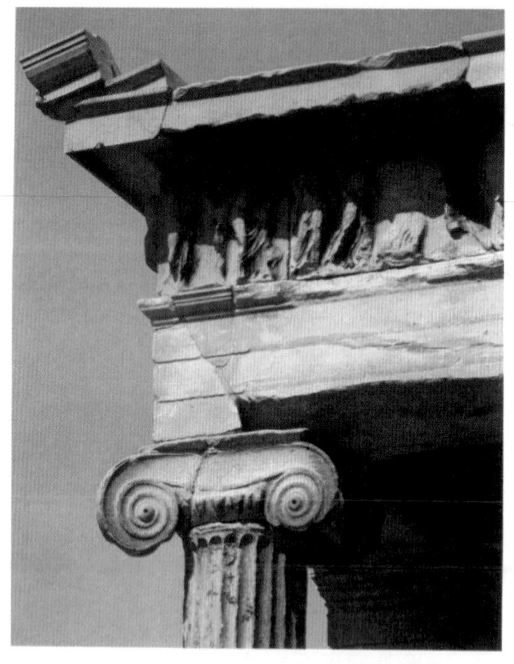

※卡利克拉特試圖在勝利神廟中融合多立克與愛奧尼這兩種建築風格。左圖為勝利神廟的柱頭和柱頂盤近景，該愛奧尼柱式的比例較為粗壯 柱頂盤也是如此。

內殿是一個近似的方形，寬度為 4.14 公尺，進深為 3.78 公尺，前面沒有通常的門廊，端牆柱間立有兩根矩形斷面而不是通常圓形柱式的獨石柱礅，不過同樣帶有柱式裝飾。內殿不用牆封閉，大門就設在兩根柱礅之間，柱礅和端牆柱之間裝有銅的閘柵。

在神廟建成後幾年，其所在平臺的北、西、南三面的城牆邊緣，又陸續加建了高約 1 公尺的大理石欄牆。神廟簷壁的西、南、北三面刻有希臘人與波斯人戰鬥場景的浮雕，東立面刻著觀戰的諸神。其中勝利女神是巨人帕拉斯與冥河河神斯提克斯的女兒，她手持棕櫚枝，在比賽勝利者頭上展翅翱翔。她不僅是代表戰爭的勝利女神，也代表著其他運動賽事的勝利。在懸崖上的女兒牆上也刻著類似的題材的浮雕。在神廟的西端，建築師專門為雅典娜的處女祭司安排了一間房子，稱為「童貞女之室」。

※ 遠眺典衛城遺址迷人的夜景。

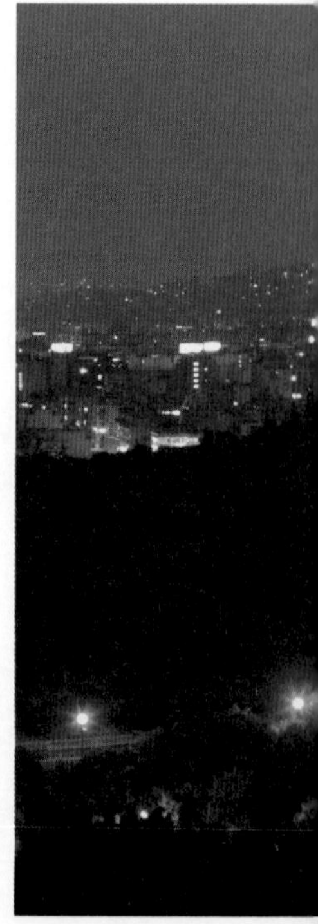

從勝利神廟的建築上，我們可以發現，建築師卡利克拉特試圖融合多立克和愛奧尼這兩種建築與雕刻風格。除了照顧衛城建築群的本身的協調之外，卡利克拉特的選擇其實是代表了作為全希臘文化中心的雅典在文化發展上新出現的趨勢。此前，愛奧尼柱式只流行於愛琴海諸島和小亞細亞的手工業和商業發達的民主制城邦裡，而多立克柱式則只流行於希臘本土的伯羅奔尼薩斯、義大利和西西里等以純農業為生的貴族寡頭制城邦裡。波希戰爭的勝利使得希臘國家整體意識加強。由於雅典在戰爭中所取得了領袖地位，吸引了希臘各地的許多人才來這裡，這也為建築師卡利克拉特融合愛奧尼式和多立克式這兩種建築文化提供了便利性。

其實，伯里克利建設雅典的目的就是希望這座城市能夠在各方面成為全希臘的政治、經濟和文化中心，使它氣勢上超過愛琴海諸島和小亞細亞各城邦。雅典的建設的確吸引了更多的人才來到這裡，他們帶來了希臘各地的優秀文化，使得雅典在文化方面更為強盛。建設雅典的活動同時也繁榮了雅典的經濟。雅典卓越的建築能夠吸引全希臘的人來這裡朝聖和參加狂歡節，這可以為雅典的店主、作坊主和工匠賺得更多收入。

可見，建築師在進行設計建造的同時，總是要不自覺地擔負起建築本身之外的其他社會責任，卡利克拉特自然也不例外。雖然勝利神廟不是雅典衛城中最先建好的建築，但是它起意最早，從這一點來說，作為其建築師的卡利克拉特堪稱古典時期希臘建築的首要開拓者。

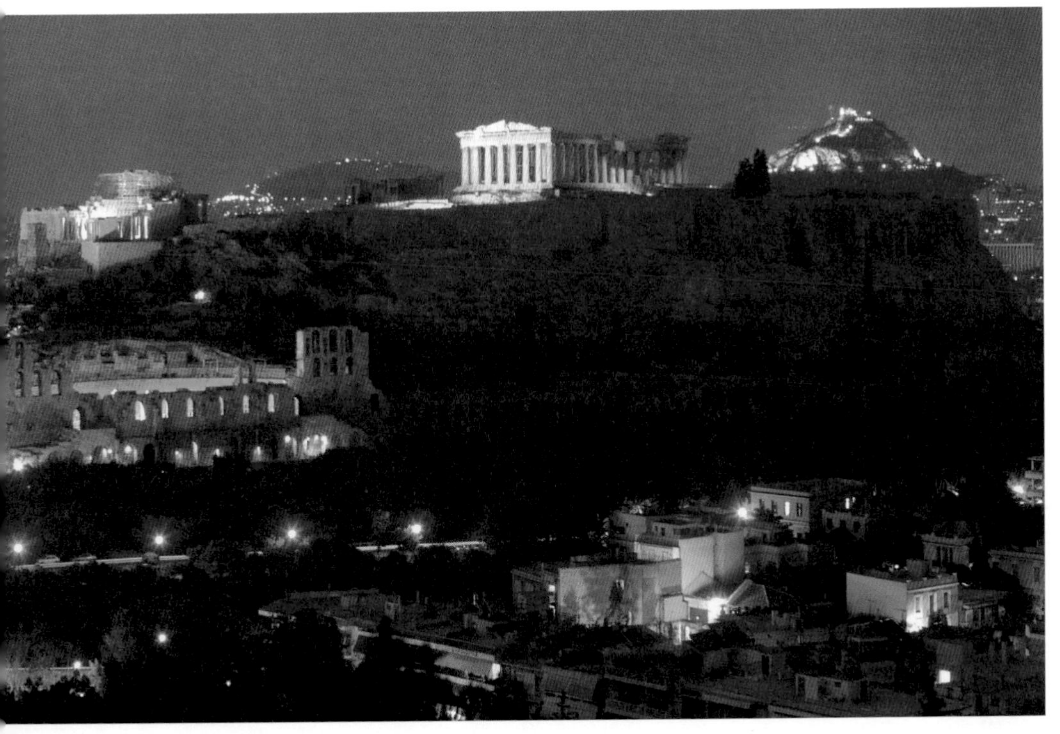

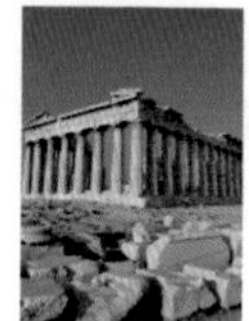

伊克蒂諾

打造雅典娜的帕特農神廟

Iktino（希臘 B.C.500）

雅典衛城中最為有名的建築是帕特農神廟，它建造的時間比勝利神廟還要早，主要建築師為伊克蒂諾，勝利神廟的設計者卡利克拉特也參與了帕特農的建造工程。雕刻家菲迪亞斯負責廟內主要神像的雕刻工作。

希臘人通常會將主要建築的財務支出，刻成銘文立在建築的旁邊，這是當時主管財政的官員公佈賬目時通常採用的方法。帕特農神廟也不例外。不過由於出土的銘文殘破不全，現在已經無法弄清楚該建築的具體造價。從銘文上可以知道，神廟在西元前 447 年開工，主體工程在前 438 年結束，同年由菲迪亞斯用黃金和象牙製作的巨大的雅典娜女神像在廟內落成，而雕刻等外部裝飾於西元前 432 年結束。

實際上在西元前 447 年，由帕特農神廟開工時，衛城的基址還未完全清理出來。不過，西門時期的填土和整平工作使得衛城的地面面積得到較大的拓展。緊靠南牆的最高處有了一個相當高的平臺，神廟的基臺和柱廊的某些部位在這個時候也已經就位，伊克蒂諾只要向北擴大就可以使建築具有足夠的寬度了。這些條件雖然為伊克蒂諾的建造提供很大的便利性，但同時也為建築師今後的發揮帶來了限制。

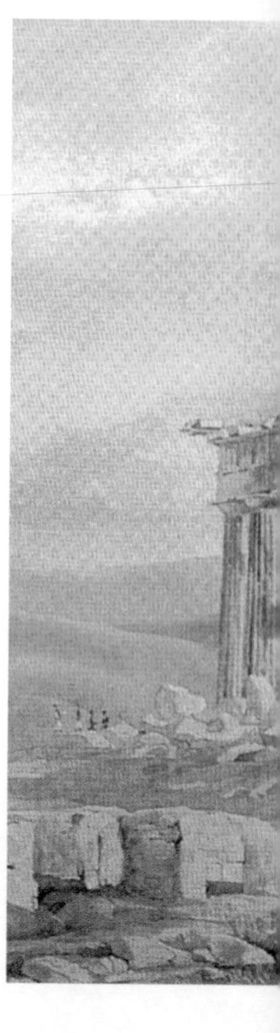

※ 建成後的帕特農神廟在衛城建築群中，有著主導的作用，它位置最高，體積最大。周圍衛城小建築則居次，建築群主次分明，形成了整體美感。這正是建築師伊克蒂諾特殊設計展現的效果。

伯里克利力爭把雅典保護神雅典娜奉為全希臘的大神，所以建築師伊克蒂諾必須擴大供奉雅典娜的帕特農神廟的規模，使其超過希臘境內的其他所有神廟。原來的神廟平面是按照埃伊納和奧林匹亞的傳統設計的，平面為 6 柱圍廊式（側面為 16 柱），長 66.94 公尺，寬 23.53 公尺。內殿分為兩間，其中大廳由每排 10 根的兩排柱子分成三個廊廳，另一個平面呈方形的房間內立有 4 柱。顯然，這樣的平面不能讓伊克蒂諾滿意。新的神廟必須在外觀方面具有更加宏偉的體量，另外，神廟要想成為希臘聯盟的標誌性建築，還必須要有一個更為開闊的內部空間，以保證祭祀神像的擺放。

同時，伊克蒂諾還面臨著一個經濟性的問題。現場已經有了幾百塊為原來設計的神廟柱子製作好的柱鼓石，為了節省成本，建築師必

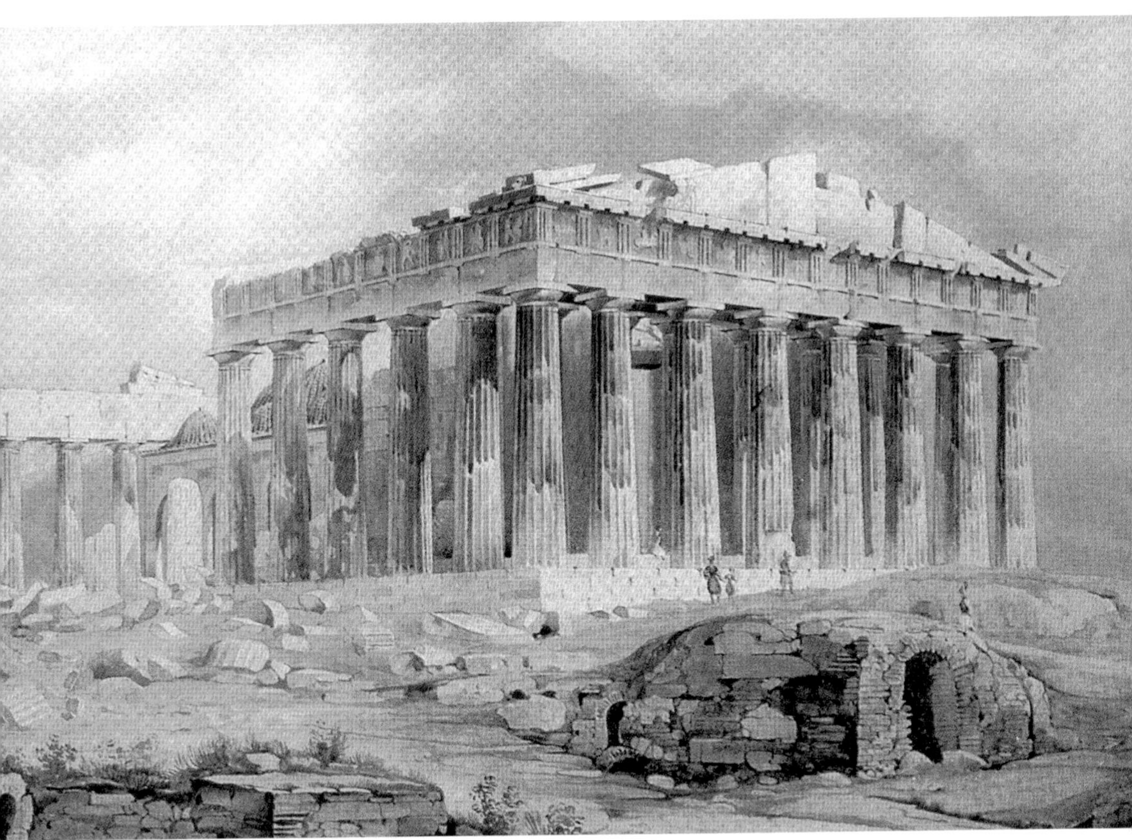

須充分利用這些已經做好的大理石部件。

在進行神廟的擴建時，伊克蒂諾不能採用通常的擴大柱間距的方式，那樣的話會打亂由柱子底徑所確立的全套比例關係。伊克蒂諾巧妙地增加了柱數，正面由 6 柱改為 8 柱，側面相應地由 16 柱改為 17 柱。這樣，神廟的總長由原來的 66.94 公尺增加到 69.51 公尺，寬度則由原來的 23.53 公尺增加到 30.88 公尺。因為長度增加不多，建築師為了滿足內部空間的需要，就對前後的門廊進行了壓縮。

伊克蒂諾還採取了一些校正視覺的措施。如基座臺基的棱線向上拱起成弧線形，東西端中部高起 60 公分，南北兩側的棱線中線處高起 110 公分。同時，簷口、簷壁的水平線也做了類似處理，建築師這樣做的目的是為了防止建築會給人以中部下陷的感覺。角柱的軸線也有向裡傾斜的趨勢，這樣可以避免產生外傾的錯覺，給人以堅實牢靠的印象。

建成後的神廟立在三層基座之上，臺基、牆垣、柱子、簷部、山花、屋瓦，全都是用質地最好的純白大理石做成。基座上由46根（柱廊的東西面各有8根柱，南北面各有17根）圓柱組成的柱廊圍繞著帶牆的長方形內殿。這種圍廊式的結構是希臘本土廟宇最高貴的型制。圓柱的基座直徑1.9公尺，高10.44公尺，每根圓柱都由10到12塊上面刻有20道豎直淺槽的大理石壘疊而成。圓柱有方形柱頂石、倒圓錐形柱頭、額枋，簷口等處有鍍金青銅盾牌和各種紋飾，還有珍禽異花裝飾雕塑。

帕特農的雕刻是非常輝煌的藝術傑作。簷壁被劃分為92塊方板，共同組成了中楣飾帶，上面佈滿了體態生動的浮雕。東面浮雕的內容是神與巨人的戰爭，西面是雅典人與亞瑪遜人的戰爭，北面表現的則是希臘遠征特洛伊的戰爭，炫耀著雅典人戰無不勝的勇氣與自豪。

神廟的東西兩端各有一處門廊，各由6根多立克圓柱組成。主體建築分隔成東西兩部分，東部建築是聖堂，西部近乎正方，是金庫和檔案庫。東邊的門廊通向內殿聖堂，裡面供奉的是菲迪亞斯製作的、巨大的雅典娜女神像，由總重約40到50塔倫特（古希臘重量單位，1塔倫特約25.5公斤）的金片鑲嵌在木框架上。她的臉面、手、腳部分用象牙雕刻，眼睛的瞳孔則由寶石鑲嵌。

帕特農神廟周圍的柱廊是多立克式的，但西端的一間金庫裡用的卻是4根愛奧尼式柱子，神廟柱廊內神堂牆壁外側的簷壁也是愛奧尼式的。據記載，在帕特農之前，伊克蒂諾就曾經嘗試過把愛奧尼柱式融入多立克柱式中，但那座建築現在已經無處尋覓，帕特農就成了他融合兩種柱式最為成功的作品。

兩種柱式的交融還體現在柱式本身的構造上，帕特農神廟的多立克式柱子比它以前同類柱子要修長一些，比較像愛奧尼式的比例。在衛城的其他建築中，如勝利神廟的愛奧尼式柱子則比它以前同類柱子顯得更為粗壯，則比較類似多立克柱式。早期的愛奧尼柱式有些柔和，而早期的多立克柱式又顯得過於粗獷，建築師巧妙的融合雙方的優點，才使它們可以和諧地存於同一個建築群、甚至是同一座建築物中。

※神廟雖然已成遺跡，卻是雅典無價珍寶。

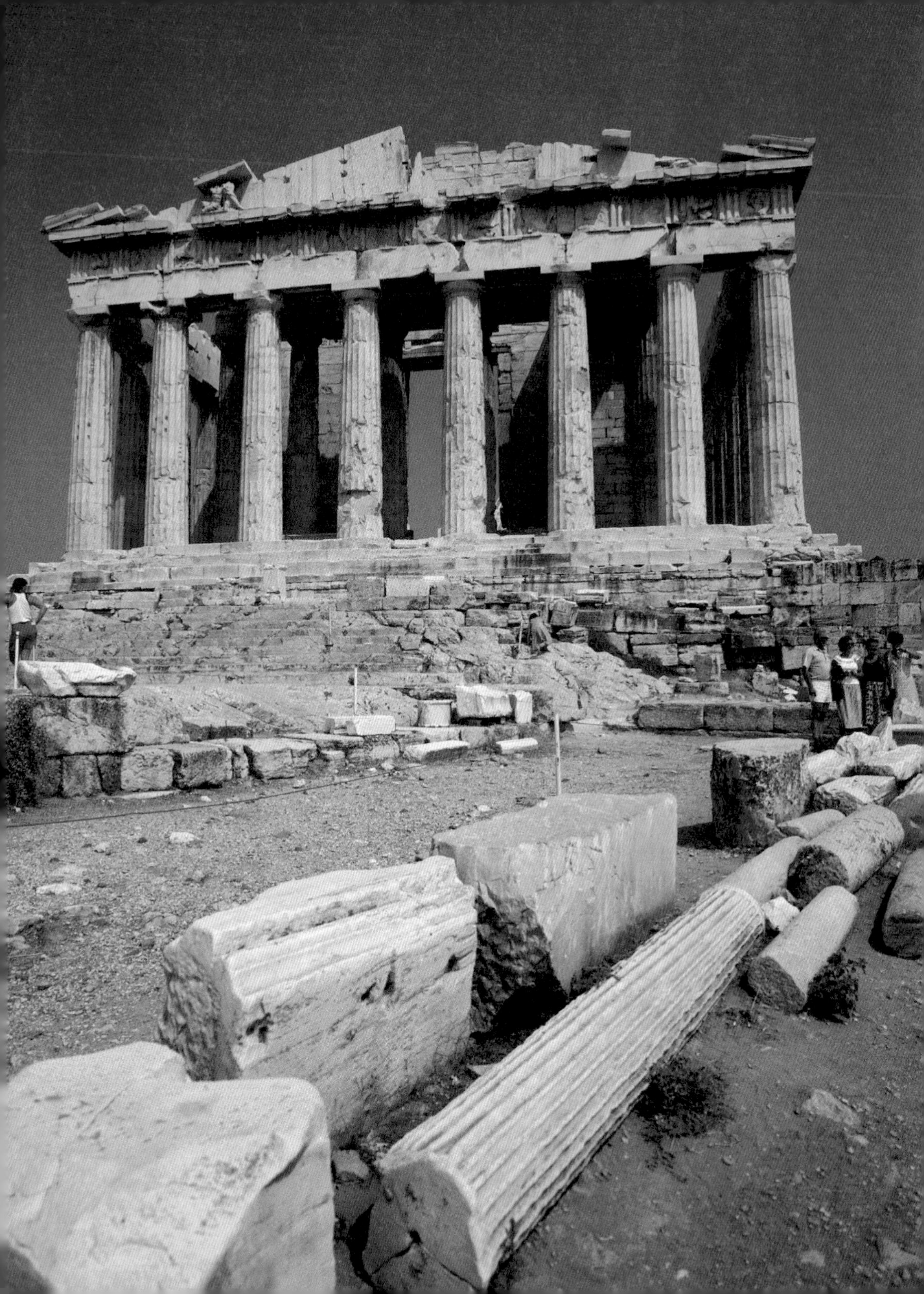

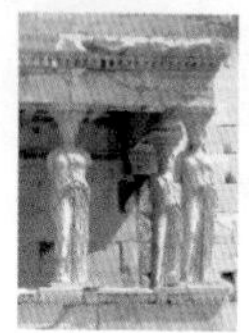

皮泰歐
衛城建築群優雅的完成者

Pytheos（希臘 B.C.500）

伊瑞克特翁神廟是由建築師皮泰歐設計的，是重建雅典衛城計畫中最後完成的重要建築。

衛城建築群的佈局沒有軸線，也不講究對稱，每座建築物的位置都依據朝聖的路線進行安排，以取得最佳的景觀效果。幾座主要的建築物都貼近山崗的邊緣，這其實是為了方便欣賞風景。伊瑞克特翁也不例外，建築師將它放在了衛城山崗的北緣。

西元前 421 年，伯羅奔尼薩斯戰火暫停，皮泰歐在這一年開始建造伊瑞克特翁，直到前 406 年才完工。這時候伯里克利已經去世，雅典處在亞西比德的統治之下。

希臘人非常推崇伊瑞克特翁神廟，傳說中雅典娜與海神波塞冬在爭奪雅典的統治權時，波塞冬用三叉戟擊中衛城的這個地方，開出了一口鹽井。

這裡還是第一個國王凱克洛普斯的墓穴，也是雅典王伊瑞克特斯的聖地，同時廟內還保存有用橄欖木雕成的雅典娜神像等神聖的祭祀物。老的神廟被波斯人毀壞之後，雅典人沒有在原址上重新修建，而是隨著帕特農神廟一起向北拓展。由於這裡是聖地，人們不能將地任意整平。再加上新的神廟要供奉多個神祇並要收納老神廟的祭祀雕像，經過反復思索，皮泰歐決定採取一個獨特的不規則平面形式來解決面臨的這些問題。

沿帕特農的北柱廊向東走，左側即是伊瑞克特翁，兩者的距離大約為 40 公尺。皮泰歐將伊瑞克特翁神廟的中央主體部分處理成了一個平面矩形，這是標準神廟的形式，只是沒有側廊。神廟的聖堂不大，長 23.50 公尺，寬 11.63 公尺。聖堂分為兩個部分，東部祭祀雅典娜，西面祭祀海神波塞冬等其他各神。這兩間之前還有一個共同的前室，裡面是傳說中的雅典城邦始祖的墓。神廟的西部比東部低了 3.21 公尺，只能由前室向北開門，門前是面闊三間的柱廊。柱廊進深是兩間，顯得比較大，據說是為了掩蓋住海神波塞冬與雅典娜爭奪雅典統治權

※ 海神廟遺址。

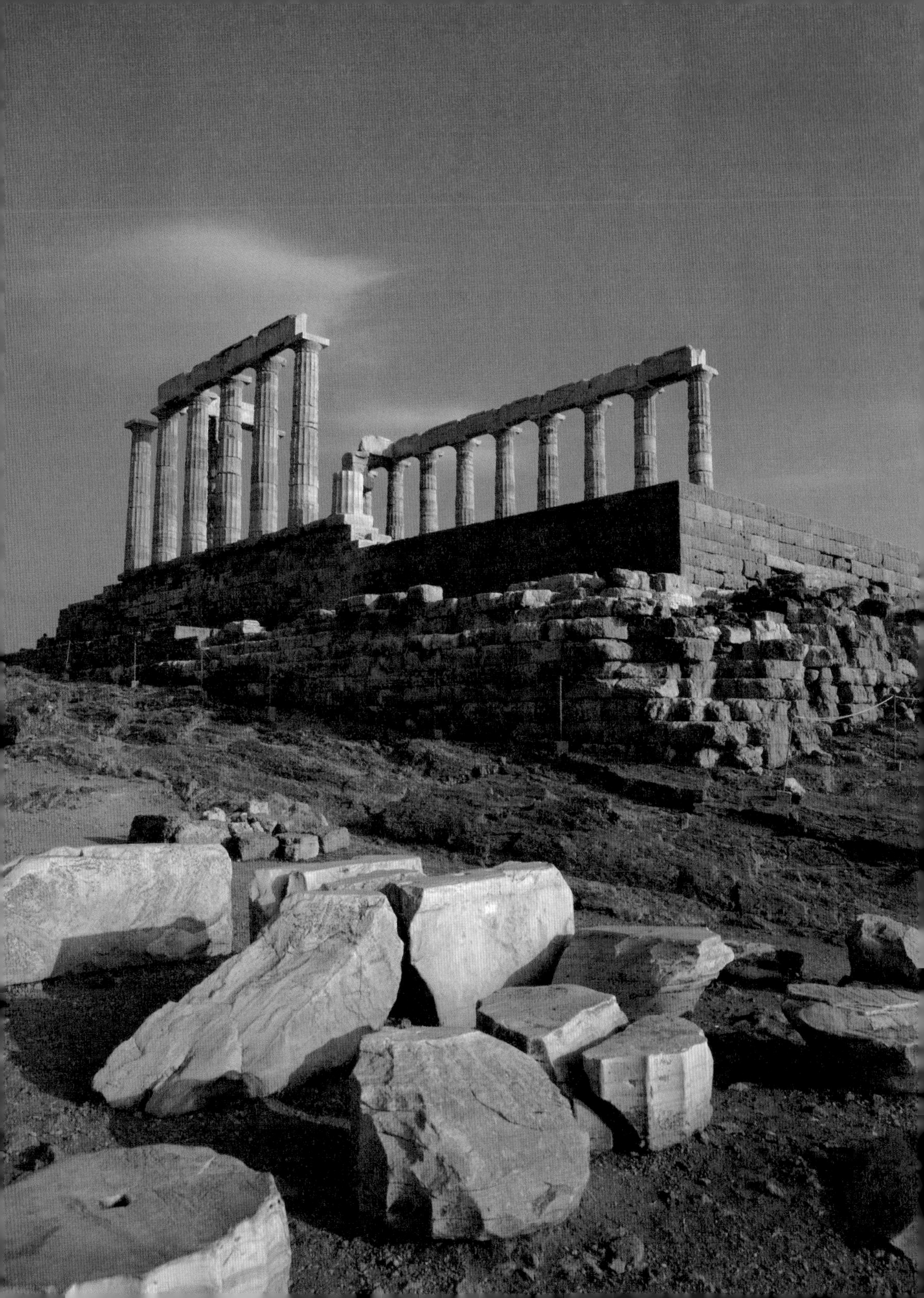

時用三叉戟頓地而形成的鹽井。當然，建築師的這種安排也有利於朝拜者從山下對建築物的觀賞。聖堂的西牆外就是傳說中雅典娜親手栽植的橄欖樹。

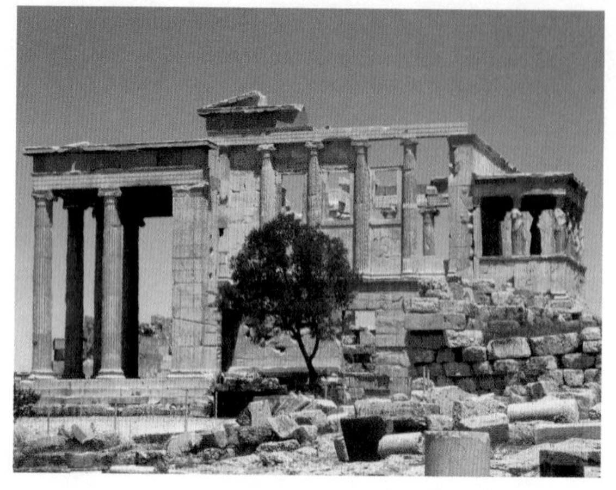

※伊瑞克特翁形體複雜，各個立面變化很大，但它們互相呼應，形成了完整而均衡的構圖。這是從西北方向望去，伊瑞克特翁的外觀復原景象。

伊瑞克特翁神廟的形體非常複雜，顯示出了建築師皮泰歐卓越的設計技巧。建築主體部分的東立面由 6 根愛奧尼柱構成入口柱廊，西部地基較低，分南北兩個柱廊，即南面的女像柱廊和北柱廊。這三個門廊的尺寸和形式都不相同，其所處的地面高度也都有差異。

北廊位於較低的地段上，柱廊正面 4 柱，標準柱下徑為 0.817 公尺。角柱稍粗，為 0.824 公尺。柱高 7.635 公尺，是柱徑的 9.35 倍。柱間距正面為 3.097 公尺，側面為 3.067 公尺，柱間距離大約相當於 3 倍的柱子直徑。柱礎和柱頭是愛奧尼柱中最為精美和華麗的一種。柱礎飾線角，上層座盤雕有紐索飾，花結上鑲有紅、藍、黃、紫等色的玻璃。柱頭的旋渦大而深，螺旋線都是複合線角，並附有銅飾。皮泰歐非常了解愛奧尼柱式，伊瑞克特翁神廟也因此成為愛奧尼柱式最成熟卓越的代表。

神廟的西面比東面約低了 3 公尺，西立面的下部加了一段實牆。建築師十分巧妙地在西南角造了一個柱廊，這就是著名的女像柱廊，即南廊。這樣，柱廊就把南牆和西立面聯繫起來。該柱廊中以 6 尊少女雕像作為柱子，她們高為 2.1 公尺，正面 4 人，左右各有 2 人。雕像著束胸長裙，秀美健康。用女性雕像作為承重柱在古典建築中也是罕見的，這段柱廊因此成為神廟中最引人注目的部分。

位於較高地段上的東廊是神廟的主要入口，採用平面 6 柱的前廊式佈局，正面寬 11.633 公尺，柱式和北廊相似，不過沒有那麼豪華。

雖然神廟的各個立面變化很大，但是通過建築師的巧妙安排，神

※雅典衛城現址全景。

※ 用女性雕像作為承重柱在古典建築中也是非常罕見的，這段柱廊是伊瑞克特翁神廟中最為引人注目的部分。

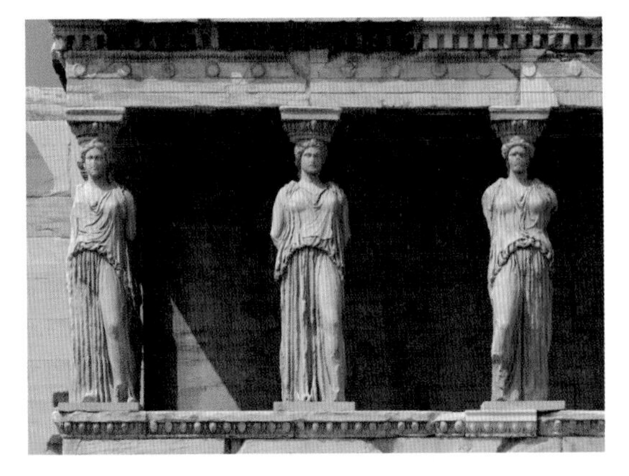

廟的構圖完整而均衡，各個部分互相呼應，和諧地統一在一起。伊瑞克特翁在衛城建築群的構圖中也有相當重要的作用，它的存在平衡了帕特農神廟的龐大體量。雖然與帕特農神廟相比，伊瑞克特翁要小了許多，但它並沒有因為體量小而顯得侷促。伊瑞克特翁所具有的複雜體形、秀雅的愛奧尼風格、大面積的光牆及其素雅的大理石，都與帕特農神廟形成鮮明的對比，和諧地融入了衛城建築群的構圖中。正是由於建築師皮泰歐的努力，雅典衛城建築群有了最後完美的收尾。

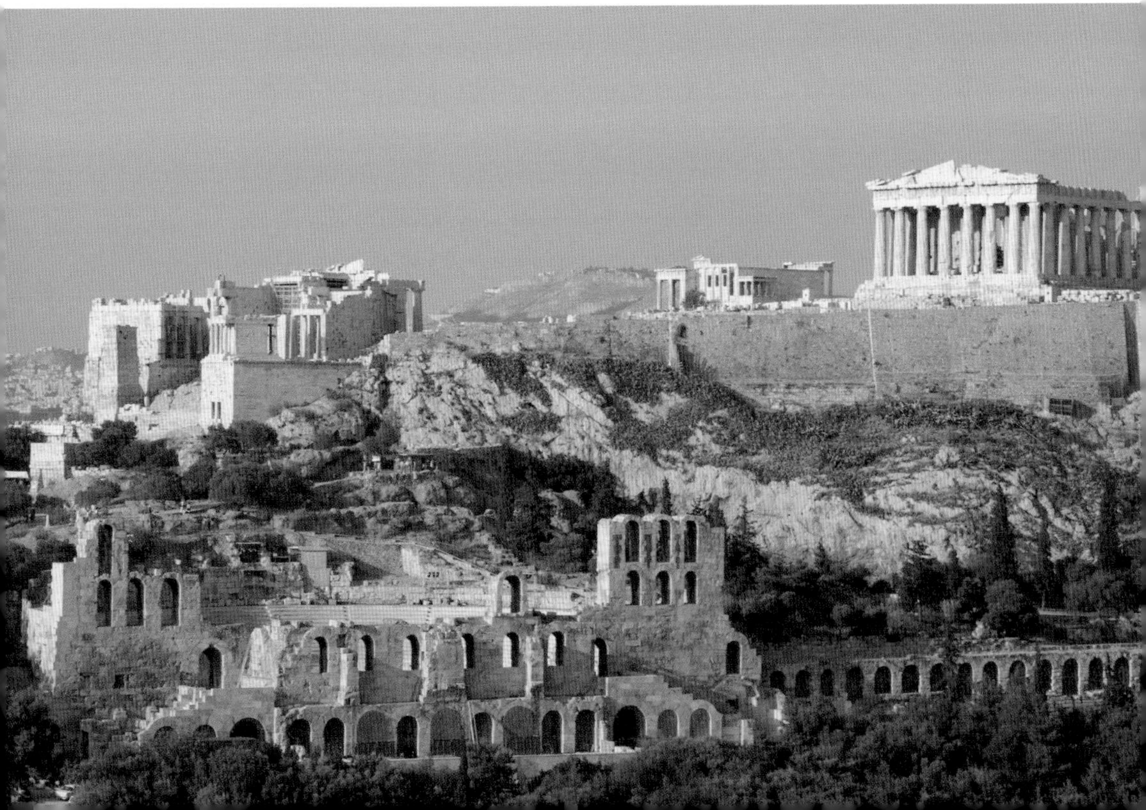

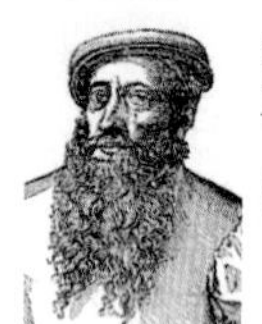

維特魯威
《建築十書》建築聖經撰文者

Marcus Vitruvius Pollio（羅馬 B.C.100）

維特魯威是羅馬帝國的建築師，活躍於西元前 1 世紀期間。他還是一位工程師，曾經做過羅馬執政官凱撒的軍事顧問，還替羅馬帝國第一個皇帝奧古斯都監造軍械。其實，維特魯威最為著名的一個身份應該是作家，他寫的《建築十書》在歐洲 15 至 19 世紀時期，儼然成為建築學界的「聖經」。

根據其著作中的描述，建築師唯一獨自完成的建築物是位於法諾城的一座長方形基督教堂（巴西利卡），不過，這一建築現在已經完全消失，連它的準確位置都無法確定。維特魯威還曾經主持建造了羅馬城的供水工程。

大約在西元前 27 年，維特魯威寫成了《建築十書》。這本書是唯一從希臘羅馬古代文明流傳下來的建築書，是歐洲中世紀以前唯一的建築學方面的專著，同時也是全世界遺留至今的第一部最完備的建築著作。在今天的幾乎每一部有關建築理論的書中，我們都可以看到維特魯威和這部《建築十書》的名字。

《建築十書》是一個粗略性的架構，維特魯威更多著墨於建築形式的分類上。全書共分成 10 個部分，主要討論了城市規劃和建築學，建築設計基本原理、建築構圖原理、西方古典建築型制、建築環境控制、建築材料、市政設施、建築師的培養等。

從這本書的開頭，我們可以看出，維特魯威是要將它獻給羅馬帝國的第一位皇帝奧古斯丁。內容提到：

「啊，陛下！神授智能和權柄之君，敵人均臣服於陛下的神威之下，羅馬的光榮彰顯於陛下的勝利和凱旋中，羅馬的百姓和元老院在寬宏大赦之下（奧古斯都在西元前 31 年登基時之大赦），不再恐懼，安然追隨於陛下領導之下，我惶恐呈上有關整體建築設計之奏摺，尚祈無礙陛下政事之思。

然我體察到陛下不僅操心全民之生活和政事，也關懷公共廟堂之宏規，使帝國不僅因版圖之擴張更加偉大，亦能藉高聳雄偉公共建築之助而彰顯其尊嚴，為此我掌握良機提出建言，謹供御覽。我素敬仰先帝，深受先帝（凱撒在其遺囑中將其侄奧古斯丁收為義子）知遇之恩，如今天賜先帝居於不朽之殿，唯願將滿腔赤誠與思念報效陛下。我奉派與克里伯利·奧瑞里厄司和皮密尼狄伊勒司、康孔耐尼厄司等負責建造維修巨型投石器、蠍形箭弩及其他戰爭兵器，幸蒙晉級擢升，自擔任測量師後，因蒙皇姊之推薦，得以留任至今。

蒙此終生眷顧，我已無後顧之憂，銘感之餘，開始致力於寫作，針對陛下視公私建築之品質須與帝國之光榮歷史相稱，且允為後世所珍惜之紀念品。在此我獻上這本詳論建築的奏摺，使陛下對已完成、或正在進行的建築活動得到一份詳盡的參考資料。謹按下列各本奏摺之秩序逐一解說建築學的全部系統，恭請御覽。」

在第一書中，維特魯威論述了以下內容：建築師的培養、建築的構成、建築學的部門、動物的身體和土地的健康性、城牆的基礎和塔樓的建造方法、城內建築的劃分和避免有害氣流的佈置方法及神廟的劃分等。

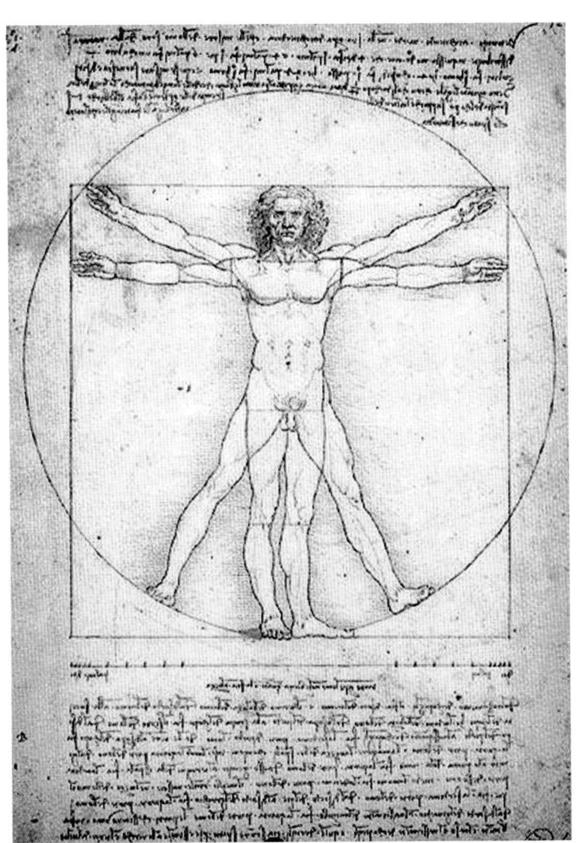

※ 達文西根據維特魯威學說繪製出一個具有規律的人體，成為後世研究文藝復興人體描繪藝術的科學計算模式。

書中首先提及的是建築師的訓練，維特魯威認為培養建築師的各方面的基本素質是非常重要的。在他的觀念裡建築師應該是個通才，他必須將工藝技術、工程實務、文化自覺、關懷社會意識等整合起來，他主張建築教育必須訓練一個全才者，必須具備整合性視野和哲學的思維。

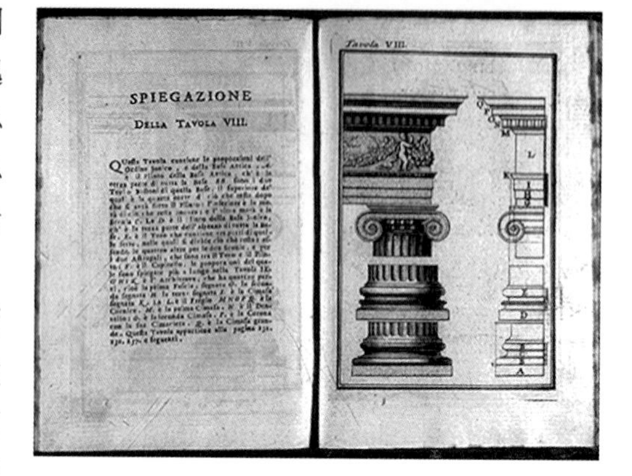

※ 維特魯威是希臘建築的推崇者，他從希臘建築中歸納出「規例、配置、勻稱、均衡、合宜、經濟」等原則，他同時還對柱子的型式做出了嚴格的規定。此為《建築十書》中關於柱式的插圖。

維特魯威說建築師應該通曉工程算術、數學、幾何學、法律還有哲學、藝術、文學、音樂等，建築師（Architect）一詞中的拉丁詞根（Archi），就有「總的、主要的」等意義。他認為建築師應該誠實、正直、寬容並且廉潔。

維特魯威也認為建築師應該懂歷史，他舉了一個例子，如果有人問「女像柱」（古典建築裡把柱子做成女性雕像）的意義，建築師應該這樣解釋：這是因為雅典人曾經消滅了一個支援波斯的城邦，他們把男人都殺死，而把女人掠為奴隸，所以他們創造了女像柱，讓這些女人永遠背負著沉重的負載，以示懲戒。當然，這只是建築師的個人意見，其實維特魯威說的雅典人的傳說在歷史上不存在（據說是斯巴達人做的），而且女像柱也並非由此而來，考古證據顯示女像柱並不具有侮辱的意義。

《建築十書》第二書中的內容主要包括：房屋的起源及其發展、萬物的要素、磚、摻在石灰中的砂、石灰、火山灰、石材，牆體的種類及構造、木材及冷杉木等。維特魯威在這一部分提到了一種類似於當今混凝土的天然火山灰的應用。我們還可以看出，維特魯威是希臘建築的仰慕者，他希望在神廟和公共建築中保留古典建築樣式。

第三書中作者主要說明了以下問題：神廟的均衡、神廟的種類、柱間、神廟基礎的建造方法及愛奧尼式神廟的均衡等。

維特魯威在這一書中提到了建築的基本原則，他說：「建築應講求規例、配置、勻稱、均衡、合宜以及經濟。」

「規例」即是對一個建築物中的各部分，分別予以考慮，使其與整體相稱，這是對體積的一種界定，先尋求各部分之間的相稱，然後再由各部分組成一個建築整體。配置包括它們各處設備的安置和合於建築性質的優美造型。

「勻稱」是指各部分之間配合的適宜與美觀，指建築物的高與深及長與深都能相配稱，各部分都能均衡和諧。

維特魯威在第四書到第十書中還對廣場、大會堂、劇場的用地朝向，住宅的均衡，房間裝飾以及水脈探查，建築與星相，建築機械的製造與使用等進行了詳細論述。

此書曾經一度失傳，直到 16 世紀才又重新被人們發現，從而對歐洲的文藝復興建築和古典主義產生了巨大的影響。這本書奠定了歐洲建築科學的基本體系。儘管書中所描繪的古代技術早已過時，其中的美學和哲學理論也都是屬於古典理論的範疇，今天的建築學生倒並不一定需要去專門學習它，但是維特魯威所建立的建築學體系，從整體方面來說仍然有著重要參考價值。

維特魯威的學說在文藝復興時期不僅影響了建築的發展，同時還影響了其他的藝術門類。達文西就根據維特魯威學說繪製出一個具有規律的人體，這個著名的人體就被稱為維特魯威人（Vitruvian Man），它成為後世研究文藝復興人體描繪藝術的科學計算模式。

維特魯威並不是人類的第一位建築師，不過他確實是第一個進行建築理論寫作的羅馬建築師。可說更像是一個法典或規則的記錄者或制定者，而不是一個具有獨創性的思想家和富有創造性的建築師。藉由維特魯威的瞭解，我們或許可以把羅馬建築師，視為集「工程師、建築師、藝術家和工匠」為一體的職業。

維特魯威更像是一個法典或規則的記錄者，而不是一個具有獨創性的思想家和富有創造性的建築師。這是《建築十書》第一個法語版封面的畫像，許多人誤認為他就是維特魯威，實際上他是這本書的印刷者。

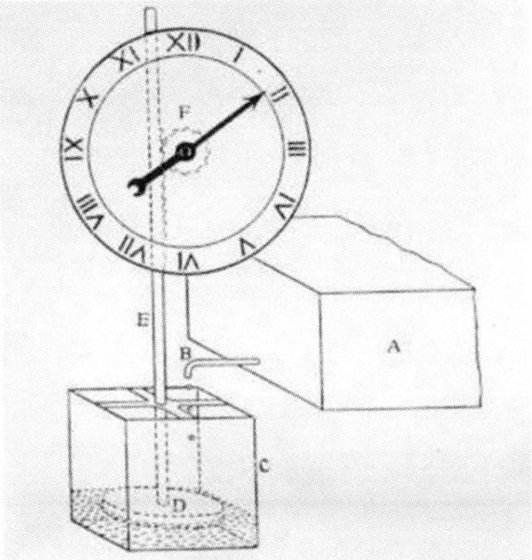

Water-clock Described by Vitruvius. (From the Legacy of Rome, Clarendon Press, 1923.) From the Tank (a) Water Drips at a Uniform Rate through the Small Pipe (b) into the Reservoir (c) in Which is the Float (d). From the Upper Surface of d Rises the Shaft (e), the Teeth of Which by Their Movement as the Shaft Rises, Rotate the Cog-wheel (f). To This Cog-wheel Is Attached a Hand the Position of Which, on the Surface of the Dial, Indicates the Hour. This Shows the Principle on Which It Worked. The Actual Clocks Were Much More Compact and Encased in Artistic Cabinets. (For Illustration See Century Dictionary and Cyclopedia under Clepsydra.)

※ 維特魯威在《建築十書》中討論了一些建築之外的問題，比如在第十書中他就列述了許多機械的製造方法。這是維特魯威設計的水表示意圖。

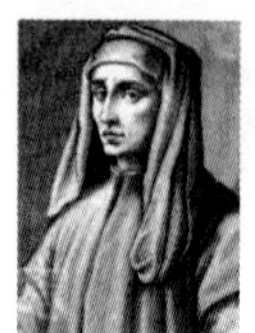

喬托
義大利首位畫家與建築師

Giotto di Bondone（義大利 1267~1337）

喬托是義大利畫家與建築師，他的藝術創作對後來的義大利文藝復興運動，有相當重要的影響。1267 年，喬托出生於佛羅倫斯附近的小村莊。父親是農人，童年時喬托要幫家裡放羊，還時不時地出去打工，以貼補家用。

喬托在很小的時候就表現出了美術方面的天賦，為了在放羊時打發時間，他經常用石頭和小木棍描畫周圍的自然景物以及那些他放牧的山羊。一天，佛羅倫斯的畫家契馬布埃在經過村道時，意外發現了喬托畫在地上和石頭上的畫，認為這個孩子非常有才能，就說服喬托的父母，要收他為徒。於是，喬托跟隨契馬布埃來到了繁榮的佛羅倫斯市。

在契馬布埃的指導下，喬托主要學習了宗教繪畫。喬托並不喜歡僵硬的拜占庭繪畫風格，他認為宗教人物如聖母和耶穌，也應該是有血有肉的人，所以他在畫中特別強調人物的肌理和陰影感，同時他還將過去平板的金或藍色背景改為透視畫法的一般風景。喬托的畫技很快就超越了他的老師，同時也獲得了宗教界的普遍好評。

在羅馬時，喬托曾為聖彼得廊柱大廳做了許多鑲嵌藝術品。他在 36 歲移居帕多瓦，在那裡創作了著名的阿雷納教堂耶穌故事壁畫。他在此時創作的繪畫作品，幾乎都有著一樣的藍色天空，在這樣的背景下，塑造出眾多寓意豐富的人物形象。

當喬托居住在帕多瓦的時候，詩人但丁因受到教會的驅逐而離開佛羅倫斯流落到這裡。喬托在帕多瓦熱情地接待了但丁，兩人很快成為好友，與但丁的友誼對喬托的藝術發展產生了很大的影響。

1305 年至 1308 年間，喬托在巴多瓦阿雷納教堂創作了一組壁畫，主要描繪聖母和基督的生平事蹟。這 38 幅連環畫分佈在教堂的左、中、右三面牆上，其中最為著名的四幅是《金門之會》、《逃亡埃及》、《猶大之吻》和《哀悼基督》，後面兩幅是喬托最有名的傑作。

在繪畫中，喬托塑造的人物造型非常富有立體感，他還注重空間

※ 喬托設計的鐘樓和後來布魯奈萊斯為大教堂加上去的巨大穹頂相映成趣，是如今佛羅倫斯的代表性景觀。

效果，在構圖中突出重點，選擇使用概括的手法來表達主題思想和人物的內心情感，並且廣泛運用自然景物作背景。喬托在這方面的努力已經顯示出了人文主義精神的初步萌芽，突破了中世紀時期藝術作品缺乏生命力的缺陷，他的作品對義大利藝術的發展產生了重大影響。

喬托性格開朗，他幽默、機智而活潑，不願意做違背自己意願的事情。據說喬托正在夏季炎熱的天氣裡揮汗作畫，那不勒斯國王來到跟前，看到他工作如此認真就說：「如果我是你，在這樣熱的日子就不工作了。」 喬托聽後笑著說：「是啊，如果我是國王，的確也就不需要工作了。」

1308 年到 1334 年間，喬托在義大利各地漫遊，除了在佛羅倫斯作畫，他還到比薩、拉文納、烏爾比諾、路加、那不勒斯等地繪製壁畫。

佛羅倫斯市政府在 1334 年 6 月任命喬托負責大教堂立式鐘樓的

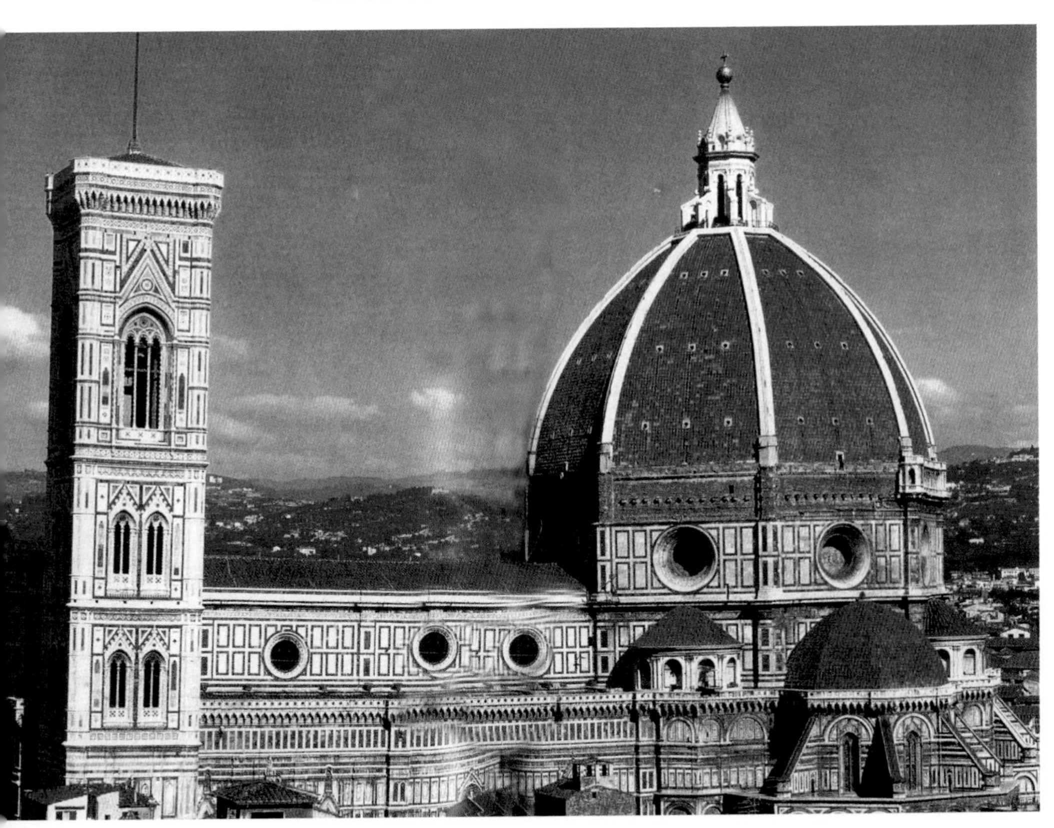

建造。喬托設計了鐘樓的造型，並設計了其中的部分浮雕。可惜的是，這座樓在喬托生前只建造了一層，第二層到第四層由另外兩名建築師於 1357 年完成。而鐘樓的第五層是後來加蓋的。

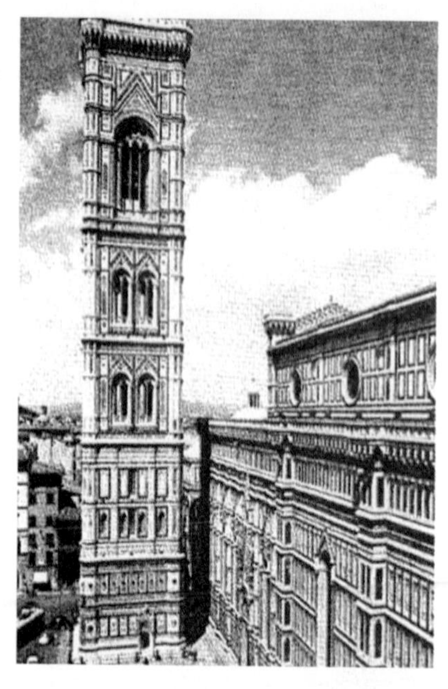

※ 喬托設計的鐘樓高度，在中世紀時的教堂建築中是非常罕見的，是義大利哥德式建築的一個代表。

鐘樓的平面呈正方形，每邊長為 14.45 公尺，總高度為 89 公尺。由喬托主持建造的第一層分為上下兩段，是沒有窗戶的閉合式結構，四面佈滿了由喬托本人設計的浮雕，內容描繪了人類起源以及人類生活的各個面向。鐘樓的二至四層也有浮雕、第五層懸掛大鐘。

從鐘樓的下面垂直向上望去，樓層是逐漸加大的，它們都裝飾著成排的壁龕雕像和雙扇或三扇開的凸拱窗。在這些窗戶的上面又有扁平的山牆飾，它們屬於純裝飾性的，在外牆的表面雕刻出來，同時又不凸出於外牆之前。建築師最初規劃的尖頂最後則沒有建造，那是一個具有「裝飾性哥德風格」的傳統設計。

現在的鐘樓即以喬托的名字命名，被認為是與聖母百花大教堂並列的佛羅倫斯最具代表性的古蹟建築。

由於喬托在藝術方面取得的重大成就，佛羅倫斯共和國政府授予他「藝術大師」稱號。除了建築和壁畫，喬托繪製了很多單幅的蛋彩畫作品。另外，喬托還進行雕塑創作，他最主要的雕塑作品是反映打鐵、紡織、制藥等生活內容的連續浮雕《人民生活圖景》。但丁曾經在《神曲》中多次提到喬托，稱他的繪畫是「比過去的藝術更完美」的藝術。就連薄伽丘（Giovanni Boccaccio, 1313~1375）也在他著名的短篇小說集《十日談》中提到了喬托。文中描述他「生而具有超群的想像力，凡自然界的森羅萬象，他無一不能運用他的妙筆畫得唯妙唯肖，讓見者以為那就是真的物體。」

※ 喬托的壁畫《金門相會》。

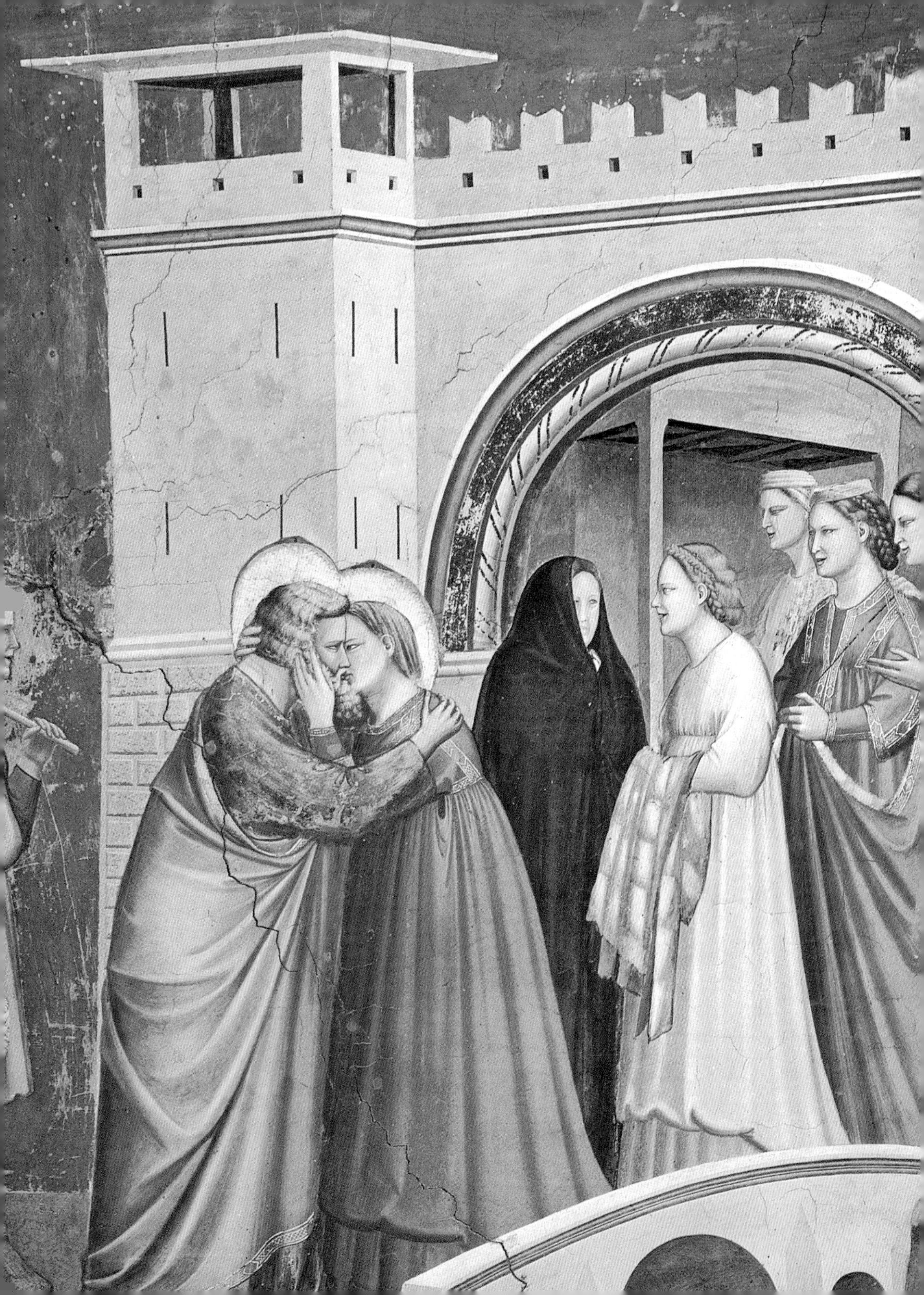

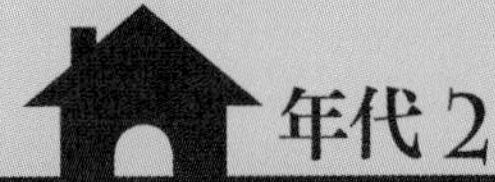

年代 2

文藝復興時期

14 世紀～ 16 世紀

文藝復興運動濫觴於義大利，而後擴展到整個歐洲。文藝復興以人文主義為思想骨幹，宣揚個人現世幸福高於一切，歌頌世俗生活，提倡個性解放，反對宗教禁欲主義。和其他人文主義者一樣，此時的建築師們將目光瞄準古代希臘和羅馬。他們特別注重研究古代經典建築，致力於復興古希臘和古羅馬的建築風格，在其基礎上進行藝術再創造。中世紀時期一直在宗教與天國徘徊的西方建築，終於又一次回歸人間。布魯內萊斯基為百花聖母大教堂設計的大圓頂，成功地揭開了建築史上文藝復興的序幕。

在文藝復興時期還有一項重要的改變，建築師不再僅僅是工匠，更被提升到藝術家的地位，被看做是有思想的人。建築師在這個時期受到社會的尊重，他們的藝術個性雖然仍受到壓制，但畢竟有了可供發揮的空間。建築師們在向古代建築學習的同時，還積極吸收當代的科學技術，把它們應用在自己的建築中，推動了建築藝術的進步。

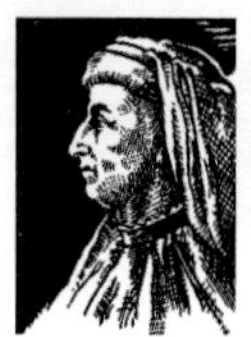

布魯內萊斯基

叱吒建築史的圓頂天才

Filippo Brunelleschi（義大利 1377-1446）

歐洲的文藝復興建築發源於義大利，而義大利文藝復興建築的發源地則是佛羅倫斯。後世學者一般將百花聖母大教堂（Santa Maria del Fiore）的圓頂，當做義大利文藝復興建築的起點，這座圓頂的設計者是布魯內萊斯基，是義大利文藝復興時期的第一位建築大師。

16世紀義大利美術史論家瓦薩里（Giorgio Vasari）在著作中寫道:「在人間已經很久沒有這樣的能工巧匠和非凡天才，布魯內萊斯基註定要給世界最偉大、最崇高的建築，他必將超越古今，這是天意！」

1377 年，布魯內萊斯基在佛羅倫斯的一個大家族裡出生，他個性羞赧，對繪畫有著濃厚的興趣，尤其擅長風景畫。成年後，布魯內萊斯基成為一位金匠，他將繪畫天分應用在珠寶製作中，做出來的彩石鑲花、浮雕等裝飾圖案，都非常漂亮，很快就成為這方面的專家。

1401 年，布魯內萊斯基滿 24 歲時，他回到了家鄉佛羅倫斯，正好碰上佛羅倫斯禮堂第二重大門的設計建造進行招標，這引發了布魯內萊斯基對建築設計的興趣，他為此專程到羅馬認真研究、考察古希臘和古羅馬時期的建築遺跡。而且菲利浦家族不僅在佛羅倫斯城裡有許多地產，在市郊也有許多土地，這樣的經濟優勢使菲利浦家族在佛羅倫斯的政治上有一定地位，也為布魯內萊斯基後來贏得重要的建築委託打下了一定的基礎。

1419 年布魯奈萊斯基受命設計了佛羅倫斯孤兒院，這也是歐洲最早的慈善機構建築物。孤兒院與中世紀類似的建築物明顯不同，它外觀簡潔，比例清晰。正面由高度不等的兩層構成，底層為圓形連拱，柱頭採用古羅馬科林斯柱式的特點，只是比例略顯細小低矮，整體線條十分柔和。而在正面的上層，布魯內萊斯基則有意強調水平線條，讓它顯得平易近人。孤兒院採用開放式的門廊，裝飾力求簡樸，在色彩的選用上，也強調素雅。

孤兒院的平面呈長方形。中間有一個小小的庭院，布魯內萊斯基設計了一些小路和過渡性的小院落，用各種小門洞和梯子將它們和孤兒院內的主要房間連接在一起，使孤兒院在規整之中透出活潑和生氣。他力圖打破宗教建築與世俗建築的界線，尋求在建築領域中的藝術自由，充分展現了文藝復興時期的藝術特色。

百花聖母大教堂始建於 1295 年，當時佛羅倫斯的工商同業工會剛從封建貴族手中奪取政權，希望藉此顯示工商業界的力量。卡米比奧的設計大致呈拉丁十字形，交叉的部分是歌壇，歌壇是八邊形，最大直徑達 42 公尺，比古羅馬的萬神廟只小不到 1 公尺，非常壯觀。

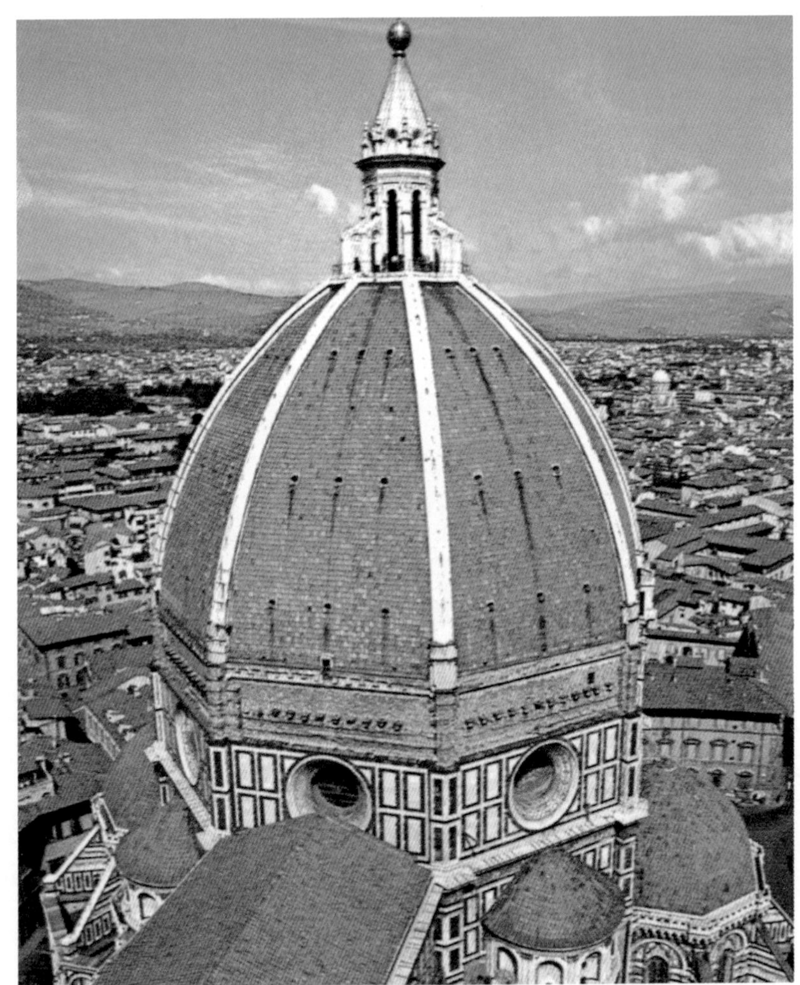

※ 布魯內萊斯基設計的百花聖母大教堂圓頂，被認為是「人類藝術史上不可能再超越的、最雄偉最壯麗的建築」。

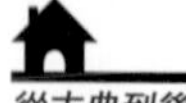

當大教堂完成大部分工程後，接下來要做八邊形歌壇的頂蓋時，卻碰上了大麻煩。不僅是因為它的直徑太大，且築好的牆體已有 50 公尺，這使頂蓋的建造更形困難。大教堂的工程因為如此延宕了幾十年。

為了儘早建成大教堂，佛羅倫斯當局發出了公告，重金徵求大教堂頂蓋的最佳解決方案，吸引了許多建築師，甚至是各種工匠。建造方案的評選，競爭非常激烈，建築師們也在大會上吵得面紅耳赤，布魯內萊斯基在辯論中最終勝出。主教和羊毛商業公會的大人們被布魯內萊斯基說服，將百花聖母大教堂的圓頂的建造交給他。

布魯內萊斯基在羅馬逗留的那幾年裡，特別深入學習了古羅馬建築的拱券和圓頂。他將百花聖母大教堂的頂蓋設計成尖矢形，上面開

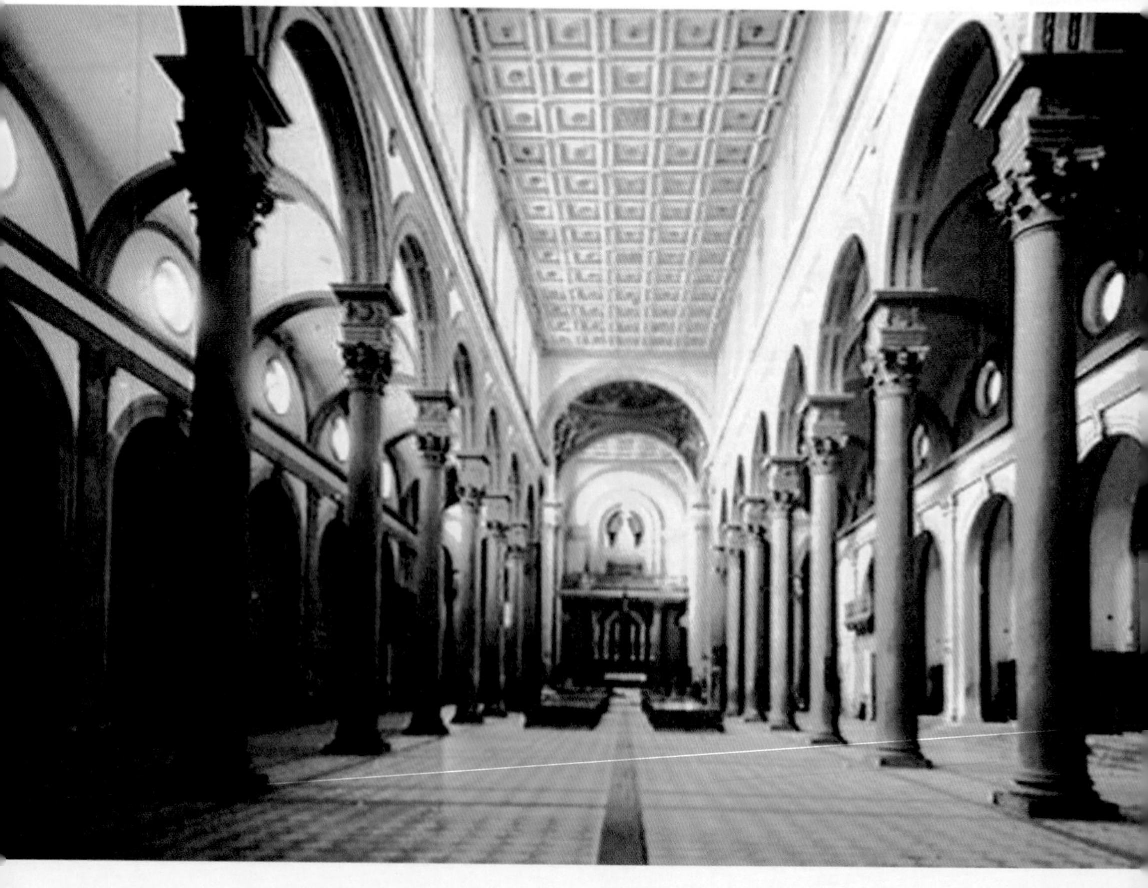

採光口，口上再罩一個亭子。每一個設計細節，他都考慮到了日後施工的便利性。1420 年，圓頂正式動工興建。布魯內萊斯基克服了許多同行的嫉妒和阻撓，和施工時所遇到的種種困難，終於在 1436 年完成圓頂部分，再進行頂端的採光亭。

中世紀時，天主教把帶有圓頂的建築，都看作是異教廟宇的標誌，非常排斥，因為伊斯蘭禮拜堂就是有著圓頂的建築。羅馬帝國晚期的基督教堂都是簡單的巴西利卡式，後來的教會也沒有能力建造巨大的圓頂。而文藝復興運動時期，佛羅倫斯的工商業界在政治居於主導地位，對宗教建築提出了新的要求，布魯內萊斯基的圓頂，正好符合這一傾向。

在圓頂的建造過程中，布魯內萊斯基充分吸取了古羅馬建築的優點，人們認為他擺脫了不成體統的歌德建築，復興了古典主義。不過百花聖母大教堂的圓頂，仍然有著濃厚的哥德式建築特徵，圓頂是呈尖矢形而不是半圓，本身高達 40.5 公尺，比半徑大了將近一倍。布魯內萊斯基借鑒拜占庭建築的經驗，在圓頂下面加了 12 公尺的鼓座，把圓頂舉得更高，讓它看起來更加雄偉，外廓更為飽滿，從遠處看，給人的視覺衝擊力也更加強烈。這種處理手法比古羅馬的圓頂更為進步。

古羅馬的圓頂雖然建築物內部十分寬敞宏大，但它的外觀卻顯得較為扁平，沒有文藝復興時期圓頂那樣突出，而拜占庭的建築，通常採用鼓座來托起圓頂，布魯內萊斯基就是結合這兩種風格，將圓頂這種建築形式開了新頁，對米開朗基羅的羅馬聖彼得大教堂，和繼它之後的一系列歐洲其他國家的圓頂教堂，都有著不可忽視的示範作用。

修建百花聖母大教堂圓頂的困難之處，除了它達 42 公尺的巨大跨度外，還有安放它的八邊形牆體既高而且相對較薄，不能夠在施工中使用鷹架。所以布魯內萊斯基必須想盡辦法減輕圓頂的重量，還要儘量降低它對牆壁的壓力。布魯內萊斯基將圓頂設計成內外兩層。內層是以鐵環和木圈箍住的 24 根肋條構成的魚骨券，由它來承擔圓頂的全部重量。

而八邊形牆體的八個角上，用白色石料砌成的大肋架券，將頂端的採光亭和下面的鼓座連接起來，加強了建築的整體性，也讓整個結構更加嚴謹可靠。圓頂的外層全部用紅磚覆蓋，它們不承受重量，只

※ 聖羅倫佐教堂的內部空間簡潔明快，粗大的科林斯式圓拱構成壁柱楣拱，上接三角穹拱和支撐性拱橋，將整個帶有棱角的圓拱頂托起。

有遮風擋雨的功用。這樣的結構大大減輕了整個圓頂的重量，而且可以使八角形牆體更加平均地承受壓力。

百花聖母大教堂的圓頂高約 107 公尺，建成後加上採光亭的高度，更達到 118 公尺，非常雄偉壯觀，成為當時佛羅倫斯全城的最高點，也超過了古羅馬時代遺留下來的任何一座建築物。有人說它實在太高了，以致於上帝也為之不悅，建成之後它多次遭到雷電的轟擊。

在完成百花聖母大教堂圓頂之後，布魯內萊斯基聲名大噪，委託案接踵而來，同時進行好幾項工程，聖羅倫佐教堂（San Lorenzo）的聖器保管室就是他同期進行的建築之一。布魯內萊斯基將佛羅倫斯孤兒院正面的立柱稍加變化，把它們用在了聖器保管室的結構中。該建築以粗大的科林斯式圓拱，構成壁柱楣拱，上接三角穹拱和支撐性拱橋，將整個帶有棱角的圓拱頂托起。布魯內萊斯基用較深的顏色來裝飾壁柱、拱柱、弧形拱、凸緣等突出部分，而四圍牆上的圓形畫框、窗戶、壁龕等，則在淺色牆灰的映襯下顯得佈局清晰，給人以輕快鮮明的感覺。

布魯內萊斯基還設計了許多小教堂。其中比較著名的是巴齊禮拜堂（Pazzi Chapel），由 1430 開始施工，直到 1440 年完工。這座小教堂位於佛羅倫斯聖克羅切教堂（Santa Croce）內一個又窄又長的院落內，它的總體結構對稱，是純粹的羅馬風格，可以看作是布魯內萊斯基對聖羅倫佐教堂聖器保管室的升級版。小教堂用作巴齊家族的祈禱室和聖克羅切教堂神職人員的會議室。小教堂的平面呈拉丁十字架形，兩個互相垂直的軸線中心弧拱上架設圓頂。在外部，小教堂的正立面採用了類似羅馬凱旋門的構圖方式，並溶入建築師自己的創新設計，將其與後面的圓頂完美地結合在了一起。而在內部裝飾上，建築師則強調圓柱形結構和空間的橫向發展，利用凸緣來構造牆壁結構，具有文藝復興建築的鮮明特色。

除了教堂等宗教建築，布魯內萊斯基還指導建造了許多城市防禦工事，像是以城市為中心，在周圍設計了眾多要塞。他還修建了許多橋樑，也負責了貫穿城市的阿諾河（Fiume Arno）沿岸加強工程。因為成績突出，1429 年佛羅倫斯圍攻盧卡（Lucca）之戰時，布魯內萊斯基被派往前線，主持建造圍攻該城的工事。經過考察之後，布魯內萊斯基決定建造攔河大壩來管制水位，必要時可以打開閘門淹沒盧卡

※ 布魯內萊斯基建造的巴齊禮拜堂，是十五世紀的巔峰之作，正面的結構極具典型：兩側迴廊以柱頂的橫樑相連接，中間是拱門。

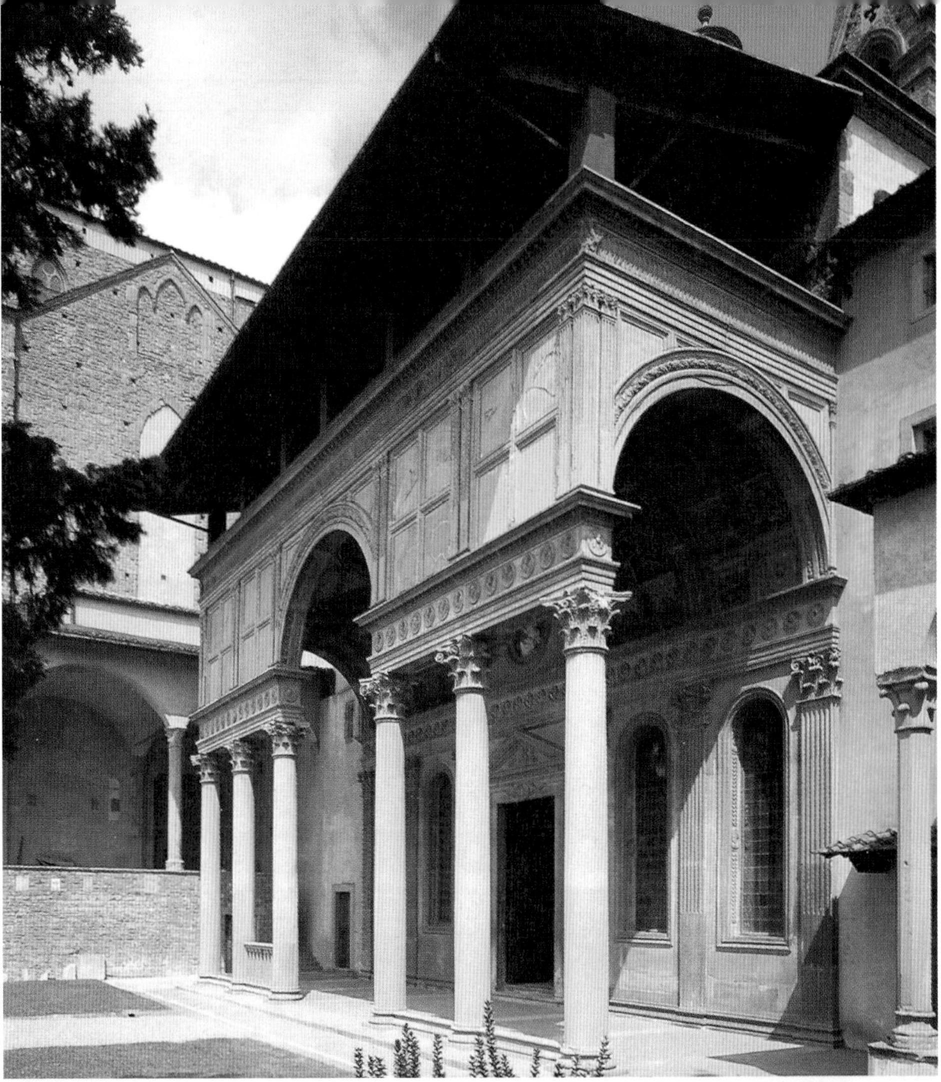

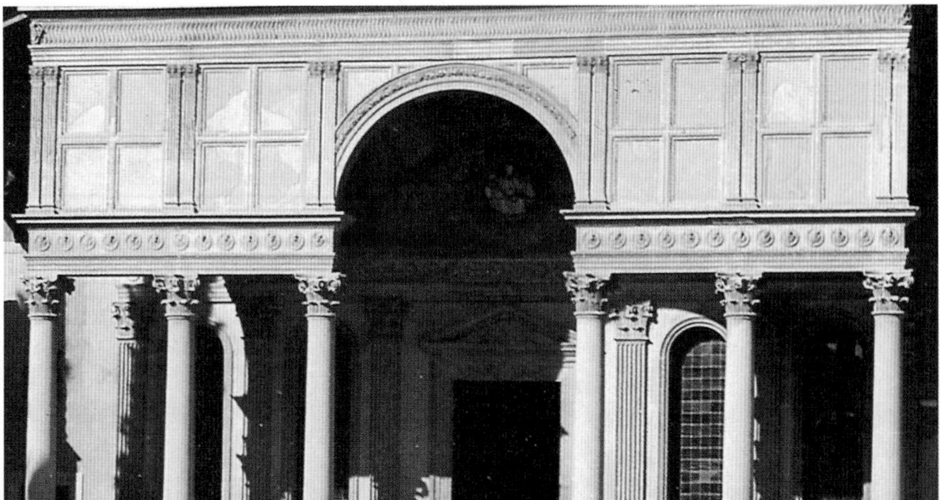

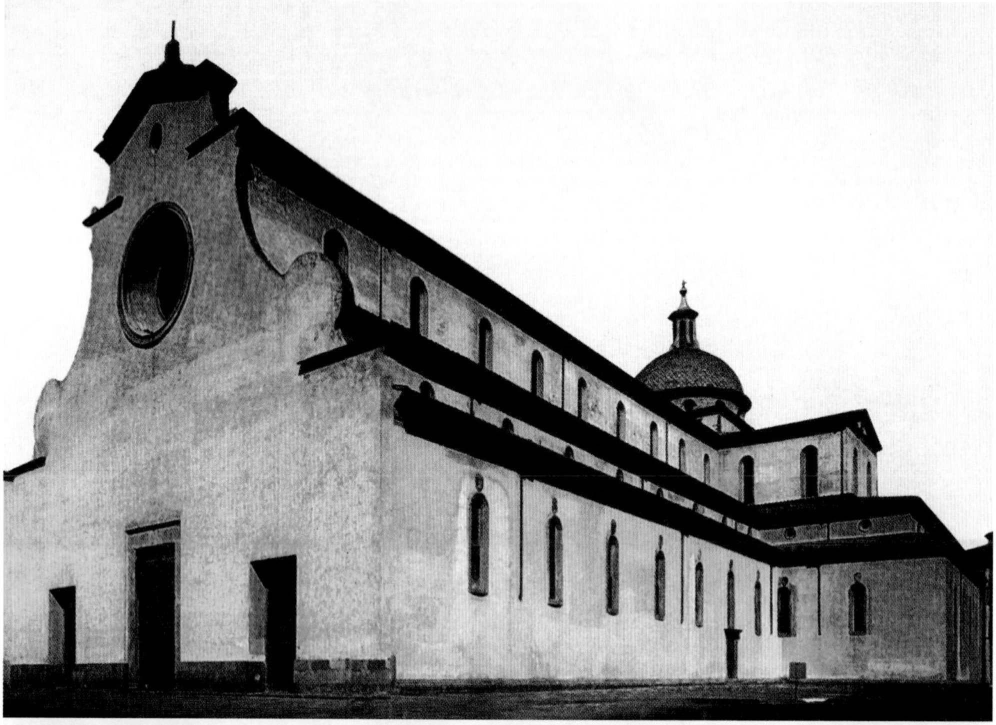

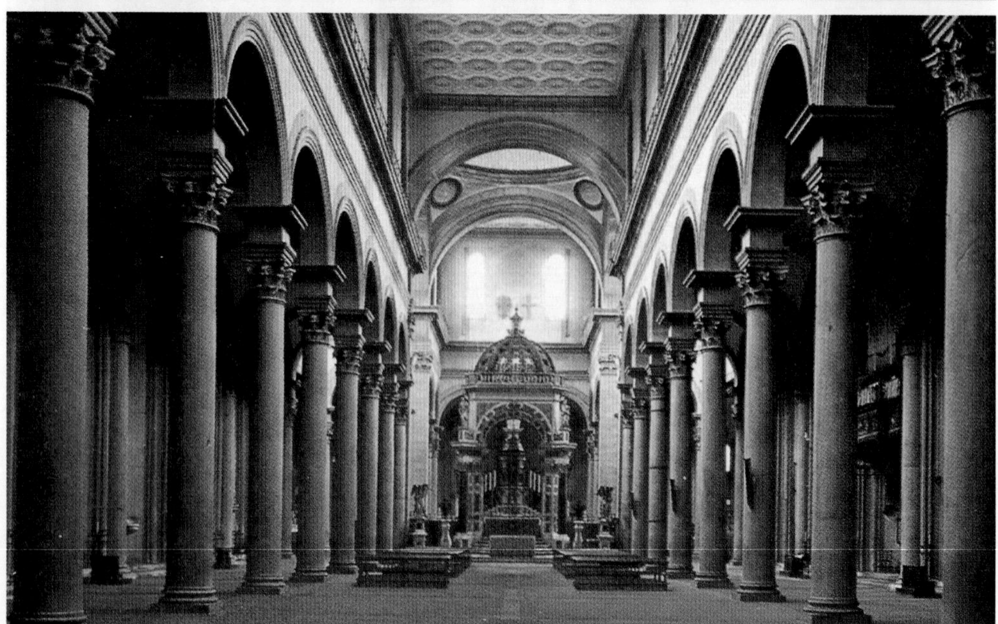

※ 在佛羅倫斯聖靈教堂的設計中，建築師仍然堅持著義大利文藝復興建築的重要理念，將教堂的外觀處理得非常簡潔，顯示出清晰、嚴格的理性標準。

城，逼他們投降。結果卻與布魯內萊斯基的設想正好相反，決堤的河水並不如預期的湧進被圍困的盧卡城，反倒是淹沒了他們的營地，讓參戰的佛羅倫斯人被迫四下竄逃。

人們於是將盧卡之戰失利的責任，全歸到了布魯內萊斯基身上，他們軟禁他，不准他出外上街，使得布魯內萊斯基非常絕望，還在 1431 年 9 月為自己立下了遺囑。不過這時百花聖母大教堂的圓頂工程仍在進行中，非常仰賴他的指導，佛羅倫斯人們最後還是沒有將他送上斷頭臺。

1434 年，布魯內萊斯基又惹禍上身，他拒絕繳納他所在的同業工會的會費，因為他認為藝術家應該堅持創作自由，不能受某個工會組織的宣言所限制。這一次他被補入獄，但沒過多久又不得不釋放他，因為城市的建築工程少了他，便無法繼續進行。

同年，布魯內萊斯基設計了著名的佛羅倫斯聖靈教堂（Santo Spirito）。建築師仍將教堂的外觀處理得非常簡潔，顯示出清晰、嚴格的理性標準。教堂的內部採用科林斯式單立柱支撐，這是布魯內萊斯基對古典柱式運用的又一個典範。這座教堂直到 1487 年才完工。

布魯內萊斯基一生中，絕大部分的工程幾乎都是政府的委託，他不得不學會如何與政府官員們打交道。為了得到委託，他必須參加競標，為了說服委員會，他也必須一次又一次的修改設計圖。最讓人頭疼的是，必須跟不懂建築的評審委員會展開拉鋸，以保護自己的建築藝術不受扭曲。這也是所有文藝復興時期的藝術家，都得面臨到的困境。

布魯內萊斯基不僅僅是建築師，他還是金匠、鐘錶匠、雕刻家、機械師和畫家，他在數學和透視學也頗有造詣。在教堂圓頂的建造過程中，數學的知識給了他許多幫助，建築的內外裝飾，更是得益於他在美術、手工藝等方面的成就。

1446 年 4 月 16 日，百花聖母大教堂圓頂上的採光亭還在建造當中，布魯內萊斯基等不到他一生中最重要的建築作品完工，就離開了人世。佛羅倫斯人將他隆重地葬在百花聖母大教堂裡，他的墓在講道壇之下，面對大門。他的墓碑上有著這樣的評語：「天資獨厚，品行高潔」。

※ 佛羅倫斯聖靈教堂的內部，兩邊整齊且連續的圓柱與圓拱，軸線都在同一點上，徹底遵循了透視法原則。

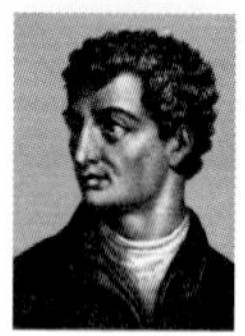

阿伯提
影響深遠的建築理論家

Leon Battista Alberti（義大利 1404-1472）

里昂・巴蒂斯塔・阿伯提是義大利文藝復興文化的首批創造者之一。他多才多藝，既是建築師，又是詩人、音樂家、畫家、文藝理論家、數學家和科學家，甚至在運動方面，他也有優越的表現。阿伯提有敏銳的藝術感性，和縝密的邏輯思維，他的天賦和求知欲、才藝和智慧，都遠勝於同時代的人，特別是在布魯內萊斯基去世以後，他更成為義大利文藝復興建築的主要帶領者。

阿伯提在探索自然、藝術、科學，甚至是文學領域，累積了深厚的底子，將自己對建築的心得記錄下來，完成了文藝復興時期第一部完整的建築理論著作，更推動了文藝復興建築的發展。

1404 年 2 月 18 日，阿伯提生於義大利熱那亞。他是一個私生子，父親出身於佛羅倫斯一個富商家族。1421 年，阿伯提進入博洛尼亞大學，但父親過世後，由於他的私生子身份，阿伯提家族斷絕了他的經濟支援，還剝奪了他的遺產繼承權。為了拿回自己應得的遺產，他不得不長期與親戚在訴訟中周旋。

艱難的生活和繁重的學業，損害了他的健康，也影響了他的人生觀。這段時期他寫了《圓桌會議》、《論科學的利與弊》等論文，流露出命運無常等宿命思想。雖然如此，他還是努力在 1428 年取得了法學博士的學位，並獲准可以前往故鄉佛羅倫斯。

在佛羅倫斯時，阿伯提可謂如魚得水，他很快就被這裡的文化氛圍所感染，扭轉了他在大學時期的消極人生觀。他結識了在這工作的布魯內萊斯基、多納泰羅（Donatello）、吉貝爾蒂（Lorenzo Ghiberti）、烏切羅（Paolo Uccello）等建築師和畫家，在與這些藝術家的接觸中，他兼容並蓄地豐富了自己的知識，擴展了眼界。這些都對他今後的生活和創作，有著深遠的影響。

阿伯提 1432 年到了羅馬，在朋友們的幫助下進入教皇宮廷擔任書記，隨著教皇走遍歐洲，他待過羅馬、佛羅倫斯、費拉拉等地。阿伯提沒有一開始就投入建築領域。他廣泛涉獵數學、力學、光學、密碼學：為了打撈起湖底的羅馬沉船，他設計出了專門的起重裝置；他研究空氣溫度，發明了溫度錶這一測量工具；他還試圖培養出品種更加優良的馬匹；他對密碼的設置與破解，甚至對字母的書寫形式等，也發表了自己的意見。他的博學使得當代人為之讚嘆，有人在看了他大量的手稿之後說：「好吧，請告訴我，這個人究竟有什麼事不知道？」

許多事物都吸引著阿伯提，他認真地思考家庭、人生、倫理等問題，還從事文學創作。阿伯提還研究雕塑、繪畫、音樂等藝術。他也寫下了許多藝術論文，他用義大利語寫下了《繪畫論》（*Della pittura*）等藝術論著，還創作了優秀的人文主義作品《論家庭》、《論心靈的安寧》。說他是義大利文藝復興運動的理論家和引領者，阿伯提實在當之無愧。

1432 年阿伯提初次到羅馬時，極富熱情地深入研究古羅馬建築遺跡，從 1440 年開始，費時十年，用拉丁文撰寫《建築論》（*De re aedificatoria*）初稿，兩年後他將完稿送給教皇尼古拉五世（Pope Nicholas V）過目。當時因為印刷技術等種種限制（1450 年歐洲才有活字印刷術，第一本印刷聖經在 1456 年出版）無法付梓。儘管如此，在 1485 年印行時，《建築論》仍是第一部印刷的建築書籍。

《建築論》闡述了以數字和諧為基礎的美學理論，阿伯提以阿基米德的幾何學，作為運用基本形體的權威依據，他提出了文藝復興時期建築方面最重要的一個論述：建築物的美來自於各部分比例的合理整合，對任意部分的稍微增加和減少，都會破壞整體的和諧。阿伯提就這樣將藝術形象與數學原理結合，使他成為在造型

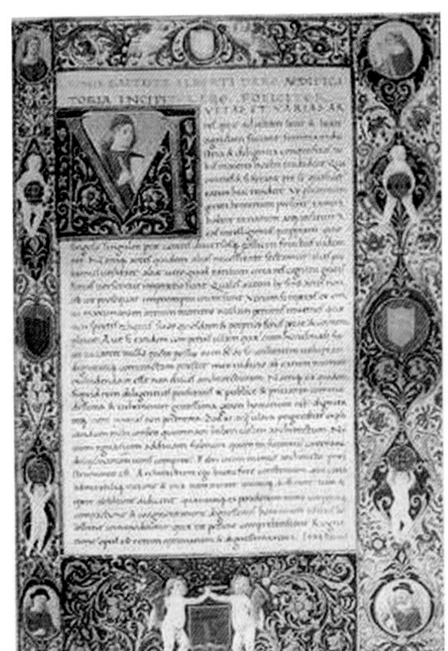

※ 阿伯提用拉丁文撰寫了《建築論》一書，他在書中將藝術形象與數學原理聯繫在一起，這使他成為在造型藝術中運用數學思維的先驅。此為《建築論》中的一頁。

藝術中運用數學思維的先驅。

在費拉拉時，阿伯提受到邀請，為朋友的父親製作了一尊騎馬雕像，這是他走向建築的第一步。1446 年布魯內萊斯基去世後，阿伯提得到了施展建築設計才華的機會。魯切拉府邸（Modifica di Giovanni Ruccellai）是阿伯提在家鄉的第一件作品，從 1446 年動工，歷時五年完工。阿伯提將臨街的三層正立面處理成光滑的平面。第一層窗戶開得很小，是簡單的四方形，採用多立克式壁柱。第二層和第

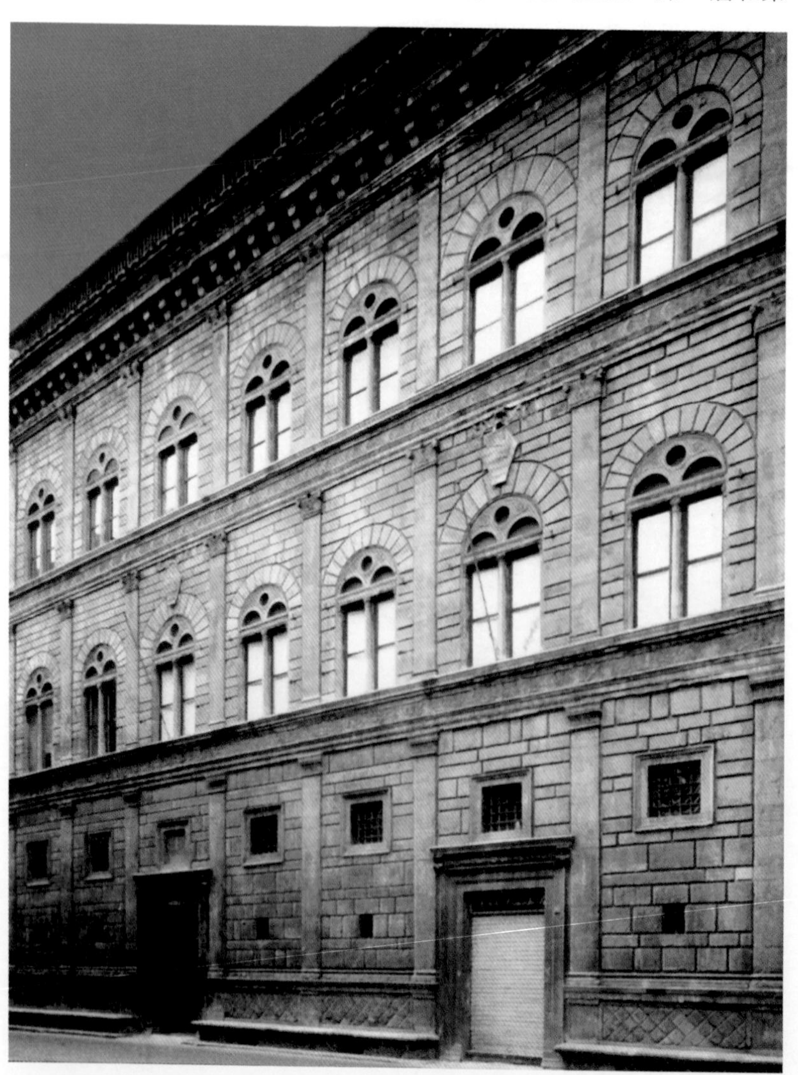

※ 魯切拉府邸是阿伯提在家鄉城市佛羅倫斯的第一件建築作品，建築師的設計體現了文藝復興運動試圖復興古典文化的意圖。

三層的窗戶則加大，窗楣設計成圓拱形，壁柱則是優雅的愛奧尼式和科林斯式，這些柱子都經過精心推敲過比例。頂部有伸出的飛簷，甚至遮住了屋頂，使建築外觀呈完整的方形。

而立面的比例輪廓十分清晰，風格厚重堅實。阿伯提安排柱式時仿造了古羅馬競技場，在不同的樓層採用不同的柱式，完美重現古代希臘、羅馬建築的古典柱式風格，因為阿伯提的成功應用，讓這種形式迅速地流行起來。多立克柱剛勁挺拔，雄健陽剛，適合法庭和紀念男性聖徒的教堂；愛奧尼柱式的裝飾和變化更多，適合學者和紀念已婚女聖徒的教堂；科林斯柱則模仿了少女的纖柔體態，適合紀念童貞瑪利亞和少女聖徒的教堂。

※ 阿伯提為正在建造的福音聖母教堂設計了一個純大理石的正面，這一比例和諧的新立面逐漸演變成了一種標準形式，成為文藝復興及後來的巴洛克時期教堂建築的模仿對象。

之後，阿伯提受命為建造中的福音聖母教堂（Santa Maria Novella）設計一個純大理石的正面。這座教堂的正面從 14 世紀時就開始修建，當初是採用哥德式風格，阿伯提要在原有基礎上進行設計，又得不破壞原有的效果，其難度可想而知，但阿伯提最終還是辦到了！

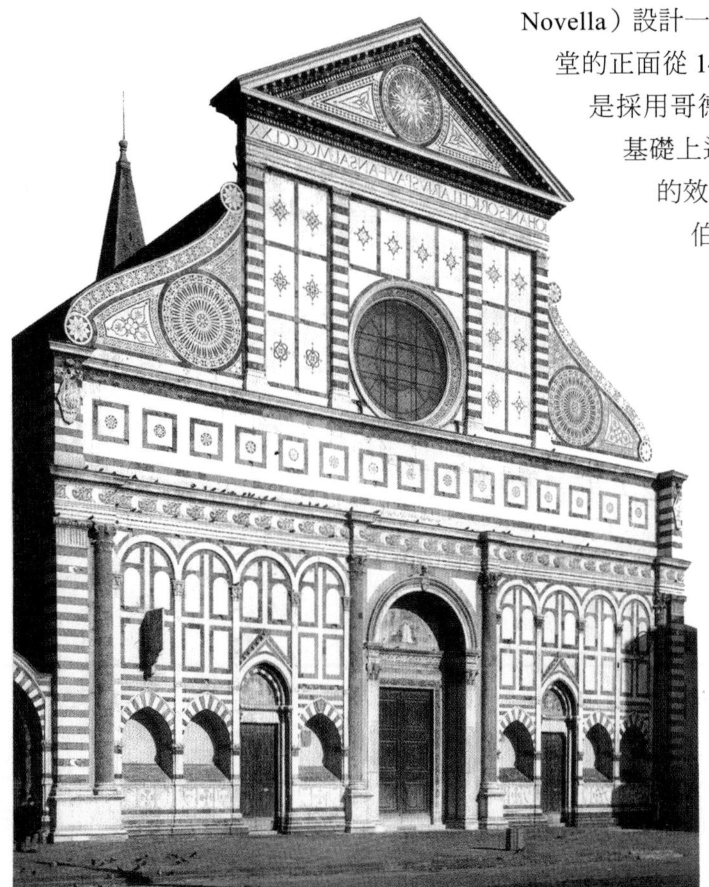

他加入了一些古典的元素，將側門做成狹長形，上面設置尖拱，外面壁龕上部也做同樣的處理，如此一來寬闊的正面底層，就出現了一組漂亮而和諧的連續拱。第二層則仿古希臘神廟的狹窄山牆，中心是一玫瑰花窗，兩側各有一個渦卷狀的牆飾。阿伯提設計的教堂新立面比例和諧，逐漸成為一種標準形式，成為文藝復興及巴洛克時期教堂建築的模仿對象。

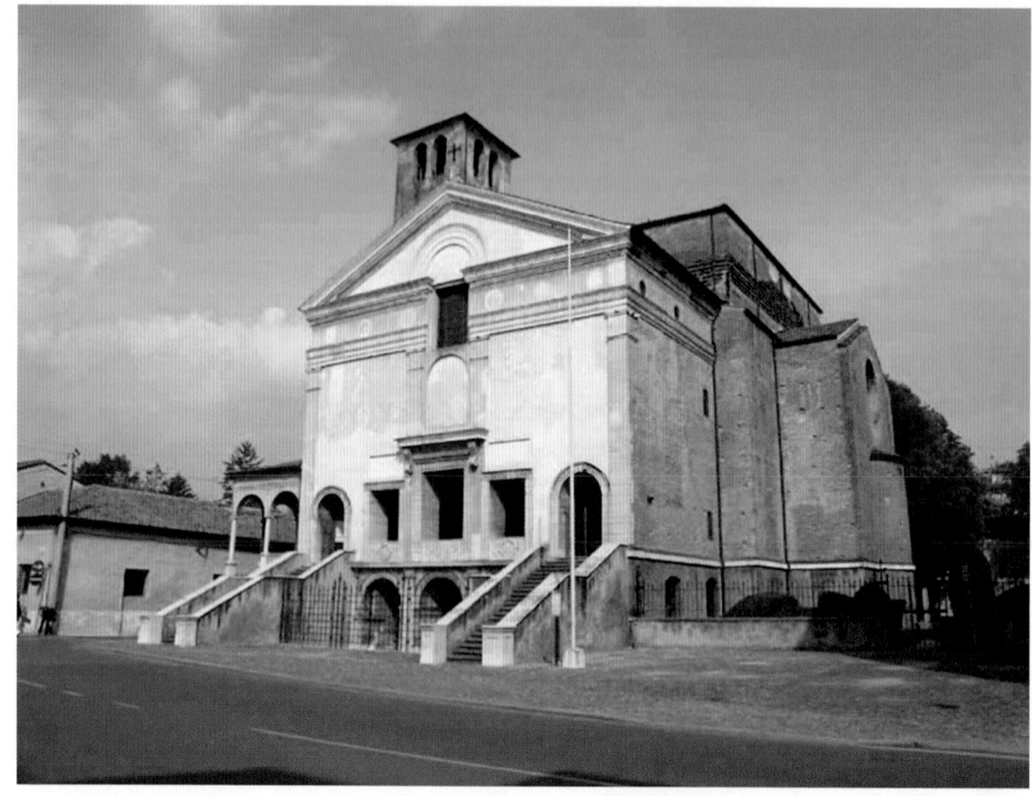

※ 聖賽巴斯提阿諾教堂是文藝復興早期教堂建築的傑出作品。

同時，阿伯提在義大利北部進行的建築設計，則更為大膽創新。大約 1450 年間，阿伯提在里米尼（Rimini）為重建聖法蘭西斯科教堂（church of S. Francesco）設計出來了一個木製模型，他新建了教堂的另外三個立面，還為教堂設計了新的大圓頂。

1460 年，阿伯提在曼圖亞（Mantua）設計完成了聖賽巴斯提阿諾教堂（S. Sebastiano）。其平面呈十字形，有一個大的圓屋頂。教堂建在高高的基座之上，基座下面是一個寬敞的地下聖堂。教堂正面連接著一個寬闊的雙層前廳，前廳後牆有通向其他三面三個小看臺的狹窄入口。阿伯提在教堂的正面設計中，參考了古羅馬神殿的樣式，在教堂內部的結構和裝飾中，則表現了自己的古典主義原則。同樣在曼圖亞的聖安德烈教堂（S. Andrea）屬於阿伯提晚期的作品，1472 年才開始建造，它的正面和古羅馬的凱旋門非常相似。阿伯提晚年辭去教廷的工作，專心撰寫論文，1472 年 4 月 25 日於羅馬去世。

阿伯提曾表示：「在我們的文明生活中，只有勤勞、優良的技藝、持之以恆地工作、誠實的行為、正義和理智，才是有價值的。」他強調人的尊嚴寓於勞動中：「有的人不願勤學技藝，不願努力工作，不願在完成艱鉅的任務中汗流浹背，那他又怎麼可能贏得像別人那樣的威望和尊嚴呢？」

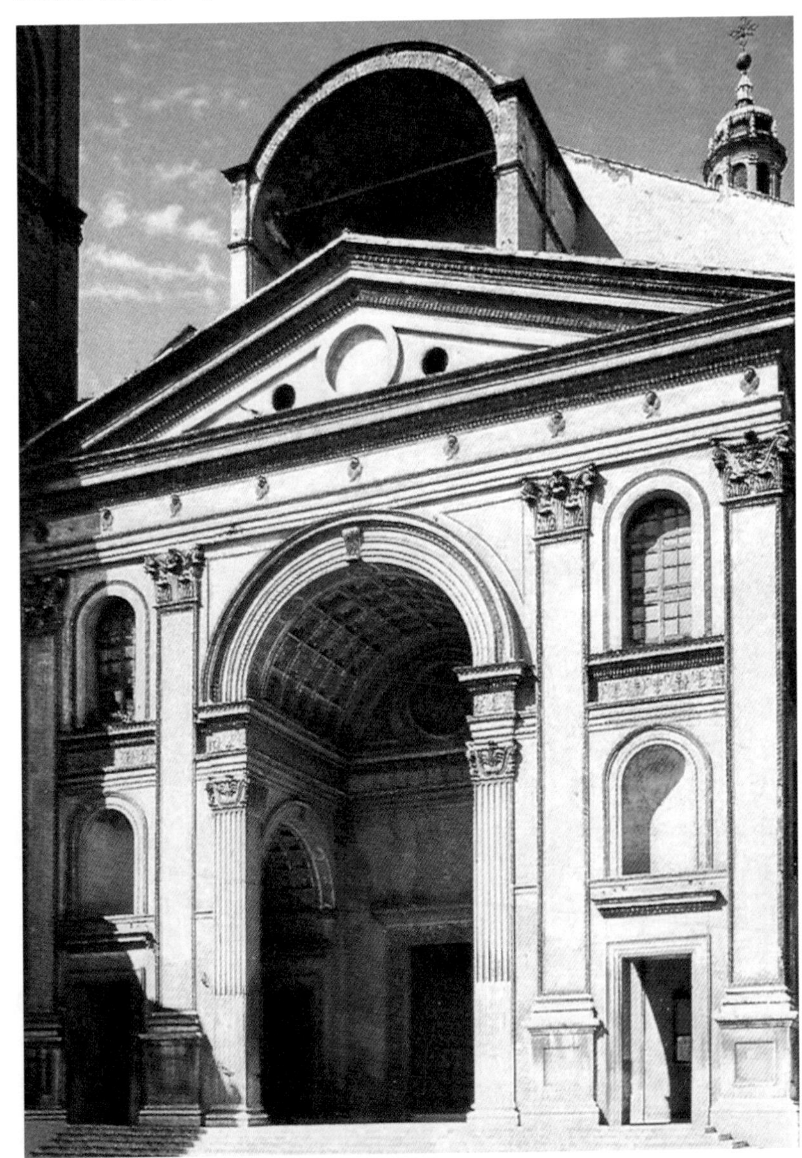

※ 阿伯提建造的聖安德烈教堂，創造了教堂正面的第二種處理格式，更加新穎。他為教堂正面設計了相當於兩層樓高的高大拱門，再用小型格式將正面分割，跟教堂內部相呼應。

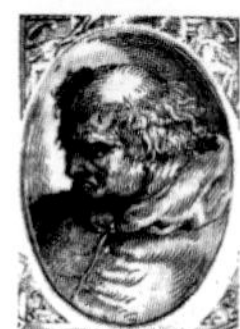

布拉曼帖 復興古希臘羅馬建築第一人

Donato Bramante（義大利 1444-1514）

布拉曼帖生於 1444 年，在烏爾畢諾（Urbino）長大。雖然小時候家庭貧困，但父母還是儘量讓他上學，父親看到他非常喜歡畫畫，就特別培養發展這方面的天賦，布拉曼帖很快就掌握了水彩畫的技巧。

有關布拉曼帖最早的文字紀錄是在 1477 年，那段時期他在貝加莫創作了一幅名為《契隆》的壁畫，這使他成為一個成熟的畫家，此時他也對建築產生興趣，因此決定前往倫巴底（Lombardy）。倫巴底的古羅馬建築遺跡比義大利中部要少得多，當地的建築受哥德式風格影響較大，輪廓也較為活潑豐富，不像佛羅倫斯那樣在建築物的頂端，設置沉重的水準簷口。

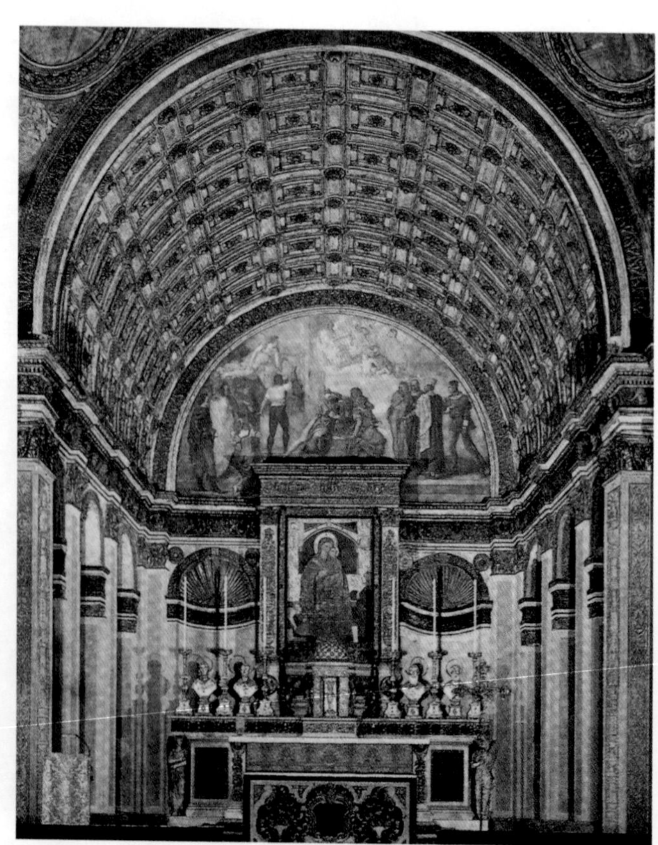

※ 聖薩蒂羅教堂內假的聖瑪利唱詩堂。唱詩堂應該位於祭壇後方，但是真的建造會佔去不少空間，因此布拉曼帖使用「透視法」繪了效果逼真的唱詩堂。

布拉曼帖來到了米蘭，服務於米蘭王公斯福爾的宮廷。他在此期間認識了達文西（Leonardo da Vinci）。聖薩蒂羅教堂（San Satiro）內的小禮拜堂，也是他親自主持修復的。布拉曼帖沒有對教堂進行大規模的改造，基本上是按照 9 世紀晚期時的原形進行修復，布拉曼帖深厚的繪畫功底在這項工程中充分展現。與早期基督教帶有浪漫主義色彩的裝飾相比，布拉曼帖的作品少了許多迷幻色彩，但透露出更多古雅的特質。有人指出達文西在這部分影響了他，而達文西對於建築的興趣，則應該歸功於布拉曼帖的引導。

布拉曼帖於1492年接手設計米蘭聖瑪利教堂的歌壇（Santa Maria delle Grazie），將其設計成集中式，還在巴西利卡式教堂的東端加蓋了一個圓頂。雖然圓頂不是在教堂的中心，使它整個外型和構圖不是非常完美，但布拉曼帖將它的細部處理得非常輕巧靈秀。教堂外面的牆面用大理石、磚和陶貼面裝飾。在內牆面，布拉曼帖選用了自己心儀的同心圓兩層券面做裝飾，兩層券面之間飾以圓形圖案。聖瑪利亞教堂沒有採用柱式來構成，這是倫巴底中世紀建築風格的延續。

在米蘭落入了法國國王路易十一之手後，布拉曼帖移居到羅馬，並對羅馬遺留下來的古老建築進行仔細的考察，也鑽研阿伯提的作品，這些收穫都表現在他後期的建築設計中，使他的作品洋溢著古典精神。

布拉曼帖在羅馬的第一件作品是羅馬聖瑪利修道院（Santa Maria della Pace）。這一建築和他以前的設計風格相似，但在結構上顯得更加羅馬化了。建築師大膽地把古典建築樣式糅合在一起，科林斯式和愛奧尼式這兩種柱式輪流出現在上下兩層中。布拉曼帖改變了兩個迴廊之間的陰暗對比度，在底下的幾座拱門上方設置了幾根小圓柱，使得二樓的縱深感得到減輕，視覺上平衡了兩層的陰暗效果。

1502年，布拉曼帖在聖彼得大教堂（San Pietro in Montorio）的一個小院子裡建造了一個小聖堂（Tempietto）。這個小聖堂非常小，其中心的直徑也只有45公尺。不過，據說這個院子是聖彼得被釘死在十字架上的地方，小聖堂就是為了紀念他而建，布拉曼帖實踐阿伯提的理論，有意識地模仿了古羅馬神廟的特色。

這座被人稱為文藝復興盛期第一座建築物的小聖堂，三層臺階逐漸上升至圓形柱礎，下部外圈由16根古羅馬托斯卡那柱圍成一座鼓座，柱子的形狀基本上與多立克柱式相同，只是建築師為了適應這座小小的院庭，將它們做得更為小巧精緻。鼓座上面設置低矮欄杆，圓筒的中央加蓋一個圓頂。上下兩部分之間有精美的裝飾性浮雕，其內容雖然是基督教儀式所用的器物，造型上卻模仿古代希臘、羅馬的建築裝飾風格。

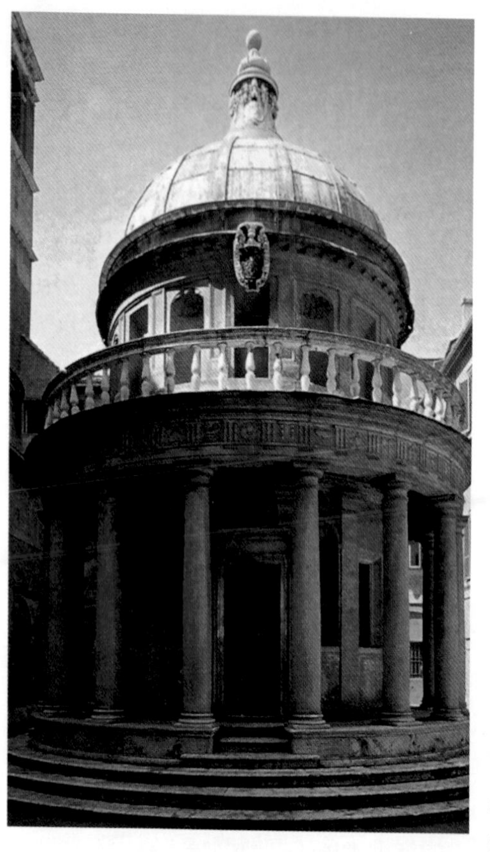

內部佈局上，布拉曼帖確立了透過高處的窗戶展示藍天的原則，但它並不笨重，也不像官邸宮殿等建築那樣傲慢和令人畏懼。布拉曼帖用臺階抬高了柱礎的位置，在有限的空間內卻創造了寬敞的柱廊，上部的圓頂及周圍矮欄杆的設置，也使這座小小的教堂流露出一個完美建築物應有的優雅精緻。

小神殿的比例非常和諧，可以整體的放大和縮小，但是你絕對不能改變它各部分之間的比例關係。正是因為這種彈性的設計，後世的許多建築都模仿了它。包括著名的倫敦聖彼得大教堂的圓頂、雷恩（Sir Christopher Wren）設計的英國聖保羅大教堂（St.Paul Cathedral）等，甚至從美國的國會大廈身上，也可以看出布拉曼帖設計的影響。

聖彼得大教堂是布拉曼帖承接的另一項重要工程。原來的聖彼得大教堂是西元 330 年在尼祿圓形劇場的基礎上所建造的，旁邊立有一座從尼羅河運來的巨大方尖碑。這裡是聖彼得的殉道之地，因此是天主教世界裡的最高教堂，許多帝王和教皇都是在聖彼得大教堂裡舉行加冕儀式。1505 年教皇朱理二世決定重新建造大教堂，教皇最初將設計案委託給米開朗基羅，並要求大教堂要超過最大的異教廟宇——羅馬萬神廟。但是在公開招標時，布拉曼帖擊敗了米開朗基羅而勝出。

布拉曼帖將聖彼得大教堂建造成歷史的紀念碑，拋棄了傳統的

※（左）聖瑪利修道院是布拉曼帖在羅馬的第一件作品，建築師改變了兩個迴廊之間的陰暗對比度，使兩層的光影變化在視覺上達到了平衡。

※（下）布拉曼帖在小聖堂的設計中，有意識地模仿古羅馬神廟的特色，它被認為是文藝復興盛期的第一座具有代表性的建築物。

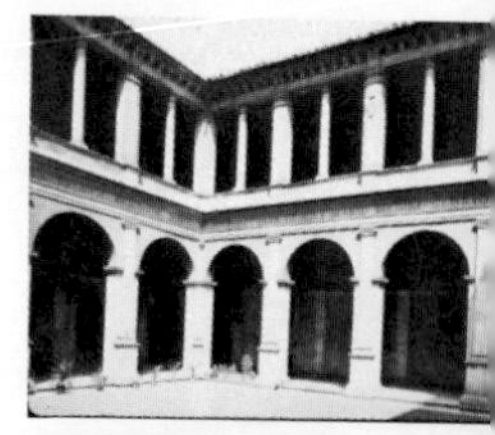

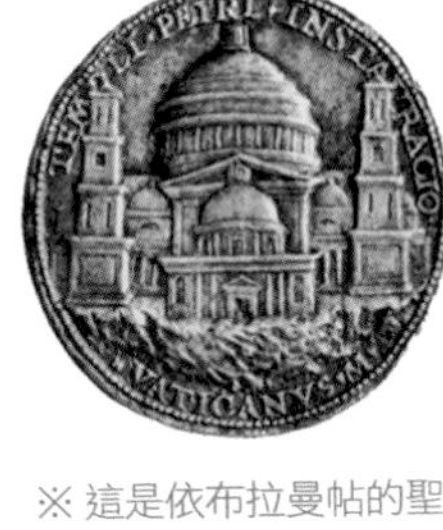

※ 這是依布拉曼帖的聖彼得大教堂設計所做的徽章，和我們現在看到的聖彼得大教堂有所不同。

巴西利卡式形制，大膽借鑒了拜占廷的形式，把大教堂設計成希臘十字形。十字的四臂伸展得較長，在每兩臂的空間再填充一個小的十字形，如此一來，整個大教堂的平面呈正方形。教堂正中央架設大圓頂。在平面正方形的四個角上，有四個小的圓頂，它們拱衛著中央的大圓頂，構成了大教堂的主要輪廓。

大圓頂的設計參照了他自己作品——小聖堂，不過，由於聖彼得大教堂的圓頂比較大，布拉曼帖為了使它的結構更為堅固，將圓頂設計的有些扁平，看起來不像小聖堂那樣挺拔。圓頂的下面設鼓座，鼓座的周圍環繞一圈柱廊，布拉曼帖採用了嚴謹規範化的柱式，使古典建築語言又一次得到了復興。

為了避免教堂使人感覺神秘，布拉曼帖在建築的內外視覺上，都力求和諧明朗。希臘十字形的四個端點的牆面向外彎成半圓形，使立面凸起來。這四個立面不分主次，特意突出大圓頂的中心位置。在內部空間的處理上，布拉曼帖也非常大膽。裡面各部分之間互相穿插，變化多端，教堂內部非常寬敞，特別是在大圓頂下。

布拉曼帖在設計聖彼得大教堂時可能與達文西商討過。人們在達文西的手稿裡發現了一些很潦草的示意圖，大約畫於 1497 年左右，此時達文西和布拉曼帖都在米蘭，他們可能就大教堂的形制進行過討論。

聖彼得大教堂從 1506 年開始動工，此時布拉曼帖已經 62 歲了，但大教堂直到一百多年後的 1626 年才完成。後來接手的建築師對聖彼得大教堂的設計進行了很大的修改，我們今日看到的聖彼得大教堂已經不是布拉曼帖原先的設計。

布拉曼帖雖然出身在一個教育被權貴把持的年代，但他靠自己的努力，不僅成為一個優秀的畫家，還憑著熱情和努力，建造多幢重要建築，將義大利文藝復興建築推進到全盛時期，自己也成為名垂史冊的大師。布拉曼帖於 1514 年在羅馬去世，人們把他安葬在聖彼得大教堂。

「他是一個樂觀隨和的人，總是樂於幫助周圍的人。教會的顯貴們對他有很高的評價。他生前就獲得了極高的讚譽，而在死後人們更加推崇他。」這是瓦薩里對多納托·布拉曼帖的評價。

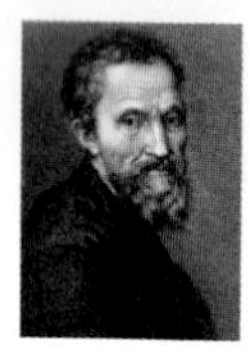

米開朗基羅

文藝復興全能巨匠第一人

Michelangelo Buonarroti（義大利 1475-1564）

米開朗基羅的一生展露出驚人的藝術才華，他是技藝高超的畫家、雕刻家、建築師，留下了許多不同種類的藝術珍品，他的創作對其後歐洲繪畫、雕刻以及建築的發展，有著舉足輕重的影響力。

1475 年 3 月 6 日，米開朗基羅生於義大利的小城卡普勒斯（Caprese），這裡距佛羅倫斯約 40 英里的路程。他的父親洛多維科據說是卡諾薩伯爵高貴家族的後裔，對星相很有研究，他從孩子出生時水星、金星、木星呈現出的吉兆，認定這個孩子身上肯定有不同於一般人的神性。洛多維科的父母在佛羅倫斯近郊為他留下一片房產，就把家搬回了佛羅倫斯。

米開朗基羅家的周圍住了許多石匠，他的乳母就是一位石匠的妻子，這一點或許和以後米開朗基羅在雕刻方面的傑出成績，有著某種關聯。在一個朋友誇讚他的雕刻技藝時，他就曾開玩笑地說：「我的那一點點才能，實在算不了什麼，就像我在吸吮乳母的奶水時，就已經拿起了鑿刀和錘子，開始雕琢人物形象一樣，是您這兒適宜的空氣給了我很大的啟發。」

在米開朗基羅 6 歲時，母親就去世了。洛多維科有 5 個孩子，且都是男孩，米開朗基羅排行第二，母親過世後，波納羅蒂家族就成了一個只有男性的家庭。米開朗基羅在這樣一個男性陽剛的家庭裡長大，性格既剛烈又孤僻，這或許也影響了他日後主要以壯美男性身軀表現題材的創作風格。

父親希望米開朗基羅學習拉丁文，以便將來躋身上流社會，但他卻將全部的熱情投注在喜愛的繪畫上面，拉丁文成績也一塌糊塗。父親最後只好安慰自己，認同繪畫也是可以出人頭地的。米開朗基羅 13 歲的時候，父親終於讓他正式向名畫家吉蘭達約（Domenico Ghirlandajo）學習繪畫。

※ 金字塔的佈局，是文藝復興時期很常見的一種構圖方式。米開朗基羅將基督做得比較小，為了表現其母子關係，也是為了保持以金字塔構圖的幾何圖形組合。

隨著年齡的增長，米開朗基羅的繪畫技巧也飛躍地進步，他不僅

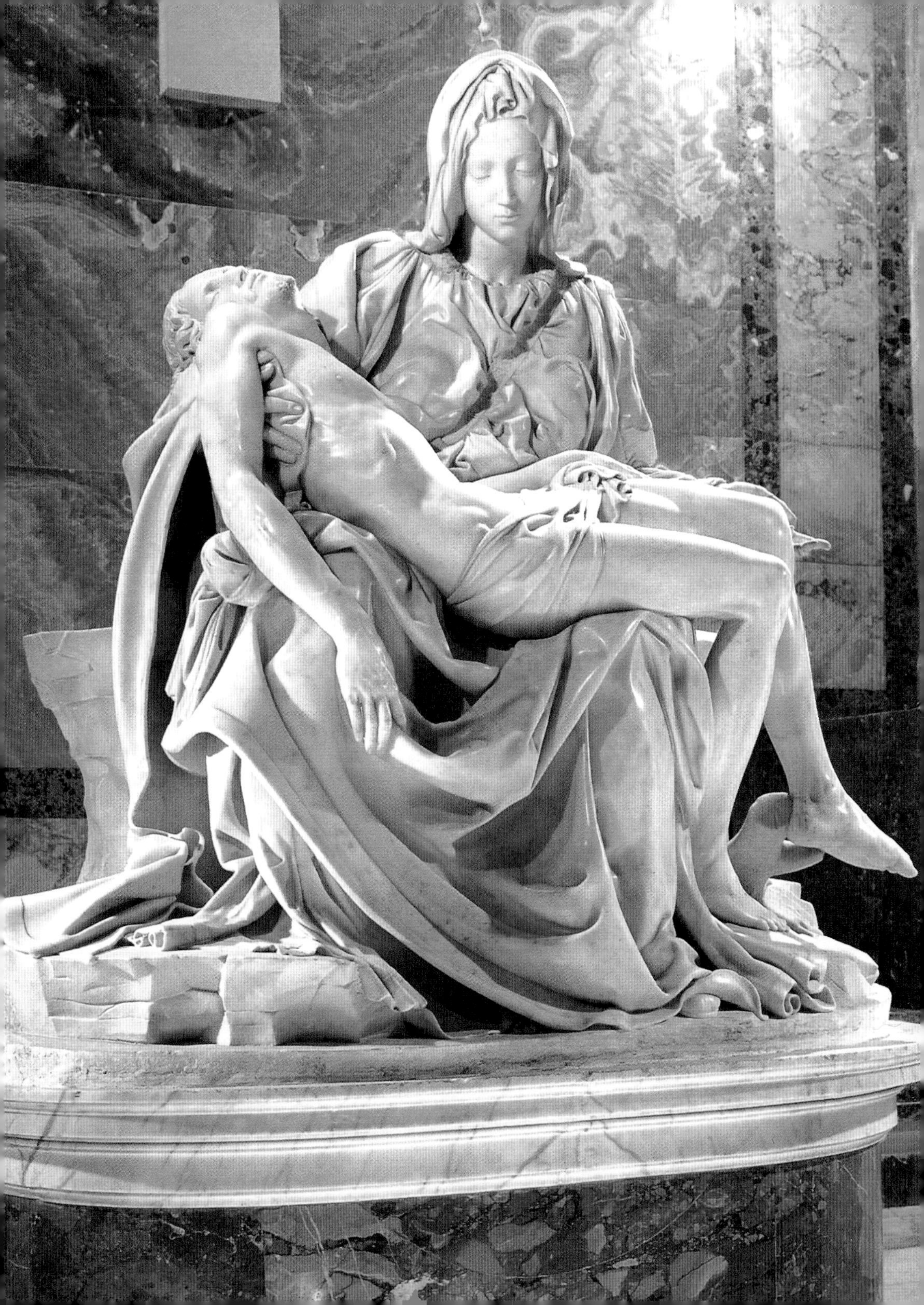

很快超過了自己的同學，甚至還敢於修改自己老師的作品。在老師的推薦下，米開朗基羅轉入了佛羅倫斯的最高統治者羅倫佐·麥第奇所開設的藝術學校，開始學習雕刻藝術。羅倫佐是一位著名的藝術收藏家，在他的花園裡收藏著許多古代希臘、羅馬的藝術作品，學校的老師就是現場用這些古老的雕塑作品來給學生們上課。

米開朗基羅的才華很快就被羅倫佐發現，他和這位天才少年的父親波多維科懇談，希望能親自培養米開朗基羅，羅倫佐得到波多維科的首肯，他便讓米開朗基羅住在宮廷中，每月給他薪俸，一直持續到1492 年羅倫佐過世。

在麥第奇家族的這段生活，對米開朗基羅的成長非常重要。出身貧寒的他，有機會親眼目睹佛羅倫斯王公貴族富華奢靡的生活，上流社會的藝術氛圍，和思想相對自由的狀態，開拓了他的眼界。但他無法容忍貴族子弟和婦人們的粗淺和庸俗，也看不慣他們放蕩的行為舉止，但他們所表現出的優渥、自信和自由，給年輕敏感的藝術家很大的啟發。米開朗基羅臨摹複製了許多古代珍貴的雕塑作品，使自己的雕刻技巧更加精湛。

羅倫佐去世之後，統治佛羅倫斯的麥第奇家族陷入了前所未有的政治危機，麥第奇家族的繼任者不久之後就遭到驅逐。米開朗基羅輾轉到了波倫亞，一年多之後又返回佛羅倫斯。

1496 年，21 歲的米開朗基羅來到了羅馬。一開始他沒有找到像樣的工作機會。23 歲時，他負責建造聖彼得大教堂的聖母和基督像。在「哀悼基督」這個雕塑作品，米開朗基羅有意識地淡化了這題材的悲劇性，作品充滿了古典式的優雅明晰風格，成年的兒子躺在年輕母親的膝蓋上，這樣的構思令當時的人們耳目一新，羅馬為之震動。眾人紛紛猜測這個雕塑的作者，結果後來以訛傳訛，作者竟被誤為是另一名雕塑家。於是米開朗基羅不高興地在聖母的衣帶上刻上了自己的姓名，這是他唯一一次在作品上留名。

「哀悼基督」讓米開朗基羅名聲大噪，1501 年，他帶著榮耀返回了故鄉佛羅倫斯。在家鄉他創作了更為有名的雕塑作品「大衛像」。這座雕塑高 550 公分，描述的是大衛在打敗巨人哥利亞（Goliath）之前緊張一瞬間的情景。大衛的臉個性鮮明，充滿憤怒，目光直視敵人，左手緊握著投石器，顯示出了無窮的力量和信心。佛羅倫斯人認為大

※ 米開朗基羅的「創世紀」，風景被減到最少，重點全部集中在亞當與上帝之間。

衛像有英勇鬥爭、保衛自由的涵義，於 1504 年將其豎立在市政廳前。

1504 年，教皇朱理二世將 29 歲的米開朗基羅，從佛羅倫斯召回羅馬，委託他為自己建造陵墓。教皇非常滿意他的設計，決定為自己這座陵墓選一個更合適的位置——正要重建的聖彼得大教堂裡面。但這個案子過於引人矚目，許多同業不斷向教皇進言，稱米開朗基羅的風格不適合建造大教堂和陵墓。教皇最後把這個任務交由布拉曼帖執行。

1508 年，教皇朱理二世委託米開朗基羅為西斯汀教堂的拱頂繪畫。米開朗基羅將天花板上的壁畫擴展到整個四壁，在 500 多平方公尺的面積上，完成了以聖經故事為原型的「創世紀」、「上帝創造亞當」、「大洪水」等 9 幅巨型壁畫。米開朗基羅將建築變成壁畫的一部分，成功地將之融為一體。這個作品花了整整 4 年才大功告成。

米開朗基羅於 1516 年被新教皇——麥第奇家族的列奧十世召回佛羅倫斯，以 4 年光陰為聖羅倫佐教堂設計主要立面，上面有大量的裝飾性雕塑。米開朗基羅起先試圖將雕塑和建築完美地融合在一起，但最終還是放棄了。1520 年米開朗基羅為聖羅倫佐教堂的聖器收藏室建造喪禮祈禱堂，實踐了將雕塑與建築合一的理想。

1523 年，米開朗基羅在聖羅倫佐教堂的另一側的庭院，開始興建勞倫圖書館（Laurentian Library）。圖書館的前廳約有 100 平方公

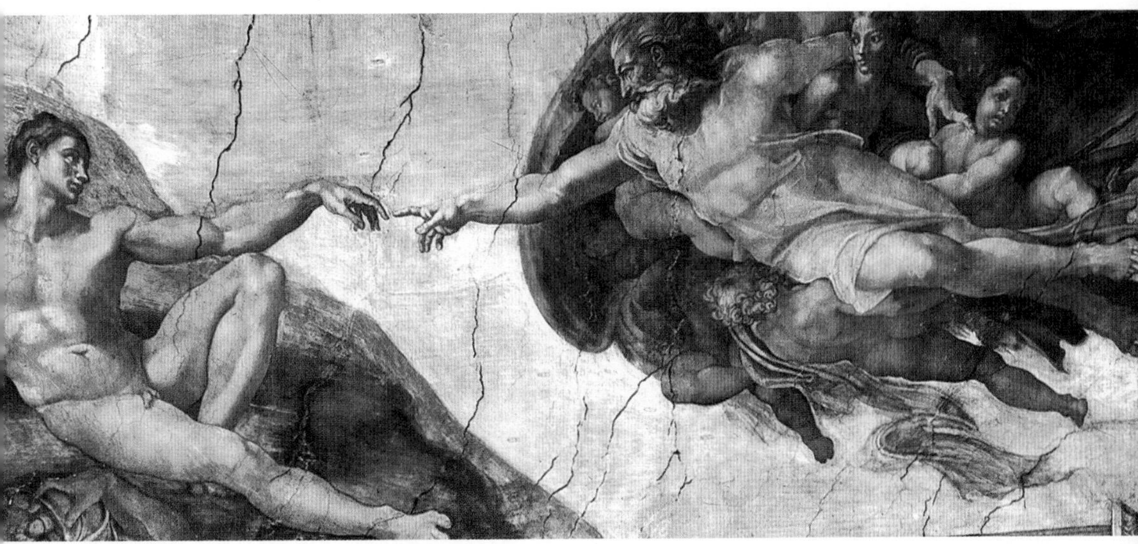

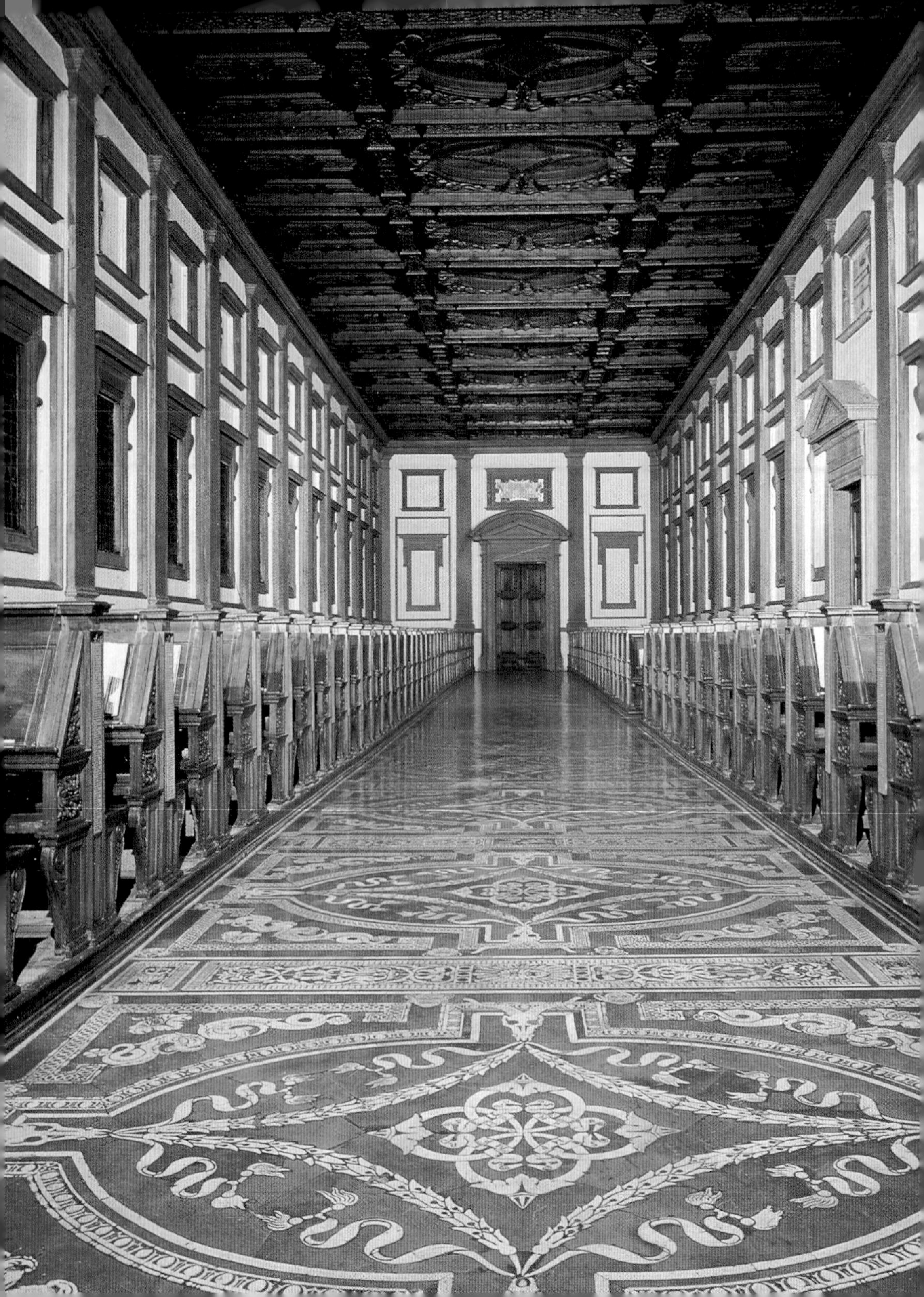

※ 勞倫圖書館，外牆建有許多扶垛，室內則建有細細的方柱，這樣可以有效減輕牆壁的壓力，而且在牆上開闢許多窗戶方便室內採光。內部以木製天花板與石材的地板搭配，錯落有致，使整體視覺更加豐富。

尺，正中是一座華麗的大理石階梯，階梯的形體變化豐富，兼具實用與美觀。中世紀時的樓梯，一般設置在建築物隱蔽的角落內，直到文藝復興時期，樓梯的裝飾效果才被發掘出來，米開朗基羅設計的勞倫圖書館，成為建築藝術中將樓梯作為裝飾元素的先行者。

在同一時期，米開朗基羅設計了麥第奇家族的陵墓。這座陵墓同時兼具禮拜堂的功能，他對設計非常投入，經常將幾近完成的方案推翻重做。與別的陵墓不同，米開朗基羅採用了建築外立面的處理手法，來裝飾這座陵墓的內部空間。在陵墓的小禮拜堂中，他廣泛應用壁柱、龕室、山花和線腳等裝飾手段，使室內牆壁有著較大的起伏。米開朗基羅也為這座陵墓製作了幾尊著名的雕像，其中最著名的是位於朱利安諾·麥第奇公爵陵墓前的一對男女人體雕像「晝」與「夜」，和羅倫佐·麥第奇公爵陵墓前的一對男女人體雕像「暮」與「晨」。這是脫胎於古代河神的四件象徵性雕刻，形體和姿勢都栩栩如生，表現出思想的苦悶和掙扎等主題。

米開朗基羅在佛羅倫斯的工作並非一帆風順，政治上的變故，使麥第奇家族陵墓的建造工作幾經波折。佛羅倫斯共和國建立後，米開朗基羅捐款以示支持，在共和國遭受圍攻時，他以自己的工程才能，勇敢地對抗敵人。佛羅倫斯共和國陷落後，他的處境非常危險，還好教皇非常欣賞他的藝術才華，原諒了他，並要他為自己工作。

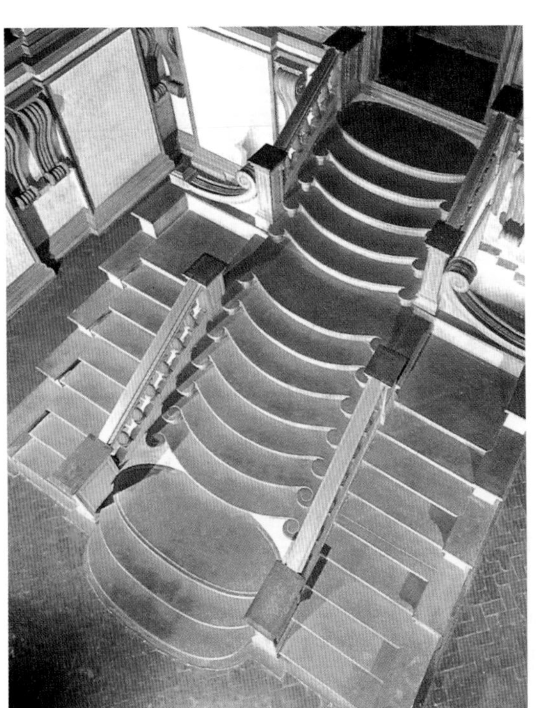

※ 勞倫圖書館正中是一座華麗的大理石階梯，兼具實用與美觀，成為建築藝術中將樓梯作為裝飾元素的先行者。

教皇保羅三世委託米開朗基羅為西斯汀教堂的另一面牆壁

繪製壁畫，這就是非常著名的《最後的審判》。在壁畫完成了將近四分之三時，保羅教皇前來觀看，隨行人員中有一位不懂藝術而又非常古板的司禮大臣，當問到他對這幅壁畫有何看法時，他回答說：「在一個神聖的地方，怎麼能有這麼多赤身裸體的人？這樣的畫放在酒店或其他地方還差不多。」

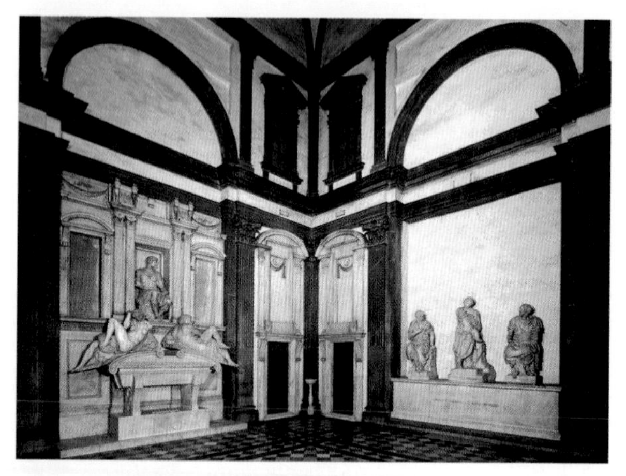

※ 在為麥第奇家族設計的陵墓建築中，米開朗基羅採用了建築外立面的處理手法來裝飾陵墓的內部空間，圖示為陵墓的小禮拜堂。

米開朗基羅聽了這話，被激怒了，他記住這位司禮大臣的相貌，在教皇離開之後，就把他「畫」進了地獄，讓一條兇猛的大蛇纏住他的雙腿。司禮大臣知道後，請求教皇讓米開朗基羅將他在地獄的形象抹去，但是無濟於事，「他」被永遠地留在了地獄中。1542 年這幅壁畫終於完成，它耗費了米開朗基羅 8 年的時間。

1546 年，聖彼得大教堂的首席建築師建築師小桑迦洛（Antonio da Sangallo the Younger）去世，使這一工程停頓了下來。其實米開朗基羅對聖彼得大教堂的設計非常不滿意，但他那時正忙於創作「最後的審判」，沒時間去過問這件事。接替小桑迦洛的朱利奧．羅馬諾後來過了幾個星期也去世了，這時羅馬尚在世的傑出建築師只有米開朗基羅。不過米開朗基羅這時已高齡 72 歲，不是很願意接手這份工作，但最後還是接受了，他聲稱是為了上帝的榮耀而工作，不願意支領任何酬金。

米開朗基羅得到教皇的允許，有權更動大教堂的方案，但米開朗基羅盡可能地遵從了他的老對手布拉曼帖的設計。他在一封信中寫道：「沒有人能夠否認，布拉曼帖是自古以來對建築學最為精熟的人之一。他遺留給我們的最早的聖彼得大教堂設計方案，清晰簡潔，富於啟發性，在不損害建築的任何基礎，再加以分解組合的曠世之作。任何人脫離了布拉曼帖的這一體系，都違背了建築的真諦。」

米開朗基羅很快就作出模型，且繼續遵循了布拉曼帖的集中式構圖方案，以超乎想像的簡潔，恰當地解決了大教堂結構問題。他將教堂的整體面積適當減少，將承重的外牆靠近裡面的柱墩，使整個工程進度更快，在費用方面也更節省。

他師法小聖堂的圓頂，為聖彼得大教堂製作了一個圓頂模型，圓頂下面的鼓座比布拉曼帖原有的設計要高出許多，這樣可使上部的圓頂顯得更加高大飽滿。他還將布拉曼帖原來設計的圓形改為橢圓形，並將其結構分為內外兩層。到 1564 年米開朗基羅逝世的時候，聖彼得大教堂的圓頂已接近完工。最後由其他兩位建築師依照他的模型，

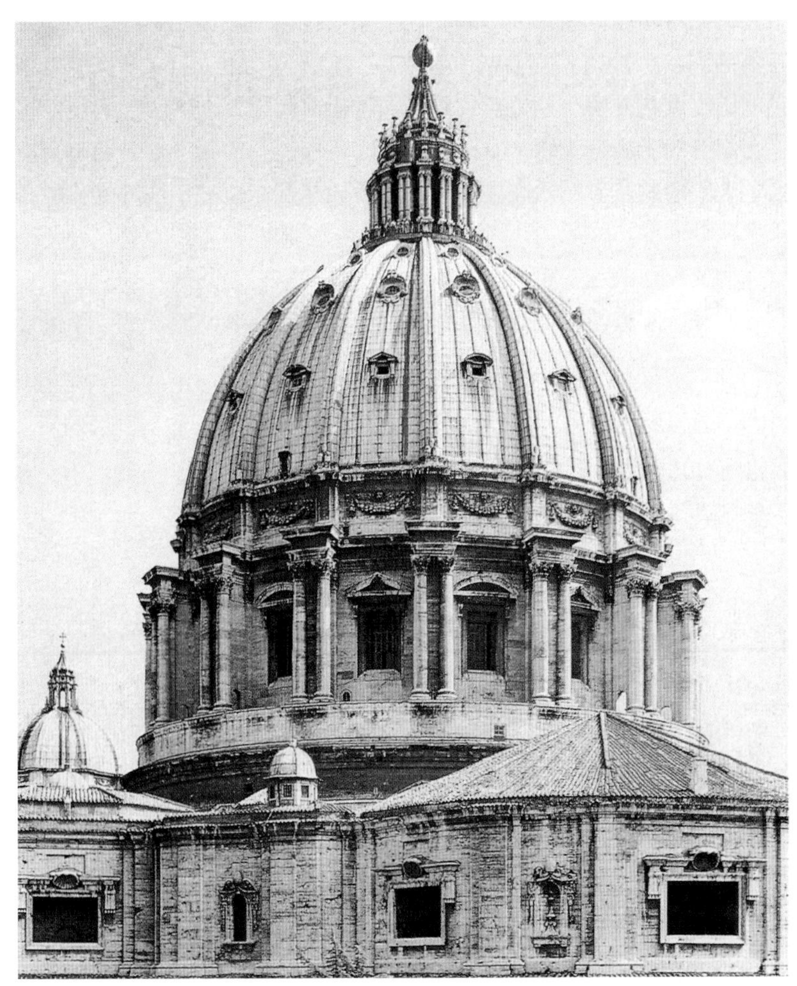

※ 米開朗基羅加高了聖彼得大教堂圓頂下的底座，這使得上部的圓頂顯得更加高大飽滿。

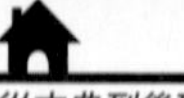

在 1590 年將大教堂的圓頂完成。

※ 現在的羅馬卡比多廣場。

米開朗基羅生前還設計了羅馬的卡比多廣場（Piazza Campidoglio）。米開朗基羅依據卡比多山丘的地勢，運用臺階將廣場的各個部分有機地結合在一起。廣場的三面都有建築，而正前方卻完全敞開了，這與古羅馬和中世紀時的廣場迥異其趣。米開朗基羅改建了周圍的建築，在它們的立面上運用巨柱式的結構，使建築更加雄偉。廣場正中豎立一尊鑄造於西元二世紀時期古羅馬的騎馬青銅像，大臺階前是尼羅河神和泰伯河神的雕像（這兩條河是羅馬城的象徵）。

米開朗基羅終生未娶，關於他早年的感情生活，記載不多。晚年時他遇到了一位擅長寫詩的守寡女性，但這時他已經 60 多歲了。他們的柏拉圖式愛情一直持續到這名女子去世為止。

年老的米開朗基羅一直在為羅馬的各種建築操勞。他身體越來越虛弱，周圍的友人開始注意保存他的各種草圖和作品，他的侄子也在身邊照顧他。1564 年 2 月 17 日，他平靜地離開了人世。

朋友和他的侄子將米開朗基羅的遺體從羅馬運回佛羅倫斯，家鄉的人們莊嚴隆重地將他安葬在聖克羅切教堂（Santa Croce）。辛勞一生的藝術家終於在自己的家鄉，得到了永恆的安眠。

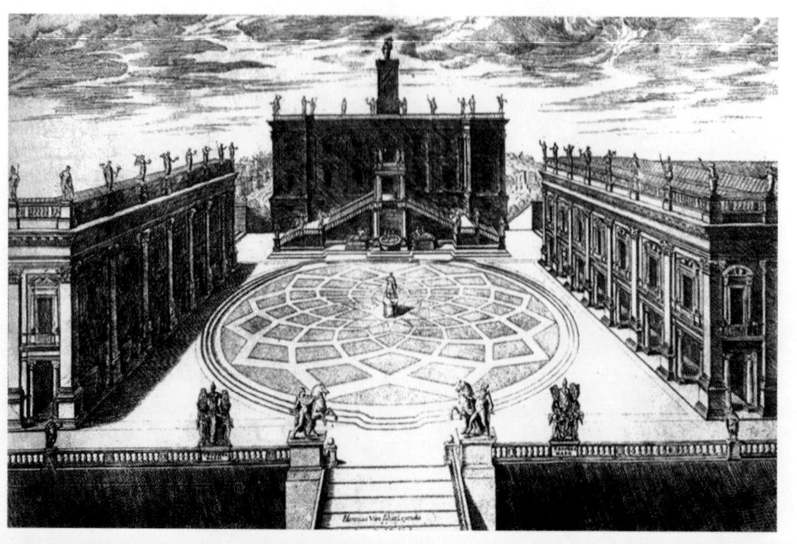

※ 米開朗基羅設計的羅馬卡比多廣場三面都是建築，正前方完全敞開，這與古羅馬和中世紀時的廣場迥異其趣。

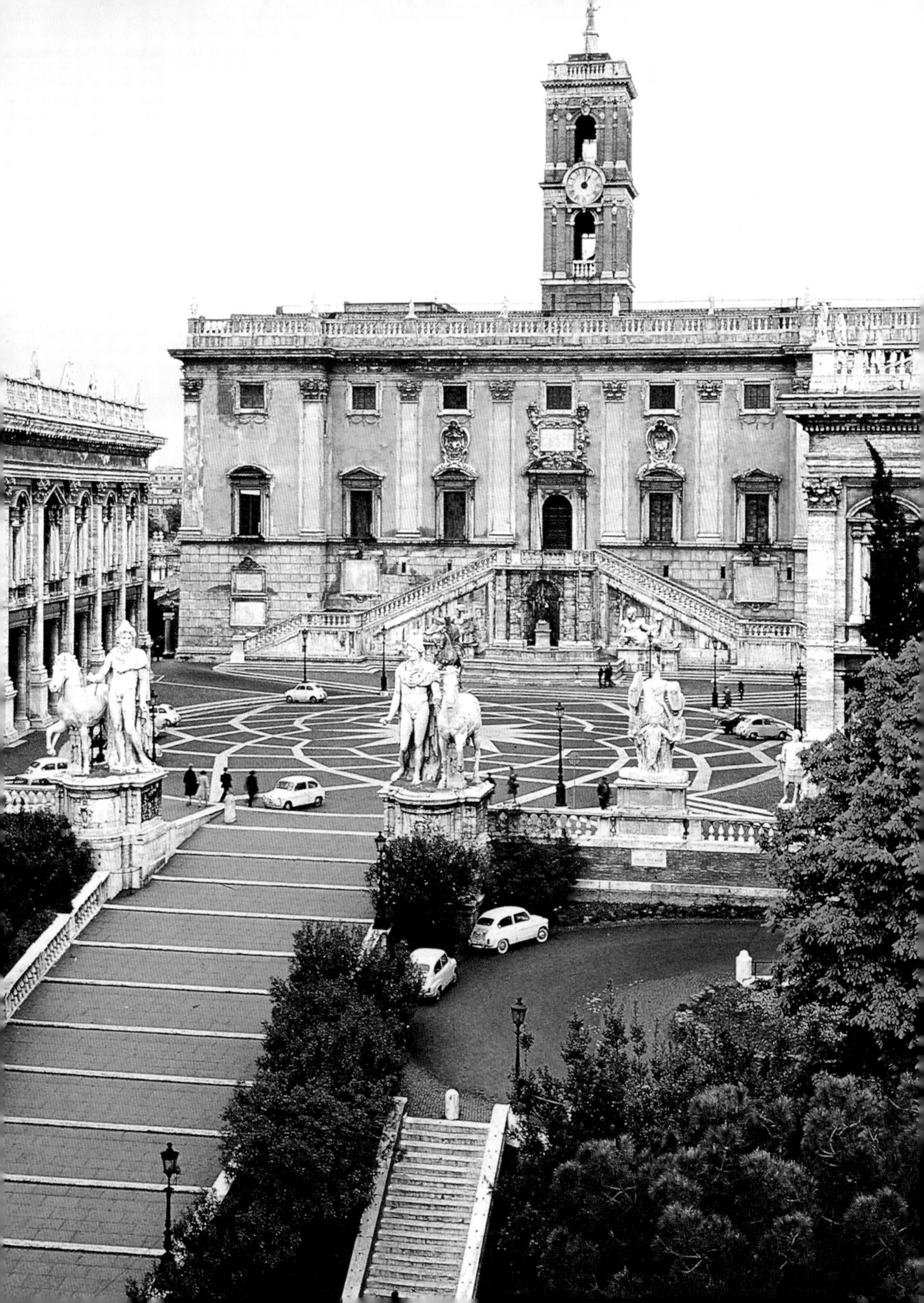

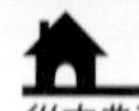

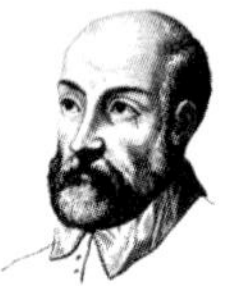

帕拉迪歐

他創造了帕拉迪歐母題

Andrea Palladio（義大利 1508-1580）

文藝復興於 15 世紀末到 16 世紀初之間，在羅馬達到了繁榮的頂點，之後便逐漸衰落。建築方面也出現了一些新的變化，比較值得一提的，就是柱式有了嚴格的資料規範。

身為文藝復興晚期建築傑出代表的帕拉迪歐，1508 年出生於義大利北部的帕多瓦（Padua），是一位磨坊主人的兒子。他早年一直從事雕刻工作。一位研究建築的人文主義學者喬治・特里西諾（Gian Giorgio Trissino）發現了他的才華，將他收入門下，並在 1541 年第一次帶他來到了羅馬。

帕拉迪歐對古羅馬遺跡非常感興趣。在羅馬，他得以親眼目睹這些古代遺跡，帕拉迪歐非常熱衷於古羅馬建築師維特魯威《建築十書》中，所提出的建築原則，他經常拿著尺子等工具，對古羅馬的建築遺跡進行詳細的測量，並為維特魯威研究會將這些建築繪製成圖。帕拉迪歐繪製了許多精美的廢墟圖景。1554 年，他將這些圖集整理出版。

在羅馬時，帕拉迪歐曾經受過米開朗基羅的影響，但他最終還是回到維特魯威的原則。帕拉迪歐在 1570 年出版了他的《建築四書》（*Quattro Libri dell'Architettura*），同維特魯威的《建築十書》一樣，該著作在一段時期內，是歐洲許多學習建築的人的必讀書，影響堪稱廣泛。

這本書中有許多精美細緻的木版畫，描繪了古典柱式的大樣和細部。其中也有許多精選的古

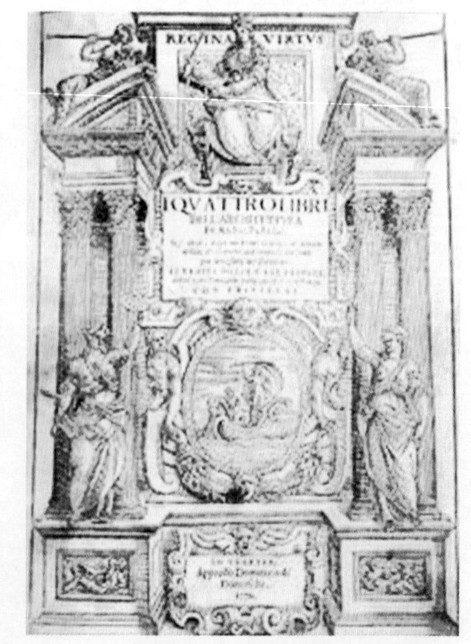

※《建築四書》首版時的頁面。

建築，大部分都是古代羅馬的遺跡，但也有諸如布拉曼帖設計的小聖堂這樣的著名建築。他認為布拉曼帖是復興古代希臘、羅馬建築的第一人，是布拉曼帖使這些優美的建築重見天日。

帕拉迪歐認為建築物的美「產生於形式，建築物的各部分之間、各部分與整體之間，都應該協調搭配。建築物應該像是一個完全的軀體，它的每一個器官都應該和其他的器官相適應」。他還談到，應該突出建築物的主要部分，分清建築物中哪些部分起著主導作用，哪些部分起著輔助作用。這是建築構圖學的一個重要原則，也就是建築物的各個部分在構圖上要分清主次，要強調主要的部分。這一點是文藝復興建築和古典建築的重要區別之一，帕拉迪歐將它理論化。

帕拉迪歐根據維特魯威的著作，和他自己對古代羅馬建築遺跡的實地測量，制訂了柱式的規範，帕拉迪歐的柱式規範，對後世的影響相當深遠。這些柱式規範都經過反覆推敲，在比例等各方面都處理得非常周到。

古羅馬的建築師在應用柱子時，往往可以根據環境、用途和設計思想等的不同，對它們進行多種調整，柱式規範出現以後，建築師就沒有這麼「幸運」了。帕拉迪歐制定的柱式共有 5 種，比例非常嚴謹協調，後來，一些學院派建築理論家又加以擴充和發展，使其成為 17 世紀在法國形成的古典主義建築的基礎理論。

帕拉迪歐還將自己建築作品的圖樣整理出版，供他的學生臨摹學習，這也成為後世學院派建築師學習的範例。帕拉迪歐因此被人稱為歐洲學院派古典主義建築的肇始人。帕拉迪歐的主要建築作品都集中在他家鄉附近的威尼斯和威欽察（Vicenza）這兩座城市。其中最具代表性的是威欽察的圓廳別墅（Villa Rotonda）。

威欽察城修建於西元前 2 世紀，這座城市從 15 世紀早期開始繁榮起來，到了 16 世紀，它的文化和經濟的發展更是達到巔峰，富裕的權貴和商人們，紛紛出鉅資修建大量的建築來裝點自己的生活，離這裡不遠的威尼斯富豪們，苦於水上之城的狹小空間，也都來這裡買地建造舒適的別墅。帕拉迪歐在這裡找到了自己充分施展才華的空間。

義大利北部的許多城市，都會有一個規模比較大的市政府大樓，威欽察也不例外。威欽察的這座建築被稱為巴西利卡（Basilica of

Vicenza），不過它當然不是教堂，只不過借用了巴西利卡這個羅馬字眼，它實際上用作法庭和會場，還兼作普通的辦公用房。巴西利卡修建於 13 世紀，在 15 世紀曾經重修過，到了 16 世紀中葉的時候，這座建築已經相當破敗，必須進行大規模的重修。

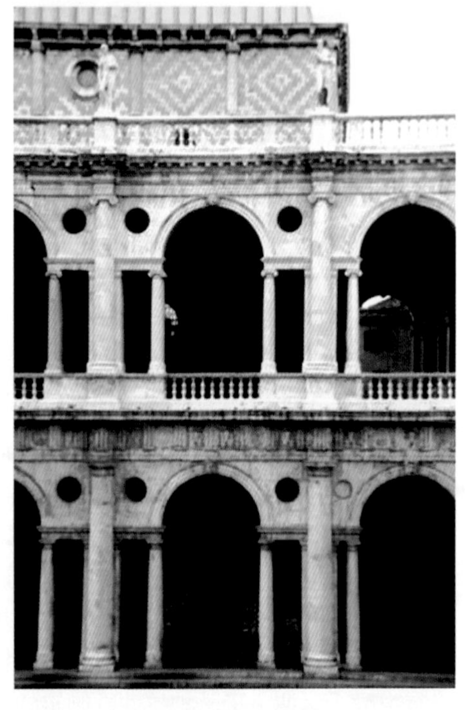

※ 帕拉迪歐設計的巴西利卡擁有不同尋常的精巧和雅致，體現出了帕拉迪歐對於古典柱式的精深研究。圖為巴西利卡的局部。

桑索維諾等著名的建築師，都曾經對這座建築的修復提供過意見，特別是一位叫做羅曼諾的建築師提出了一個方案，但就在準備實施之時，他卻去世了，市政府大樓的修復工作也因此再一次耽擱下來。帕拉迪歐適時地提案，於 1549 年獲得通過，被任命為這次修復工程的總建築師。

帕拉迪歐接手巴西利卡之後，在早期帶有強烈中世紀色彩的建築外側四周，用石料建造了一個大型連拱廊，並設置了一系列相互連接的飛扶壁，以形成對整個結構的支撐。巴西利卡原來已經有了兩層的高度，所以帕拉迪歐建造的連拱廊也必須是兩層的，他將第一層連拱廊的高度與原來建築的一層高度相對應，第二層的高度則不僅僅要照顧原來巴西利卡的高度，還必須考慮房頂側推力等許多其他因素。

而拱廊的開間也要照顧到大廳裡面的房間，為了保持一致，拱廊裡的每個房間基本上都呈正方形，這就使建築物的外立面的處理變成了一個難題。帕拉迪歐創造性地將開間分成了三個部分，正中設置一個嚴格按照古典比例製作的發券，兩邊用獨立的雙柱來承擔券腳，這樣開間的立面就被處理成了一個大發券和兩個長方。為了減輕發券的整體重量，使它和下面細細的雙柱看起來更加協調，他在券面的外側又各開一個圓洞，使發券顯得輕盈而美觀。

帕拉迪歐設計的巴西利卡，與桑索維諾在威尼斯設計的圖書館有異曲同工之妙，他們設計的建築物在整體上看起來，都有著不同尋常的精巧和雅致。而在某些方面，帕拉迪歐可能還更為優越一些，像在多立克柱轉角的處理上，他憑著對古典柱式的精深研究，將這一問題解決得更為圓滿。

這座巴西利卡包含了一系列被後世稱為「帕拉迪歐母題」（Palladio Motif）的裝飾元素，它們被彼此相連的柱子加以分割，大大豐富了這座建築物的立面。帕拉迪歐將實際角度的單柱變為雙柱，加強了建築的轉角部位，增加了視覺上的分量。帕拉迪歐選擇了嚴格的古典形式，他沒有像桑索維諾那樣選擇裝飾性的雕塑，而是用環形的眼穿過發券的拱肩部位，他用這種簡單的處理方式卻獲得了一種古雅的裝飾效果。「帕拉迪歐母題」被以後的歐美古典主義建築廣泛運用。

帕拉迪歐為威欽察的顯貴們設計了許多宅邸別墅，建於1552年的威欽察圓廳別墅可說是代表之作。別墅建在一座山丘上，周圍非常開闊，四面都可以看到美麗的風景，因此，帕拉迪歐在這座別墅的四面都設計了一個六柱柱廊。他說：「四個柱廊像是四個張開的手臂一樣，歡迎著周圍的人。」廊子的柱子選用愛奧尼式，門楣則設計成三

※ 帕拉迪歐設計的威欽察圓廳別墅，是一種集中式的宗教建築結構，建築師想以這種形式來保持別墅與世俗生活的距離。

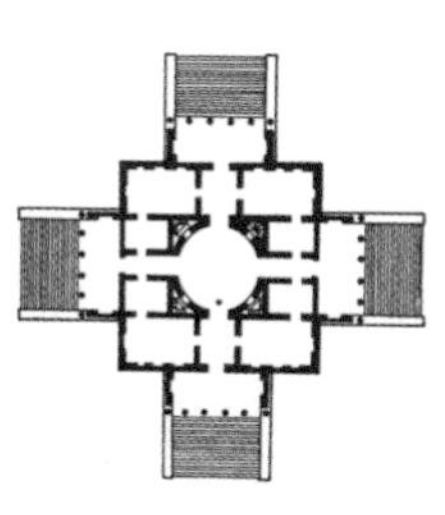

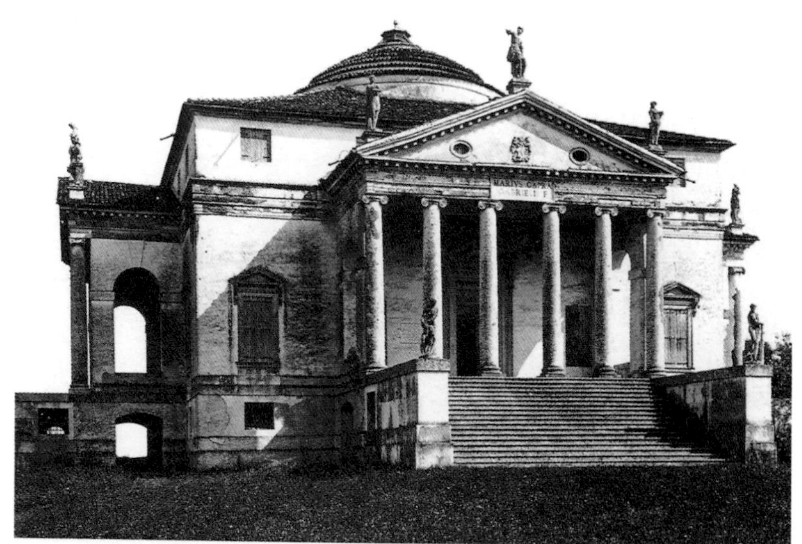

角形，前面設有臺階。這實際上是一種集中式的宗教建築結構，帕拉迪歐的是想用這種形式，來保持別墅與世俗生活的距離。

中央圓廳的上部以穹隆覆頂。別墅外部和屋頂上還飾有雕像，周圍佈置著美麗的園林。別墅的主體建築呈正方形，正中有一個圓形的大廳，因此得名為圓廳別墅。別墅的構圖非常嚴謹，由長方體、圓柱體、球體等最基本的幾何形體構成，有主有次，各部分之間的關係非常協調。別墅的正面模仿了古典神廟的樣式，以強調入口的莊嚴。它選用的柱子嚴格遵守古典柱式的規範。

在用色方面，帕拉迪歐也力求簡潔素雅，使這座別墅透露出一種貴族的矜持與莊重。圓廳別墅對後世歐洲的同類建築產生了重要影響，在許多地方都有人模仿它的式樣，尤其是在英國和北美的殖民地時代，它更特別受到青睞。

古羅馬的露天劇院巍峨壯觀，許多建築師都試圖使這種雄偉的建築樣式得到復興，帕拉迪歐在威欽察實現了這一夙願。他在城東建造了著名的奧林匹克劇場（Olympic Theater）。在設計中，帕拉迪歐充分吸收了古代羅馬劇場形式，由於劇場占地有限，帕拉迪歐巧妙地將

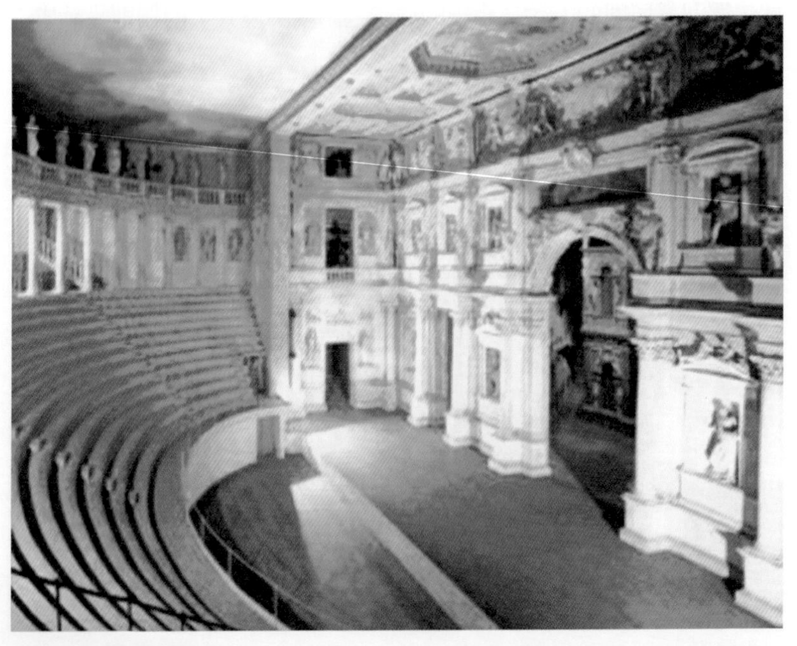

※ 帕拉迪歐設計的奧林匹克劇場，是世界上最古老的室內劇場。

※ 聖喬治奧・馬焦雷教堂矗立在威尼斯的一個小島上，採用了巴西利卡的形制，體現出建築師的理性原則。

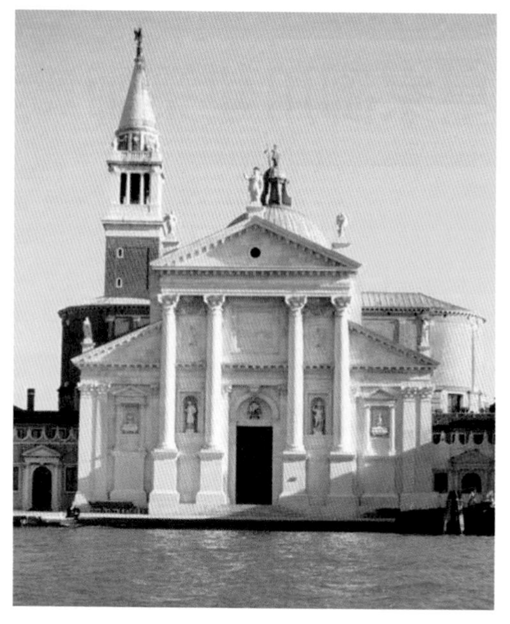

古羅馬劇場的半圓形觀眾席，改成扁的橢圓形，另外，帕拉迪歐在劇場上面加了屋頂，使它變成了一個室內劇場。在劇場舞臺背後的券門裡面，帕拉迪歐設計了一個虛假的街景，巧妙地利用了透視學的原理，使這個佈景有著非常深遠的效果。這座劇場在帕拉迪歐生前沒有完工，後由他的弟子建築師斯卡莫奇（Vincenzo Scamozzi）根據他的設計最終完成。奧林匹亞劇場是世界上最古老的室內劇院，也是古代劇場向現代劇場轉變的過渡形式。

帕拉迪歐在威尼斯的工作也引人注目，晚年時他為之設計了幾座教堂，其中有聖喬治奧・馬焦雷教堂（San Giorgio Maggiore）和救世主教堂（Il Redentore）等。聖喬治奧・馬焦雷教堂矗立在一座小島上，採用了巴西利卡的形制，立面由兩個交錯的山花組成，圓頂有意模仿了聖馬可教堂的樣式，鐘樓和聖馬可廣場上的獨立鐘樓遙遙呼應。教堂內部的裝飾色彩選用灰白相間的風格，線條清晰又陽光充足。

救世主教堂是為了紀念一場可怕的瘟疫，由威尼斯市政府出資修建的。教堂的正立面採用了 5 個相交的羅馬式山花，帶有風格主義的特色。整個建築充滿了張力，立面與教堂的圓頂及其兩側的鐘樓的搭配很是協調。教堂面朝運河，背後是一座修道院花園，周圍都是低矮的住宅，如果從後面看去，這座建築彷彿置身於一片鄉村住宅之中。

帕拉迪歐於 1580 年 8 月去世。他長期居住在威欽察，為這座城市至少設計和改建了 26 座大型建築，還建造了許多宅邸別墅。由於帕拉迪歐的努力，威欽察這座義大利北方城市披上了文藝復興的盛裝。

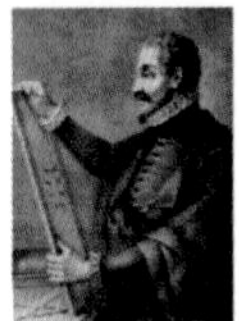

艾雷拉

西班牙皇家御用建築師

Juan de Herrera（西班牙 1530-1597）

文藝復興時代西班牙與義大利略有不同：義大利城市資本主義勢力比較雄厚，而西班牙封建王權高於一切，宗教勢力十分強大。義大利有希臘羅馬藝術的傳統，而西班牙則缺乏這方面的傳統。另外，由於受到教會的壓制，人文主義的思想很難紮根，整個藝術顯然帶有較濃郁的宮廷和宗教色彩，這些特點也表現在這一時期的建築中。

胡安・艾雷拉是 16 世紀西班牙最有代表性的建築師。關於他的出生，史書中沒有確切的記載，我們只知道他大概在 1530 年左右，出生於西班牙的桑坦德地區（Santander）。他接受過良好的教育，受過數學、哲學方面的系統訓練。他曾兩度到過義大利，仔細研究了那裡遺留下來的古代建築，而文藝復興時期建築大師的作品，也引起了他濃厚的興趣。

艾雷拉所處的時代，正是西班牙的鼎盛時期，雖然西班牙的海上霸權已經遭到大英帝國的挑戰，但仍然可以稱得上是歐洲最強大的國家之一。強盛的國力使西班牙的國王們，熱衷於修建大型的宮殿建築，這為艾雷拉提供了施展才華的舞臺。

西班牙也擁有許多古代建築的遺跡。阿拉伯人在這裡修建了大量的清真寺，它們的風格與歐洲其他地區的建築大為不同。內部有很多的柱子，柱頂和柱身有花紋，柱身不粗，因而顯得十分秀麗，柱子支撐著紅白兩色相間的券拱，內部裝飾十分華麗。

到了 11 世紀上半葉，在西班牙出現了一批羅馬式的建築物。13 至 14 世紀是哥德式藝術發展的時代，在卡斯提爾王國（Castile）境內布林戈斯（Burgos）、萊昂（Leon）、托萊多（Toledo）3 個城市的哥德式教堂，尤為著名。

國王查理五世的宮殿是文藝復興時期西班牙的代表建築之一，這座建築位於格拉納達，是查理五世在一次巡幸之後下令建造的。這座建築追求古典的「高雅與尊貴」，極力凸顯皇家的氣派，但這座宮殿並沒有完工。取而代之的是菲利浦二世下令建造的聖羅倫佐王家修道院（El Escorial），主持建造這組建築群的建築師，就是胡安・德・艾雷拉。

聖羅倫佐王家修道院的全稱是：聖羅倫佐王家聖羅倫佐王家修道院（Royal Monastery of San Lorenzo de El Escorial），建在馬德里西北瓜達拉馬山的山腳下。它是世界上最大最美的宗教建築之一，名為修道院，實際上卻是包含了一座宮殿、一座修道院、一個學院和一個圓頂教堂的龐大建築群。另外它也是西班牙國王的陵墓所在地，其中還有圖書館、學校等建築。建築群氣勢磅礴，雄偉壯觀，是西班牙皇帝菲利浦二世統治的象徵，也是他發號施令、統治這個龐大帝國的權力中心。

※聖羅倫佐王家修道院，是世界上最大最美的宗教建築之一，也是西班牙最為典型的文藝復興式建築。

修道院始建於 1563 年，最初，菲利浦二世將它委託給自己的主要建築師胡安・包蒂斯塔・德・托萊多（Juan Bautista de Toledo），

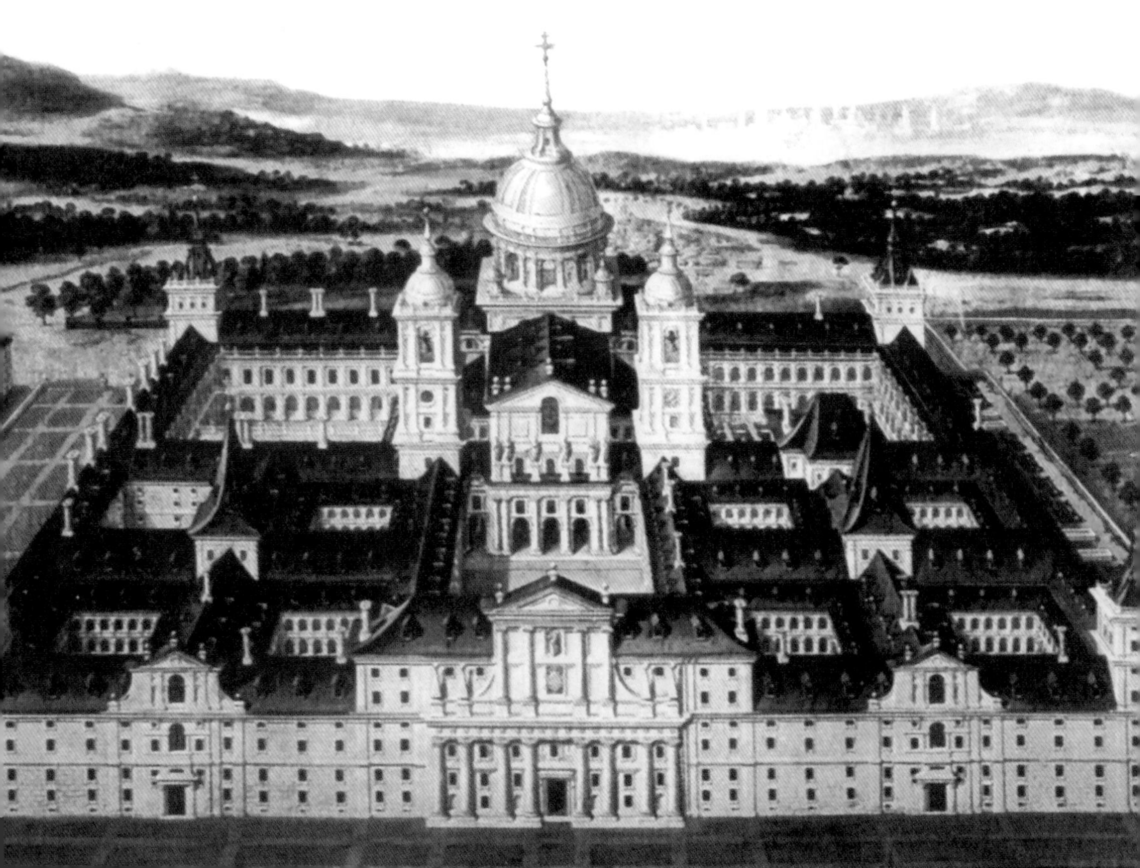

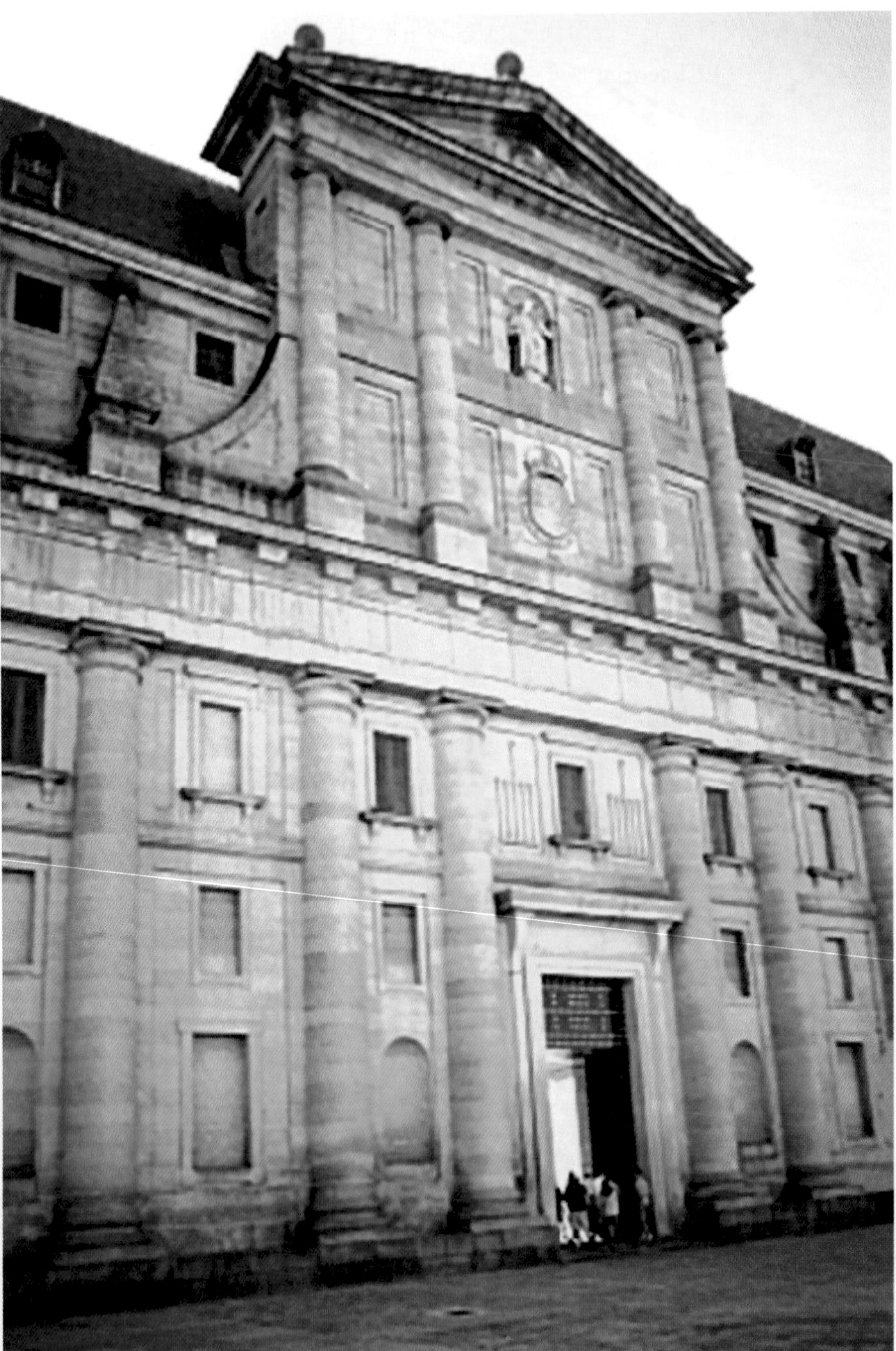

胡安・德・艾雷拉擔任他的助手。或許是這份工程過於龐大，包蒂斯塔為之心力交瘁，四年後他離開了人世。其後，菲利浦二世指定包蒂斯塔的年輕助手艾雷拉，來負責整個工程的規劃。從遺留的歷史資料來看，艾雷拉從完全改變了包蒂斯塔最初的構思。

國王菲利浦二世對繪畫藝術有著出色的鑑賞力，他迷戀嚴謹的古典藝術範式，非常認同羅馬文藝復興時期的建築風格，不過他沒有聘請義大利的建築師來建造他的宮殿。菲利浦二世要顯示出西班牙的獨立和驕傲，決定選一個在義大利學習過的建築師執行這項任務。包蒂斯塔去世以後，年輕而極有天分的艾雷拉，就成了國王的最佳選擇。

菲利浦二世這樣囑咐他的建築師：「首先，不要忘記我一再告誡你的，形式要簡潔，整體的氣氛要莊嚴，要高貴但不能倨傲，要雄偉但不能浮誇。」其實這也正是艾雷拉對聖羅倫佐王家修道院的理解。艾雷拉在設計中，除了參照羅馬建築的特點，對西班牙的建築形式也有許多吸收。

艾雷拉得到了國王的全力支持，聖羅倫佐王家修道院裡的主要建築，都是由附近的瓜達拉馬山上的灰色花崗岩砌成，就近取材加快了整個建築進度。況且選用自己國家出產的的建築石料，還可以顯示統治世界的決心和內在的雄厚實力。但建築師艾雷拉和他的皇帝菲利浦並不這樣想，材料的單一可以讓人感覺這是一座維護正統宗教的堡壘，它必須莊嚴肅穆，樸實無華。

不過為了避免過於單調，建築師也將各個部分的輪廓處理得非常鮮明，建築群各個部分的比例也非常地協調。聖羅倫佐王家修道院被一座 4 層樓房所環繞。在這個長方形的四角上，各聳立了一座 7 層角樓，它們高 55 公尺，尖頂上都豎立著一個金屬球體。艾雷拉將修道院的整體外觀設計成這種灰色長方體，這不僅為了增加建築莊嚴肅穆的感覺，還有紀念基督教徒聖羅倫佐的象徵意義。

因為修道院就是獻給這位西班牙的聖教徒的，他是被羅馬國王裝入一個灰色長方形鐵籠子裡，用熊熊的炭火活活烤死的。艾雷拉將建築的平面做成了鐵籠子形，它的四個角樓就是象徵鐵籠子的四隻腳。

艾雷拉在設計修道院時，還要考慮宗教方面的需要，國王菲利浦二世是一個正統基督教的忠實捍衛者。為了順應這位皇帝的需求，艾雷拉將天主教堂設計在建築群的中央，讓教堂就成為建築群的中心。

※ 聖羅倫佐王家修道院主要入口的立面。

教堂的大圓頂高高矗立，俯視著整個建築群。其餘宮殿則以大教堂為中心，分佈在它的四處。

※ 修道院教堂入口處。

教堂平面是一個邊長 50 公尺的方形。屋頂上方聳立著一個直徑為 19 公尺的圓頂，圓頂上面再架一個高高的尖塔。圓頂總高為 92 公尺，是修道院建築群中的最高點。兩座方柱形鐘樓在兩側與高聳的圓形屋頂相呼應，鐘樓上面也覆蓋圓頂。兩座鐘樓的高度相同，都是 72 公尺。

艾雷拉的設計，還要考慮皇帝本人的需求。菲利浦二世奉行禁欲主義，以一種傳教士無比執著的熱情和精神，來實行著他的統治，他希望能與上帝同在一個屋頂下，這樣他才會感到自己是一個強大的統治者，行使國王的一切權力。建築師將菲利浦二世的住處與教堂連在一起，模仿了前任皇帝查理五世對自己住處的安排。皇帝可以從陳設簡單的臥室，直接進入禱告室，打開窗戶就能夠看到祭壇和十字架上的耶穌受難像。

聖羅倫佐王家修道院的建築物外部沒有過多的裝飾，連石料的線角都處理得非常平滑。開窗也力求簡化，柱式多選用多立克式。在聖羅倫佐王家修道院中，從細處到大處，從平面到立面，艾雷拉始終將幾何的精確性貫串其間。

聖羅倫佐王家修道院建築群非常龐大，在長 205 公尺，寬 162 公尺的平面內，總共有 15 個迴廊、16 座庭院，89 個水池、86 座階梯和 1200 多扇門，光是長方形建築群體的 4 個正面牆上的窗戶，就已經達到了 2000 多扇，據說裡面的走廊總共有 16 公里長。雖然修道院規模巨大，但建築師艾雷拉將它們組織得井然有序，在嚴肅簡樸的氛圍中，營造出了恢宏的皇家氣魄。聖羅倫佐王家修道院於 1584 年完工，耗時 21 年。

此後，西班牙出現了許多模仿它風格的建築，也影響歐洲其他國家的皇家宮廷建築，法國的凡爾賽宮、英國的白金漢宮和俄國的冬宮（Winter Palace）都在它之後建立，這些中央集權國家的皇帝在郊外建設自己的宮殿時，都參考了王家修道院。

艾雷拉於 1597 年去世。王家修道院是他身為一位傑出建築師的最好證明。

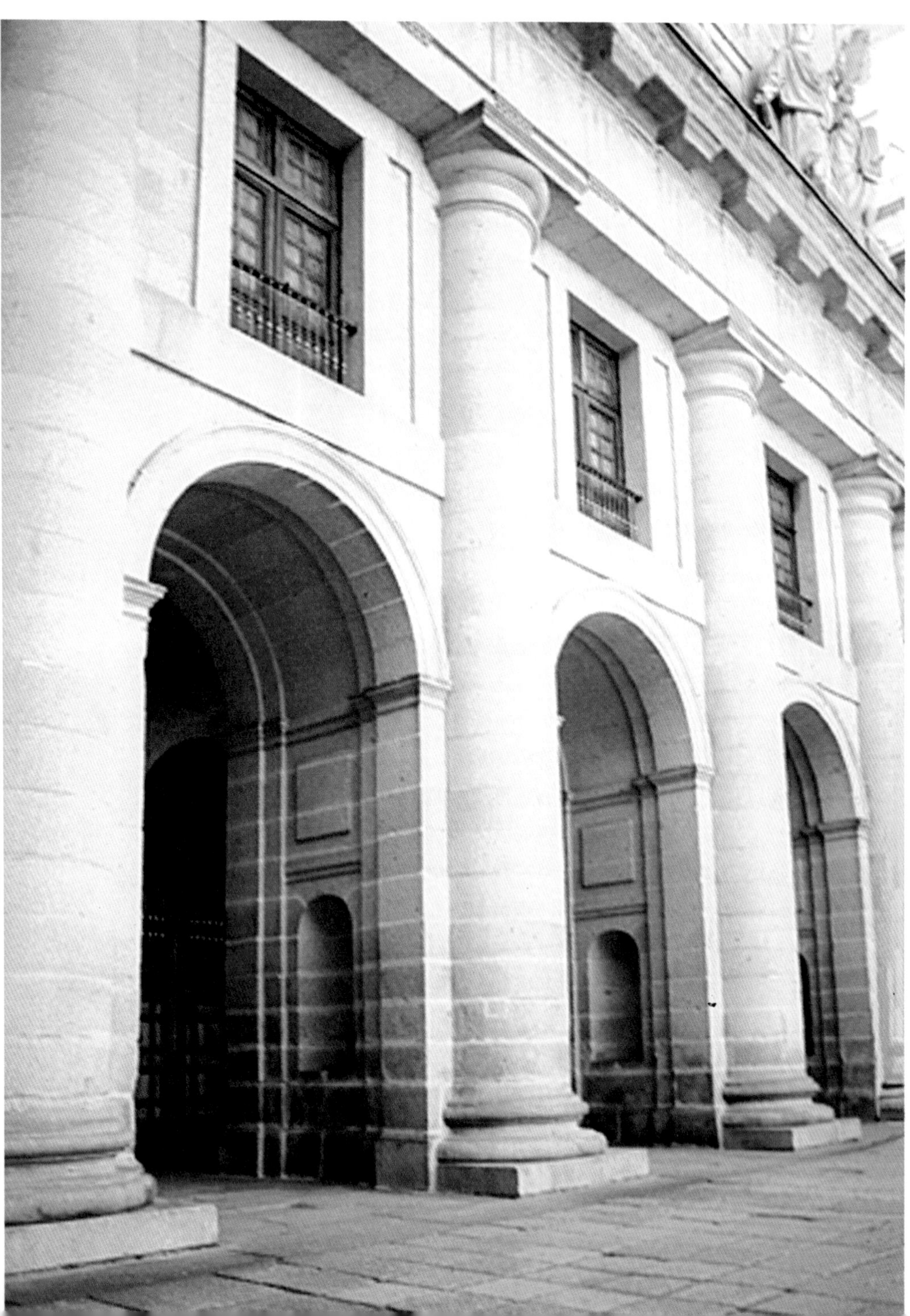

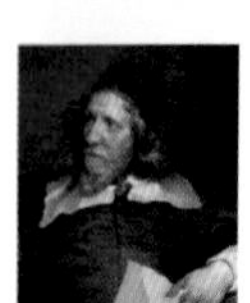

瓊斯
英國建築師的鼻祖

Inigo Jones（英國 1573-1652）

英國人在玫瑰戰爭之後，建立起了中央集權的都鐸王朝，學校、醫院、旅館等公共建築開始出現，莊園府邸等建築也悄然興起。國家的統一減少了戰爭，貴族們在建築自己莊園的時候，也就有意識地拋棄了中世紀時帶有防禦功能的堡壘建築，開始接受文藝復興建築的薰陶。

他們從義大利、法國等地請來建築師，建造豪華、安逸、舒適的府邸。柱式系統也在這一時期引入英國。英國的莊園府邸建築在 17 世紀初期達到了全盛時期，皇室的建築活動也變得頻繁起來。國王模仿大陸上的皇家建築風格，試圖在自己的宮殿上也能顯示出威嚴、高貴與強盛的力量。

英尼格・瓊斯，被稱作是英國第一位真正的建築師，1573 年 7 月 15 日生於倫敦，父母是當地的製衣工，家庭貧苦。他沒有機會像貴族子弟一樣接受正統的教育，主要都是靠自學。瓊斯曾經去過義大利兩次，第一次是在 20 幾歲時，他到佛羅倫斯在麥第奇家族的劇場裡工作，使他吸取了舞臺設計和裝飾等經驗。

回到英國以後，他開始為國王詹姆斯一世服務，為宮廷演出設計服裝和道具等。瓊斯學習古代的舞臺形式，並進行自己的創新。他在劇場設計中延續了義大利模式，選用三角柱旋轉佈景的技術和照明方法，建立了具有寓意、神話主題的透視舞臺。他還發展了照明技巧，運用有色玻璃來創造各種氣氛，或是來表現一天中的不同時刻。瓊斯對歐洲的舞臺藝術發展有很深遠的影響。

瓊斯在劇場設計的才華，引起知名藝術收藏家阿恩代爾的注意，瓊斯的第一件建築作品就與他有關。伯爵在倫敦郊外建造了一座府邸，這座建築不像當時英國同類建築那樣鋪張奢侈，特別是在花園的前立面上，環繞中央塔樓的每一側，都有一座義大利風格的敞廊，顯示出文藝復興建築的影響。

在伯爵的支持下，瓊斯於 1613 年又一次來到了歐洲大陸。這一次他是專為建築而來。他用了一年半的時間，考察古代羅馬的建築遺跡，並留意歐洲的新興建築風格。在到義大利後，瓊斯仔細研讀了帕拉迪歐的作品和理論，帕氏創制的嚴謹的建築規範深深吸引了他，將帕拉迪歐的建築學帶入了英國。

1615 年，瓊斯從歐洲大陸回到英國，國王詹姆斯一世任命他為宮廷建築師。英國最宏大的宮廷建築，當屬 1619 年開始籌建的白廳（White Hall），瓊斯是這座宮殿的主要設計者。不過由於皇室經濟困難，白廳一直未能動工興建。後來，英國資產階級革命爆發，這座宮殿就更只能是永遠停留在圖紙上了。

在設計圖中，白廳的面積是西班牙馬德里王家修道院的兩倍。建築物的南北兩面長 390 公尺，東西兩面長 290 公尺，南北兩面正中各設一大門，宮殿在中間是一個南北長 244 公尺，東西寬 122 公尺的大院子。在大院子的兩側，又設置了 3 個較小的院子，其中西面正中是一個圓形的院子，直徑為 84.5 公尺，這個院子裡的柱子全部做成穿長袍的波斯人雕像，因而被人稱為「波斯人院」。泰晤士河從白廳的東面流過，建築師專門在這裡設計了一個科林斯式柱廊，廊上設置帶有花欄杆的陽臺。

白廳中真正建成的建築，是位於中央院子東南角的皇家宴會大廳。從外面看，宴會廳的立面為兩層，但它裡面的大廳卻是一層的，

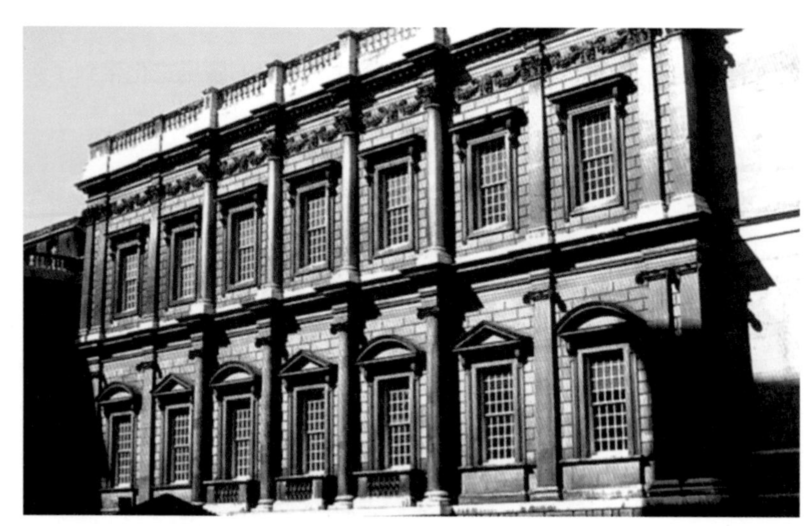

※ 瓊斯設計的白廳一直未能開工建設，真正建成的建築只有位於中央院子東南角的皇家宴會大廳。

頂部非常高。立面下層採用愛奧尼柱式，上層是古羅馬混合柱式，比例非常嚴謹。

從立面上看，這幢建築和帕拉迪歐的設計非常相似，但在內外部的構造上，瓊斯做了很大的改變。瓊斯將立面兩層設計得一樣高，另外，他讓窗子微微陷入牆裡並在窗子上安裝大塊玻璃，這使得宴會廳具備了英國自身的民族特色。在內部相當於立面分層簷口的地方，有一圈夾層廊子，它將室內裝飾和室外的景觀巧妙地聯繫在一起。與當時英國宮殿建築的裝飾有浮雕的平頂不同，宴會廳樓內大廳的天花板上有深深的凹格，後來畫家魯本斯（Rubenist）在上面繪製了壁畫，其中一幅畫是詹姆斯一世被封為聖徒的故事，另一幅則表現了英格蘭與蘇格蘭合併的史實。

瓊斯為皇室建造的另一件作品，是位於格林威治的王后宮（Queen's House），這幢建築於 1637 年完工，後來成為國王查理一世和瑪莉皇后的住所，因為瑪莉皇后非常喜愛這個宅第，因此逐漸有了「王后之屋」的稱呼。瓊斯在設計中進一步實現了帕拉迪歐的建築理念，他學習威欽察的圓廳別墅，力求對稱。王后宮的面積不大，平面呈方形。建築師將幾個主要的廳安置在南北向的主軸上，其餘的房間則按照縱橫兩個軸線對稱地排列。有兩個小天井為建築物內部提供照明。王后宮的南立面非常典雅素潔，在格林威治山（Greenwich）一側，建築師設計了一個圓柱敞廊，在泰晤士河一側設置露臺和曲線雙層樓梯。整幢建築結構規整，比例協調。

除了帕拉迪歐的建築學，瓊斯還將歐洲大陸的廣場文化帶到了英國。瓊斯負責建造了倫敦第一個按勻稱和諧原則設計的城市露天廣場——柯芬園廣場（Covent Garden）。廣場文化在歐洲具有悠久的歷史。古希臘時期的廣

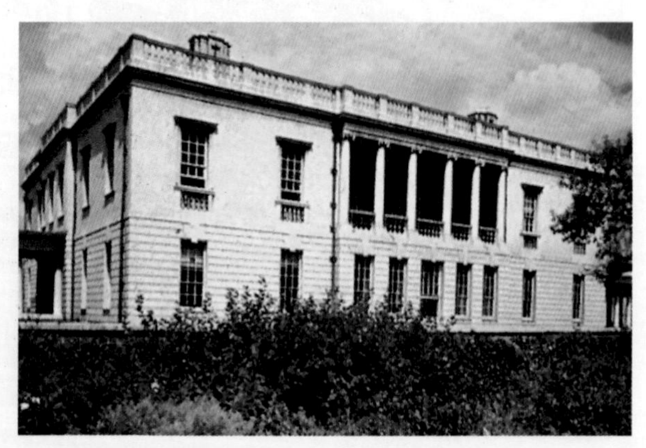

※ 瑪莉皇后非常喜歡瓊斯設計的住所，這座建築因此被人稱為「王后之屋」。

※ 瓊斯在一個修道院花園的基礎上建成的柯芬園廣場，成為英國廣場建設的一種模式。

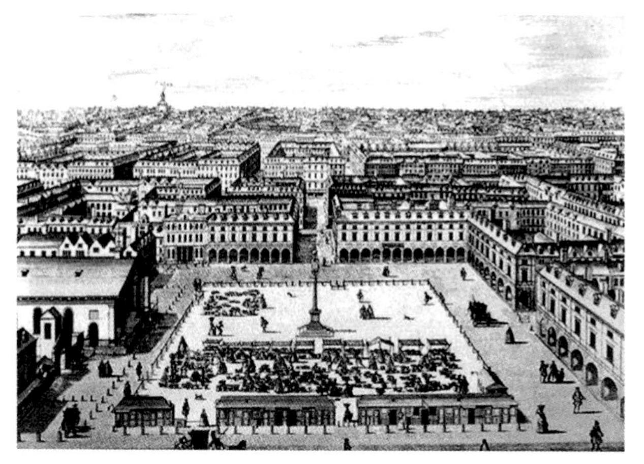

場，是人們舉行政治集會的地方，它構成古代都市政治、經濟、宗教活動的中心，也是國民行使權力的舞臺。那時的廣場的周圍一般都有建築物相連的柱廊，環抱形成一個四邊形，把廣場圍在中間。

古羅馬的集會廣場雖一度廢棄，但從 11 世紀起，隨著商業的振興，城市的價值又逐漸恢復，廣場也得以復活。歐洲比較大的商業都市中，廣場上往往矗立著市政廳、公共大廈、主要商場和商業協會等。同時，大主教教堂和一般教堂也加入到這個行列之中，組成了城市自治管理和重大公共文化活動的中心。

瓊斯設計的柯芬園廣場原是一個修道院花園，瓊斯接受貝德福德公爵的委託，將它改造成了一個「適合紳士居住」的高級住宅區。瓊斯巧妙地利用了原有花園的空間，在它的周圍，建造對稱排列的帶平臺的住宅。這樣，廣場就具有了一定的嚴謹的色彩，可以方便那些「特權居民」散步和娛樂。這種模式後來成為英國廣場建設的典型的設計。

聖保羅教堂（不是聖保羅大教堂）是柯芬園廣場改建工作的一部分，由瓊斯於 1633 年主持建造完成。它是英國宗教改革運動後建造的第一座教堂，建築師將其設計得非常簡潔，因為這座教堂的預算有限。瓊斯在做建築案時，還得承接皇室下達的其他委託，因為他也是服裝設計師、舞臺設計師。比如，瓊斯就曾為王后瑪莉設計了一套非常華麗的露乳裝（17 世紀時，女人露乳並不是一件羞恥的事，皇室成員也崇尚露乳的風氣）。

瓊斯於 1652 年在倫敦去世，他將古代羅馬建築和義大利文藝復興建築的風格，帶入了英國，他的名字因此被英國人永遠銘記。

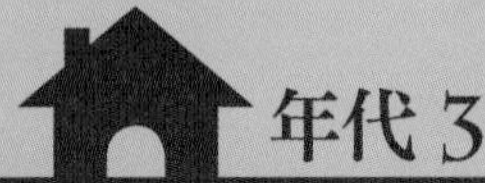

年代 3

巴洛克及洛可可時期

17 世紀～ 18 世紀

巴洛克藝術最早出現在 16 世紀的下半葉，這時，義大利已經有了帶有巴洛克風格的教堂，如羅馬耶穌會教堂等。進入 17 世紀後，巴洛克建築日趨興盛，並逐漸從義大利擴展到歐洲各國，成為主導一時的藝術潮流，這和天主教會的積極推動是分不開的。此時的天主教會掌握了大量財富，教皇在羅馬城修建各種大型建築，並鼓勵各個教區建造自己的巴洛克風格的教堂，以此來吸引和征服教眾。貝爾尼尼和波羅米尼這兩位大師的出現，更象徵了巴洛克建築藝術已經走向成熟。

如果說巴洛克建築是教會腐化墮落的一個代表，那洛可可建築則是大革命前法國宮廷奢靡沒落的真實寫照。18 世紀的法國取代義大利成為歐洲文明的中心，但此時這個國家的王權政治卻已經發生了動搖，法國宮廷的鼎盛氣象一去不返。貴族們開始追求悠閒慵懶的情調，在生活中賣弄風情，力顯奢華嫵媚。這一習氣表現在建築與裝飾上，便是洛可可風格。洛可可藝術因當時法國的中心位置而迅速在歐洲流行，我們從德國建築師諾伊曼的作品中可見其風格。

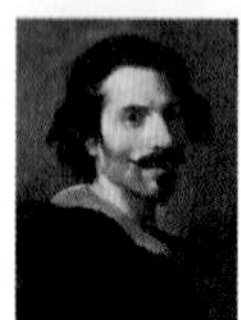

貝爾尼尼
巴洛克藝術的首席代表

Gian Lorenzo Bernini（義大利 1598-1680）

文藝復興的風潮到了 16 世紀下半葉至 17 世紀時畫下句點，西歐的文化史進入了另一個重要時期。建築藝術方面出現兩個風格不同的分支：一是發源於義大利羅馬的巴洛克建築，一是發源於法國的古典主義建築。

貝爾尼尼是義大利巴洛克藝術的首席代表，他和米開朗基羅一樣，是一個有著多方面才能的藝術家。貝爾尼尼於 1598 年 12 月 7 日出生於義大利的那不勒斯。他的父親佩德羅是一位雕塑家，家鄉在佛羅倫斯，服務於那不勒斯的宮廷，並在當地娶了一位姑娘安傑麗卡為妻，他從父母那兒繼承了細緻敏感藝術氣質。

1605 年，貝爾尼尼隨父母來到了羅馬，因為父親服務宮廷，讓他有機會結識了教皇，年幼的貝爾尼尼就被允許在梵蒂岡的藝術殿堂裡自由地遊覽。他每天都在這裡徜徉流連，仔細研究古代的雕塑，並臨摹拉斐爾、米開朗基羅等人的繪畫。

在 11 歲的時候，貝爾尼尼雕刻了一件名為《巴提斯塔．桑托尼》的半身肖像，一下子在羅馬引起巨大的轟動。教皇讓人把這個孩子帶到自己的面前，他要求貝爾尼尼為自己畫一幅頭像速寫。貝爾尼尼在半個小時之內就完成了，教皇對這幅畫像非常滿意，他賞給這位孩子 12 塊金幣。教皇高興地預言道：「我們希望這個年輕人將來成為他這個世紀的米開朗基羅。」在以後的年月裡，貝爾尼尼一邊堅持自學，一邊繼續服務於教皇保羅五世的鮑格斯家族。他性格樂觀隨和，工作勤奮。

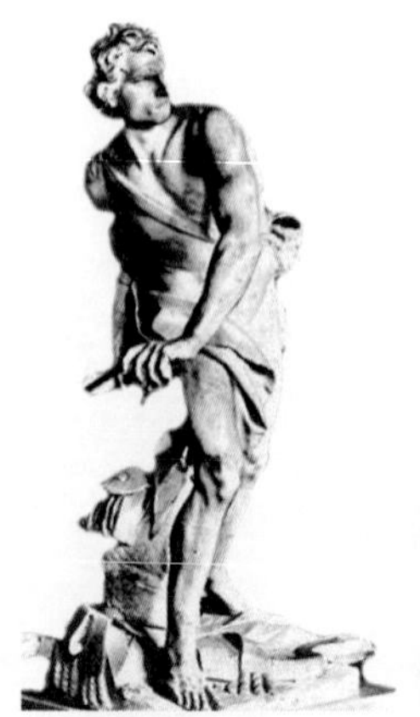

※ 貝爾尼尼的大衛雕像。貝爾尼尼因為雕塑而受到教皇的賞識，成為他事業發展強而有力的後盾。

1619 年到 1625 年間，貝爾尼尼創作了一系列的雕塑作品，其中有《埃涅阿斯與安希

※ 聖彼得大教堂。

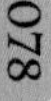

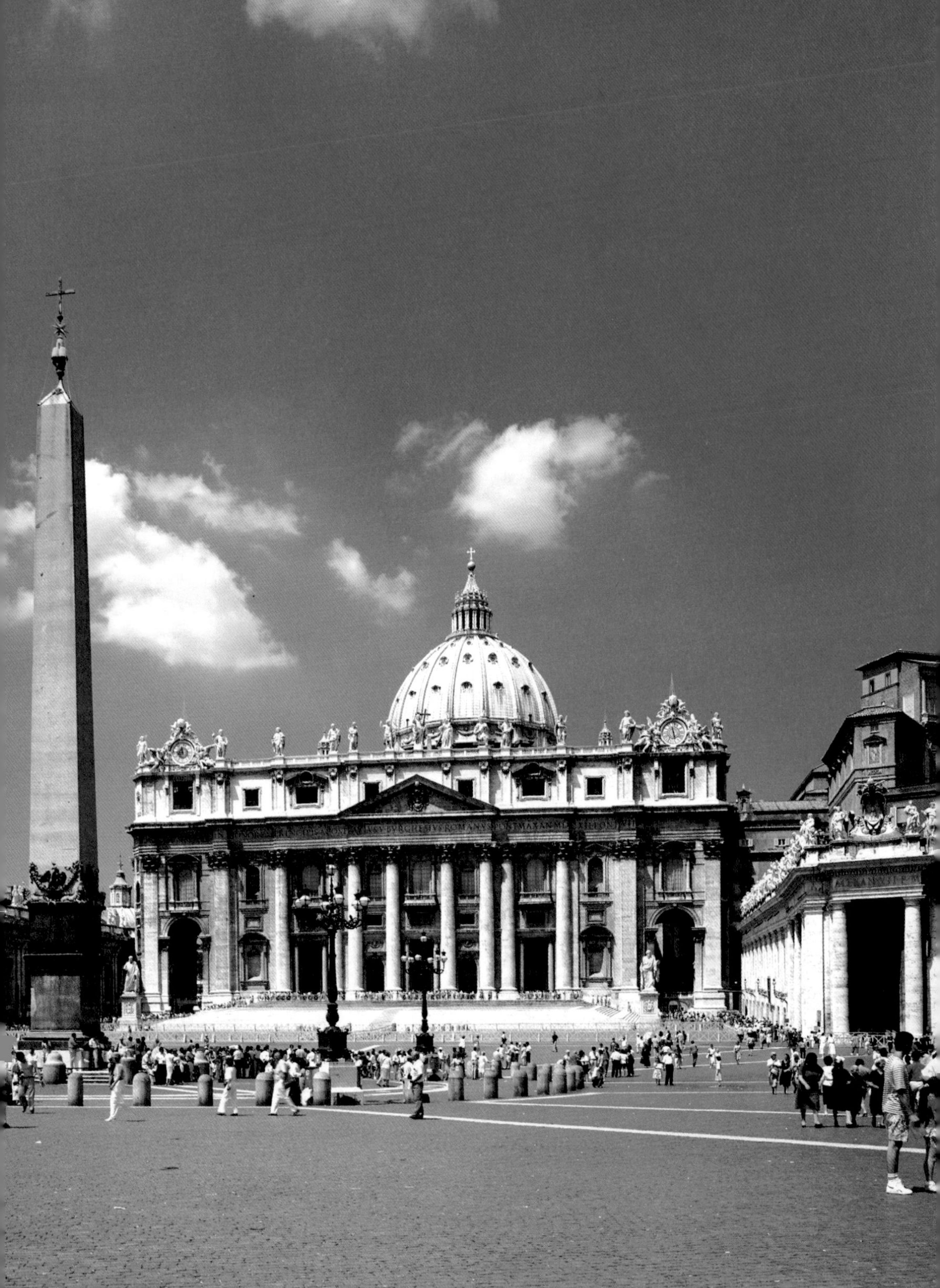

斯》、《搶走帕爾塞福涅》、《大衛》、《阿波羅與達芙妮》等。

貝爾尼尼更為引人注目的成就表現在建築方面。貝爾尼尼和羅馬這座城市有著不解之緣，他的一生幾乎都是在羅馬度過的。貝爾尼尼總共為 8 位教皇服務過，他的主要建築作品都集中在羅馬，著名的如「四河噴泉」、「聖彼得大教堂前的建築」等都已經成為羅馬的地標性建築。

1624 年，貝爾尼尼接受一項重要的任務，教皇要他在米開朗基羅設計的聖彼得大教堂裡建造一個圓頂，目的是為了讓人們能夠想到教堂之父並感受到教皇的權力。

當圓頂的最初設計完成後，貝爾尼尼遇到了一個棘手的問題。要將巨大的圓頂穩固地支撐在屋頂上，必須進行地基挖掘。貝爾尼尼叫人在教堂的地面上挖出 4 個直徑 3 公尺、深 4 公尺的大洞，以安放 4 根巨大的柱子。開挖不久工匠們就在下面發現了古代的石棺，裡面不僅有基督教徒的，也有異教徒的，這個發現令當時的人感到慌恐。

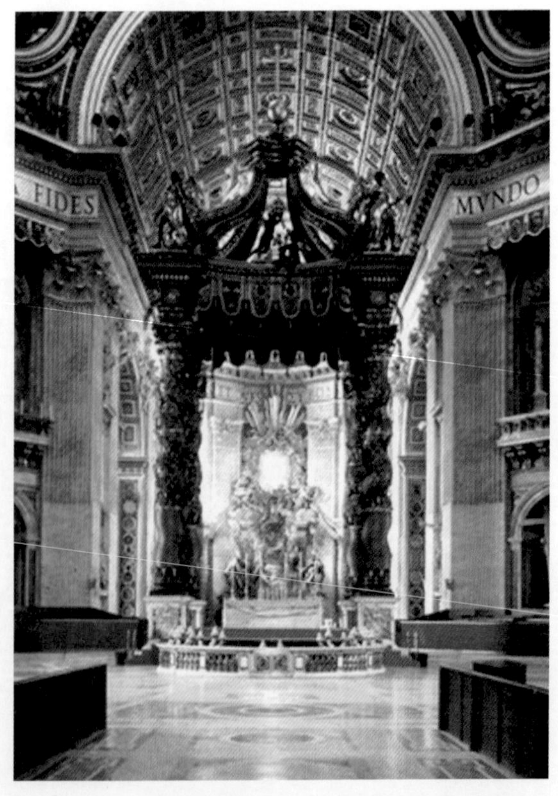

※ 貝爾尼尼設計的圓頂非常高大，有效地緩解了聖彼得大教堂內部由於穹頂過高而產生的壓抑感。

接著不可思議的事情發生了。這幾個洞挖了沒幾天，梵蒂岡圖書館的管理員突然去世，而他是為這次發掘進行記錄的人。緊接著，又有一些與此事相關的人先後死去。後來，教皇的私人牧師竟然也隨著這場「猝死潮」而升天，教皇本人也病情加重。紅衣主教們慌張起來，他們命令立即停止挖掘工作。

不久之後，教皇的病逐漸好轉，而挖掘工作得以繼續進行，相關人士也沒有再傳出死亡的消息。然而彼得本人的墓葬並沒有在這次挖掘中被發現，這也是預料中的事，因為圓頂的基礎是插在它的四個角上的，所以貝爾尼尼和周圍的人們寧願相信在中央墓穴的下面，埋著的就是彼得本人。

1633 年 6 月 29 日聖彼得節那天，圓頂建成揭幕。完成後的圓頂更像是一座建築物，它高達 29 公尺，同時代的許多人都認為它太高了，其實大師的設計非常精確。走進教堂，人們遠遠地就能看到這座圓頂的存在。貝爾尼尼為巨大的圓頂設計了盤旋向上的青銅柱子，支撐住屋頂，使整個建築呈現出一種飛騰向上的趨勢，好像活動的一般。它完全可以和米開朗基羅為聖彼得大教堂設計的不可思議的大圓頂相媲美。柱頂上立有天使像，上面還安放了寶珠和十字架。烏班教皇的徽章圖案——蜜蜂、月桂樹葉和小太陽等分佈在圓頂的各處，清楚地表明這座圓頂是教皇烏班八世時代的創造。

聖彼得大教堂的穹頂從外面看起來非常壯觀雄偉，但如果到了教堂裡面，站在高大的穹頂底下舉目向上望，它的高度令人感到可怕。貝爾尼尼在設計圓頂的時候考慮到了這一點，他把圓頂也造得相當高大，有了圓頂放置在下面，因穹頂過高造成的壓抑感就能得到有效的緩解。這是貝爾尼尼對米開朗基羅所做工作的一個巧妙修補。

接著，教皇烏班八世讓貝爾尼尼負責義大利歷史上最偉大的建築工程——聖彼得大教堂廣場建物的建造，由他出任建築師，這對貝爾尼尼來說其實是一個不幸的事件。他的前任卡爾羅．曼德爾諾為這座教堂的巴西利卡大廳設計了一個立面，立面需要兩個塔樓來做陪襯。在曼德爾諾在任的時候，這些建築結構的基礎就已經達到主體建築立面頂部橫欄的高度，也就是今天聖彼得大教堂所呈現出的那樣。貝爾尼尼要繼續曼德爾諾的計畫，烏班八世指命貝爾尼尼在已完成的基礎上建成這兩座塔樓。

1637 年，貝爾尼尼著手實施這項工程，他當時就擔心塔樓的建造可能會出現結構上的問題。因為聖彼得大教堂下面的地質地層非常複雜，有泉水在下面湧出。在開始建造塔樓之前，貝爾尼尼讓熟練的施工人員查看了曼德爾諾時代的地基，他們回來彙報說地基非常堅

固。不料當第一座塔樓建到一定的高度，下面的建物突然出現了裂縫，或許是貝爾尼尼並沒有預料到這件不幸的事情會出現得這麼早，工程被迫停了下來，他開始找尋事故的確切原因並試圖補救。

這時貝爾尼尼的批評者終於有機可乘，他們暗示是他的錯誤導致建築出現裂縫，並斷言這樣將毫無疑問地會使整個巴西利卡廳坍塌。當然他們還不敢公開將這些意見說出來，還在世的教皇烏班八世，不允許有人對他寵愛的藝術家進行任何指摘。

1644 年，烏班八世去世，貝爾尼尼失去了保護傘。羅馬對於塔樓的爭論不再受到人為的阻攔，貝爾尼尼立刻就遭到了他對手公開、猛烈的攻擊。在烏班時代受到「壓制」的其他工程師，加緊說服新繼任的教皇英諾森十世，使他相信貝爾尼尼不過是一個不中用的蠢才。新教皇也對因受前任教皇烏班的寵愛而得益的人反感，其他建築師的遊說對貝爾尼尼更加不利。最後，貝爾尼尼的塔樓終於被推倒了。

但貝爾尼尼受冷落的時間並不長。就像那個時代絕大多數的教皇一樣，英諾森十世也希望建造一座令人難忘的家族紀念物。教皇將自己的家族宮殿帕菲力宮安排在羅馬的納沃那廣場上，使其與帕菲力家族教堂聖·阿格奈賽教堂相鄰。教皇將設計宮殿和教堂的任務交給了正在得寵的波羅米尼。

教皇還計畫在廣場的中央建造一個大噴泉。這時，一座巨大的方尖塔被人們重新發現。這座方尖塔是古羅馬時期從埃及運來的，被長期放置在城外，沒有引起人們重視。1647 年 4 月間，教皇親自去查看了方尖塔，決定把

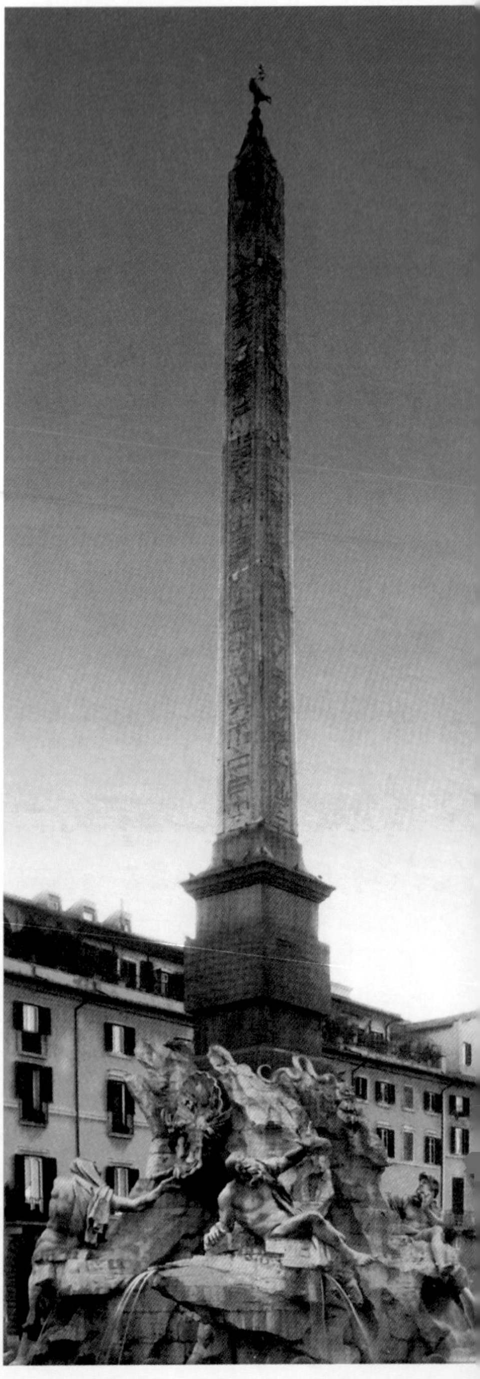

※ 四河噴泉是納沃那廣場上最為引人注目的建築，展現了典型的巴洛克風格。

它立在廣場中央的噴泉上。英諾森十世邀請藝術家們提供噴泉的設計方案，但他並沒有邀請貝爾尼尼，雖然他也知道這位雕刻家兼建築師早已經為烏班八世建造了幾座美麗典雅的噴泉。然而命運之神又一次眷顧了貝爾尼尼，他有一位娶了教皇侄女為妻的好朋尼古拉・路德維奇親王。這位親王說服貝爾尼尼製作了一座噴泉的模型，並裝上按比例製作的方尖塔，然後把它悄悄地放置在教皇家族宮殿的一間房子裡，在那兒英諾森十世一定會注意到它。

教皇本人也是一位極富藝術才智的人，他偶爾看到了這個模型，就一下子被吸引住了。他來到模型的旁邊，從各個不同角度欣賞它，一邊看一邊不住地誇讚，不知不覺就過去了一個多小時的時間。當他得知這是貝爾尼尼的作品之後，他立即派人去請貝爾尼尼，隆重地向他表示自己對他的敬重和喜愛，並幾乎是在道歉地向貝爾尼尼解釋了以前沒有用他的動機和各種「複雜」的原因。他立即委託這位藝術家按照模型來建造這座噴泉。從此以後，幾乎每個星期教皇都召貝爾尼尼到宮廷中，愉快地和他閒談或商討事情。貝爾尼尼又一次獲得了寵信和尊敬。

建成後的四河噴泉成為納沃那廣場上最引人注目的建築。噴泉的中央高高聳立著一座巨大的方尖塔，基座由天然岩石堆砌而成，基座四周豎立了四尊人物雕像，分別代表象徵世界的四條河流：多瑙河象徵歐洲，尼羅河象徵非洲、恆河象徵亞洲，普拉達河象徵美洲。四座雕像是典型的巴洛克式風格，人物極富動感、極為逼真。除了美妙絕倫的雕塑，這座噴泉還有另外一個驚人之處，那就是支撐方尖塔的十字拱。方尖塔的總重量達120噸，而相形之下，這些雕刻出來的拱就顯得纖細許多。每個拱代表一個水眼，有四條水流從拱下穿出，拱上面的尖塔高聳入雲，如果站在下面看，塔身好像正在天空搖晃。為了整個建築結構的穩固，貝爾尼尼創造了一種獨特的連接方式，他把基座上所有的石塊都榫接

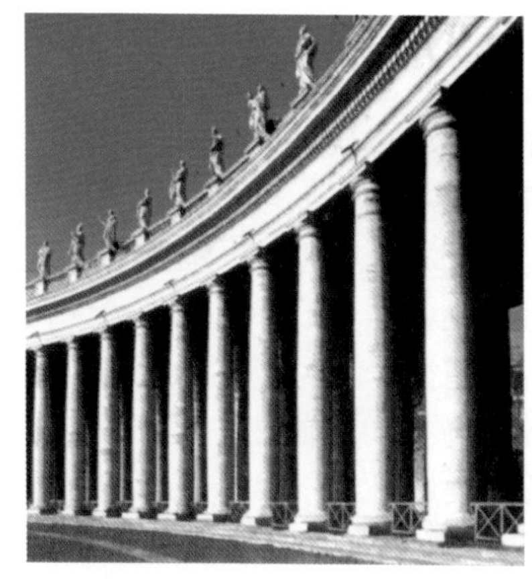

※ 聖彼得大教堂柱廊的局部。

在一起，並把它們疊成現在的樣子，使它們看上去完全成為一個整體，保證高大的方尖塔永遠不會歪倒。

1655 年，新接任的教皇亞歷山大七世委託貝爾尼尼，在聖彼得大教堂前修建一個和與教堂相稱的雄偉廣場。這時在教堂的前面已經有了一座高聳的方尖塔，方尖塔也是古羅馬時期從埃及運來的，1586 年，調集了 40 多隊騎兵，費了九牛二虎之力才把它豎起來。這座方尖塔重達 440 多噸，如果再移動位置肯定是勞民傷財，幸好方尖塔正好在教堂中軸線的延線上，從這個地方是觀賞聖彼得大教堂和它巨大穹頂一個比較好的位置。貝爾尼尼對廣場進行改建時，他沒有動這個中心位置，而是利用噴泉和方尖塔的連線為長軸設計了一個橢圓形的廣場，在兩側各造了一個弧形的大柱廊。廣場的橫為 196 公尺、直 142 公尺，面積 3.5 公頃。柱廊寬 17 公尺，由 4 列 284 根多立克柱支撐，另外還設有 88 根壁柱。柱廊簷頭的女兒牆上裝飾著 96 尊聖徒的雕像。粗壯的柱子排列緊密，柱式嚴謹，佈局簡練，但貝爾尼尼巧妙地利用了自然光線的效果，使人身處其中能夠感受到強烈的光影變幻的效果，因而使整個建築於典雅之中又透露出濃郁的巴洛克風格。

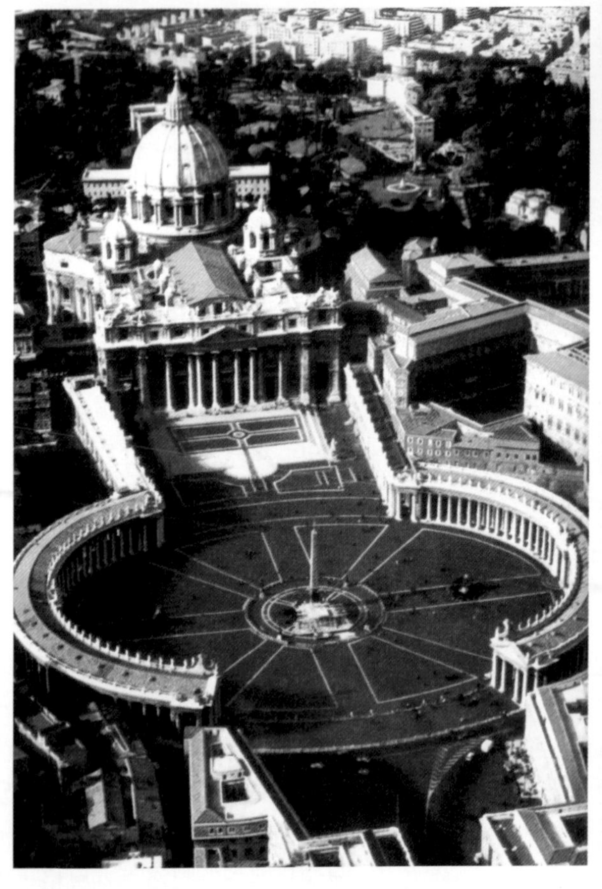

※聖彼得大教堂前面的廣場是貝爾尼尼的設計，兩座柱廊像巨人的兩個手臂一樣並抱著廣場上的人們，體現出教會對信徒的包容與接納。

貝爾尼尼非常善於營造氣氛，他設計的兩座柱廊就像是巨人的兩個手臂，環抱著廣場上的人們，這個巨人象徵著教皇領導的教會。在復活節或其他重要的日子裡，教皇站在聖彼得大教堂正立面祝福廊的窗子裡為世界和這座城市和這座城市廣場上的人群祈禱。而在另一些時候，教皇要在梵蒂岡寓所的北面窗子裡做同樣的祈禱，所以這兩扇窗子都必須能為廣場上的人們所看到。為了這個原因，同時又能讓聖徒們體驗到被擁抱的感覺、而不至於感到壓抑和窒息，貝爾尼尼將這兩座柱廊設計得很低。同時，他讓北面的柱廊偏向梵蒂岡宮，南面的則朝向另一個方向，使人們能夠看到高處宮殿的窗戶。

和巨大的石柱相比，柱廊頂端的聖徒雕塑顯得就要小多了。其實「他們」比人們以為的要高許多，每座雕像都接近 4.5 公尺。「他們」由工匠所完成，但其中的每一件都是在貝爾尼尼的指導下進行刻製。貝爾尼尼有一個工作習慣，他會和他的學生或他手下的工匠共同討論一個雕塑的風格乃至細節，最終確定下來，則由學生或工匠著手具體雕刻。貝爾尼尼會經常地來到工地上，當他看到有哪一件雕塑不合他意的時候，他就會親自拿起鑿子，修改到自己滿意為止。

聖彼得大教堂的門廊前有一條坡道，兩側輔以階梯，通向教堂的內部。這條坡道也是出自貝爾尼尼的手筆。門廊北邊也設階梯，盡頭開著一道道門，通往梵蒂岡宮。

聖彼得大教堂的內部也有許多貝爾尼尼的作品，如聖彼得墓上的富麗的青銅圓頂、附近的祭壇、宣揚宗教教義的浮雕、紀念聖徒的石碑以及巨大壁柱上的美妙裝飾，甚至地板上的大理石圖案也是由貝爾尼尼所設計。進入聖彼得大教堂，你就幾乎是進入了一座貝爾尼尼的作品陳列館。

貝爾尼尼還設計過多個教堂，它們幾乎都位於羅馬的中心位置，其中於 1658 年設計的聖安德列教堂最具代表性。這座教堂的平面非

※（左）聖安德列教堂被認為是羅馬巴洛克建築的典範之作。（右）聖彼得大教堂廣場。

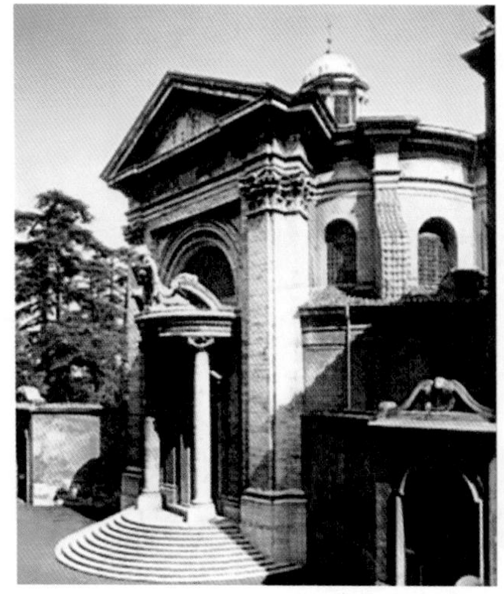

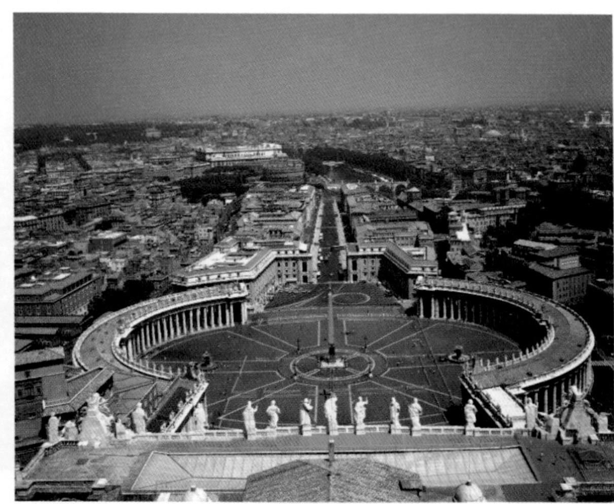

常獨特，一個橫的橢圓被一個縱向的軸線穿過，而這條軸線則連起了具有極強表現性的入口和位於教堂唱詩班東側的司祭席。貝爾尼尼用這種方式在建築的主要方向之間引入了一股強烈的力量。在教堂的前面，兩道四分之一的牆面形成了一個小廣場，這些牆面都有著相同的直徑，和教堂內部的圓形空間相呼應。貝爾尼尼對曲線的運用極其純熟，建築的各個部分非常和諧地構成了一個整體。這座小教堂被認為是羅馬巴洛克建築的典範之作。

貝爾尼尼的名聲傳遍了整個歐洲。1665 年，建築師收到了法國國王路易十四的信，這位偉大的君主正在他的國家大興土木，他準備請貝爾尼尼親自到巴黎為他宏大的建設做設計。

貝爾尼尼在巴黎受到了熱情的接待，路易十四鋪上了紅地毯，以歡迎友好國王的禮儀迎接他的到來。國王的高規格接待擴大了貝爾尼尼在法國的影響。路易十四請貝爾尼尼重新設計巴黎羅浮宮的正立面，這個立面位於非常重要的位置。它隔著廣場與王室的教堂正面相對，廣場南端有一條聯繫塞納河的橋樑，過橋不遠又是著名的巴黎聖

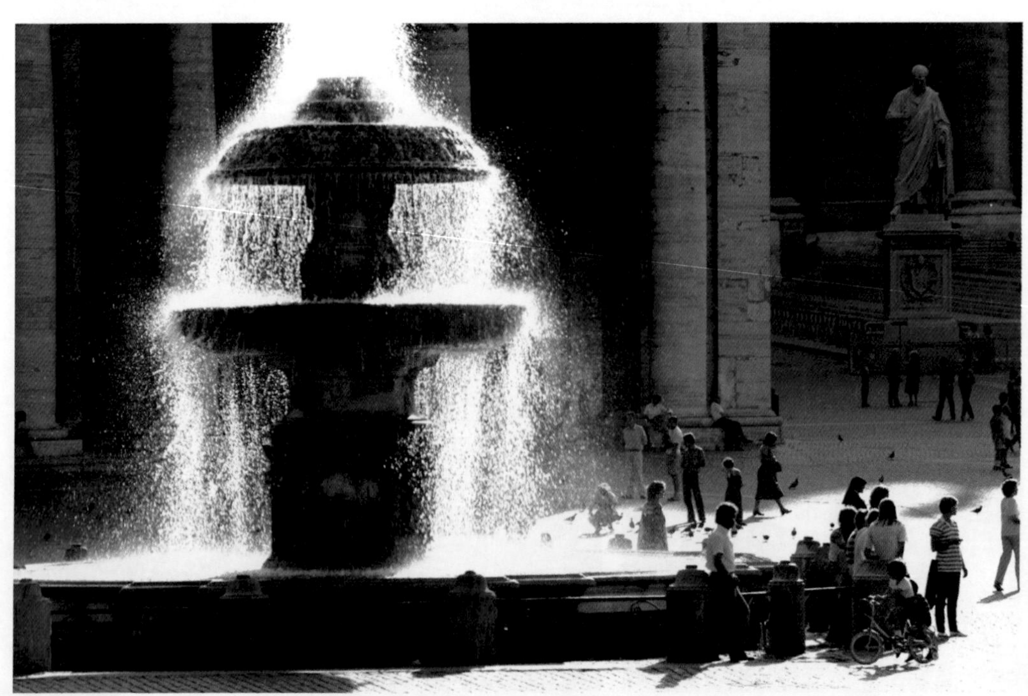

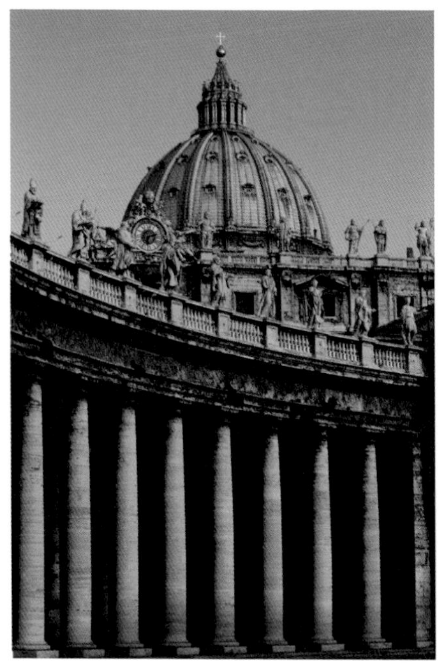
※ 聖彼得大教堂圓頂。

母院。

貝爾尼尼依照他對羅浮宮周圍環境的理解，設計了一個有著鮮明巴洛克風格的正立面。在他的設計中，立面中央有一個突出部分，基座上設置巨大的半截圓柱和壁柱，柱式組合的節奏非常複雜。但他設計的這個方案遭到了法國建築師和法國建築部門有關人員的強烈反對。法國人在審查過程中不斷地修改，取消了許多巴洛克式的裝飾，使正立面看起來顯得更加簡潔一些。可能是由於路易十四的影響，貝爾尼尼的設計勉強被允許開始施工。開工不久，貝爾尼尼就趕回羅馬，法國人依然用恭維和掌聲來跟他告別，可等他走了以後，羅浮宮的工程就停止了，法國又成立專門委員會來制定新的方案。

法國人最終沒有接受貝爾尼尼的方案，並不是他們不喜歡大師的設計，只是與追求個性、強調動感的巴洛克風格相比，他們更喜歡穩重嚴謹的古典主義風格。貝爾尼尼在回到羅馬後，有點傷感地說：「在巴黎，我遇到一個大敵，這是一個很大的敵人，那就是法國人對我的曲解。」貝爾尼尼的創造力並沒有隨著年齡的增長而衰退，在他已經 80 歲的時候，他還為教皇亞歷山大七世建造了陵墓。這座陵墓處在聖彼得大教堂的對角線上。貝爾尼尼解釋說，是出於對這位教皇的深切懷念才主動來做這件事情。

1680 年 11 月 26 日，貝爾尼尼在羅馬去世，終年 82 歲。羅馬城為他舉行了隆重的葬禮。

貝爾尼尼說過，一個藝術家如果想要成功，必須做到三件事：一是及早地看到美，並抓住它；二是工作勤奮；三是要經常得到別人的精確指教。

※ 聖彼得廣場內的小噴泉。

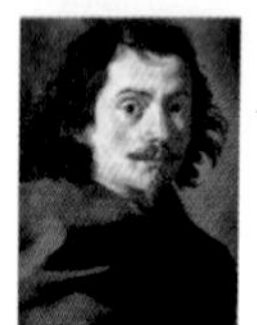

波羅米尼

緊張狂躁的建築大師

Francesco Borromini（義大利1599-1667）

除了貝爾尼尼，義大利巴洛克建築藝術的另一位卓越代表是波羅米尼。雖然同屬於巴洛克藝術，但波羅米尼的建築作品和貝爾尼尼明顯不同。貝爾尼尼的作品帶有古典意味，而波羅米尼的建築卻充滿著不可抑止的「衝動」。

作為羅馬巴洛克全盛時期的一位建築大師，波羅米尼的建築設計繁複無比，是巴洛克風格的典型詮釋。波羅米尼喜用凹凸多變的曲線和多種幾何形體的複雜交錯，從整體佈局到細部安排，都能獨出心裁，從波羅米尼身上，我們感受到一個新時代的脈動。

波羅米尼最初的名字叫卡斯特里，他於1599年9月25日出生在瑞士盧加諾地區一個叫比頌內的小村莊。父親是一個石匠。卡斯特里從小就跟著父親學習雕刻技術，後來他又來到米蘭，在一個叔叔那裡工作。1619年，卡斯特里已經是一個技術精巧的手藝人了，他來到羅馬，並將名字改成了波羅米尼。

波羅米尼在正在進行的聖彼得大教堂的建設中得到一份工作，他是一個熟練的砌牆工，後來因為出色的才能，很快就得到提拔，參與到聖彼得大教堂工程的繪圖和設計工作中。1629年，主持聖彼得大教堂工程的建築師馬得曼去世。波羅米尼轉入貝爾尼尼的手下工作，在這裡他有更多的機會參與工程的設計。隨著經驗的積累，波羅米尼逐漸成為一個能夠獨當一面的建築師。

此時的羅馬仍處在教皇的統治之下，是歐洲的藝術中心。這時的巴洛克建築是在文藝復興建築的基礎上所發展，它的發展與教會勢力有著直接的關係。蓬勃發展的宗教改革動搖了天主教的根本利益，巴洛克就是天主教用來對抗宗教改革運動的一種文化。特別是在進入17世紀後，天主教會的財富日益增加，為了向朝聖者炫耀教會的富有，同時也為了在教堂中製造出撲朔迷離的氣氛，羅馬教皇下令在羅馬城修築寬闊的道路和宏偉的廣場，並鼓勵各個教區建造自己的巴洛克風格的教堂。

※聖卡羅教堂的規模很小，但建築師在其中展示了無窮盡的平面變化，烘托出整個建築的強勁動態。

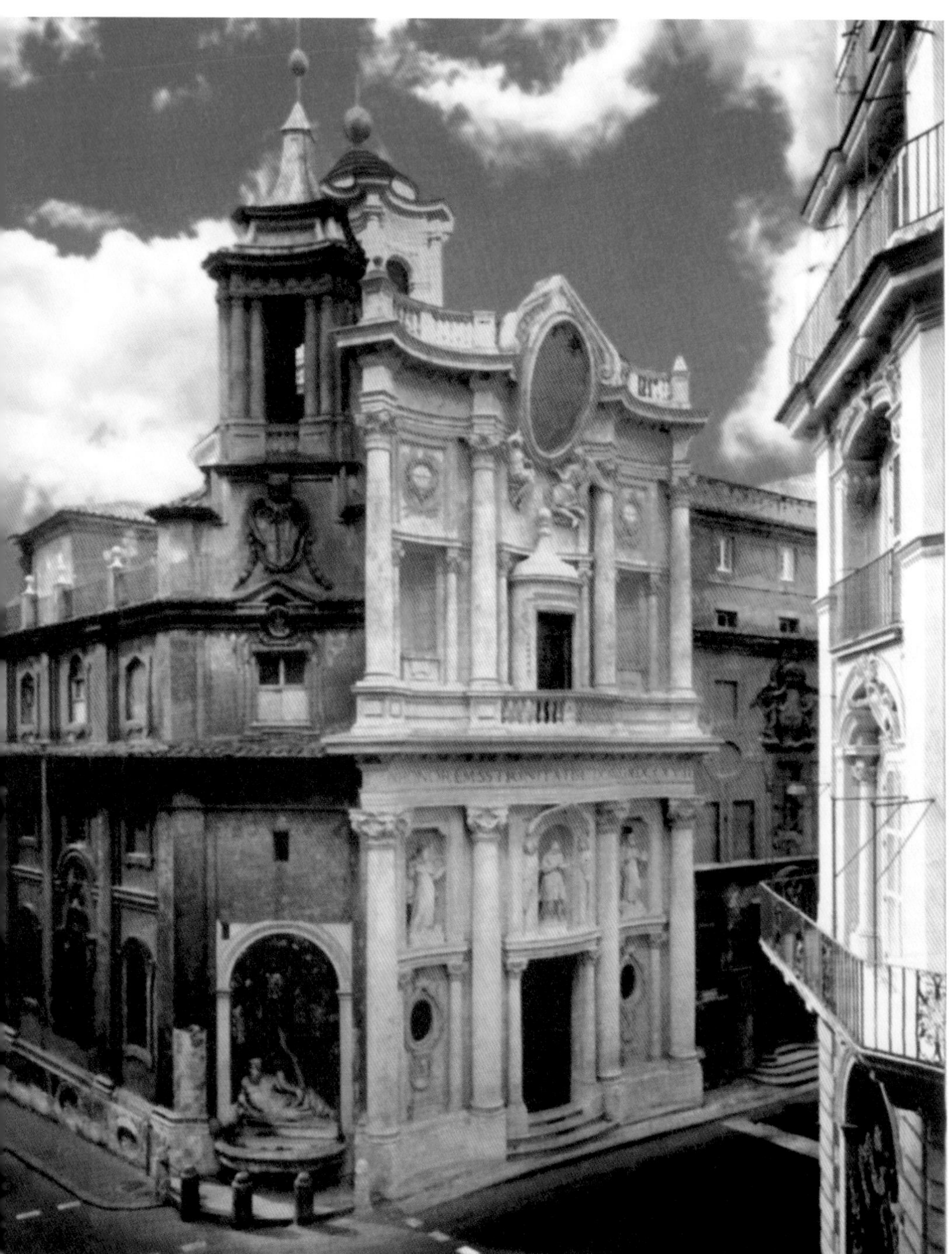

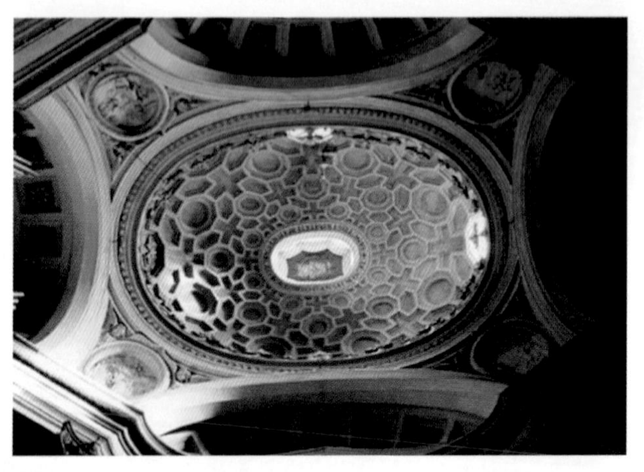

※ 聖卡羅教堂的內部穹頂，內部空間在外部光線的照射之下，明亮精美的穹頂與幽暗的室內形成了鮮明的對比。

巴洛克藝術與文藝復興藝術有著明顯不同。文藝復興意味著平衡、適中、莊重、理性與邏輯，它的建築是以簡單的、基本的比例和相互關係為基礎，而巴洛克建築卻不怎麼崇尚這種含蓄的邏輯性，它拋棄了文藝復興藝術中的平靜和克制，具有反理性的特點。巴洛克講究富貴與繁華，強調感官享受，追求的是令人感到意外的戲劇般的效果，意味著運動、新奇，熱衷於無窮、不安和對比以及各種藝術形式的大膽融合。巴洛克的建築力圖突破既有的規則，強調動態不安，追求個性。它採用規則的波浪狀曲線和反曲線的形式賦予建築元素以動感的理念，巴洛克藝術重視色彩，喜歡採用對比色，試圖尋求建築與繪畫和雕塑等的融合，消去它們之間的界線。

此時出現的巴洛克建築藝術的主題和題材多是宗教性的，這些教堂在造型和裝飾上都追求感官的享受和刺激，富麗堂皇，同時又怪誕詭異，有著強烈的神秘氣氛。這一時期的建築師認為建築物是根據許多要求、塑造成形的一個獨立的總體，所以巴洛克建築通常看來就像一尊大型雕塑。文藝復興時期建築的平面圖一般呈正方形、圓形和十字形，而巴洛克建築更多地選用了橢圓形、橄欖形，建築師們還利用複雜的幾何圖形變化生成更為複雜的圖形。

巴洛克建築在貝爾尼尼的創作中，保留了古典的色彩，但波羅米尼則完全向著另一個更為大膽的方向發展。

在早期巴洛克時代，建築師們通過一種對建築元素進行更為複雜的編排來增強表達強度。比如採用雙排柱廊、壁柱與柱子結合、巨大的柱式、重複的斷裂簷部和山牆等。而波羅米尼打破了這一傳統，他採用了一種全新的解決建築空間問題的方法。波羅米尼將空間看作是建築的組成元素，他的空間是能夠被塑造的有形事物。波羅米尼的作品與同時代那些裝飾華麗的建築相比，顯得更富於邏輯性，以至於同時代的建築師並不怎麼認同他的創造，他們認為波羅米尼的建築太過古怪和荒誕。

1634年，波羅米尼接受委託主持重建聖卡羅修道院的內院。這座院子與波羅米尼以後設計的建築作品有明顯的不同。它的輪廓呈平穩彎曲狀，顯得非常嚴謹。院子裡由連續的柱廊組成的回廊非常有節奏地伸展開來，建築師並沒有使用特殊的圖案和裝飾，而僅僅是利用建築本身創制一個別緻的空間，從而給人以豐富觀感。波羅米尼通過巧妙的安排，可以使任何建築形式重新煥發出生機，這是大師才華的初步顯現。

從1638年開始，波羅米尼開始進行聖卡羅教堂的設計建造工作。因教堂內部空間狹小，以至有人說它可以放入聖彼得大教堂的一個牆墩中。波羅米尼以天才的手法將狹小空間本身轉變成為一個優勢，他盡情地展示出聖卡羅教堂平面的幾何複雜性。波羅米尼採用了連結三段式的設計，底層以古怪波浪式的幾何形體處理，中層採擷典型希臘式設計，上層是形式新穎的圓頂設計，這種突破傳統的組合可以充分凸顯出幾何交織的美感，其中圓頂由教堂內部高聳直上，起拱點及採光口都設置在該層的底部，使其具有了夢幻式的效果。

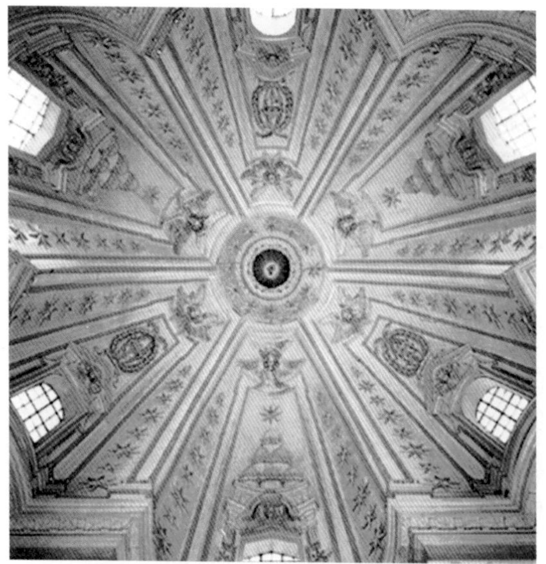

※聖伊芙教堂位在一個文藝復興風格的院子中，波羅米尼通過巧妙的設計使建築宛如向上飛升。

波羅米尼在設計中使用了許多古典元素，如不同高度的柱式，在三角形山牆裡有彎曲的山牆，中間有渦卷花樣和壁龕等，波羅米尼以純熟的手法將它們融合成一個波浪、流動的整體。複雜的內部空間由帶有方向性的水準柱頭加以統一，壁面則由半露出牆壁的柱子分別襯托出重點。建築師運用凹入的壁龕和突出的部分強調前進與後退的對比，使牆面給人以有膨脹與退縮的感覺，將整個建築的強勁動勢完美地烘托出來。聖卡羅教堂竣工以後，在建築界獲得了截然不同的兩種看法，有人認為它構思精妙，是新時代建築藝術的突出代表；有人則持相反意見，認為它過於怪異，是對建築藝術的褻瀆。不管怎樣，波羅米尼的名聲隨著聖卡羅教堂傳遍了整個歐洲。

在同一時期，波羅米尼設計建造了菲利浦尼教堂和小禮拜堂。這是一個建築群，波羅米尼從這個專案中獲得了將多個建築組合在一起、從而得到全新空間佈局的機會。波羅米尼按照功能來安排平面，他以院中的聖器收藏室和院子本身為主體創造了一個連續的空間，兩側分別安排兩條長長的走廊。小禮拜堂的正面牆壁內凹，好像是一個張開雙臂的人，擁抱前往這裡的一切。立面上的主山牆由弧形和三角形組合而成，主簷部採用了連續的卷渦，將立面的主體部分和側翼連接起來。這座教堂的許多結構部分都只是裝飾而不承重，波羅米尼善於運用石膏、磚等建築材料，因為它們比大理石更容易塑造成各種圖案。

1644 年，波羅米尼開始為羅馬耶穌會大學設計聖伊芙教堂。教堂處在具有濃郁文藝復興風格的大學內院中，教堂的平面呈放射的六角星形，波羅米尼巧妙地將教堂的正面設計成凹形，並在教堂圓頂上面別出心裁地安放了一個螺旋形的採光亭頂子，這樣就與院子周圍的帶有文藝復興風格的敞廊協調了起來。建築師利用建築的曲線，使其動感突出，帶動周圍的建築群，讓它們獲得了生氣。在這座教堂的內部裝飾上，波羅米尼依然強調了其動感變化的特色。他將教堂平面六角形的六個頂點設計成六個壁龕，它們以教堂圓頂下的六角形中心為基礎緊密地聯繫在一起，使得整個建築有如向上飛升的樣子。

到 1646 年，波羅米尼終於等來了一次修建大教堂的機會，教皇委託他重建拉泰拉諾的聖喬瓦尼教堂。這是一座早期基督教的長方形教堂，由於原來的主體結構需要保留，這份工程並沒有給波羅米尼太多自由發揮的機會。波羅米尼設計了寬大的柱子將以前的雙柱包裹起來，以加強對原有結構的支撐。寬大的柱子有節奏地排布在教堂裡，對空間造型起到了巨大的作用。波羅米尼還打算在教堂的中廳加一個

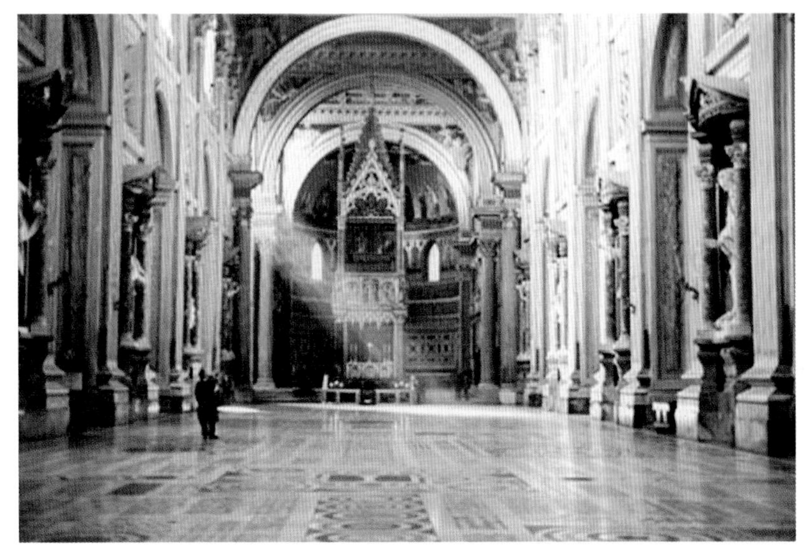

※ 波羅米尼在大型教堂建築上的才華，在聖喬瓦尼教堂的設計中得到證明，但由於後來貝爾尼尼等人的參與，最後建成的聖喬瓦尼教堂已經不是波羅米尼最初設想的樣子。此為該教堂的內部空間。

穹頂，但是他的修改計畫並沒有全部施行，當工程進行到一半的時候，因貝爾尼尼等人的參與，重建工作脫離了波羅米尼最初的設計。

波羅米尼和貝爾尼尼出生在同一年，他們順著文化趨勢，發展的自己的天賦，使巴洛克建築藝術更趨了成熟。貝爾尼尼在很小的時候就被人視為藝術神童，波羅米尼卻出身低微，沒有受過正統的教育，不像貝爾尼尼很早就得到社會的肯定。而同樣才華橫溢的波羅米尼，當初他在和自己同年的貝爾尼尼手下工作時，有著「壯志難伸」的感受。當他終於得到施展自己才華的機會時，他想要放手大膽創造出屬於自己個性作品，卻沒有考慮委託人的要求。這一點和貝爾尼尼不同。貝爾尼尼非常懂得迎合教會的需求，也正因為此，貝爾尼尼能夠比較容易地得到承認。過於強調自己個性的波羅米尼就沒有那麼幸運，他那些充滿內心痛苦探索特徵的作品讓很多人都不喜歡，他很少有機會能像貝爾尼尼那樣從教會手中接到大型建築的訂單。但僅僅是幾座小教堂，已經使波羅米尼躋身於大師的行列，在巴洛克建築藝術領域，他的地位並不遜於貝爾尼尼。

波羅米尼的一生像他的作品一樣，充滿了緊張、衝動與不安。他生性急躁、為人率真、做事狂熱。波羅米尼的最終歸宿，似乎也從他建築作品透露不幸的徵兆，他在 1667 年 8 月 2 日以自殺的方式結束了自己的生命。

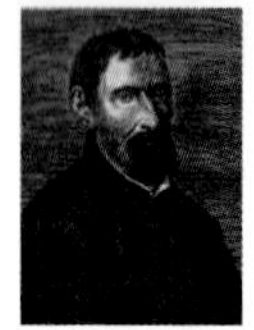

瓜里尼
以數學為基礎來設計建築

Guarino Guarini（義大利 1624-1683）

瓜里尼是義大利後期巴洛克建築的主要代表。這一時期的建築，藝術的眼光和數學的運算結合在一起，建築師充分運用數學知識來設計作品，瓜里尼當然也不例外，他的設計和著作是後期巴洛克建築的主要參考資料。

1624 年，瓜里尼出生在義大利的摩德納。他在家鄉接受教育，學習天文學、哲學、神學和數學等方面的知識。1639 至 1647 年間，瓜里尼來到羅馬。此時，波羅米尼正在進行聖卡羅教堂的建造，巴洛克藝術風格給他留下了深刻的印象。

瓜里尼在 1648 年成為一位牧師，因為這一個身份，他在以後的幾年，去過墨西拿、杜林、巴黎、維察琴、布拉格、里斯本等地，他也為這些地方設計了不少教堂。並參與規劃建設了一些小城鎮和城鎮裡面的教堂。可惜的是，瓜里尼大部分作品都已經遭到了地震或火災的毀壞，沒有保存下來。

1656 年，瓜里尼在里斯本設計了聖瑪麗亞教堂，這可能是他最早的建築作品。這座建築採用傳統的佈局方式，由袖廊和一個帶有半圓形壁龕的長方形的大廳組成。在教堂縱向軸線上，瓜里尼運用了一系列連續的穹頂，這在建築史上是前所未有的事。

瓜里尼在墨西拿設計的索馬斯基教堂，則顯示了瓜里尼在創作風格上的變化。他設計了一個六角形的平面，突出柱子和拱的表現能力，使整個建築結構骨架、呈現出一種輕盈感覺，牆的功能因而減弱，看上去只是附在建築骨架上的一層皮。此外他使用了迭合的穹頂結構，以一個相互交織有如肋骨般的骨架為基礎，基礎周圍開一圈窗戶，在上面接著一個小的更帶有傳統特色的穹頂。很明顯可以看出，在瓜里尼的設計中，放入哥德式建築和西班牙摩爾式建築的特色。

1662 年，瓜里尼來到巴黎講授神學，同時著手設計聖安妮拉羅亞教堂。在瓜里尼的設計中，教堂平面以一個拉長的希臘十字形為基礎，用壁柱連接形成一個八角形空間。建築師在設計中借用了哥德式

※ 聖羅倫佐教堂的設計展現出瓜里尼的建築才華，圖為聖羅倫佐教堂的穹頂。

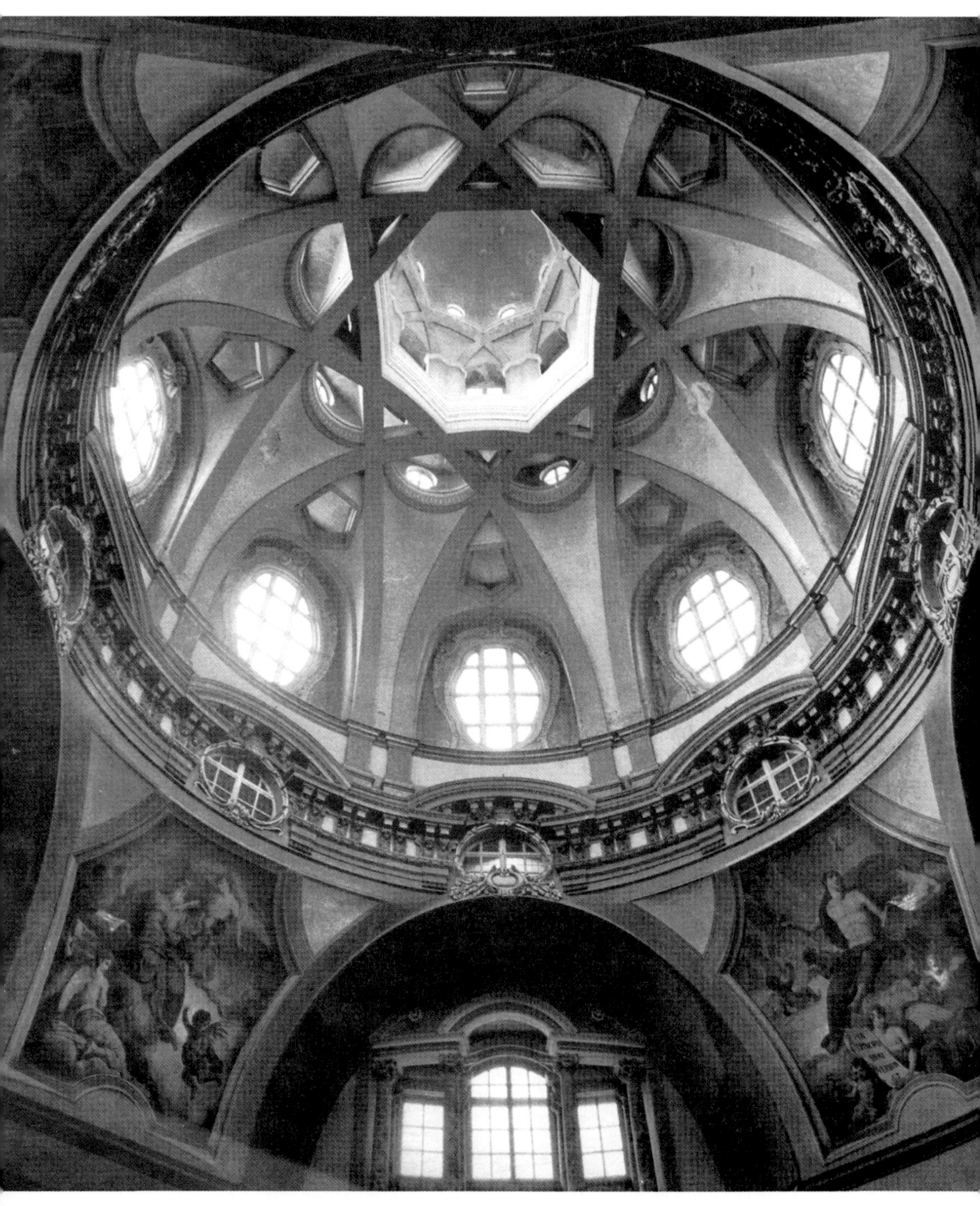

建築的「雙牆」結構，用雙柱列與拱柱形成室內「屏風」，外牆兩側設置相互對稱的窗戶。可惜的是，這座教堂在建造過程中就遭遇到了火災，最終沒有完成。

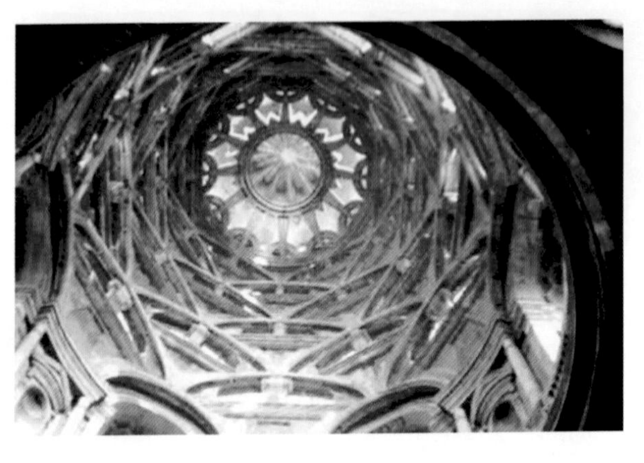

※聖衣禮拜堂的穹頂，被稱為有史以來人類最神秘、最動人的建築空間之一。

1666 年以後，瓜里尼定居杜林，一直到去世，他最主要建築作品，都位於此地。

在杜林，瓜里尼在從事神職工作以外，還擔任薩弗伊公爵的建築師。瓜里尼受公爵的委託設計建造聖衣禮拜堂。這座禮拜堂不大，附屬於公爵宮殿的大教堂。禮拜堂採用了圓形平面，位於大教堂的東端。瓜里尼將這個圓形分成了九段，其中六個以每兩個一組為一個空間，上面架大型拱樑;剩下的三個則闢為出口，其中兩個和教堂相連，一個通向公爵的宮殿。禮拜堂的頂部形狀非常複雜。三個巨大的拱柱支撐住一個圓環，穹頂架設在這個圓環的上面。瓜里尼運用了一系列的弧形拱柱，每六個拱柱為一組，架出一個六角形，上面再接交錯的一組，這樣往上重複六次，一共形成了 36 根主要拱柱系統。拱柱之間設置小窗透光，照射進來的太陽光線在複雜的支架上搖曳迷離，使得這座禮拜堂成為有史以來人類最神秘、最動人的建築空間之一。

聖羅倫佐教堂的建造開始於 1668 年，這座建築更能展現出瓜里尼的建築設計才能。教堂的平面是一個長方形，牆壁非常厚實。在教堂圓頂的下方，瓜里尼設計了一個八角形的內牆，內牆的每一側都依次地凸出來、凹進去，形狀變化複雜，但同時又呈現出一定的規則。他也設計了同樣複雜而優美的圓頂，發揮無限的想像力，將承重的和裝飾性的樑柱相互交錯在一起，形成八角星的形狀。在圓頂的四周，排列著優雅的橢圓形天窗，它們給人的感覺就好像懸浮在空中一般。

瓜里尼在 1679 年修建了杜林的卡里尼阿諾宮。這是他宮殿建築的傑作，是為卡里尼阿諾王子的建造。在瓜里尼的設計中，建築的平面呈一個 U 形，其中一個出口直通花園，但在建成後這個出口卻又被堵死，十分耐人尋味。宮殿的立面為波浪形，內部的樓梯彎曲成一個優美的曲線連接著上下兩層平面，即使是在這樣的民用建築中，瓜里尼也同樣確實展現巴洛克精神的本質。這座府邸給人的感覺就像是一個半成品，它好像既是建築，又像是某種形態的藝術品。卡里尼阿諾宮造型獨特，是 17 世紀義大利最優美的府邸建築之一。

瓜里尼成功地融合了傳統的建築類型，像是十字形、圓形、多邊形和穹頂等，並將它們重新組合成一個有藝術生命的個體。瓜里尼對幾何圖形非常迷戀，他的建築作品展現出他在數學方面的才能。但更為重要的是，瓜里尼還透過自己的建築告訴人們，他不僅僅是一個建築師，同時還是一個傑出的哲學家和藝術家。

在為薩弗伊公爵工作期間，瓜里尼共建造了 6 座教堂和禮拜堂，5 座府邸和 1 座城門，他還出版了 2 部關於建築的書和 4 部關於數學和天文的書。他的論著中以《民用建築》的影響最大。瓜里尼在這部作品中，系統地講述了自己的主要建築作品。由於他設計建造的教堂等建築大部分都已經不存在，《民用建築》這本書提供瞭解其建築的途徑。他還在書中討論了投影幾何學，這是他在自己建築作品的中總結出來的科學的幾何學知識。這本書在 1737 年出版，瓜里尼於 1683 年 3 月 6 日去世。

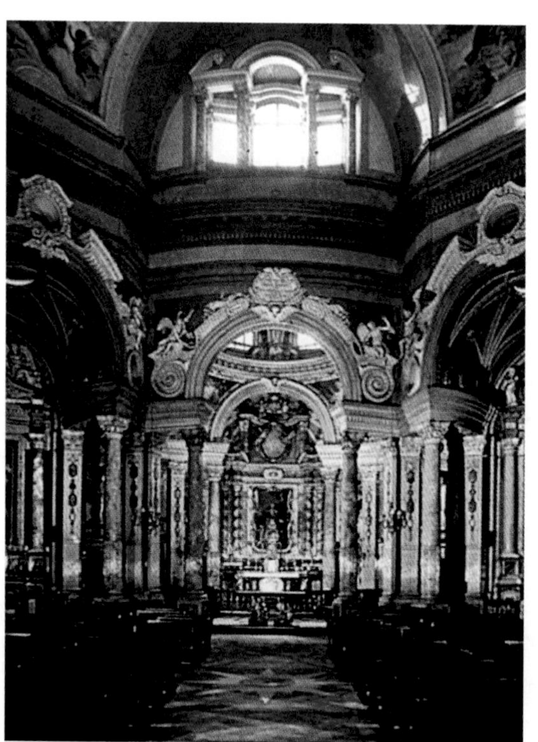

※ 聖羅倫佐教堂的內部空間。

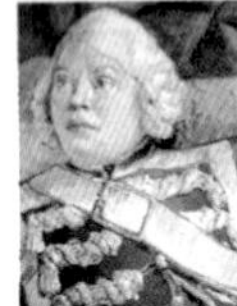

諾伊曼
纖柔自由的洛可可建築大師

Balthasar Neumann（德國 1687-1753）

從17 世紀末 18 世紀初，法國的社會結構發生了變化，封建君主統治逐漸沒落，國民經濟也面臨崩潰、對外戰爭接連失利，法國的王權政治的權威一落千丈，法國宮廷的鼎盛氣象逐漸變成了明日黃花。

在這樣的背景下，貴族們開始追求悠閒懶散的生活情調，原有的刻板、嚴肅的古典主義被拋棄，同時巴洛克的喧囂和放肆也成了他們唾棄的對象。逍遙放縱的藝術口味日趨盛行，這就是後來出現的洛可可藝術。與以往的西方建築風格不同，洛可可建築的表現手法溫柔、細膩、纖巧，在局部細節方面較為瑣碎，整體風格優雅而柔美。總之，洛可可建築講究的是纖細而自由的自然主義。這種自然主義以無規則的雕刻形式為基礎，岩石和貝殼為這種藝術裝飾提供了富於變化的形式。

此時法國已經取代義大利成為歐洲文明的中心，洛可可藝術很快就從法國宮廷傳出，影響著歐洲其他國家的建築設計，甚至連中國的仿歐建築也有影響。直到 19 世紀初，伴隨法國大革命的出現，洛可可才被新古典主義藝術浪潮所湮滅。諾伊曼是洛可可建築的重要代表人物之一，他所設計的作品，是洛可可建築風格和文化內涵的最好代表。

諾伊曼於 1687 年 1 月 27 日出生在波西米亞德國佔領區。父親是一個非常富有的商人，他因此有機會接受多種教育、到很多地方旅行，欣賞到不同地區的建築物。波西米亞地區眾多的義大利巴洛克式教堂對他有很大的幫助，影響了他的早期創作。在他開始從事建築創作之前，他曾是一名炮兵工程師，事實證明那是一個錯誤的選擇，不適合他個人的發展。

巴伐利亞的伍茲堡（Würzburg）是德國法蘭克主教的居住地。1719 年，諾伊曼受其委託，在府邸裡建造一座宮殿。這座宮殿花費了 25 年的時間，建成後成為 18 世紀和柏林宮並列為德國建築藝術的

※ 主教宮殿是諾伊曼最著名的代表作，同時是德國境內最知名巴洛克風格宮殿建築之一。

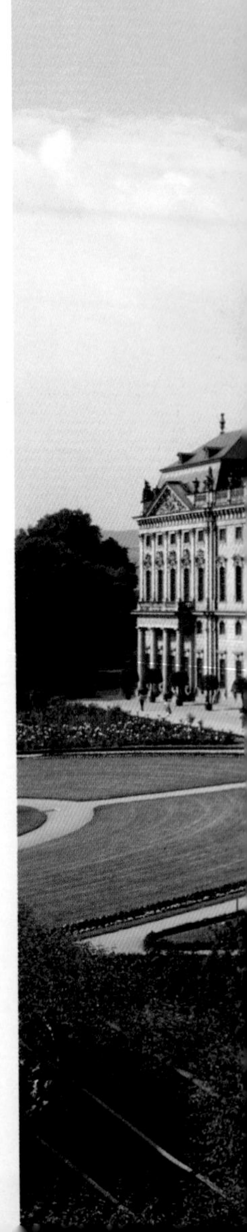

代表作，稱為主教宮殿（Residence）。

整體看來，這座宮殿具有雄偉含蓄、優雅明快的特點。建築充分利用了內部的形體變化和開敞的空間，配上繪畫、雕刻和懸掛的宮燈，使內部空間變得豐富多彩、精巧活潑。

主教宮殿長 167 公尺，宮殿的正面朝向花園，呈一條直線。在宮殿的兩頭，沒有採用宮殿建築中常用的借用凸出物以強調建築實體的

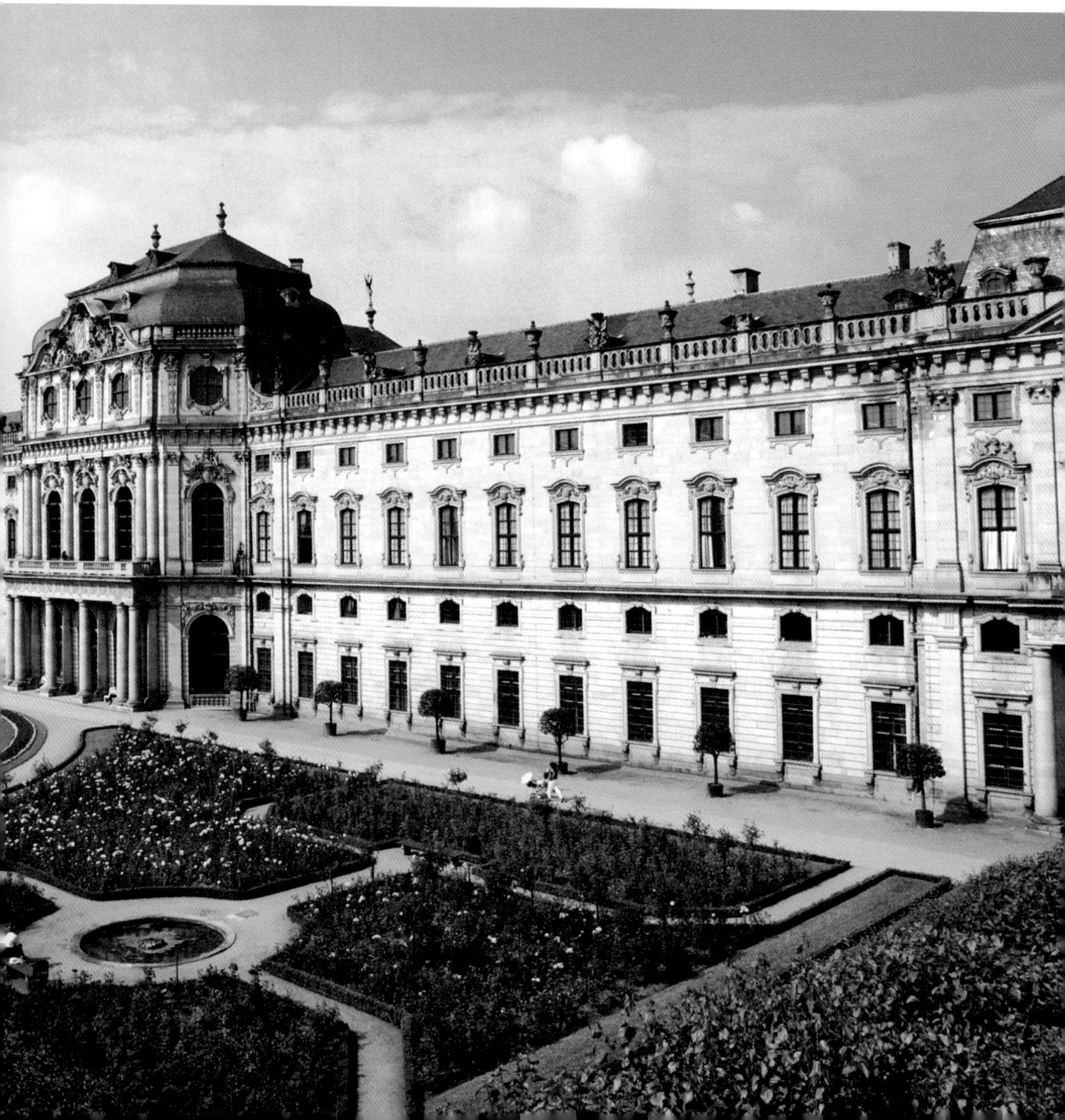

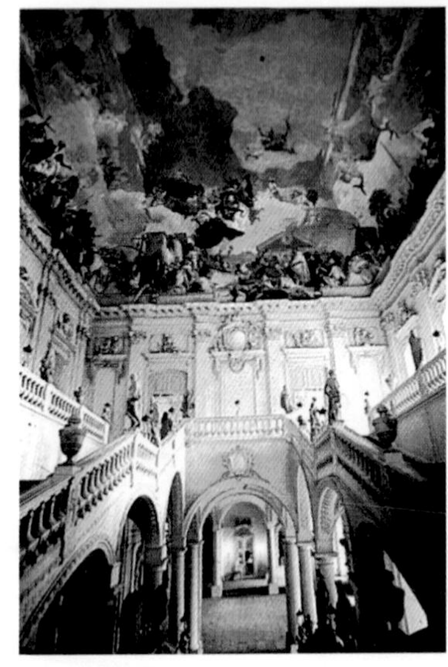

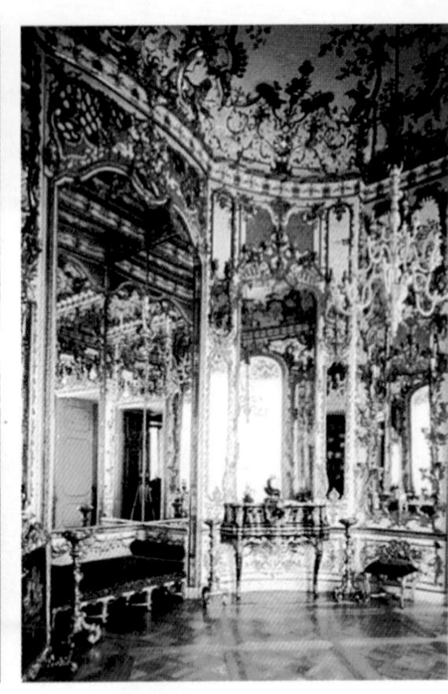

手法，而是運用了壁柱和扁平的三角牆來突顯建築本身。宮殿的中間部分進行了適當的裝飾，在建築造型上向前突出了一點，宮殿正面平靜而沉穩的風格絲毫沒有因此而改變。宮殿的入口處是嚴謹的托斯卡納式圓柱，二樓高高的窗戶被雕塑裝飾，這樣不會給人突兀的感覺，到三樓和樓頂的過渡會比較自然。

主教宮殿敞開的正面庭院非常像凡爾賽宮，有很大的外部空間，頗具皇家氣派。側翼突出的柱廊使得宮殿略顯內斂，從而使庭院看起來比較開闊，宮殿的正面裝飾有奇巧的山牆則更低一些。

宮殿最負盛名的地方就是寬敞的前廳通向二樓宮殿的樓梯，然樓梯只是宮殿建築中很小的一部分，但是樓梯建築藝術在德國的巴洛克建築大師們的眼中，一向有著特別的位置。宮殿這座樓梯雄偉、輕盈、平穩急速地伸向二樓，被看作是諾伊曼的完美之作。

據說諾伊曼在設計樓梯的時候，曾經想在前廳裡設計兩個對稱的樓梯，但是他的構想沒有得到主管建築師博夫蘭的同意。博夫蘭是一位理性的法國建築師，同時也是享有極高威望的洛可可室內設計大師，他認為諾伊曼的想法過於離奇，這麼高大的樓梯，根本不可能建在宮殿內。

但之後，樓梯的建設工作在歷經多人之手，終於在 18 世紀下半葉完成。值得一提的是，在巨大樓梯上方、繪有長 650 公尺的美麗壁畫，這是 18 世紀中，由知名義大利藝術家提也波洛（Giovanni Battista Tiepolo）的作品，也是整個宮殿最後完成的裝飾工程 。

諾伊曼還設計了多個宗教建築，其中最著名的有位於美因河畔（Main）的菲爾吉曼根教堂（Pilgrimage church）以及內雷斯海姆教

※洛可可建築講究的是纖細而自由的自然主義，建築裝飾手法比巴洛克風更見溫柔、細膩、纖巧。

※（左）在宮殿寬敞的前廳有一個通向二樓的樓梯，這裡是主教宮殿最負盛名的地方。（右）主教宮殿的內部裝飾，有著明顯的洛可可風格。

堂（Neresheim church）。菲爾吉曼根教堂的出眾之處在於雙塔正面的設計，精美別緻。雙塔正面的波浪式線條柔和地彎曲著，塔樓的設計均勻而平順，輕盈地沖向天空。置入其中，就會感覺到建築的動態美。中央本堂的旁邊有一座圓形的側面祭壇，大理石的裝飾色彩是粉紅色和大紅色，柱腳與柱頭是鍍金的。在當時還設計了高大的窗戶，凸顯建築的壯美，而且便於室外的陽光照射進來。教堂的整體風格明朗、活潑，本質上具有非宗教建築的特徵。

從教堂本身準確的數學計算和清晰的比例關係來看，諾伊曼並沒有拘泥於前輩創作者所制定的規則，而是更加注重建築本身的功能定位，實現自己的建築理念。在這一點上，諾伊曼似乎更能為人們所稱道。

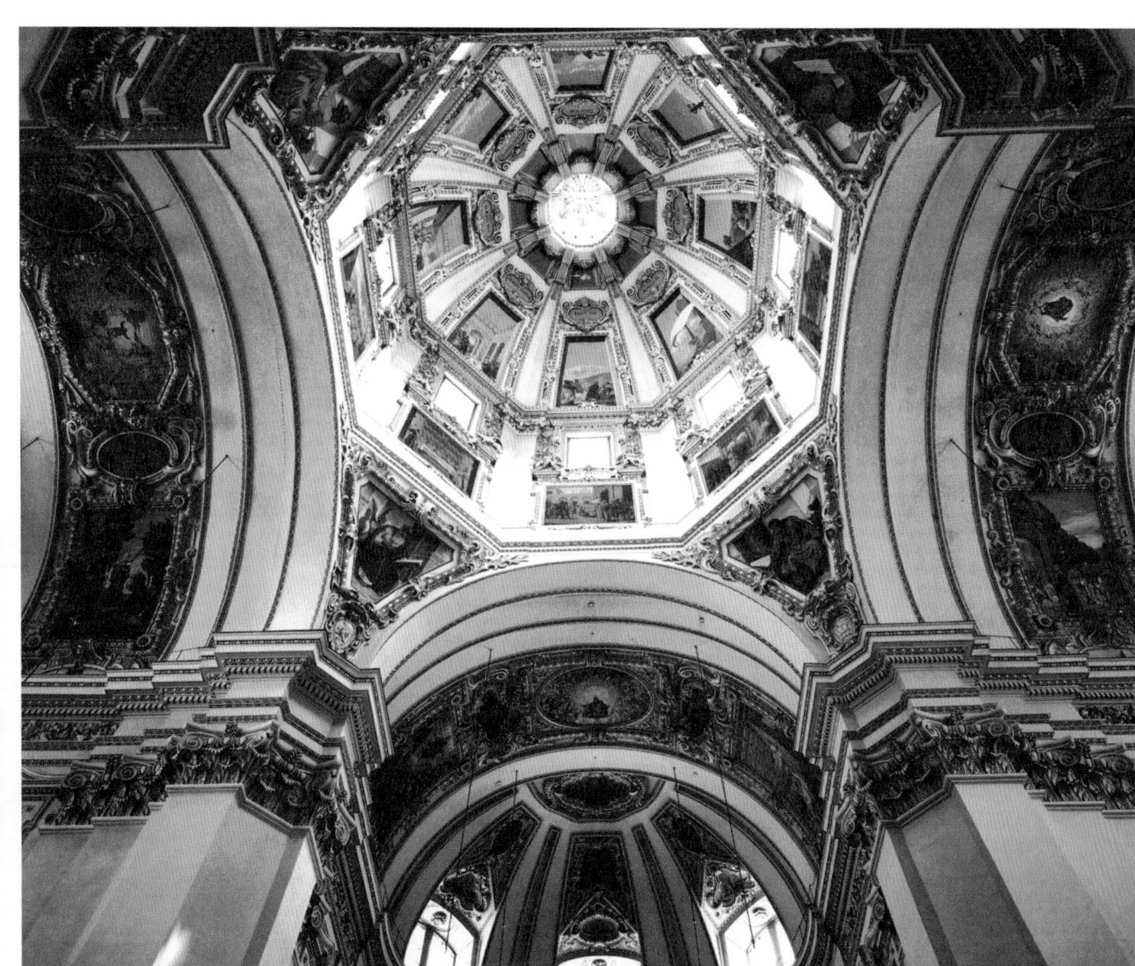

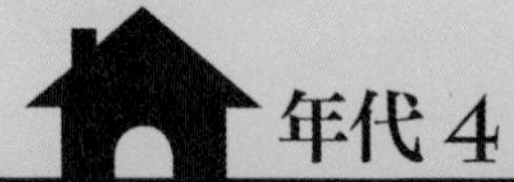

年代 4

古典主義時期

17 世紀～ 18 世紀

同樣在 17 世紀，從法國興起的古典主義建築與義大利的巴洛克建築在歐洲佔有了同等重要的地位。作為 17 世紀歐洲重要的建築潮流，古典主義與法國王權的興盛與衰敗有著緊密的聯繫。

在 16 世紀至 17 世紀中葉，法國的封建王權仍然受到教會勢力的制約。不過在義大利文藝復興運動的影響下，古典主義在法國開始萌芽。到 17 世紀下半葉，太陽王路易十四擺脫教會的約束，集政治、軍事和文化大權於一身，法國封建的中央集權得到了前所未有的強權，古典主義建築也由此進入盛期。

文藝復興時期的建築師們在創作中強調其藝術個性，而古典主義建築師們的創作則是為了彰顯封建王權的強盛與威嚴。

法國的古典主義建築對其他歐洲國家也產生了極大影響，尤以英國建築師雷恩的創作中特別顯著。

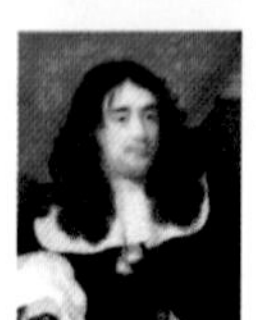

勒沃

法國古典主義中興者

Louis Le Vau（法國 1612-1670）

為了改建羅浮宮的正立面，法國皇帝路易十四以迎接國王的禮節，將義大利著名的巴洛克建築大師貝爾尼尼請到了巴黎。眾所周知，貝爾尼尼的法國之行非常失敗，他費盡心思設計出來的方案受到了法國建築師的一致抵制。在貝爾尼尼回國之後，他的方案被徹底擱置。法國政府不得不又多次舉行設計競賽，最後建築師勒沃等人設計的方案脫穎而出，依據這個方案建成的羅浮宮正立面，後來成為法國古典主義建築代表性的作品。

1612 年，路易・勒沃出生於巴黎。他的父親雖然不是建築師，卻也是一位挺有成就的建築從業者，主要從事石刻方面的工作。在父親的引導下，勒沃順利進入了建築領域，並很早就積累了豐富的經驗。

建於 1656 年的維康府邸是勒沃的主要建築作品之一，這是財政大臣福克的宅院。勒沃在設計居住建築時，除了考慮建築在外部構造方面所要呈現出的風格特色之外，更考慮到了居住其中的人在方便、舒適等方面的要求。

維康府邸的建築佈局非常嚴謹。府邸正面是一個很大院落，院子四周是馬廄和僕役居住的房間。在主樓中心位置，是一個面積很大的橢圓形豪華沙龍，它朝向主樓後面寬闊的花園。沙龍直接面向花園，這使得室內光線明亮。身處裝飾華美的室內，可以直接欣賞陽光下花園的美麗景致，建築師的設計充分考慮到了人在建築中居住的舒適性。

主臥和起居室分佈在沙龍的兩側，它們的窗戶也都朝向花園。臥室、起居室和沙龍兩側的門都排布在一條直線上。沙龍的前面是一個方形的門廳，樓梯間、次要的臥室和其他的一些輔助性的房間分佈在門廳的兩側。經過建築師精心的安排，這些空間使用效能很高。前廳、主廳、樓梯和餐廳等形成了一組，是日常生活主要使用的空間。臥室、辦公室、存衣室等由過道連接起來，形成有私密性的另一組空間。

※ 路易十四在參觀了豪華的維康府邸後非常不快，他隨即找了個藉口把府邸的主人財政大臣福克關進了監獄。

為了劃分建築內部使用功能，勒沃將樓內的某些部分故意隔離開來，還將主要的房間安排在第一層，這樣可以方便主人的日常生活起居。另外，為了各房間之間的聯繫的方便，建築師又設計了一些快速的通路。

維康府邸的花園非常有特色，是當時非常知名的古典園林藝術家勒諾瑞（Andre Le Notre）設計的。碧綠的草地在沙龍門外的平臺下展開，草地帶有地毯式的花紋，上面的圖案都是非常規整的幾何形，還有水池、噴泉等裝飾。筆直的中軸路非常具有表現力，筆直射向遠處的山丘。

據說在維康府邸竣工之後，財政大臣福克非常得意，竟然邀請了路易十四來參觀他的府邸。維康府邸中華美的建築和那個壯麗的花園使路易十四感覺非常不快，他不能容忍自己的臣子竟然住在比自己的皇宮還要壯美的建築裡。路易十四找了個藉口把福克關進了監獄，而建築師勒沃則被他帶到了凡爾賽宮。

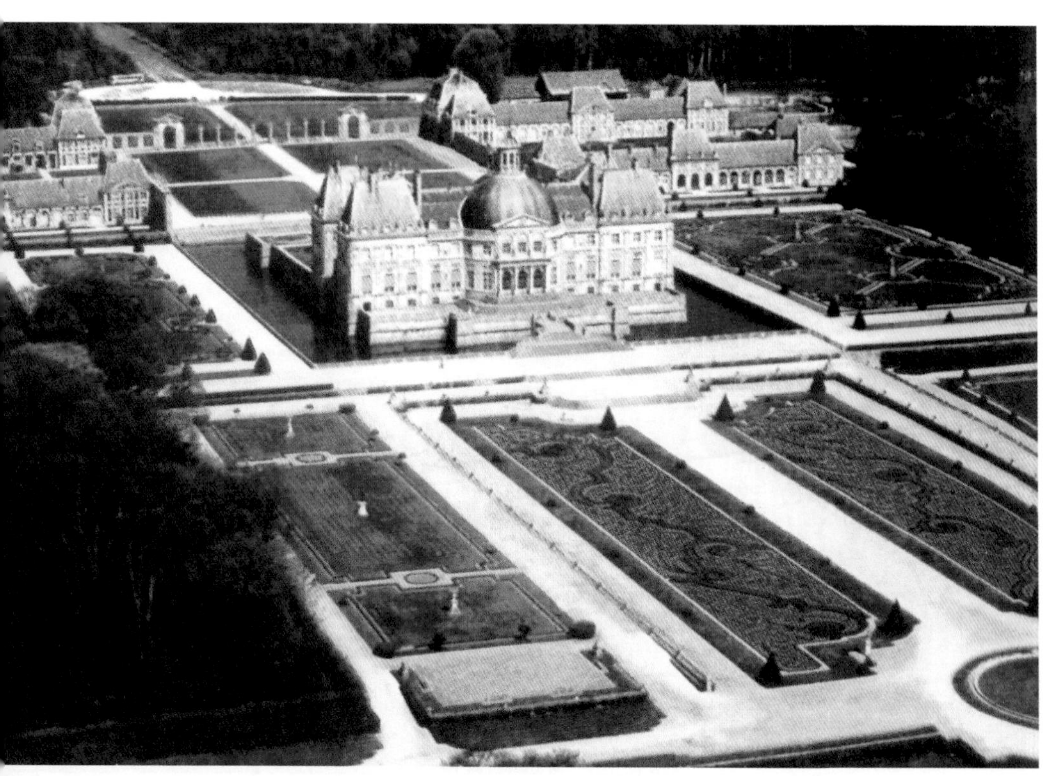

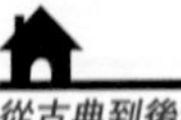

1660 年，勒沃設計了馬薩林學院的大廈，這座建築是由他的學生德奧貝建造完成。這所學院是馬薩林專門為法國的貴族子弟所設，它就是現在法蘭西學院的前身。這幢大廈充分展現出了路易十四時代法國人對於建築的喜好，它佈局嚴謹，具有紀念碑式的意義與形式。構圖嚴格遵守對稱，中央門廊採用巨大的柱子支撐，顯得非常有力量，後部碩大的圓頂則有著雄渾的氣勢。

大廈還呈現出了法國傳統建築的特色，比如建築顯得較為分散、各個部分的獨立性等。另外，採用的坡度較陡的屋頂也屬於法國傳統的建築樣式。

維康府邸的成功，讓勒沃得到了路易十四的賞識，這讓他在日後羅浮宮改建工程上，有著關鍵性的影響。羅浮宮是一座文藝復興式的四合院，在 16 世紀的 60 年代建成。羅浮宮的正面，也就是東立面的位置非常重要。它和舉行皇族重要儀式的教堂隔廣場相對，而在廣場的南端，跨過塞納河、不遠處就是著名的巴黎聖母院。不過，到了 17 世紀的中葉，這個東立面與周圍的環境、文化氛圍越來越不適應，法國政府於是決定進行改建。如同前面提到，雖然路易十四請來貝爾尼尼來進行設計，但是結果很不成功。在經歷了多方的角逐之後，1667 年由勒沃、勒布朗和佩羅三位建築師，所企劃設計的羅浮宮的

※ 勒沃等人主持進行的羅浮宮東立面的改造工程，代表法國古典主義建築的成熟，這個立面也由此成為法國古典主義建築的里程碑。

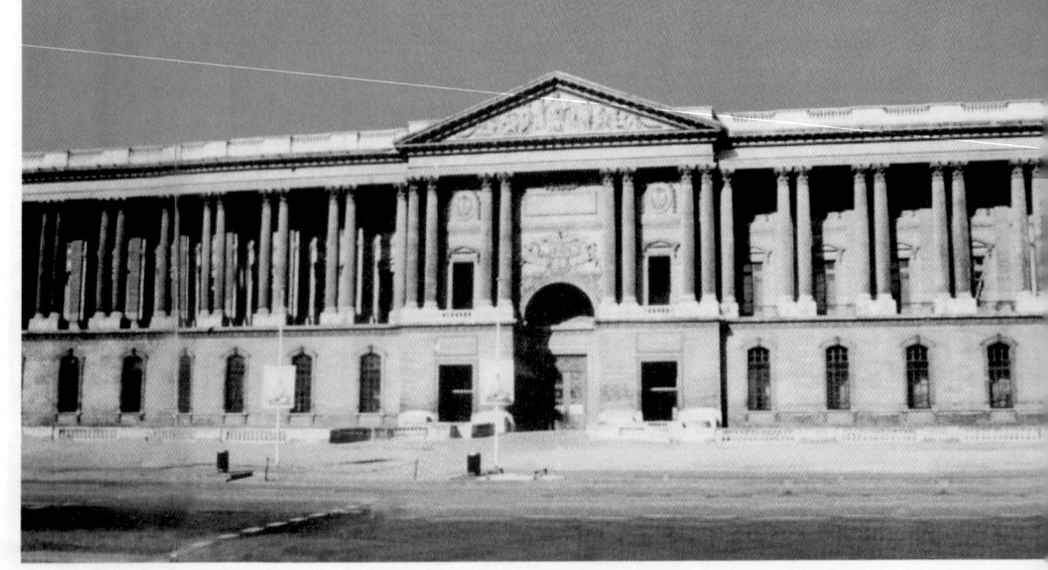

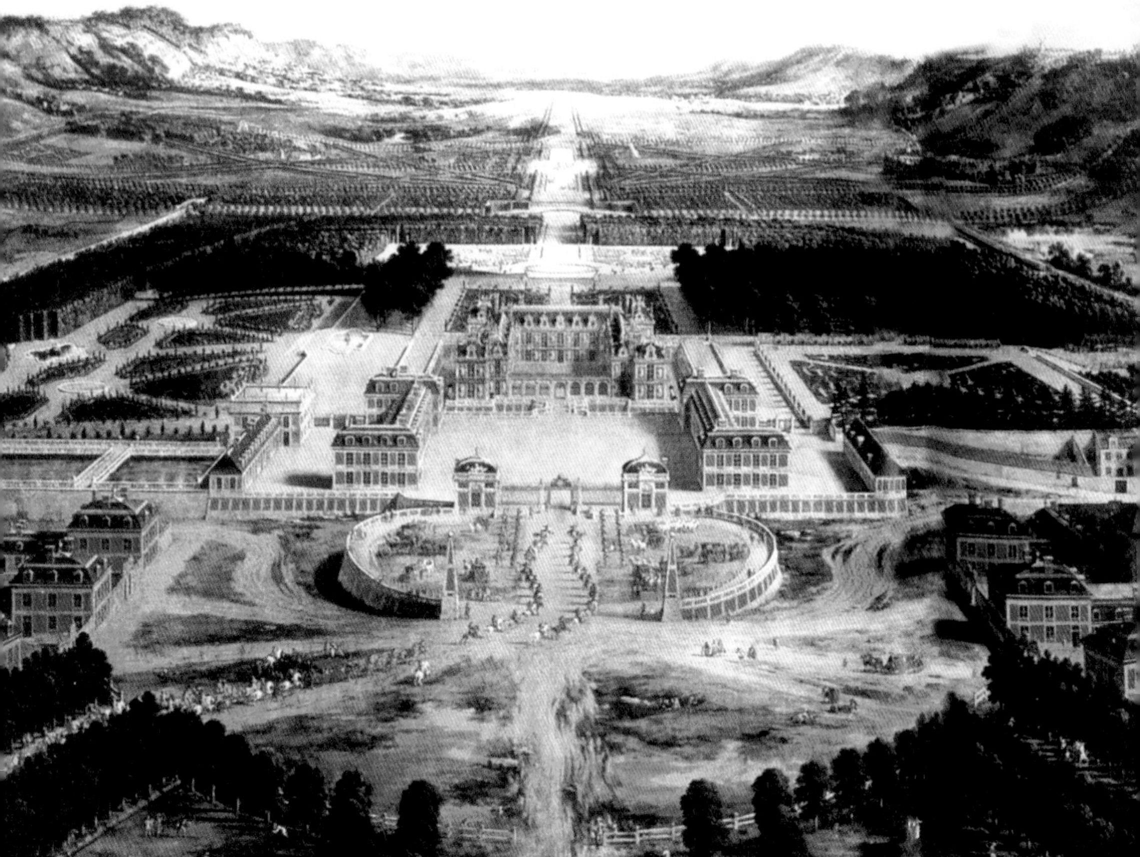

※勒沃主持了凡爾賽宮的早期擴建工程，在他的努力下，凡爾賽宮初具規模。

改造工程，終於被批准開建。

勒沃小心翼翼地展開工作，中央的塔樓完全是出自他的手筆，勒沃還改造了羅浮宮小方院的南面、北面和東面的建築物，不過朝向內院的立面則沒有太大的變動。然而更重要的工程，則在於勒沃會同另外兩個建築師對羅浮宮的外立面進行了全新的改建。

羅浮宮的東立面全長 172 公尺、高 28 公尺。建築師將底層設計成為建築總高度的三分之一。二、三層是主段，也就是柱廊，建築師用巨柱式的雙柱從第二層直接連通到第三層的頂部。由於柱廊是建在已有建築之上，雖然勒沃等人對原來的建築進行了一定的拆改，但它與內部房間的仍不契合。

東立面左右共分五段，其中中央的一段分為三個開間，凸出整個立面、上設山花。凸出部分寬 28 公尺，和它的高度正好相等，呈一個正方形。在立面盡頭兩端又各凸出一個開間，以和中央的凸起作為照應。這部分凸起的寬度為 24 公尺，正好是柱廊寬度的一半。除中

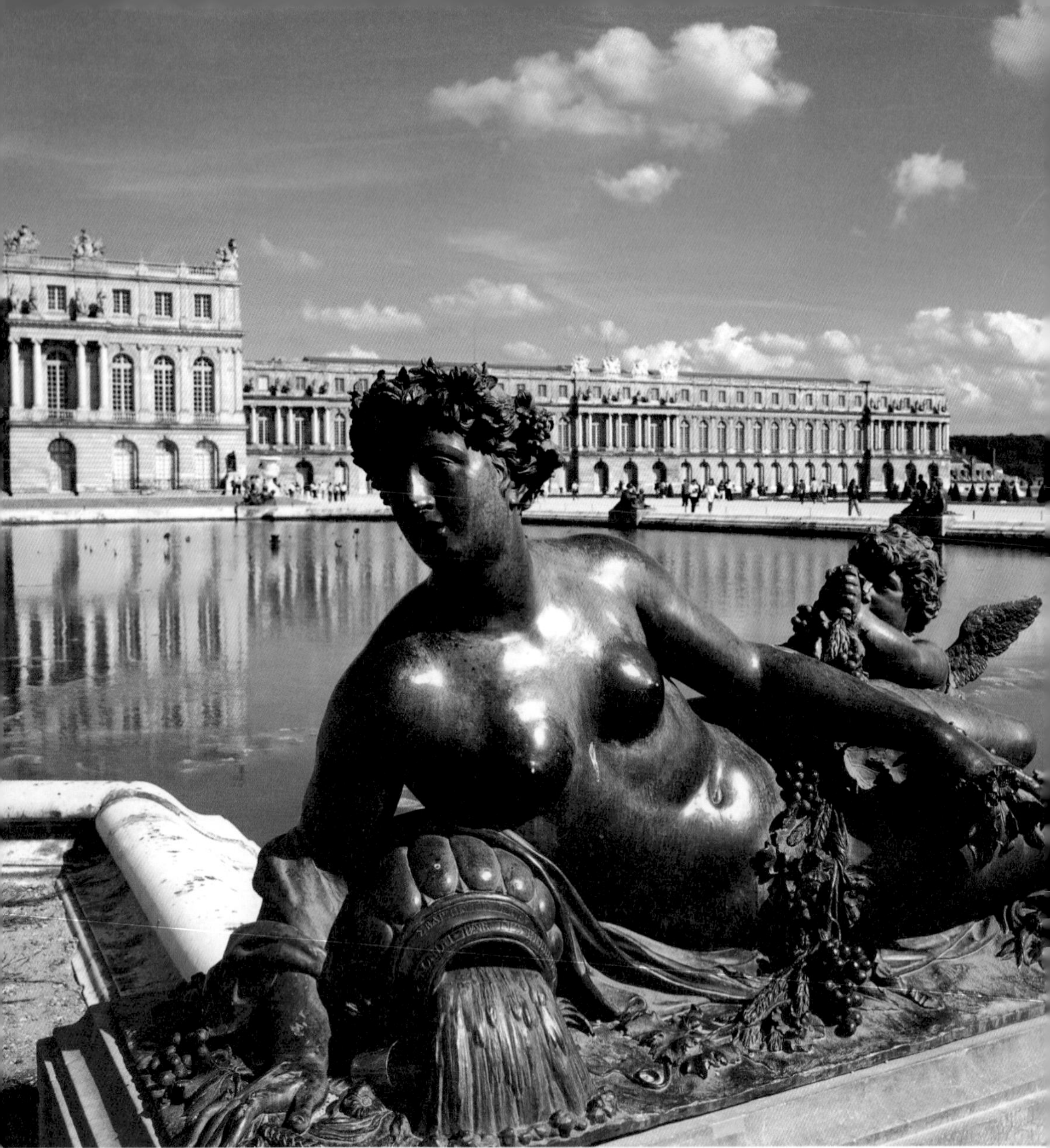

※ 凡爾賽宮庭院一景。

央段以外，各部均不設山花。雙柱與雙柱中線之間的距離為 6.69 公尺，是柱子高度的一半。

勒沃等人的設計有古典主義建築的特徵，即上下分三段、左右分五段，各以中央一段為主，構圖上的等級層次非常分明。另外，建築物各部分之間的尺寸保持了簡單的整數比例，具有精確的幾何性特徵。羅浮宮的東立面形體簡潔，不事裝飾，色彩非常單純，這同樣也

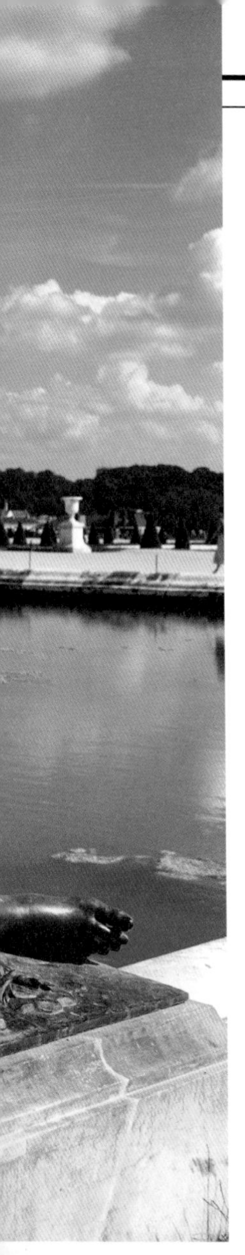

是古典主義建築的特徵，改建後的羅浮宮成為古典主義建築的象徵，對各國建築的發展都產生了很大影響。

勒沃參與的另一項重要工程是凡爾賽宮的建設。在路易十三時代，凡爾賽宮只是皇帝的一個普通獵莊。它在巴黎西南約 17 公里處，最初的建築用磚砌成，東面敞開，是一個傳統的三合院。路易十四保留了這座宅院，並吩咐建築師以它為中心進行擴建。

勒沃主持進行的擴建工程是在原有建築物週邊南、北、西三面展開的，其中以朝向花園的西立面為正面。建築師依然採用了巨大的圓柱作為支撐，第一層設有平臺，第二層則點綴了一個淺淺的露臺（此處稍後建了鏡廳）。在使建築表現出宏大氣勢的同時，還希望為它加入更多靈動的色彩。

他延長了建築的兩翼，使原有院落的前面又形成了一個有防禦功能的庭院。在禦院的前面，勒沃還設計了馬廄、廚房等輔助性的房舍，這些建築後來都成為凡爾賽宮的前院。但在凡爾賽宮改建未完成時，勒沃在 1670 年 10 月 16 日，於巴黎去世。

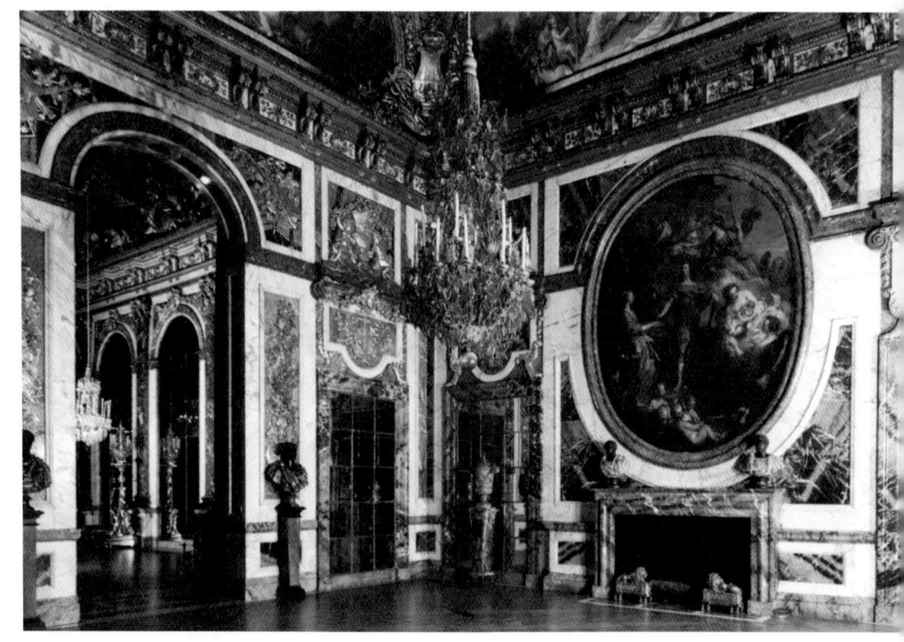

※ 凡爾賽宮內部裝飾充滿優雅奢華風格。

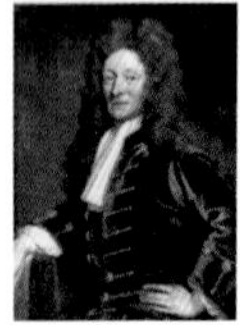

雷恩
建築界中的莎士比亞

Christopher Wren（英國 1632-1723）

克里斯多夫·雷恩被認為是英國最傑出的建築師，他在建築領域的卓越地位，等同文學界的莎士比亞、科學界的牛頓等人。

這位建築師有著多方面的天賦。他是數學家，也是天文學家，而且他對結構和工程學有著出色的理解力。雷恩家庭環境良好，他的父親是教區牧師，後又被擢升為溫莎天主教修道院的院長。因母親早世，雷恩是由他年長的姑姑照顧，並和他姑姑的兒子一起成長。他還有一個有名同年玩伴，就是當時英王查理一世的兒子威廉王子。

小時候的雷恩是一個身材瘦弱的孩子，非常喜歡畫畫，隨著年齡的增長，他畫畫的技藝也變得越來越精湛。他也對科學試驗非常著迷，對周圍的各種事物都充滿了興趣，他還自己搭建了一個小的實驗室。九歲的時候雷恩被送去倫敦的威斯敏斯特學校，他很快就在學校裡學會了拉丁文，並用拉丁文寫信給父親。

1646 年雷恩離開威斯敏斯特學校，但是他並沒有立刻進入大學。在接下來的三年，他閱讀了大量的書籍。他在這期間自己製造了一個日晷和一個太陽系的模型。同時是一位醫生的助手，幫助醫生進行各種各樣的解剖實驗。

1649 年 6 月 25 日，雷恩進入牛津大學學習，1653 年畢業後繼續居住在牛津，直到 1657 年。雷恩在牛津的這幾年顯示出了他旺盛的求知慾，他不斷地從一個範疇跳到另一個。他進行解剖實驗、製作量角器及其他測量工具、製造取水機器、並且尋求在海上進行經度和距離測量的方法，還建造用於城市防護的軍事裝置等。

1657 年，雷恩成為天文學教授。他對行星沿橢圓軌道運行的理論，有很大的興趣，他並且非常相信這個理論終將能得到證明。就連牛頓在 30 年後提出的萬有引力定律，雷恩也曾在他自己的研究中提起過。實際上，牛頓第三定律的內容就是在總結雷恩、沃利斯和惠更斯等人的結果之後得出的。

但是，雷恩最重要的成就，還是在建築方面。他在牛津的時候就

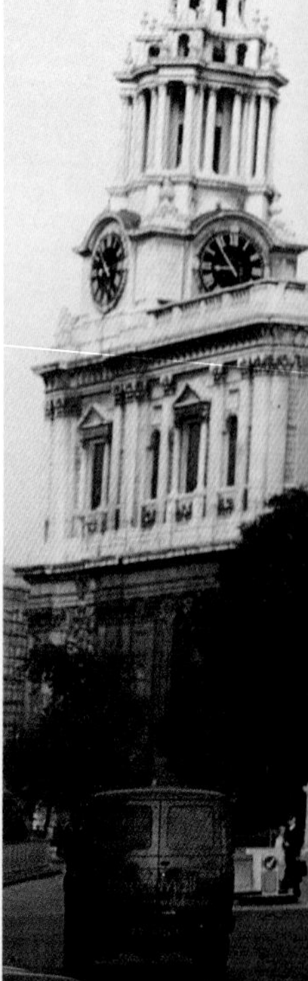

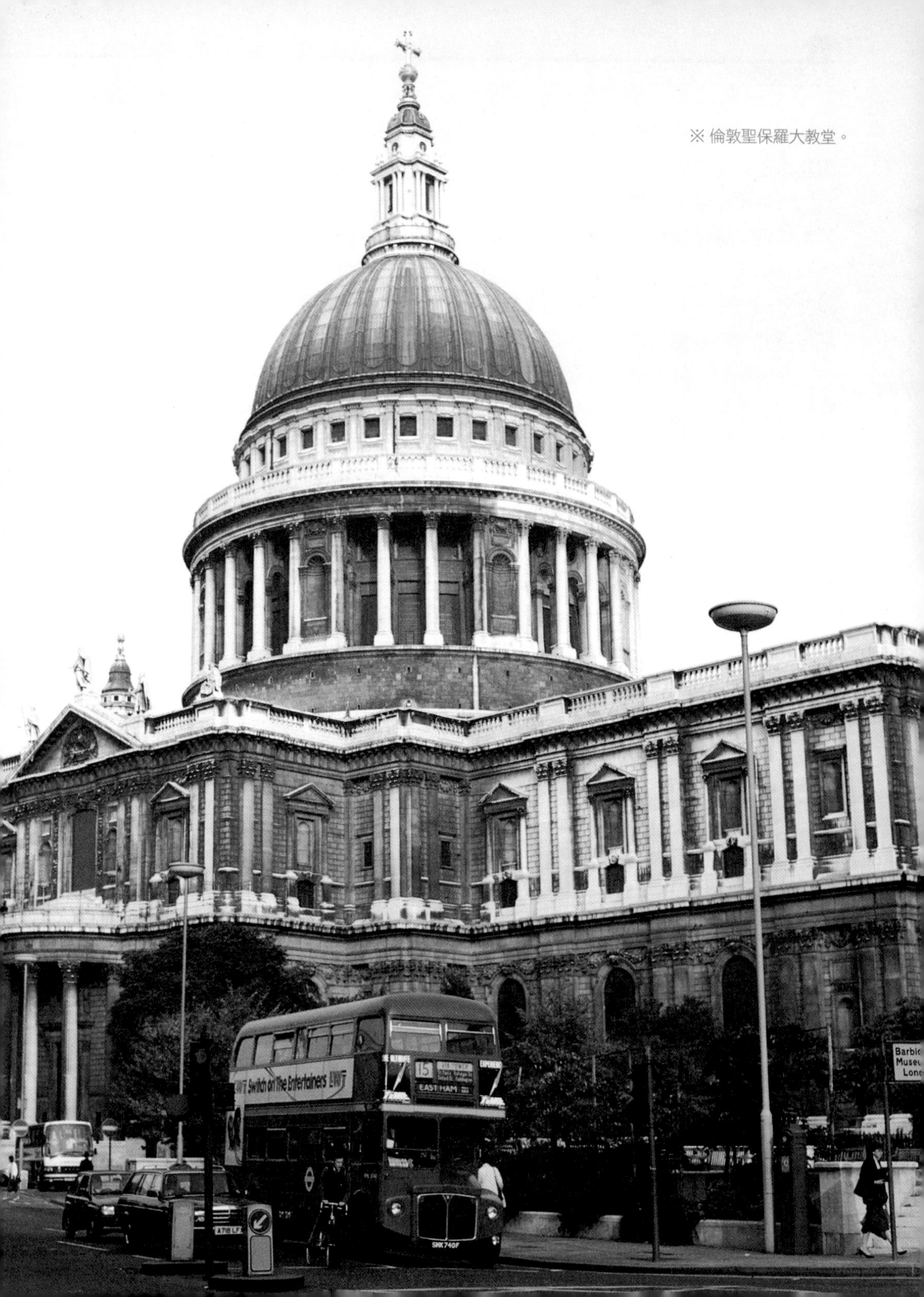

※ 倫敦聖保羅大教堂。

開始製造用於城市防護的軍事裝置，並尋求鞏固海港的方法。但真正引起雷恩對建築的興趣的是他的羅馬旅行，以及羅馬作家維特魯威所寫的《建築十書》一書。當在羅馬旅行時，雷恩參觀了瑪爾塞魯斯劇院的遺跡，這座建築深深吸引了他。

1663 年，雷恩受叔叔馬修的委託在劍橋大學的佩恩布魯克學院設計了一座小教堂。這是雷恩完成的第一座建築作品，佩恩布魯克學院也由此成為劍橋大學第一個獨立擁有教堂的學院。

在同一年，雷恩受賽爾登主教的委託，設計建造賽爾登劇院。這座劇院用來舉辦科學會議和舉行重大的學院活動，雷恩模仿羅馬的瑪爾塞魯斯劇院進行設計。雷恩在這座建築的桁架上安放了一個跨度達 21 公尺的平屋頂，這被當時的人們看作是一個驚世駭俗的設計，有人甚至認為雷恩之所以做出這樣的設計，完全是因為他在建築設計方面的經驗不夠豐富。其實，正如專家所指出，賽爾登劇院和劍橋的小教堂都是採用雷恩熱愛的巴洛克藝術風格，這兩座建築都部分打破了古典主義的嚴謹規則，因而引起當時某些人的不滿。

1665 年，雷恩以英國使團成員身分，到法國訪問 6 個月。在巴黎他結識了當時被法國國王邀請來的義大利著名建築師貝爾尼尼。法國正在建造羅浮宮、凡爾賽宮、廣場等許多大型的建築群，這些正在興建的建築給雷恩很大的感觸，他從中看到了建築藝術在社會生活中所起的重大作用和它所存在的巨大發展潛力。雷恩在自己的日記中寫道：「建築也有著自己的政治使命。一個國家的建築是這個國家外在的裝飾，它可以引發民眾的愛國熱情，使民族團結，民眾合力。建築藝術所激發起來的感情，是推動一個國家一切偉大事業的力量。」

倫敦大火為雷恩的建築事業帶來前所未有的機遇。1666 年的這場大火使倫敦損失慘重，古老的聖保羅大教堂、87 個地區性教堂、眾多商廈和民宅被燒毀。為了儘快重建倫敦，有關單位成立了「倫敦重建委員會」。而雷恩被推舉為倫敦重

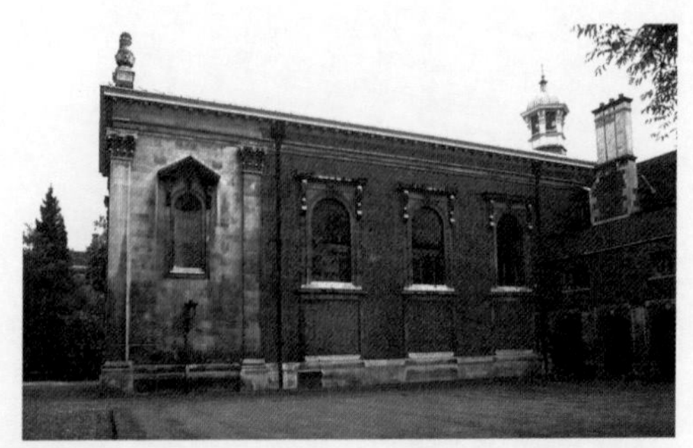

※ 雷恩在劍橋大學的佩恩布魯克學院設計的這座小教堂，是他作為建築師完成的第一個建築作品。

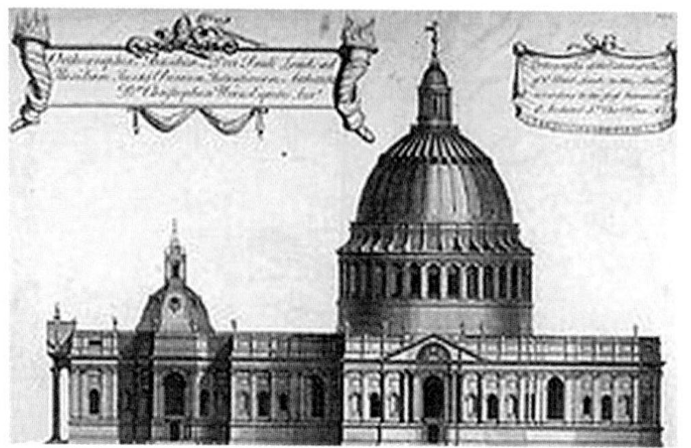

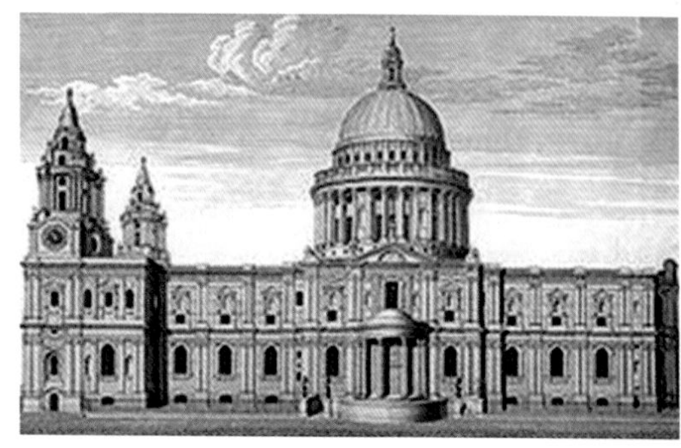

※（左）雷恩為聖保羅大教堂提出多種方案，圖為希臘十字形方案。（右）為聖保羅大教堂最終的設計方案。

建委員會的委員，並被國王任命為重建倫敦的首席建築師。

與當時的房地產投機商大批建造、缺乏個性的房子相比，雷恩設計的教堂建築有著更為豐富的想像力，展現出創新性、藝術性與科學性。被燒毀的 87 座教堂被委員會合併為 51 座，這些教區教堂全部由雷恩設計，而其中至少有 30 多座是在他親自監督下建造完成的。

這一批教堂都是在火災前的原址上修建，每個教堂的規模都沒有擴大。雷恩按照新教的儀式進行設計，讓牧師和信徒在教堂裡，比中世紀時更為親近。在中世紀，教堂中廳的信徒和教堂東端聖壇上的牧師及唱詩班是遠遠分開。而雷恩的新教信仰使他非常重視禮拜儀式，在他的設想中，教堂應該同「禮堂」一樣，教徒可以聽得到牧師的說教，同時還應該能夠看見他們。

雷恩曾經說過：「不應該把教區小教堂造得過大，教徒們應該要能夠聽清楚和看清楚做彌撒的牧師。天主教徒之所以會造很大的教堂，是因為對他們來說，在彌撒時能夠聽到神父的嗡嗡聲和看見聖餐禮就夠了，但對我們來說，教堂應該是一個講堂。」但雷恩是一個聰明的人，他知道查理二世要恢復天主教的企圖，所以他設計的這些教區小教堂，大部分都可以非常輕易地用屏風將聖壇和大廳改造得適合天主教的儀式。

這些小教堂都有垂直的鐘塔，雷恩把它作為整個教堂構圖的中心，柱式則採用古典樣式，但同時又透露出哥德式教堂的風味。這些小教堂的設計，顯示出雷恩在理想與現實、傳統與創新中自由遊走的能力。

然而最能看出雷恩設計才華的，是重建聖保羅大教堂。聖保羅被認為是倫敦城的保護神。早在 604 年時這裡就建有一個木教堂。在 7

世紀末，倫敦主教用石頭代替木材進行了重建。之後，教堂多次毀於火災，到 1087 年，在原址上修建已經是第四座教堂了，這次修建的教堂非常雄偉，然而到了 16 世紀末，它也開始頹敗，人們不得不進行修護。雷恩也應邀加入了修復聖保羅大教堂的委員會。1666 年 5 月 1 日，雷恩提出了一個修復方案：拆去大教堂原來並不穩固的尖塔，而改成一個巨大的圓頂。圓頂在以前的英國教堂建築中從來都沒有用過，但到了 8 月份，他的修復方案基本上被委員會接受了。可還不到一個星期，突然爆發的倫敦大火將聖保羅大教堂徹底燒毀了。正好，雷恩可以重新進行設計。

1672 年，雷恩提出了自己的第一個正式設計方案，底座的平面採用標準的希臘十字形，即正十字形，正面呈現出巴洛克式的凹形風格，上面則加蓋一個巨大的圓頂。此時，查理二世和國會都在暗中試圖恢復天主教，他們鼓動教士們反對這一帶有新教色彩的方案。教士們認為它與傳統的英國教堂太不一樣，而又與羅馬的聖彼得大教堂又太過相似，最後方案被否決了。

1673 年，雷恩又提出了一個修正的方案，在原來「希臘十字架」的西端連接了一個宏大的門廳，在後端加上了歌壇和聖壇，這樣底座就成為一個縱長形的拉丁十字架現狀。十字架的中心仍然是一個巍然高聳的圓頂。雷恩為這一方案傾注了極大的心血，他專門用橡木按照 1：24 的比例製作了一個模型。這個模型也非常雄偉，人甚至可以在裡面走動。參觀者可以進去模型內部，親身感受將來建成建築的實際透視效果和它內部的裝飾特點。雖然雷恩花費了許多精力來完善他的這一方案，但它最終還是被否決了。

雷恩沒有氣餒，他接著在 1674 年又拿出了一個混合折衷的方案。這一次他仍然採用縱長的拉丁十字形平面，對建築的週邊設計進行改造，並在十字架中心上加蓋了一個壓縮的、紡錘形的圓頂，圓頂上再建一個七級的直指天空的尖塔。最後查理二世批准了這一個設計，國王還特別授權雷恩可以在現在設計的基礎上，任意進行某些修改。

建成後的聖保羅大教堂長達 157 公尺，大圓頂最頂端的十字架高達 120 公尺。教堂將西面作為主要入口，從正面進入教堂後，是一個巨大的門廳，繼而到中廳，然後就是圓頂的下部，圓頂下部的南、北兩面為十字耳堂，最東端是一個半圓室。教堂內部還設有幾個小禮堂，可以供市長、主教等人做禮拜用。大教堂的正面是整個建築中最莊嚴雄偉的立面，入口是由雙科林斯柱組成的一個二層門廊，門廊的上層有四對雙柱，下層為六對。內壁設有壁柱。這些雙柱、壁柱在一起形成了整個建築外部自然流動的韻律。在三角山牆上雕刻著一幅壯麗的浮雕，名為「聖保羅改變歷史」。門廊兩邊各有一個塔樓，北塔為鐘塔，南塔上裝時鐘塔。兩塔的臺座下方為雙柱，樓上部的石構件向上收縮成蔥形的鉛頂。這兩個塔有著鮮明的巴洛克建築風格。

圓頂是聖保羅大教堂最重要的特色，也最能體現出雷恩高超的設計才能。以前英國的教堂建築都只用尖塔，直到聖保羅大教堂才開始使用圓頂。巨大的圓頂加蓋在平面十字架的中心，它的總重量為35000 多噸，如何支撐這樣一個龐然大物，這可是一個不太容易解決的難題，雷恩在數學方面的知識幫了大忙。他在下面設計了 8 個巨大的柱墩，柱墩上支撐 8 個同樣巨大的圓拱型結構，連接圓頂的基部，將整個圓頂托起來。

圓拱的上方有 32 個牆垛從鼓形牆壁上支出，終止於四分之三的圓柱上，形成周柱式，每 4 間中有一間採用實砌，這樣可以使結構更加堅固。

雷恩將圓頂設計成三重。它的內層是一個半圓形的磚體結構，這層的高度相對低淺，雷恩設計這一層內圓頂主要是為了照顧教堂內部的視覺效果，避免因外部圓頂過大而給教堂裡面的人造成壓迫感。圓頂的第二層是同樣由磚塊砌成的截斷的錐體，它的上部支撐教堂頂上的石造的燈籠式天窗、十字架和最外層的圓頂。這個磚錐體巧妙地解決了內外圓頂的聯繫問題。最外層的圓頂是覆蓋了鉛皮的木結構，採用品質較輕的木材可以有效地減少整個圓頂的重量，又可以使圓頂的外部顯得飽滿挺拔。內層的圓頂直徑約為 33 公尺，而外層圓頂的直徑約為 45 公尺，內外圓

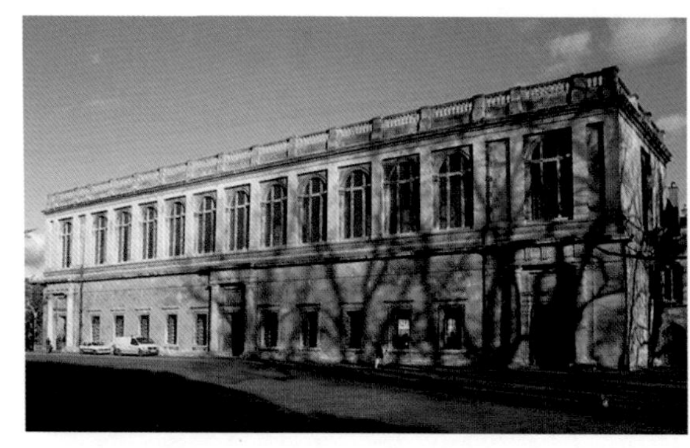

※ 三一大學圖書館代表雷恩第一個創作階段的結束，在此後，建築師的設計開始轉向更為複雜的結構。

頂之間除了磚砌的圓錐殼體以外，還用了兩重鐵鏈加固。

人們站在石迴廊上可以清楚地看見圓頂上的圖畫、鐵工藝品和雕刻。這條迴廊是非常奇妙的，只要在廊上任何一處對著牆壁小聲地講話，在走廊的遠處都可以清楚地聽見。經過迴廊，沿著內部的樓梯繼續往上攀登，就可以登上圓頂最上端的採光亭。

聖保羅大教堂的內部裝飾得金碧輝煌，充分反映出它作為英國皇家大教堂的氣魄。拱頂石雕刻精美，拱肩上的馬賽克壁畫是四大先知的形象，圓頂上是反映聖保羅生平的浮雕裝飾畫，給人的感覺彷彿是走進了基督教藝術的畫廊中。

聖保羅大教堂的建造非常值得英國人驕傲，它完全由雷恩一個人設計並組織施工，並且在他中年時就宣告完成，而羅馬的聖彼得大教堂卻用了 120 年，先後有 13 個建築師參與了設計建造。

從 17 世紀 60 年代末起，雷恩被大批的建築設計訂單包圍，僅在倫敦一地就讓雷恩忙不過來，同時，他還要為國王、大學、市政局等建築宮殿和莊園、市政廳、大學、軍醫院、圖書館等。在雷恩設計的眾多非宗教作品中，非常值得一提的是劍橋的三一大學圖書館。這所圖書館始建於 1676 年，在這件設計中，雷恩以高超的技藝解決了一系列建築結構上的難題。

圖書館的主立面由兩層柱式列拱組成，上層顯得比下層還要沉重一些，具有鮮明的巴洛克建築風格。它的主立面和周圍的舊建築結合在一起，但同時又將它相鄰的大學住宅樓群區別開來。圖書館的一樓是開放式的結構，與兩側的走廊高度一致，形成了一個傳統風格的迴廊。雷恩將二樓寬敞高大的閱覽室的地板降到了底拱拱基的高度，同時他還設計用山牆的三角面將拱基遮住，這樣就使圖書館的正面顯得宏偉而莊嚴。

英國的建築歷史學家普遍認為，三一大學圖書館代表雷恩第一個創作階段的結束，在以後的創作中，他開始轉向更為複雜的結構。

雷恩還嘗試建造巨型的建築物，如 1683 年動工的切爾西軍醫院、同年動工的溫徹斯特宮殿、1696 年動工的格林威治海軍醫院等。在切爾西軍醫院，雷恩在入口等部分設置巨柱來突出建築的高大，而庭院深處的走廊則選用輕盈的小廊柱，營造輕鬆靜謐的氣氛。在格林威治軍醫院，雷恩並沒有固守古典主義的典型結構將圓頂放在整個建築的主軸線上，這是為了讓人們能夠看到伊尼卡·鐘斯的昆斯住宅（一座位於河邊的漂亮住宅）。雷恩特別設計了一些帶有巴洛克式風格的圓頂大樓，並運用同一水平線上的列柱使新建的這些建築與昆斯住宅完美地融合在一起。

在皇家宮殿漢普頓宮中，雷恩設計了一座作為皇家入口的鐘院和一幢公園大樓。他採用白色的石塊來裝飾公園大樓深色的立面，並在立面中央設置半截柱的樣式，使整個立面更加鮮明突出。在鐘院裡，雷恩則巧妙地將宮殿的華麗和隱秘色彩結合在一起。

英國人說雷恩創造了英國歷史上最好的教堂——聖保羅大教堂，建造了英國最豪華的軍醫院——格林威治海軍醫院，還建造了英國最大的宮殿——馬爾波羅公爵宮。在雷恩漫長的建築設計活動中，他基本上實現了自己在建築方面的所有想法。他一生中共建築了 4 座宮殿、35 幢辦公大樓、55 座教堂、8 所學校和 40 多棟其他建築物。如果將他設計的這些作品全都集中一起的話，可以組成一座擁擠的大城市。雷恩在 1685 年到 1702 年間，曾多次當選為議員。他還被國王授予貴族稱號，獲得了從男爵的爵位。1723 年 2 月，雷恩在一次旅行回家的途中受涼感冒，不久，這位傑出的建築大師離開了人世。3 月 5 日，人們將他安葬在由他設計並建造的聖保羅大教堂地下室。在他的墓碑上寫著這樣的話：「朋友，如果你想尋找我的紀念碑，那就請你往周圍看看吧。」

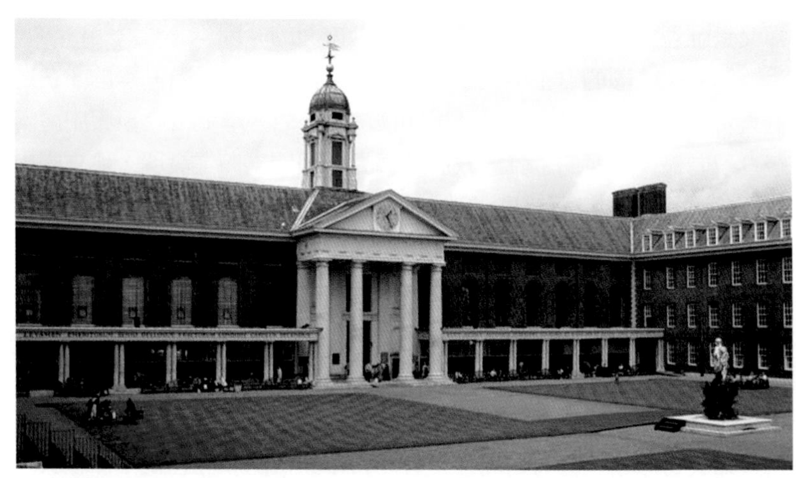

※ 從切爾西軍醫院可以看出，雷恩非常在意建築的幾何形體和各部分的比例關係。

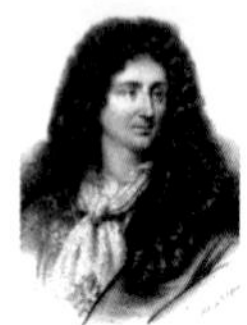

孟薩
巴洛克和古典主義集大成者

Jules Hardouin Mansart（法國 1646-1708）

1646 年 4 月 16 日，朱爾・哈杜安・孟薩出生法國巴黎，是法國 17 世紀最著名的建築設計師之一，被看作是法國古典主義和義大利巴洛克建築的集大成者。他也是少數被路易十四所欣賞的宮廷建築師之一。

孟薩最早師承法國著名的古典主義建築的創造者弗蘭・孟薩。兩人為叔侄關係，因此後人也常常稱他為「小孟薩」。哈杜安繼承了孟薩的繪畫藝術和設計風格，後來也從當時的皇家設計師那裡吸收許多經驗。

小孟薩所處的年代是法國的古典主義和義大利的巴洛克建築相互影響的階段，所以許多史學家和建築學家經常把二者混為一談。雖然從表面看來，兩者難分伯仲，但究其歷史和文化內涵而言，古典主義和巴洛克風格相差甚遠。

古典主義產生於 16 世紀下半葉，當時法國已經是一個統一的民族國家，王權勢力牢固。到了 17 世紀，路易十四成為法國最高的立法者和統治者，王權也演變為絕對君權，於是早期的古典主義也就演化成古典主義的宮廷文化。有意思的是，這種看似霸道的古典主義，卻又是唯理主義的。這主要取決於兩大方面的原因：

第一，法國的君主中央集權制是以新興中產階級為基礎的，在這個大背景下，封建領主的割據局面被消除，君主專制成為新興中產階級實現其最大利益的工具。政府積極介入民間工商業發展，建立國內統一的大市場、努力擴展海外殖民地。可見君主專制的社會政治制度，順應法國歷史的發展潮流，展現理性和有序的國家管理方式，從而成為宮廷文化的思想工具。

第二，17 世紀也是人類自然科學發展迅速的時期，打破神學思想的束縛，數學、物理學、化學、天文學、地理學、生物學、哲學都得到極大發展空間。學者們開始認識到，通過理性的認知，才能真正為人類社會服務。當時的理性主義的科學家們認為理性是不依賴於經驗、感覺和口味的，即使簡單的藝術創作也要像數學一樣嚴格完整、合乎邏輯。基於以上原因，古典主義也可以理解為是君主政體下的理性主義。

至於巴洛克風格，從語源學上講，巴洛克是一切雜亂、奇異、不規則和流於裝飾的代名詞。天主教教會為了維護宗教本身的權威，為了讓更多的異教徒皈依，在教堂或府邸，就採用具有感官性、衝擊力的建築圖案，從而產生震撼力和感召力。

古典主義和巴洛克風格的對立是顯而易見的。巴黎建築學院的第一任教授布隆德曾經批評說：「建築師如果一味地追求裝飾，沉溺於個人的習慣偏好和無關緊要的繁冗細節，設計出的建築就會失去真正實用的功能。只有拋棄一切曖昧的東西，注重條理、佈局和結構的設計，才能創作出美觀的建築。」這些建築思想和理念影響了小孟薩的建築創作，在他早期的建築中得到了證明。他的第一個工程是擴建聖日爾曼．萊伊城堡，這個城堡曾經是路易十四在 1661 年至 1681 年的首選居所。城堡經擴建後，度量和比例更為合理，襯托出建築的美感。

1675 年，小孟薩開始著手凡爾賽宮的擴建改造，包括宮殿的南、北兩翼、禮拜堂及鏡廳的室內裝修等。他的設計風格顯露出建築師主觀的隨性，南北兩翼的柱式立面相當嚴謹、齊整，但是組合的節奏充滿了變化。他設計的鏡廳的內部裝飾是由畫家勒．布朗來完成的。富

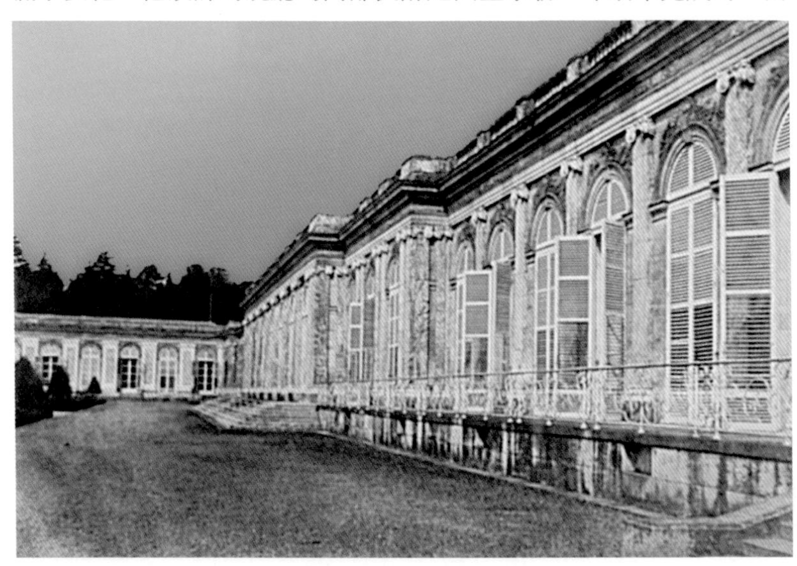

※ 跟法國的許多偉大的建築師一樣，小孟薩也參與了凡爾賽宮的建設，他設計的宮殿建築簡潔明快，莊重而不單調。

麗堂皇、色彩絢爛的鏡廳內，長廊一側是 17 扇朝花園而開的巨大拱形窗門。另一側是由 483 塊鏡片鑲嵌而成的 17 面落地鏡，它們與拱形窗門一一對稱，把門窗外的藍天、景物完全映照出來。同時廳內 3

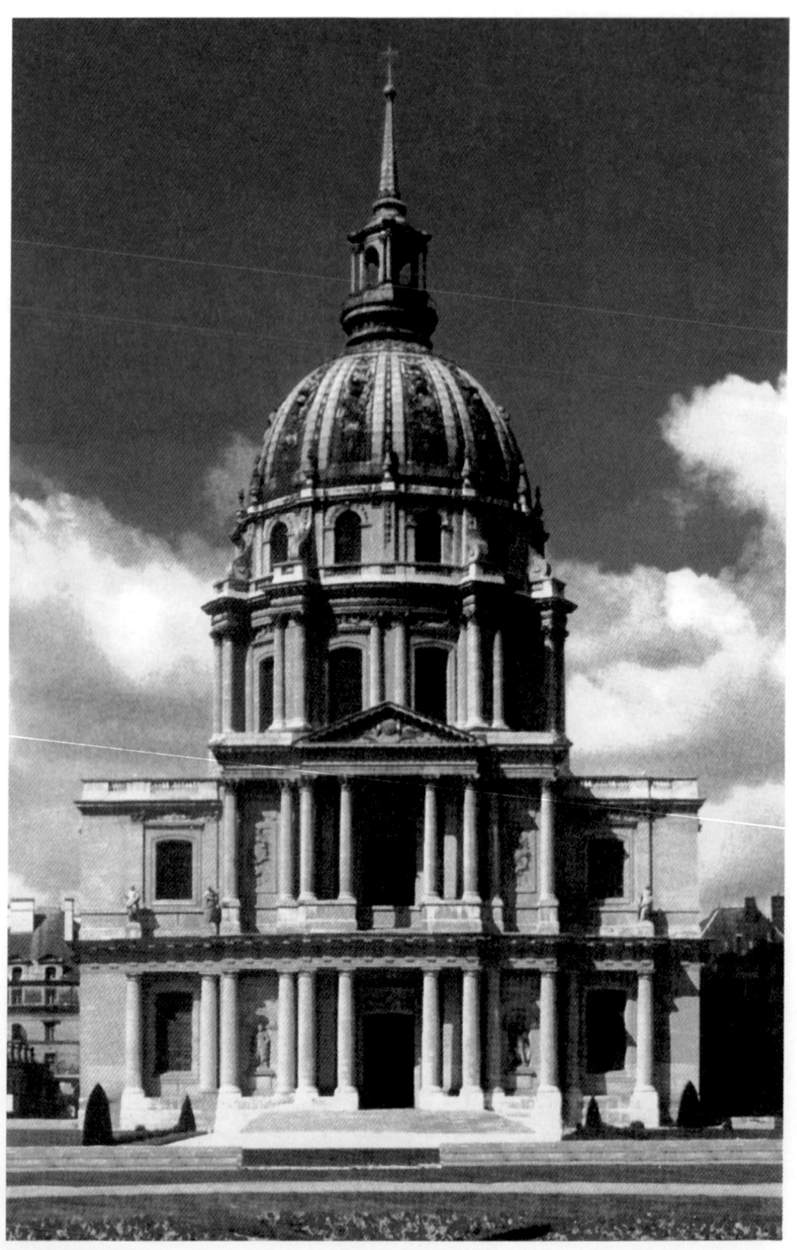

※ 小孟薩在巴黎榮軍院中設計建造的恩瓦立德新教堂採用了希臘十字形平面，這座教堂被認為是法國 17 世紀最完整的古典主義建築物。

排掛燭上 32 座燭臺，以及 8 座可插 150 支蠟燭的高燭臺所點燃的蠟燭，經過鏡面反射所形成的燭光，能夠把整個大廳照得金碧輝煌。空間和光線的交織富有浪漫迷離的情趣，彰顯著路易十四的尊嚴和偉大。鏡廳建成以後成為宮廷舉行大型舞會和招待外國政要或高級使團的重要場所。

除此以外，為了避免凡爾賽宮的單調和乏味，小孟薩在宮殿的園林中修建了一些小品建築。比如環形柱廊，圍繞著一座噴泉，動靜對比充滿著靈動的色彩，活潑而有序。凡爾賽宮建成以後，成為歐洲最宏大、最輝煌的宮殿。它的整體佈局嚴謹，講究均衡，尤其是錯落有致而又秩序井然的景觀，讓歐洲其他皇室羡慕不已，成為競相效仿的對象。路易十四也因此被看成法國的「偉大君王」，而且被奉為「歐洲的首席紳士」。凡爾賽成了歐洲矚目的中心，其語言、禮儀、趣味，甚至建築風格無不成為歐洲各國王公貴族們追求的時尚。

在小孟薩眾多的工程當中，1680 至 1706 年在設計建造的巴黎恩瓦立德新教堂是較為突出的一個。教堂位於巴黎榮軍院中，是路易十四下令建造的，其目的是為了紀念「為君主流血犧牲」的人，並用來改善殘廢軍人的生活。在這樣背景之下，小孟薩徹底摒棄了 16 世紀仿羅馬耶穌會教堂和 17 世紀仿歌德式教堂的傳統手法，而採用了正方形的希臘十字式平面，中央頂部高鼓著 3 層穹隆，外觀呈金色的拋物線狀，略微向上提高，頂部還加了一個文藝復興時期慣用的採光廳。穹頂的正中畫著耶穌，尊崇而又空靈。

穹頂下的柱式立面組合嚴謹有序，穩重高雅。教堂高 105 公尺，為榮軍院的垂直構圖中心。總體來看，新教堂的外形主要是古典主義的簡潔與和諧，同時也摻雜著巴洛克建築的元素，比如鼓座上簷口的斷裂部位，非常富有節奏感。作為宮廷的首席建築師，小孟薩也迎合了路易十四的「胃口」，在穹頂上面鑲嵌著貼金的「戰利品」浮雕，在綠色底襯的對比下，耀眼奪目。雖然這會招來批評家的「挖苦」，但是，在那個君主專制的年代，小孟薩所設計的建築也帶有了排他性的特徵。恩瓦立德新教堂因此成為法國 17 世紀最完整的古典主義紀念物。

1690 年開始建造的的旺多姆廣場是小孟薩有關城市規劃的代表作之一。旺多姆廣場原名為「勝利廣場」（Place des Victoires）呈平

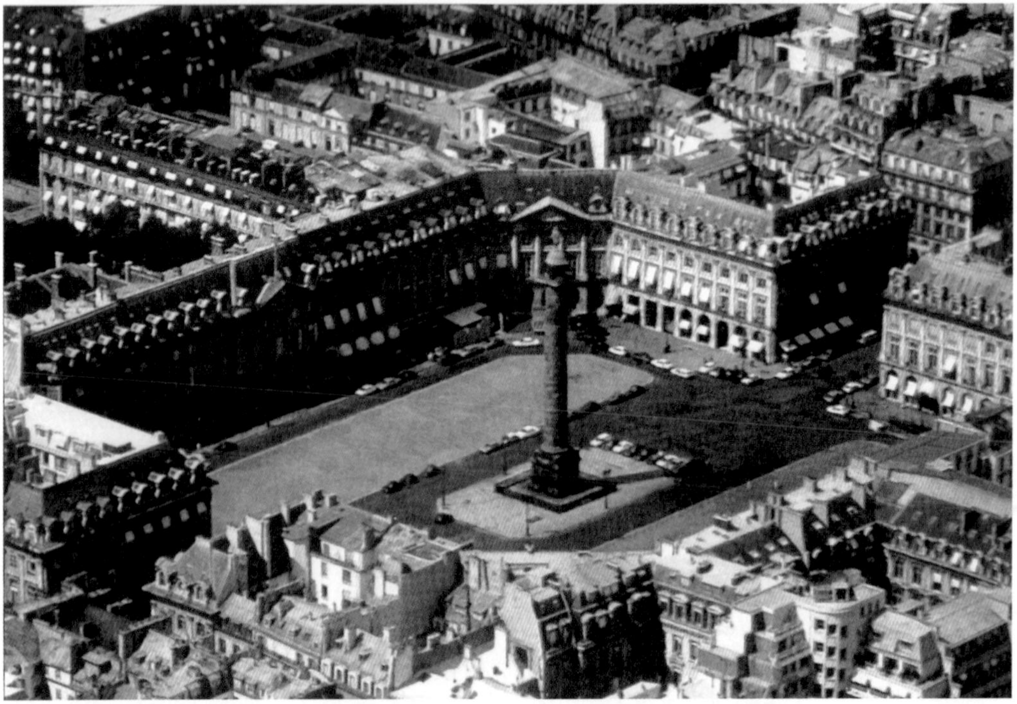

面長方形，南北長 213 公尺，東西寬 124 公尺。小孟薩削去了廣場四方形平面的四個尖角，使其轉折處較為柔和。廣場上的建築物由建築師統一設計立面，再賣給私人在後面造屋。建築統一限定只能蓋成 3 層，底層做成重石塊的柱式基座模樣，二、三層也用通高的壁柱，稍有點變化，在保持廣場的整體格調的同時，避免了呆板和沉悶。頂上有突出的天窗，結構清晰，給人以均勻的韻律感，整體效果傳達出古典主義精神。旺多姆廣場是路易十四歌功頌德的產物，1699 年，路易十四的騎馬銅像在這裡樹立起來，後來被毀掉。取而代之的是於 1810 年建造的高達 44 公尺的青銅柱，這個青銅柱是為了紀念拿破崙 1805 年在捷克取得勝利而建造的。後來紀念柱在法國革命期間被推倒，又於 1875 年以同樣的風格樹立在廣場之中。由於旺多姆廣場位於巴黎城中心的第一區，因此對巴黎的城市規劃有著關鍵地位，雖然當時的建造主要是出於政治需要，但是小孟薩還是用自己的設計靈感，為巴黎創造了一個功能明確的城市空間。直到今天仍然是法國巴黎的地標性建築，吸引著全球各地的旅遊者。

※ 勝利廣場周圍建築物的立面由小孟薩統一設計，這使得該建築群在風格上保持了高度的一致性。

※ 凡爾賽宮正立面，是小孟薩的建築風格代表作。

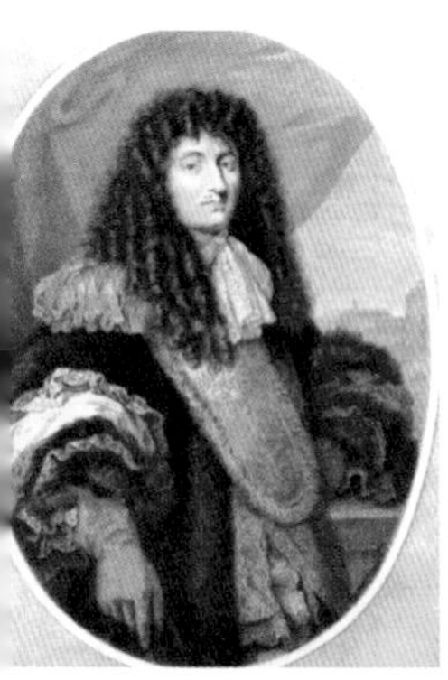

※路易十四熱衷於建造國家性的宏大建築，他認為這是使國王功績名垂青史最為有效的方式。

值得一提的是，小孟薩的建築設計影響深遠，甚至在聖彼得堡和君士坦丁堡的城市建築中間也能看到他的痕跡。路易十四為了獎勵他對法國建築的貢獻，曾經賜爵位給他，引起了朝中大臣的不滿，他們認為一個建築師是不配獲得爵位的，路易十四卻反駁那些粗淺的大臣說；「我在一個時辰以內可以冊封 20 個公爵，但造就一個小孟薩卻要幾百年的時間。」 其實，路易十四本人也是一個具有較高藝術修養的國王，他支持建造了許多國家性的大建築。在他看來，國王的功績如果能夠名垂青史，最直接有效的辦法就是建造規模宏大的建築物。因此，他對興建大型的建築從來都是不遺餘力，有時還會親自過問建築的進度，同宮廷的建築師和造園家們一起探討設計方案。路易十四曾經在自己的回憶錄中寫道：榮耀是對生命本身的憧憬，我對榮譽的奢求甚於其他任何的東西；「榮耀永遠都不會使人厭倦，為此付出任何的代價都是值得的。」路易十四的榮耀觀促成了當時法蘭西文化的鮮明特點，即「偉大的風格」，這一特點發展到極致就變成了桎梏，一味的追求典雅、崇高、莊嚴和偉大就失去了文化或建築本身的活力。不管怎樣，小孟薩確實是路易十四偉大風格的執行者，他以超出常人的智慧和靈感為自己贏得了理所應得的尊榮。

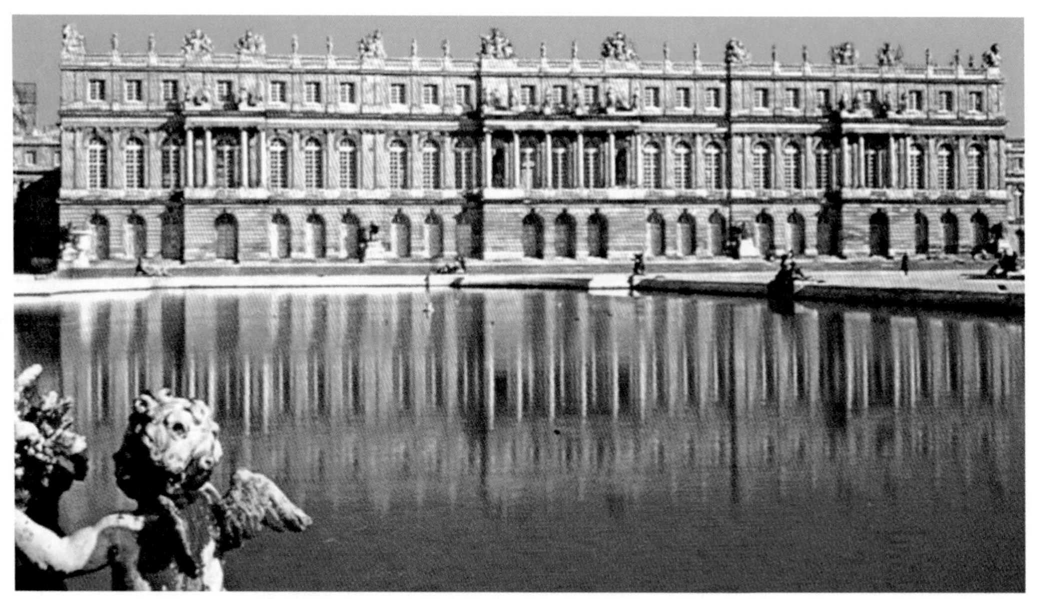

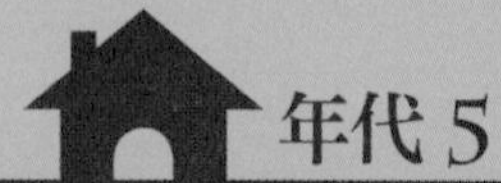

年代 5

新古典主義時期

18 世紀～ 19 世紀

從 17 世紀中葉開始，荷蘭、英國、法國等歐洲國家相繼爆發革命，資產階級最終佔據了歐洲政治舞臺的中心。掌握了政權的資產階級對代表封建王權的各種建築風格採取了抵制的態度，他們要按照自己的理想來重新構築世界。每當西方歷史出現重大轉折的時候，人們總是將目光投向古代，這一次也不例外。建築師們希望能從古建築中找尋到創作的靈感，文藝復興的傳統再次回歸，而 18 世紀中葉出現的「考古熱」更是大大推動了這一「復古浪潮」。

科學技術的發展也使人們的觀念發生了重大轉變。18 世紀和 19 世紀的建築主要受到兩種建築思想的支配，即法國理性主義傳統建築思想和英國經驗主義傳統建築思想。前者源於笛卡爾哲學中的清晰性和計算準確性，後者則是經驗論的一種表現，並以如畫風格建築得以推廣。不過，只要我們仔細考察一下建築師們的具體作品，就很容易發現兩種建築思想其實也是在相互影響，相互吸收的。

新古典建築並不局限在英、法兩國，它遍及整個歐洲大陸，甚至從遙遠的北美也可以發現它的身影。

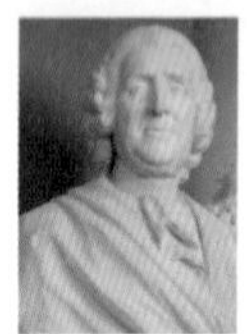

加布里埃爾
繼承法國優雅傳統

Ange-Jacques Gabriel(法國1698-1782)

安熱・雅克・加布里埃爾是一位非常有影響的法國建築師。經過他改革的新古典主義，在18世紀成為法國建築的主流風格。建築師將這種流行的風格與法國固有的優雅得體的傳統融合在一起，為後來的建築師提供了優秀的範例。

加布里埃爾於1698年10月27日出生在巴黎。他的父親加布里埃爾五世在當時非常有名，是法國宮廷的首席建築師。加布里埃爾沒有像其他的建築師那樣去義大利學習，而是很早就跟隨父親在皇室的建築工地上工作。這段時期積累的豐富經驗對加布里埃爾以後的建築創作非常有幫助。

1728年，加布里埃爾成為法國皇家建築學院的成員。1735年，他被任命為宮廷首席建築師，也就是他父親的助手。加布里埃爾在建築方面的才能得到了皇室的欣賞，1742年，他成功接替父親成為法國國王的首席建築師，同時，他還得到了法蘭西建築學院院長的職位。

為了建造國王路易十五的紀念雕像，法國在1748年舉行了一次設計招標，在建築師們提交的作品中，有150多份將雕像的地址選在了巴黎。但是由於徵購那些地點的土地需要巨額的資金，所以國王特意劃出了巴黎杜樂麗花園（Jardin des Tuileries）盡頭的一大片空地，並於1753年重新舉行設計招標。這一次的招標範圍限定了在建築學院內部，只有19個建築師有資格參與招標。結果，加布里埃爾奪魁。1755年，工程正式動工。完成後稱為路易十五廣場，也就是目前所稱的協和廣場（Place de la Concorde）。

路易十五廣場是歐洲最宏偉同時也最獨特的廣場。巴黎擁有許多著名的建築遺跡和廣場，但是它們都彼此孤立地存在，而新建的路易十五廣場卻轉化成城市生活的一部分。

杜樂麗花園前的這塊空地緊臨塞納河，位於羅浮宮通往凡爾賽宮的路線上。加布里埃爾試圖利用廣場，來構造一條未來巴黎城市的軸

心線，在加布里埃爾的計畫中，將有三條大道在此處交匯。加布里埃爾在廣場上建造了兩座高大的樓房，它們俯視著整個廣場。大樓的底層牆壁上飾有大塊的粗石，予人厚實穩重的印象。樓房的另外兩層由科林斯式柱連接起來，這樣的柱廊與改建的羅浮宮立面風格非常相似。兩座樓之間為香榭麗舍大道，這條街的軸線正好與愛麗舍宮的軸

※ 協和廣場是法國歷史建物中，最具城市生命力的地標。

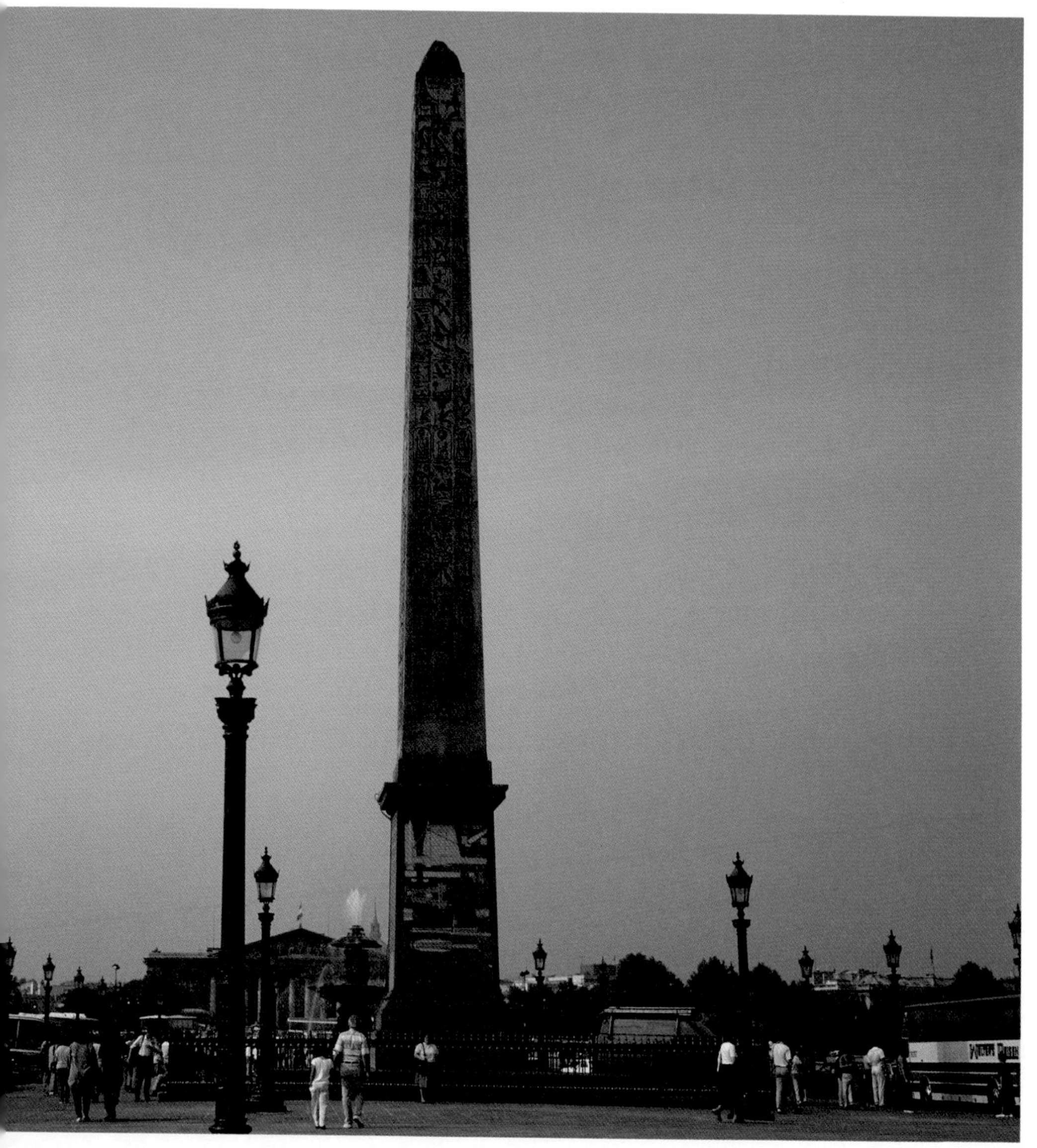

線垂直。當時在大道盡頭，一座教堂正在設計建造中，加布里埃爾的這兩座大樓其實正是為了呼應這座教堂而設計的。這些建築全部建造完成之後，和廣場成為一個整體。在兩座大樓的兩側，建築師又設計了兩條與大道平行的街道，以使廣場與周圍的交通更加順暢。

加布里埃爾按照空間自由發展的原則進行設計，他突出廣場上建築與周圍自然環境的聯繫。為了避免給人以沒有固定形狀的印象，建築師將廣場用明溝和欄杆來界定成一個矩形，在切角的轉角處設立有小亭子，亭子上面樹立雕塑。路易十五的紀念館雕像建在廣場中間朝向杜樂麗花園的方向上。

加布里埃爾運用了大規模空間設計的原則，他不僅僅是在設計一座廣場，而是將其周圍的建築全部考慮進去。以後，這種設計原則在法國建築中被廣泛的運用。

建成後的路易十五廣場影響很大，勒沃在他的《建築》一書中寫道：「你看那個聳立的路易十五廣場，人們從很遠的地方就可以看到它。那些高聳的建築引起了人們無限的遐想，從它們磅礴的氣勢上，我們可以看出法國建築所具有的豐富內涵和迸發出的激情火花。」

作為一位建築師，加布里埃爾只為國王工作，他為凡爾賽、楓丹白露、康彼涅等皇家宮殿的擴建和改建設計了許多方案。在 18 世紀 50 年代，加布里埃爾為皇室建造了一些比較簡樸的小型建築，其中包括 1749 年為彭巴杜夫人（法王路易十五的情婦）設計的法蘭西亭和楓丹白露的鄉間住所；1750 年在凡爾賽附近的森林裡建造的勒巴塔比獵莊和 1756 年建造的拉米埃特獵莊等。這些建築在處理手法方面簡潔而有節制，加布里埃爾通過這些設計為當時的建築師們指出了改革的方向。

1761 年，加布里埃爾開始為彭巴杜夫人設計小特里阿農宮（凡爾賽宮一部分）。雖然這座建築從 1762 年就開始動工建設，不過由於受到法國

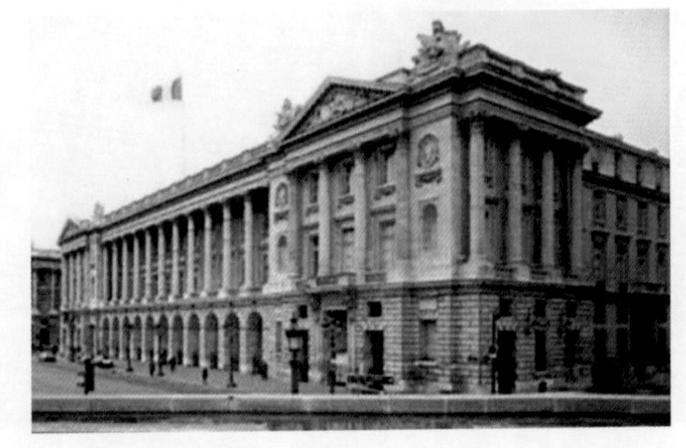

※ 加布里埃爾在設計廣場上的建築時，參考了改建後的羅浮宮的風格，此圖為現今協和廣場北面的建築。

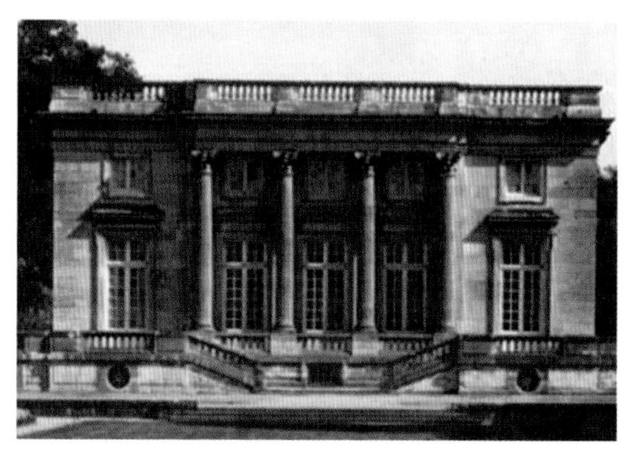

※ 加布里埃爾設計的小特里阿農宮簡潔明快，優雅精緻，是 18 世紀法國建築藝術的瑰寶。

七年戰爭的影響，直到 1764 年戰爭結束後工程才真正轉入正軌，此時，彭巴杜夫人已經離開了人世。小特里阿農是加布里埃爾最為重要的作品之一，它代表了那個時代所流行的精緻優雅風尚所能到達的最高成就，是 18 世紀法國建築藝術的瑰寶。

在小特里阿農宮的設計中，建築師充分運用了嚴格的幾何關係，他力圖體現出建築簡潔明快的特色。小特里阿農宮的建築平面呈一個近似的正方形，宮殿的正面朝向花壇，四根柱子連接著上下兩層樓，形成一個柱廊。建築師在與正面相鄰的兩面也運用了類似的手法，不過取消了柱廊的形式，將柱子換成了依附牆的壁柱。與正面相對的立面非常簡潔，它朝向一個景致優美的花園，建築師在牆上鑿出了三層大小各不相同的幾個長方形的窗戶。整個建築小巧的規模與這兒採取的巨大窗戶形成了鮮明的對照，予人以輕巧玲瓏的感覺。寬闊的石階將建築與周圍的草地等連接在一起。

宮殿的內部由許多長方形的小房間組成，室內光線充足，裝飾簡潔明快。建築師盡可能少地採用雕塑進行裝飾，而是大規模地採用了直線條，室內的裝飾色彩也選用明亮的冷色調，這使得宮殿在內外兩方面都體現出優雅、精緻的特色。小特里阿農宮的工程於 1769 年最終完成。

加布里埃爾的建築還有許多，他不僅能夠設計優雅別緻的宮殿建築，還能夠設計威嚴的軍事學校。1751 年，加布里埃爾開始設計軍事學校，經過建築師不斷地修改，在另外幾位建築師的主持之下，軍事學校的工程於 1788 年完成。

1770 年，加布里埃爾在凡爾賽宮為法國皇太子設計建造了華麗的劇院。加布里埃爾對後代建築師產生了巨大而深遠的影響，年輕的建築師在他開創的道路上繼續探索，一種新的古典主義建築風格最終形成。

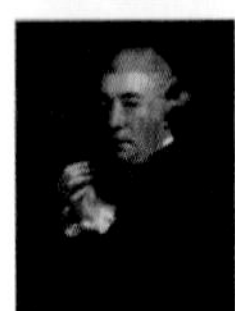

錢伯斯
將東方風帶進英國庭園
William Chambers(英國1723-1796)

威廉·錢伯斯於1723年2月23日出生於瑞典的哥德堡，他的父親是一位來自蘇格蘭的商人，後來他們全家遷居到英格蘭。錢伯斯16歲時從商業學院畢業，他在這一年返回瑞典，加入了瑞典東印度公司。20歲時，錢伯斯以公司船隻押運員的身份前往孟加拉和中國做商務旅行，東方世界的藝術、建築等深深吸引了他。

1749年，旅行歸來的錢伯斯決定放棄商業，到巴黎學習建築。作為布隆代爾（Jacques francois Blondel）的學生，錢伯斯和巴黎的許多知名建築師有著密切的關係，這些人正是新古典主義的建築風格的積極宣導者，他們反對洛可可式的傳統。1750年，錢伯斯從巴黎來到羅馬，他從這個建築之都中學習到了許多技巧知識。1751年，在羅馬的錢伯斯為威爾士王子設計了陵墓，他將古羅馬的萬神廟等建築樣式應用到了這座建築中。錢伯斯在這一時期的建築作品被認為是英國新古典主義建築的開始。

錢伯斯在1755年回到英國，他成為威爾士親王的建築師。1757年到1763年間，錢伯斯為英國設計了「秋園」，就是後來的皇家植物園（Kew Royal Botanic Gardens）。

秋園是錢伯斯最為著名的代表作品。它位於佩里溫克，這裡地勢低平，並沒有什麼特色可言，但經過了錢伯斯的改造，它變成了一座具有鮮明特色的園林，是錢伯斯式風格最佳的代表。錢伯斯對中國園林非常熱愛，他在秋園中建造了

※錢伯斯設計的秋園帶有濃郁的東方特色。

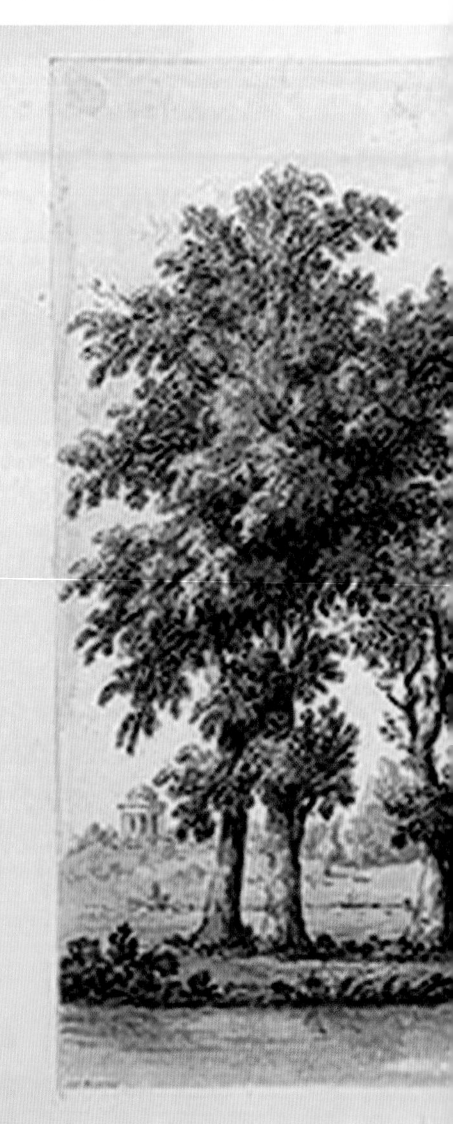

一座中國式的孔廟，還建造了一座中國式的八角塔，塔上裝飾有 80 條龍。

除了在建築的具體樣式上，錢伯斯刻意模仿了中國的傳統風格，在園林的配置上，錢伯斯也一改歐洲園林常見的直線式配置物體、人工剪裁植物等方法，而是按照中國傳統的造園規則來開鑿曲折的湖面，疊起錯落的假山。在水面以及池岸處理上，錢伯斯的處理尤顯中國特色，兩者之間的過渡非常自然。

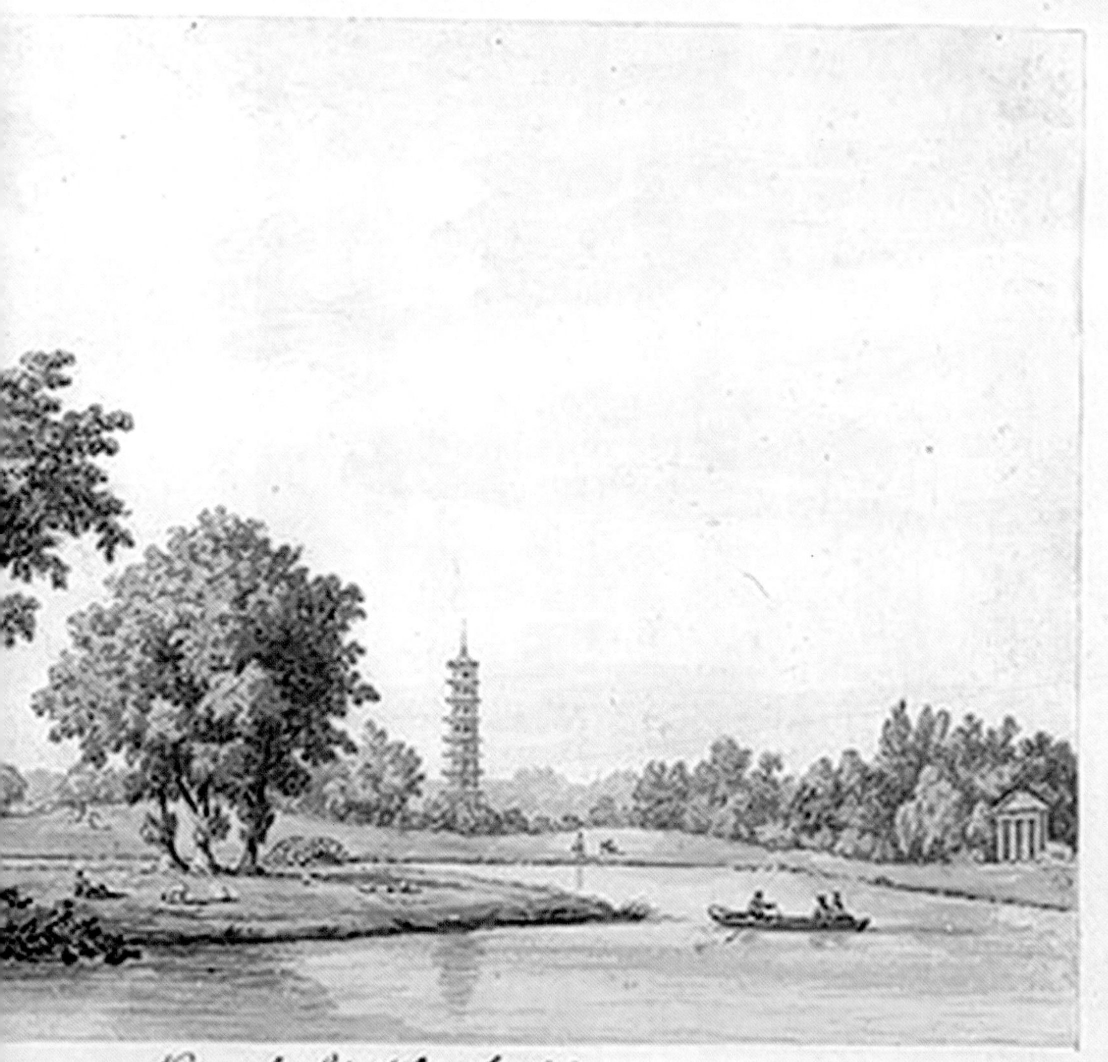

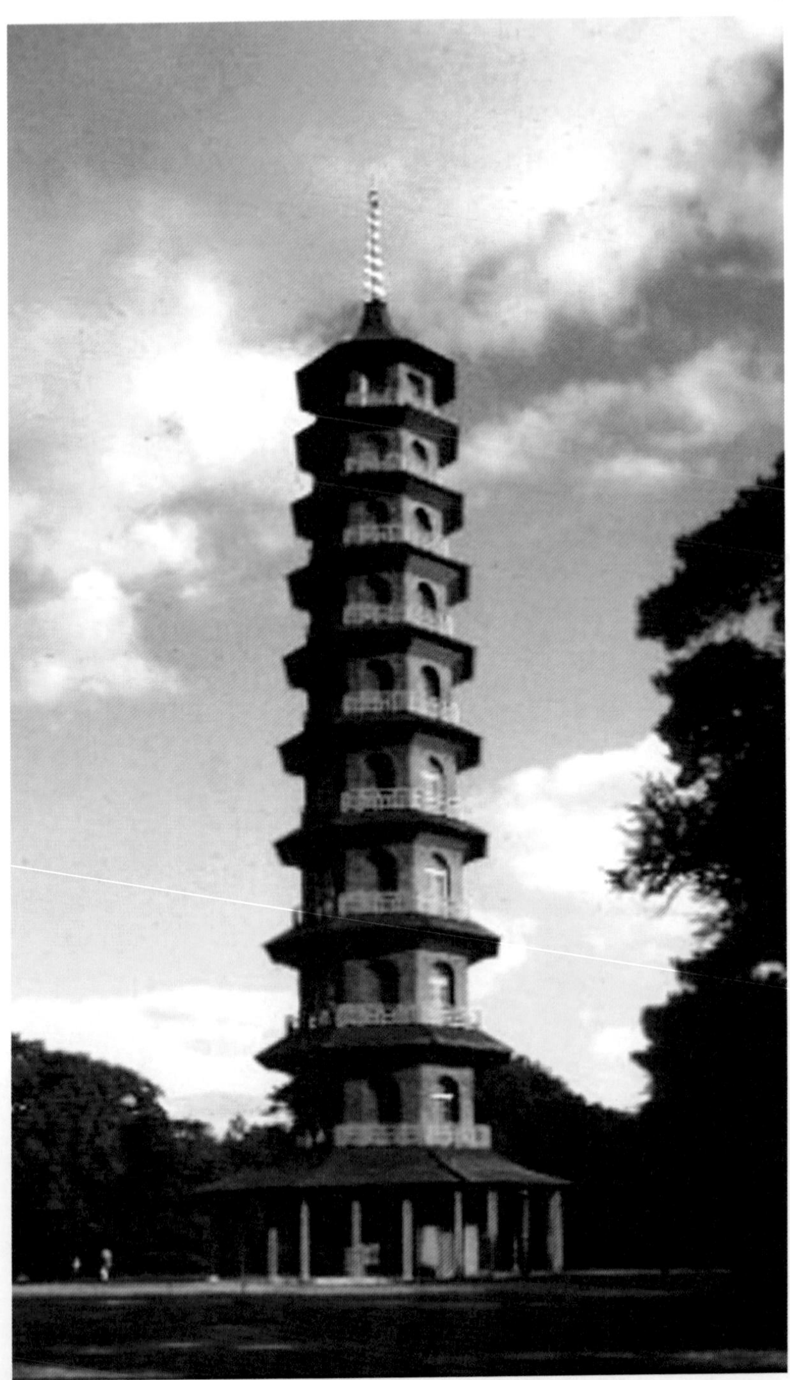

※錢伯斯在秋園中建造了一座中國式的八角塔，塔上裝飾著80條龍。

錢伯斯比同時代的其他許多歐洲園林設計師更瞭解中國園林藝術，正是由於他的努力，18 世紀的歐洲曾經刮起了一陣追求東方式園林情調的熱潮。由此可見，錢伯斯確實對東西方造園藝術的交流做出了巨大貢獻。

在成為一名真正的建築師之前，旅行中的錢伯斯曾在廣州待過幾個月的時間。在這幾個月裡，錢伯斯在廣州走訪了不少的家庭、庭院和藝術家，並做了大量的測繪工作。

1757 年，錢伯斯在倫敦出版了《中國建築、傢俱、服飾、機械和生活用具的設計》一書。這本書共包括 4 頁前言、19 頁正文和 21 幅附圖，總共加起來不足 50 頁。就是這本小冊子，在當時卻多次再版，在英國乃至歐洲社會產生了重大影響。

在廣州時的錢伯斯在建築方面還只能算是一個業餘愛好者，他的工作並沒得到中國人的歡迎。在這本書的正文第一頁裡，作者說道：「在中國要很精確地測量公共建築是非常困難的，那裡的民眾對陌生人總是百般刁難，朝他們扔石子，或者進行其他方式的侮辱。」

在這本書的序言中，有這樣的文字：「他們（指中國人）僅僅相對於鄰國是聰明偉大的，這裡絕沒有拿他們與我們（歐洲）這一邊世界的古人、今人相比較。但是，他們作為一個獨特的種族，作為一個與所有文明國家隔絕的地域的居民，肯定值得我們去關注。他們是在無從模仿的情況下，形成了自己的一套習俗並發展自己的藝術。」

這顯然是一種歐洲中心主義的看法，英國人認為中國文明的偉大只不過是地域性的顯現，不可能與歐洲的傳統相提並論。

錢伯斯在文中指出，中國和古希臘羅馬在建築、生活用具等方面有許多令人驚奇的契合點，不過，它們之間顯然不可能相互借鑒。他說：「雖然中國建築並不適合歐洲的需要。但是，在建造大型的園林或宮殿時，可以運用中國風格建一些二三流的景色和房舍，這樣能夠使建築更顯出多樣化的色彩。」也就是說錢伯斯要將中國的獨特性作為歐洲園林的調劑與補充。

書中還特別提到中國的生活用具，他認為這些物品構思巧妙，裝飾得體，但同時他又說，與歐洲的同類物品相比，它們普遍缺乏高雅的氣質，原因在於中國人好像並不看重實用部分的設計。至於機械方面，錢伯斯認為中國遠遠落後於歐洲，這與許多歐洲人的觀點非常一

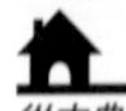

致。

錢伯斯對於中國的園林藝術讚賞有加，他在這本書中專章來談他考察過的中國園林，這一章占了差不多 5 頁的篇幅。作者說：「中國人在園林設計方面技藝高超。他們那方面的品位很高。雖然我們英國已經在這方面進行了很多的努力，但並不是顯得太成功。」他對於東方文化的熱情，並沒有隨著他在建築領域的成功而減退，1772 年，在自己建築設計的鼎盛時期，錢伯斯又出版了一本《論東方園藝》。

他在這本書中對當時流行於英國的園藝風尚進行徹底的批判，並對他的主要競爭對手布朗進行了攻擊。他在書中說：「作為一門與我們在生活中的愉悅感受息息相關的藝術，竟然沒有一個博學之士參與其中，這可真是太奇怪了。在這個島嶼上，這樣的工作竟然由一個沒有基本的園林設計原則、只會種植各種蔬菜的人來承擔。實在是無法

※錢伯斯設計的薩默塞特府邸位於泰晤士河邊，是一座規模龐大的建築群。

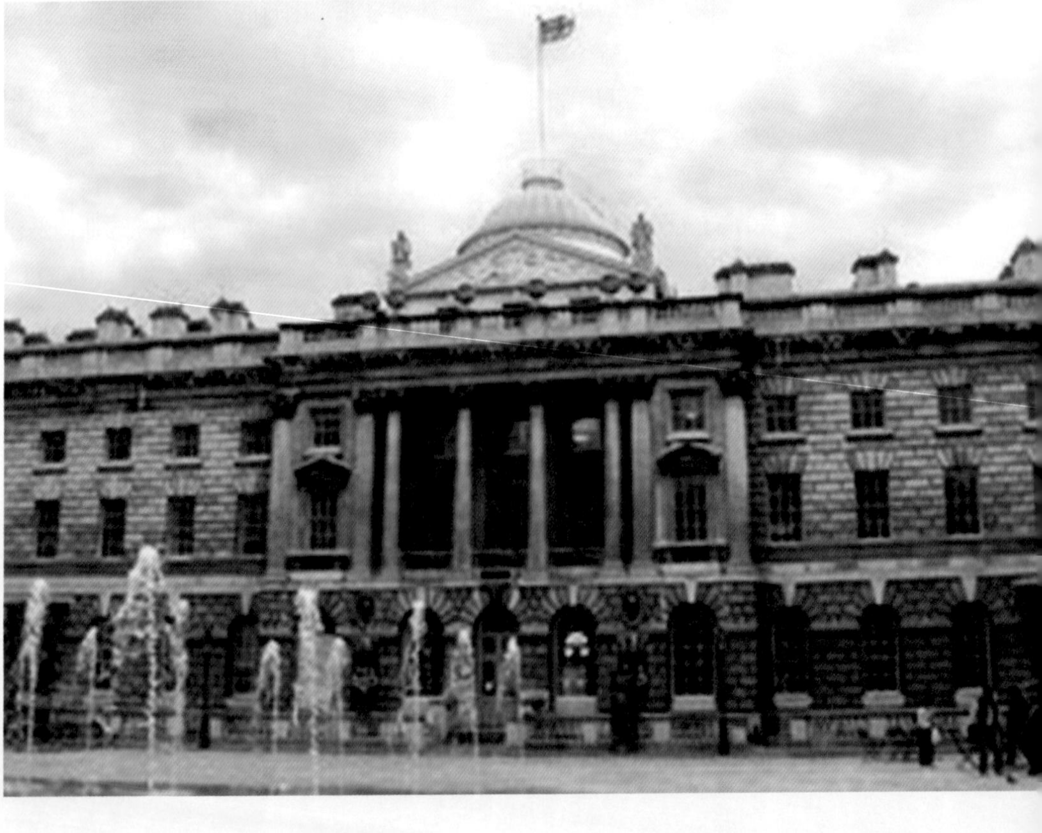

想像，一個把精力都浪費在體力勞動上的粗人，能夠在這個需要精細藝術觸覺的職業上走多遠？」

錢伯斯對布朗式的自然風景園林一直持批評態度，他認為布朗的設計過於粗糙，毫無藝術價值可言，充其量只是在自然的基礎上稍加改造而已，完全沒有能夠體現出園林設計者所應表現出的創造力和想像力。錢伯斯認為應該通過人的創造力來改造自然，使它們成為適於人們休閒娛樂之處。

錢伯斯還非常重視色彩在園林中的獨特作用，比如在秋園的綠草地上，他將一些鮮豔的花卉點綴其間，與佇立一旁的深色調的參天古木組合成一幅非常協調的畫面，這是錢伯斯獨特藝術感覺和創造力的體現。

英王喬治三世非常賞識錢伯斯的建築設計工作，這奠定了他在這個行業的地位和發展前景。1763 年，錢伯斯成為宮廷總建築師。1776 年，錢伯斯在泰晤士河邊設計建造了薩默塞特府。這是一個長達 182 公尺的宏偉建築群，建築師設計了一個巨大的拱門，基座採用粗面石裝飾。在上面的樓層，建築師用科林斯式的柱子和壁柱組成敞廊等，賦予建築雄偉典雅的特色。錢伯斯還打算建兩棟樓將主建築和泰晤士河連接在一起，但由於耗資過大，這個方案最終被擱置起來。

此外，錢伯斯還建造了許多活潑優美的花園式小型住宅，從外觀看，它們非常像是一座小教堂，裡面只有三四個主要的房間，而廚房等則安排在了半地下室中。錢伯斯在這方面的代表作品是位於都柏林附近的馬林納府。錢伯斯的建築設計體現出帕拉第奧式傳統建築的風格，並且融合了新古典主義建築的早期形式。

1796 年 3 月 8 日錢伯斯在倫敦去世。

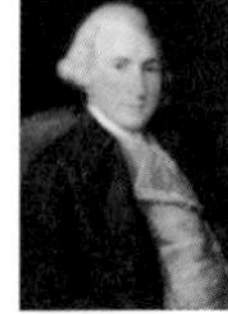

亞當
新古典主義風格代表

Robert Adam（英國 1728-1792）

羅伯特．亞當和詹姆斯．亞當是一對親兄弟，他們是英國新古典主義建築的主要代表，其中哥哥羅伯特．亞當在建築方面更有天賦。

羅伯特於 1728 年 7 月 3 日出生在蘇格蘭，他的父親威廉．亞當是一位建築師，曾經主持修建英國北部的軍事防禦工程。1743 年，亞當從愛丁堡大學畢業後，開始協助父親從事建築工作，在開始的幾年間，他們主要做室內裝飾方面的工程。

1754 年，亞當離開了故鄉前往巴黎，在法國結交了當地許多知名的建築師。1755 年，亞當到達羅馬，他對這座城市古老的建築充滿興趣，1757 年，亞當在兩名工匠的幫助之下繪製了克羅埃西亞的斯普萊特（Split）晚期羅馬宮殿的測繪圖。這一工作顯示出亞當建築方面的天賦和能力，他的工作速度非常快，只用了 5 個星期的時間就將測量和繪圖工作全部完成。他的測繪圖發表在 1764 年出版的《戴克里先宮遺跡》（*The Ruins of the Palace of Diocletian*）一書中。

亞當於 1758 年回到了英國。他最初的工作仍然以室內裝飾為主，當時在英國建築界具有權威地位的錢伯斯爵士不喜歡亞當所表現出的浮華風格，由於他的阻撓，亞當不能加入英國皇家學會，但他並沒有因此乏人問津。

1759 年，亞當設計建造英國海軍部大樓的柱廊，後來有許多建築都是模仿它而建造的，如法國巴黎外科學校的柱廊以及倫敦卡爾頓住宅等。羅伯特對周圍的事物具有敏銳的洞察力，他並不空談理論，而是在自己設計的作品中廣泛地吸收各種建築風格，並將它們不著痕跡地融合其中。不管是希臘風格建築、羅馬風格建築還是帕拉第奧或新帕拉第奧主義建築，甚至包括當時流行如畫風格建築，也被建築師吸收進來。

亞當在其發表的《建築作品》一書中，認為柱式沒有必要建得太過嚴肅，也沒有必要太過精雕細琢，他認為希臘愛奧尼柱式上的螺旋

式巨大尺寸太過凝重，而羅馬人又將這種螺旋式發展到了另一個極端，他認為應該選取一種折衷的手法，

通過充分的吸收融合，亞當開創出了一種全新的建築風格，這就是「新古典主義」。它不同於巴洛克和洛可可風格所追求的新奇與誇張，而建立在一種對古典的重新認識上，強調的是線條的明晰、簡潔、優雅和裝飾的得體有度。這正是那個時代英國人對於建築的要求，他們需要住得舒適，而在外觀上還要得體恰當，彰顯品位。亞當的設計在不列顛受到歡迎，他所創立的獨特建築風格逐漸在英國流行開來，但是歐洲大陸並沒有受到太大影響。

1761 年，亞當承接了位於米德塞克斯的西昂府邸（Syon House）的前廳工程，這一工程充分體現出建築師兼容並蓄的風格特色。在設計前廳頂棚時，他參考了英國出現的帕拉第奧式建築，而房間的其他部分，卻讓人很容易想起羅馬。大廳的四壁設有愛奧尼式倚柱，柱頂立著的鍍金人像，這是明顯的羅馬風格，而柱頸的形式更是脫胎於古羅馬的公共浴場。房間裡的戰利品雕塑也都鍍了一層金，它們則是模仿羅馬皇

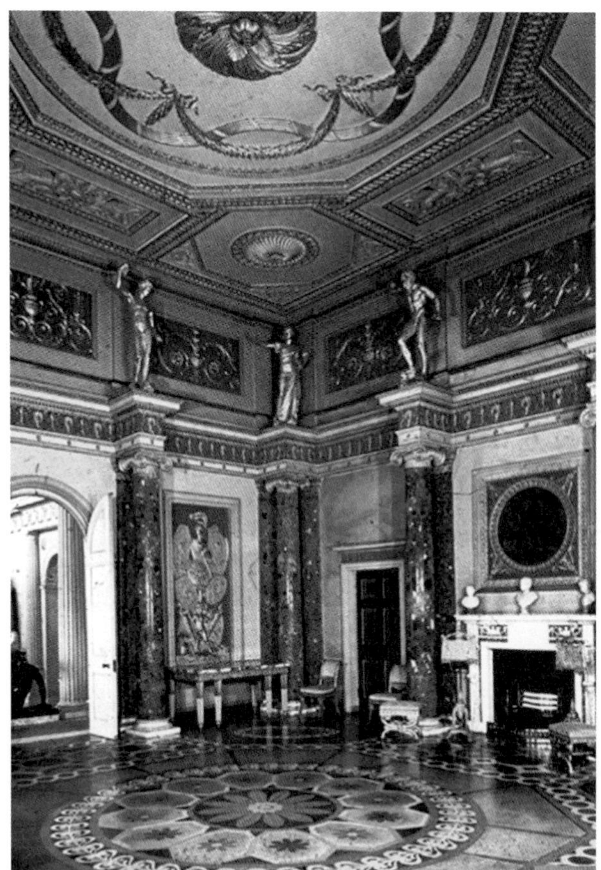

※ 亞當的室內裝飾作品有著精巧的比例和優美的幾何曲線，這是由他設計的西昂府邸的前廳內景。

帝奧古斯都時期的戰利品製作出來的。亞當以卓越的才能將古典主義建築綜合在一起，在室內創造出了優美的情境。

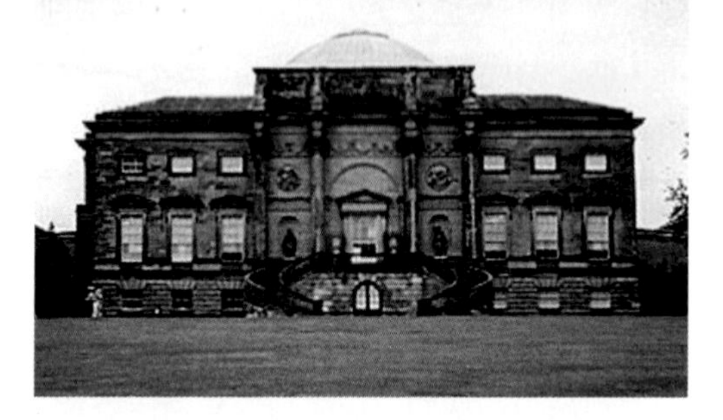

※ 在凱德斯頓住宅工程中，亞當在客廳的上部做了一個多層圓頂。

亞當的室內裝飾以精巧的比例、幾何曲線和古典裝飾而著名，他注重建築物內部空間的合理排布，以達到英國人喜歡的舒適性效果。建築師在進行室內裝飾設計時，經常仿造在當時剛剛發掘出來的龐貝住宅中所見的題材和風格，這給人纖麗高雅的感覺。在修飾牆面時，亞當不使用沉重的泥塑花邊，而是採用鍍金的淺浮雕，建築師根據房間的不同功用選取不同的題材內容來進行裝飾。亞當的建築雕刻受到一種浮誇風格的影響，這使他設計的房間顯得非常華麗。

1765 年，亞當承接了凱德斯頓住宅工程（Kedleston Hall）。在這個建築的軸線兩邊有兩個非常大的房間，建築師在其天花板設置了雕塑，下部採用人造大理石製成的科林斯式柱支撐。建築物內部還有許多古代希臘、羅馬的雕像、壁龕等，客廳則做成了多層圓頂的形式。

亞當對於房屋平面的處理有獨到之處，他通常在建築的內部設置一連串的連列廳，其他房間如餐室、畫室等的開口直接設在這些廳中或者是通向列廳的走廊。通常，每個廳的大小和式樣都會有所差別，廳與廳之間的過渡也經過了精心的處理，而房間則往往是圓形或橢圓形的。這樣，建築物的內部就形成了一個完整的房間體系，使生活在裡面的人們感覺非常方便舒適。

建築師不僅僅創造了雅致的室內空間，他對於建築物的外部形態的改造也相當成功。

1761 年至 1764 年間，亞當在威爾郡設計建造了一座帶有圓頂和筒拱的陵墓，它因風格的樸實自然而受到英國建築界的好評。1776 年，亞當在埃塞克斯（Essex）建造了一座雙塔教堂（Mistley Towers, Church of St. Mary），這幢建築的設計非常大膽，在當時算得上是一個創舉，對後世的建築也有一定的啟發意義。

※ 亞當在埃塞克斯設計的一座雙塔教堂。

亞當還為當時的富人們設計了許多府邸。這些建築物的外形往往非常簡潔，具有古希臘時期紀念碑的特色。建築物的平面佈局方面則突出家居生活內在需求，通常中間是圓形或橢圓形的雙列大廳，或者在中間設置一個方便人們行走的走廊。如果是為高官顯貴建造宅邸，亞當會採用科林斯柱式、圓頂，並在廳內裝飾帶有桂冠的柱子，來凸顯出該建築的壯觀與宏偉。

建築師在公共建築方面也取得了傲人的成績，1774 年至 1792 年間，亞當設計建造了愛丁堡的辦公大樓，1789 年至 1793 年間建造的愛丁堡大學的設計者也是亞當。

有許多工程是羅伯特・亞當和詹姆斯・亞當兄弟兩人共同承建的，他們將自己的作品編成《亞當兄弟建築作品集》，於1773年發表。1792 年 3 月 3 日，亞當在倫敦自己家中去世。

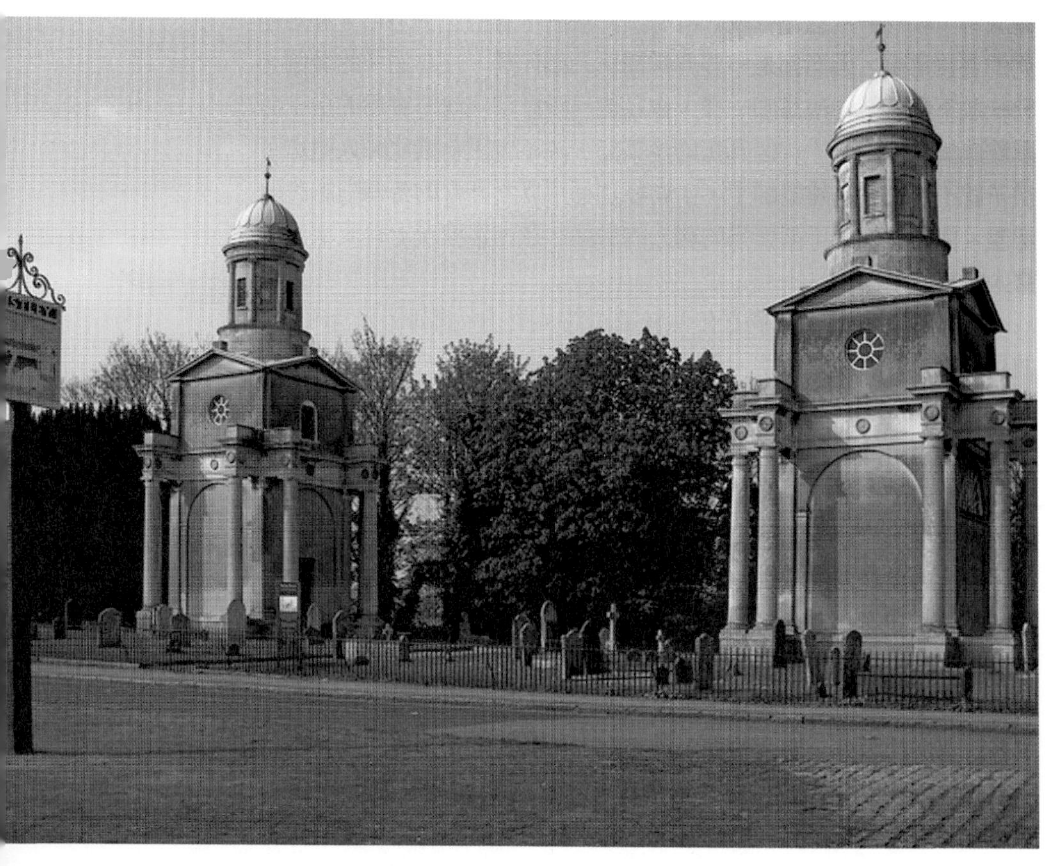

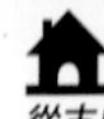

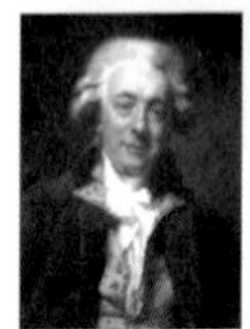

勒杜
大革命理想建築師

Claude Nicolas Ledoux（法國 1736-1806）

和布雷一樣，克羅德・尼古拉斯・勒杜也是建築學院的院士。勒杜還有一點和布雷相同，他也認為繪畫和建築之間有著非常緊密的聯繫。他曾經說過：「如果你想當一名建築師，那你首先就要成為一名畫家。」

和布雷不同的是，勒杜並不去創造那些宏偉得好像是要獻給上帝的紀念性建築物，他更傾向於那種鄉野似的烏托邦，他在建築領域更多地表現出了「自由、平等、博愛」的大革命理想。無論是在鄉村還是城市，勒杜都願意為低收入群體設計房屋，這些房子是為了滿足他們的直接需要，因而都是一些非常簡單的幾何體，沒有過多的裝飾。勒杜並不像其他的建築師一樣，會為自己設計這些簡單實用的房子而感到羞愧。他說：「一個真正的建築師，決不會因為給砍柴人建造了房子就不再成其為建築師了。」勒杜宣稱可以為社會的各個階層設計房屋，他認為外觀不甚張揚的窮人的房屋，在一定程度上更反襯出了富人府邸的豪華。

1736 年 3 月 21 日，勒杜出生於法國的多爾芒，他師從布隆代爾，並且做過特魯阿爾的助手。在 26 歲的時候，也就是 1762 年，勒杜開始為一家咖啡店做細木護壁板的設計，這種裝飾風格屬於 17 世紀，一般在其上鑲嵌戰利品，邊框則做成扭曲的長矛狀。不過，勒杜對其進行了大膽的改造。以後，勒杜逐漸接手建築工程，他參與了橋樑、學校、教堂、噴泉等的建造，他的工地遍及法國的許多省份。

勒杜的早期創作深受帕拉第奧的影響，人們將 70 年代的 10 年稱為勒杜的帕拉第奧時期。從 1770 年開始，勒杜在巴黎設計了一系列的住宅。其中最早的一座是蒙莫朗西府邸，兩個臨街的立面裝飾為愛奧尼式柱廊，在主人的要求下，建築師還在立面上體現出了建築物內部各自套房的劃分。室內空間由許多圓形、橢圓形和一些不完全幾何形組成，所有的空間都按對角線佈置。同是在 1770 年，勒杜在蒙莫朗西府邸附近設計了另一座莊園，它的半穹頂式前廳向外開放，前面的柱廊由4根愛奧尼式柱支撐，柱廊上面樹立女神雕像。1773年，勒杜為國王路易十五設計了一座宮殿，他用科林斯式柱構成了一個宏偉的帕拉第奧式柱廊。

建築師設計的第一幢鄉村住宅為貝努維爾府邸，又稱卡爾瓦多斯。這項工程開始於1770年，1777年竣工。住宅規模龐大，由許多矩形構件相互連接組合而成。府邸正中央的柱廊採用愛奧尼柱式，柱形粗大。這座建築中的窗戶相對顯得狹窄一些，不過與其他部分的比例非常協調。

1776年，勒杜返回巴黎，為哈利伯爵重建博利格那莊園。建築師在這所莊園的設計中採用了透視的手法，這一點特別表現在花園圍牆兩側的柱廊上，它們一直延續到另一所建築的牆前。在建築物臨街的正面刻有浮雕，其上楣表現出獨特的連貫性，強調建築的整體性特徵。建築的兩端是中部縮進的兩座閣樓，沿平面輪廓設計的簷口則表現出了更為傳統的風格。同一年，勒杜完成了德國卡塞爾的圖書館設計，這幢建築構思雄偉，結構宏大，內部空間非常寬敞。

勒杜從1771年開始成為弗朗什孔泰製鹽廠（Saltworks in

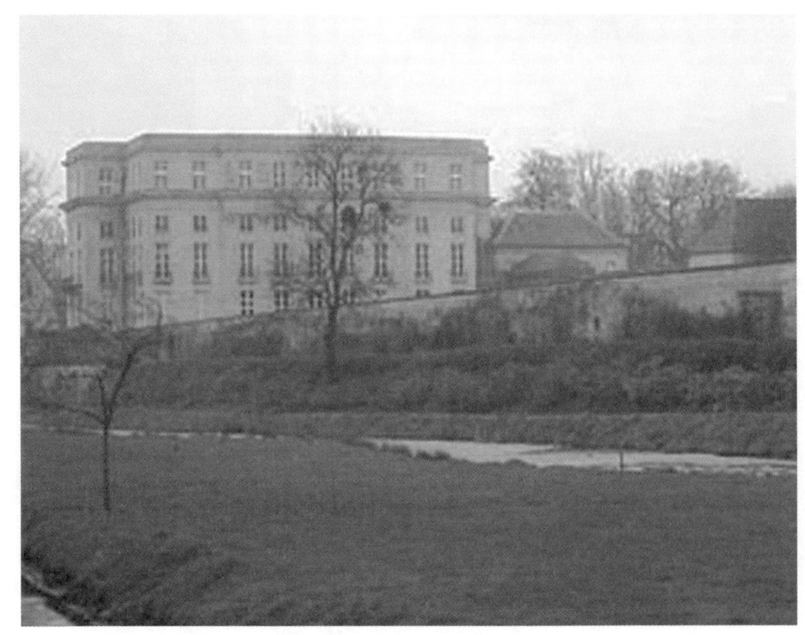

※貝努維爾府邸是勒杜設計的第一座鄉村住宅，這是從北面看去該府邸的景象。

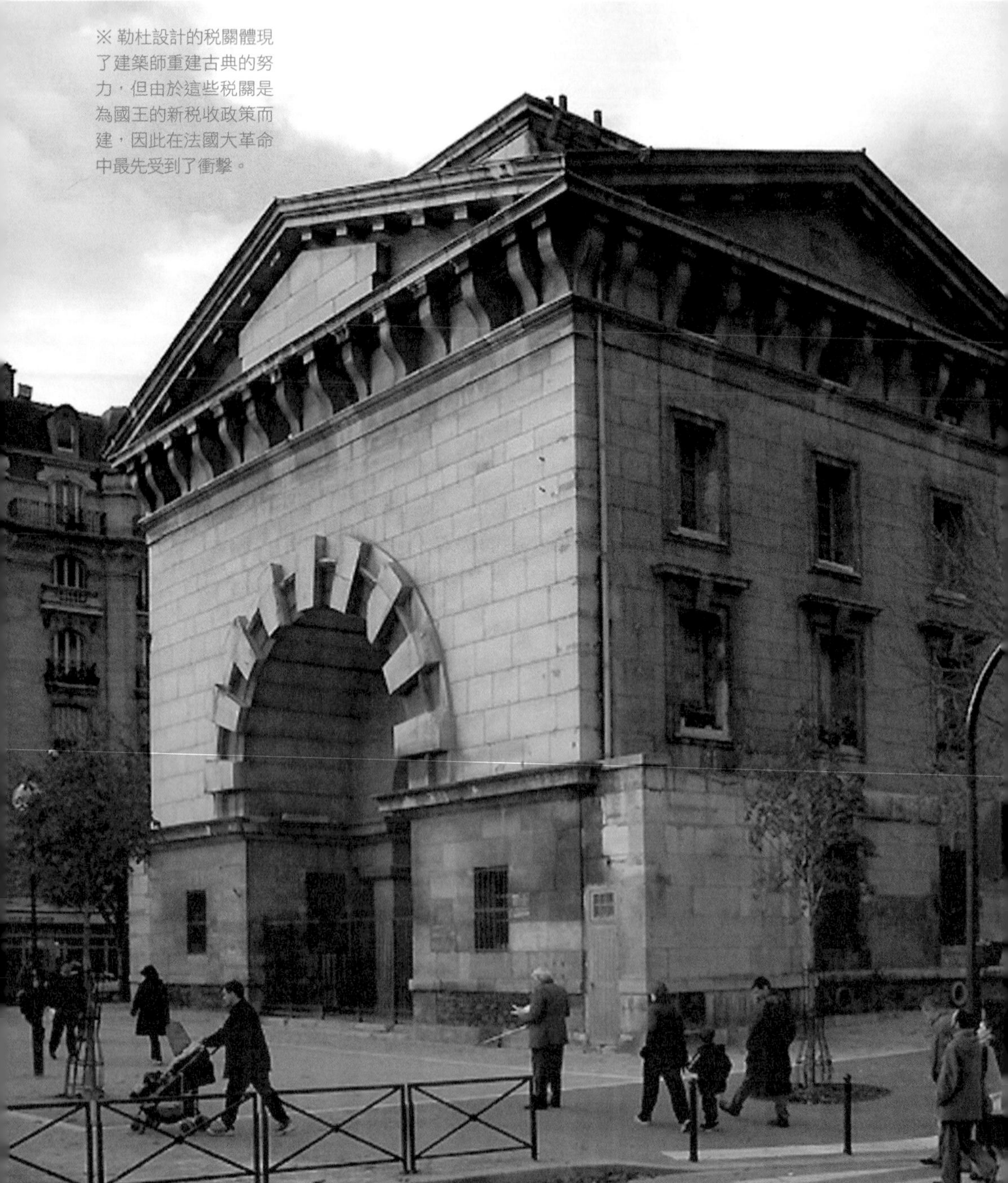

※ 勒杜設計的稅關體現了建築師重建古典的努力，但由於這些稅關是為國王的新稅收政策而建，因此在法國大革命中最先受到了衝擊。

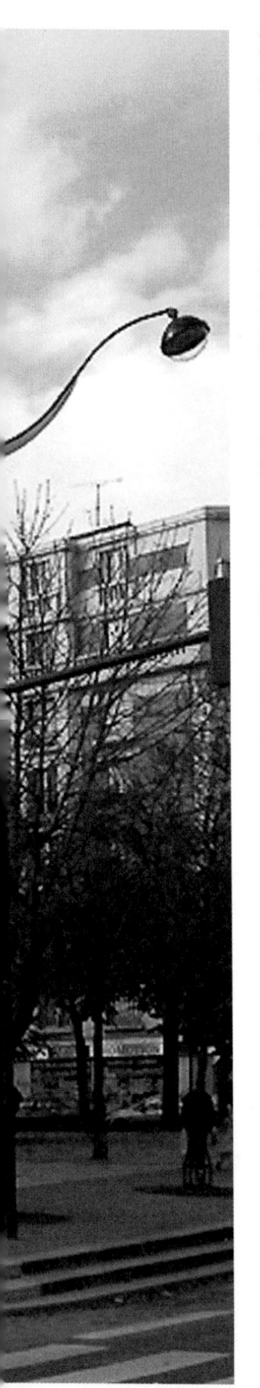

Franche-Comté）的監理，三年之後，他完成了這一工程。之後，勒杜著手設計著名的塞南門製鹽廠（Saltworks at Arc-et-Senans）。這兩座鹽廠建築都採用了無裝飾牆面和簡單的幾何形體，建築師刻意顯示出粗獷的風格。該項工程於 1779 年竣工。勒杜設計的鹽廠中除了工廠建築之外，還有工人的住宅。在這個巨大的複合體中，每一單元都是按照其功能特色來規劃，製鹽的蒸餾廠位於軸線上，屋頂坡度非常大，牆面不裝飾，好像同時代農村建築的特色。工廠主人的住宅位於鹽場的中央，屋頂坡度較緩，帶山形牆，另外裝飾古典廊柱，也呈現出一派鄉村風味。廠房與住宅的牆上有刻作流水狀的出水口，表明這座建築是因處理鹽而建造的，同時，建築師也以此來象徵生產與勞力在這個工程中佔有同等的地位。

1786 年，勒杜在普羅旺斯地區的艾克斯設計法院和監獄，監獄的四角有四座高聳的角樓，這些建築都給人簡單而又堅固的形象，建築師只是對簷口進行了刻意裝飾。

1785 年到 1789 年間，勒杜受命在巴黎四周設計建造「稅關辦公室」。與別的建築師理性地改變古典元素不同，勒杜重建古典的動作顯得更加果斷和純粹。這一點在巴黎稅關的建造上有鮮明體現。他一共設計了約 80 座不同規模的此類建築，從中可以覺察到古典的形式和尺度所起的作用。建築非常雄偉壯觀，它們組成一個圓環圍繞巴黎，建築師試圖以這些建築給巴黎帶上一個堅固的外框。勒杜的設計大都非常雄偉，實施起來很不經濟，所以許多方案都遭到否定，而展現勒杜重建古典努力的稅關建築也在 1789 年的革命中被拆毀。革命以反抗國王的稅收政策開始，勒杜設計的這些稅關當然首先受到衝擊。民眾焚毀了這些建築並毆打建築工人，人們認為勒杜是舊制度的代表，他負責的其他工程也被迫暫停。

1793 年 12 月，勒杜因被懷疑暗中破壞法國大革命而被關進監獄達 14 個月。不過他利用這段時間整理了自己的設計思路，使以後的建築呈現出更完善的古典主義風格。勒杜特別喜愛連續的立方體和完整的輪廓線。他出獄後，勒杜繼續進行路易十六下命建造的塞南門製鹽場，他將原來半圓形的複合體擴大為橢圓形的理想城市的中心，這一個規劃在1804年出版，書名為《從藝術、法律、道德觀點看建築》。

建築師試圖建造一座理想的城市，人們可以在這裡和諧地生活在

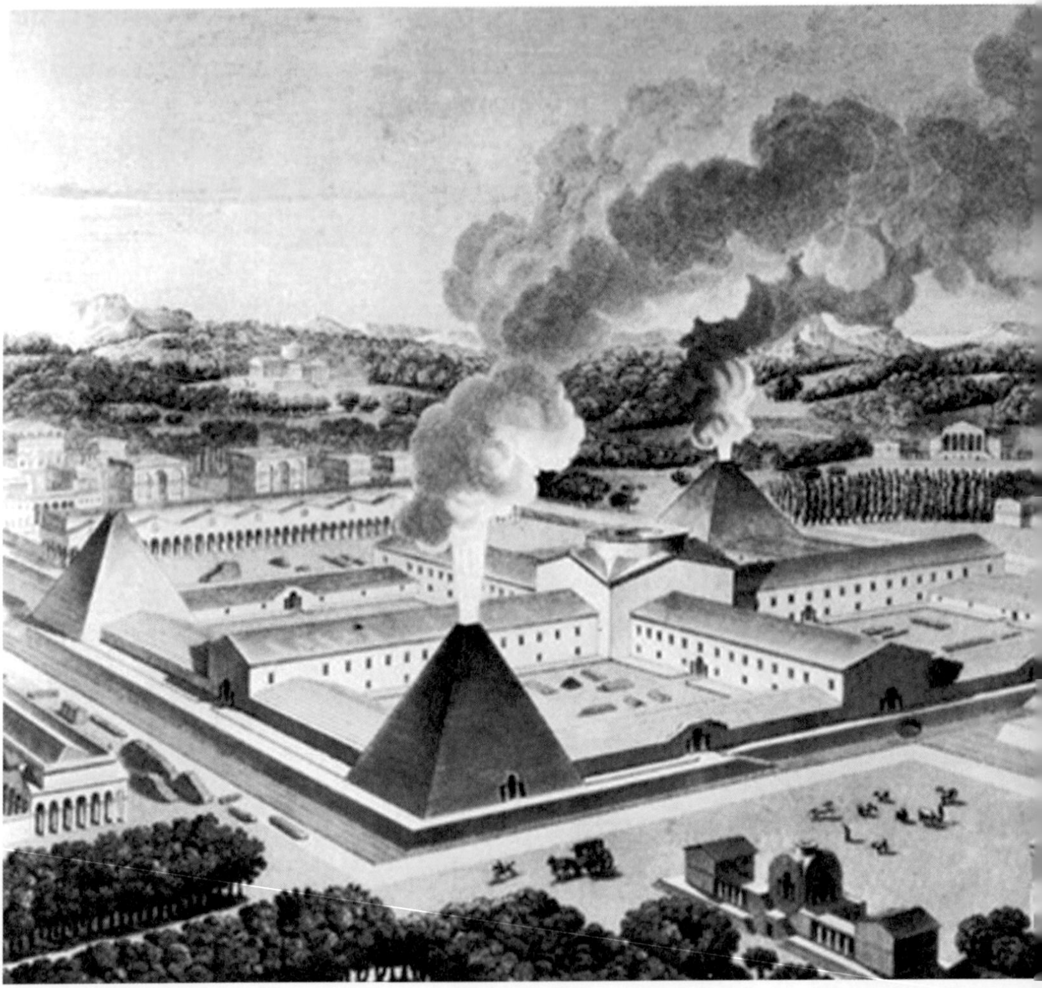

一起，沒有衝突和不公平的現象。在建築師的規劃中，這座城市中首要的建築物是諸如「園丁堂」、「美德堂」等的公共建築。在設計這類公共建築中，勒杜摒棄了建築的傳統特徵，他將一個巨大的圓球直接安放在地面上，上面只留有一些門洞，沒有窗戶，沒有任何裝飾和結構分割。

勒杜的設計不再考慮舊時代的秩序感，巨大的廣場取代了國王或貴族的宮殿成為城市的中心。新的城市建立在理性、公平和民主的原則基礎之上，中心廣場將主要的建築聯繫在一起，它們是法院、市政廳等。在廣場的週邊，有一圈共約 150 多座獨立型的小住宅，每些房子都處在同等的位置上，沒有品質和形式上的差異，建築師以此來表達平等的觀念。這些住宅供工程師、木匠、箍桶匠、藝術家、作家等人居住。

作為一個建築師，勒杜試圖完全擺脫舊有的建築框架，他更新古代希臘、羅馬的建築元素，不接受傳統建築遺留下來的關於裝飾、結構等的豪華與複雜。勒杜將理性、嚴謹的主題滲透進建築設計，他和布雷兩個人的創作反映出了一個重大的歷史轉折時期人們建築觀念所產生的變化。1806 年 11 月 19 日，勒杜在巴黎去世。

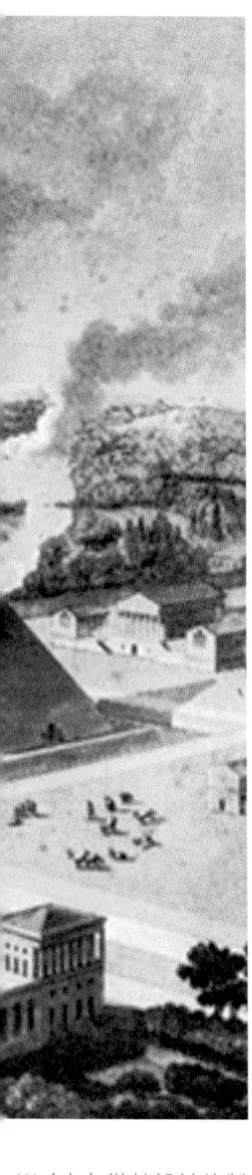

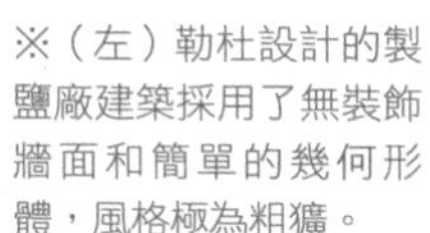

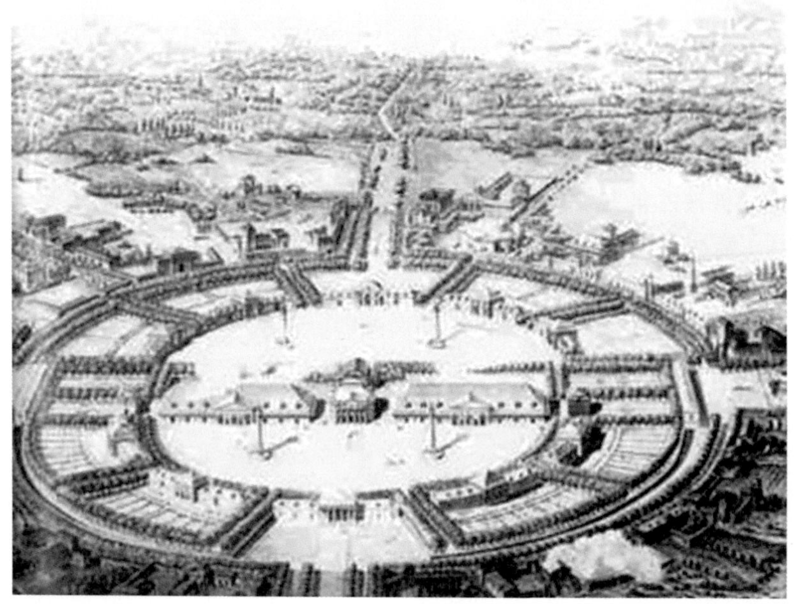

※（左）勒杜設計的製鹽廠建築採用了無裝飾牆面和簡單的幾何形體，風格極為粗獷。
※（右）勒杜設計的理想城市以巨大的廣場作為市中心，體現了理性、公平和民主的原則基礎。

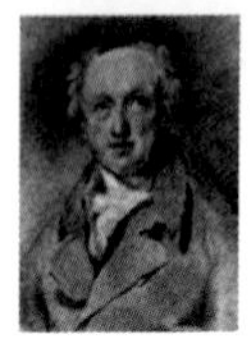

丹斯
創造神秘光線的建築詩人

George Dance（英國 1741-1825）

喬治・丹斯於 1741 年出生於倫敦。他的父親是一位著名的建築師，丹斯排行第五，是弟兄幾個中最小的一個。

18 世紀的大多數新古典主義建築師都曾到羅馬學習，錢伯斯、亞當等人都到那兒觀摩研究過古代希臘、羅馬時期的建築遺跡，丹斯也不例外。1759 年，18 歲的丹斯被父親送到了羅馬，他的哥哥納舍尼爾已經在那兒學習了。跟其他學習建築的人一樣，丹斯也拿著工具去測量羅馬的古建築遺跡。他曾經和朋友一起，為羅馬廣場的卡斯托神廟繪製了精確的測繪圖。

1762 年，丹斯設計了一座用於展示藝術作品的畫廊。這個建築具有新古典主義的風格，它有一個石材的穹頂，牆面用粗石裝飾，具有蒼涼厚重的藝術感覺。

1764 年的冬天，丹斯回到英國。1765 年，丹斯開始在倫敦設計萬聖教堂（Hallows Church）和倫敦牆（London Wall）。萬聖教堂的設計參照了古羅馬的浴場，採用筒拱作為屋頂，教堂內部某些部位的裝飾作了特殊的處理，不過從整體上來講，建築師採用了愛奧尼式風格。

1768 年到 1769 年間，丹斯設計了新門監獄（Newgate Prison）。監獄曾被古典主義的建築師稱為是唯一永恆的建築，同其他事物一樣，監獄也能夠激發起人的痛苦和憤怒，從這一點來說，無論它是怎樣的陰森可怖，都可以成為崇高的來源。丹斯的設計也試圖激起人們對於崇高的感覺，他採用粗石來裝飾監獄，讓人們感覺它堅固而森嚴。在警衛所待的房間中，丹斯則選用了較為活潑的風格。從這兒可以看出，丹斯力圖通過建築語言來圖解建築空間內部的不同功用。

在接下來的時間裡，丹斯在漢普郡設計了克蘭布利莊園（Cranbury Park），這個莊園的主人是丹斯的一位朋友。在這座莊園中，依然可以看出建築師對古羅馬浴場的借鑒。不過，丹斯是將穹頂從中間劈開，把分成的兩半分別放置在中心房間的兩側，而中間則裝

※ 丹斯設計的新門監獄被古典主義的建築師稱為唯一永恆的建築，它的陰森恐怖完全符合傳統監獄印象。

飾一個漂亮的海星狀淺十字拱頂。中心房間用作舞廳，較為獨特的是，建築師採用了屋頂採光的方式為室內提供充足的光線。

丹斯在克蘭布利莊園的設計參考了《羅馬及其他時代的古墓》一書中的插圖，這本書在 1697 年初版，一度成為新古典主義的建築師研究古羅馬室內裝飾的主要參考資料。這本以介紹古墓為主的書為建築師們提供了許多可以供模仿的建築及裝飾樣式，海星狀十字拱頂是其中的一種，後來，建築師索恩在自己的設計中也大膽地採用了這些「墓塚」式的建築風格。

1777 年到 1779 年間，丹斯在倫敦進行市政廳的建設。丹斯對於市大廳的設計是對文藝復興時期及巴洛克時代建築理念的一種反叛。這兩個時期都認為圓形是一個完美的、自成一體的系統，圓頂應該放在屋頂界線分明的支撐柱上。而在丹斯的設計中，倫敦市政廳的整個房間都變成了一個圓頂，它就像一個簡簡單單的原始時代的帳篷，通過自身的曲線的變化來彰顯個性。丹斯還從《羅馬市容》這本書中的

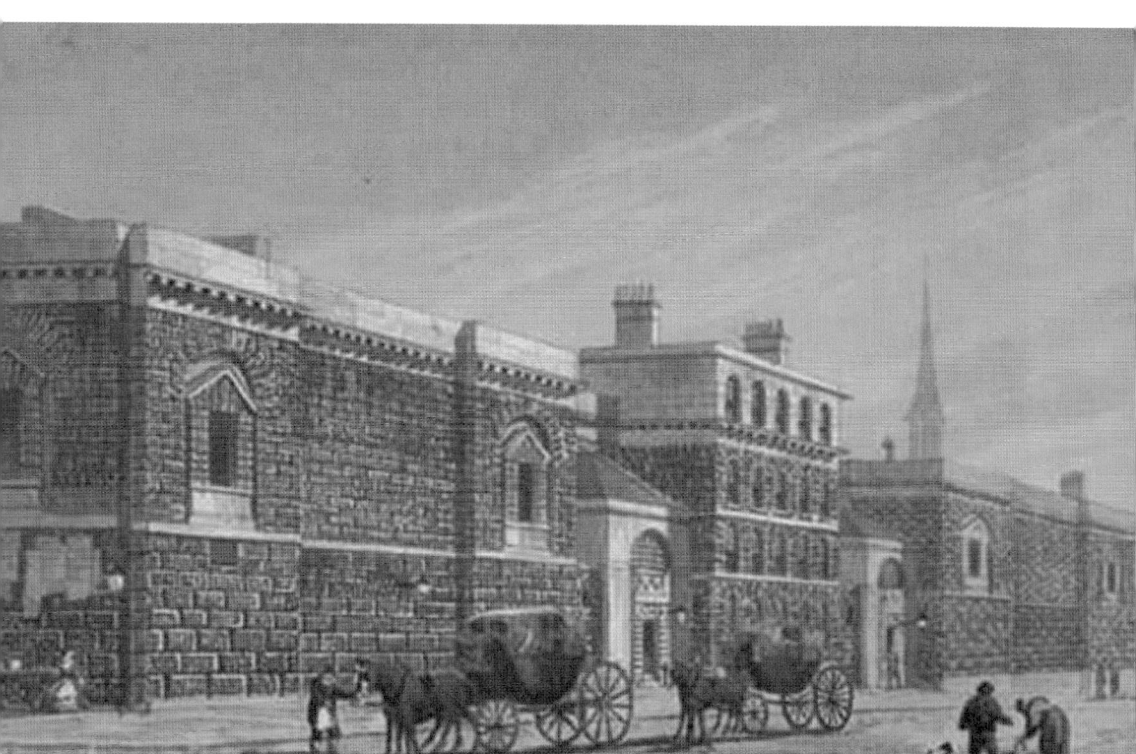

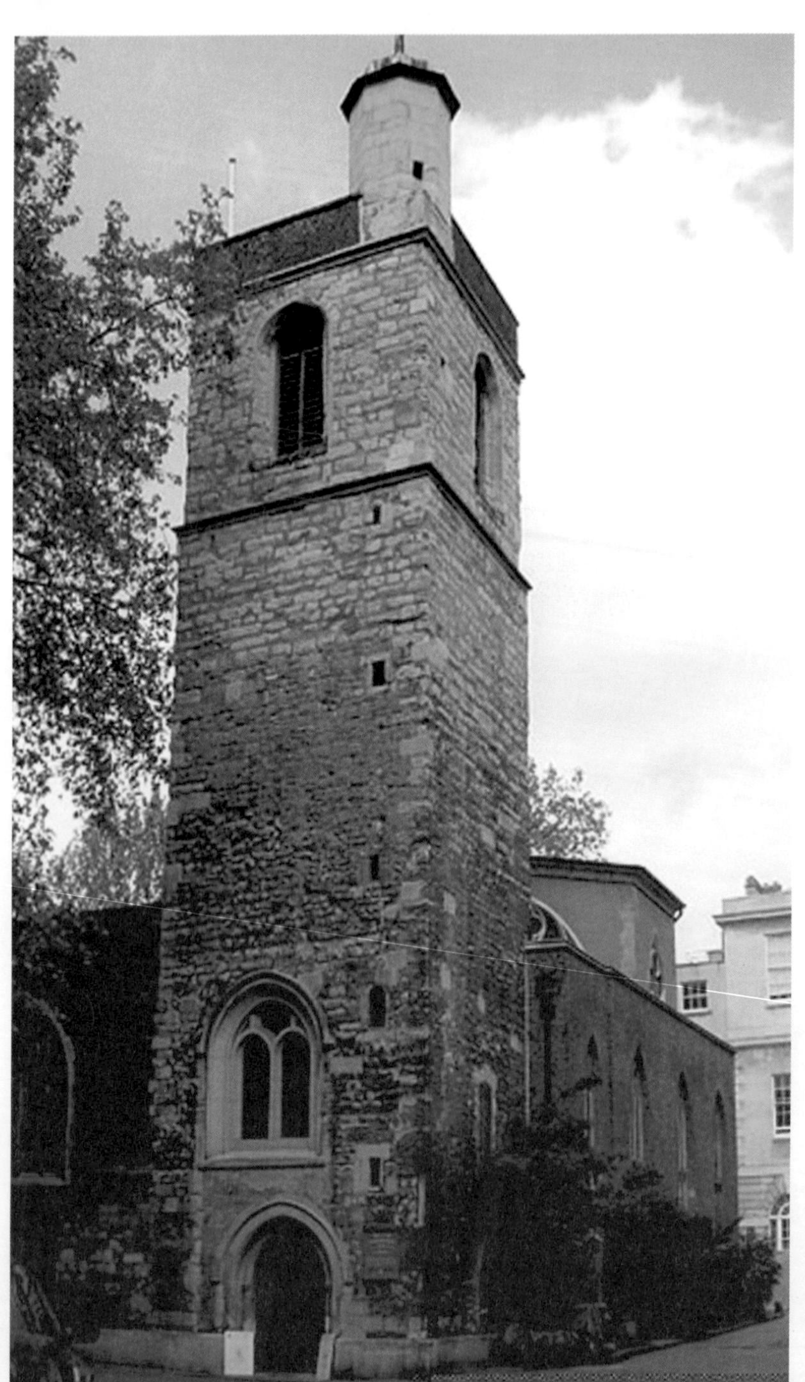

※丹斯設計的聖巴洛摩教堂帶有歌德式建築的特色，其內部主要空間是一個八角形的大廳。兩圖分別為聖巴洛摩教堂外部和內部景象。

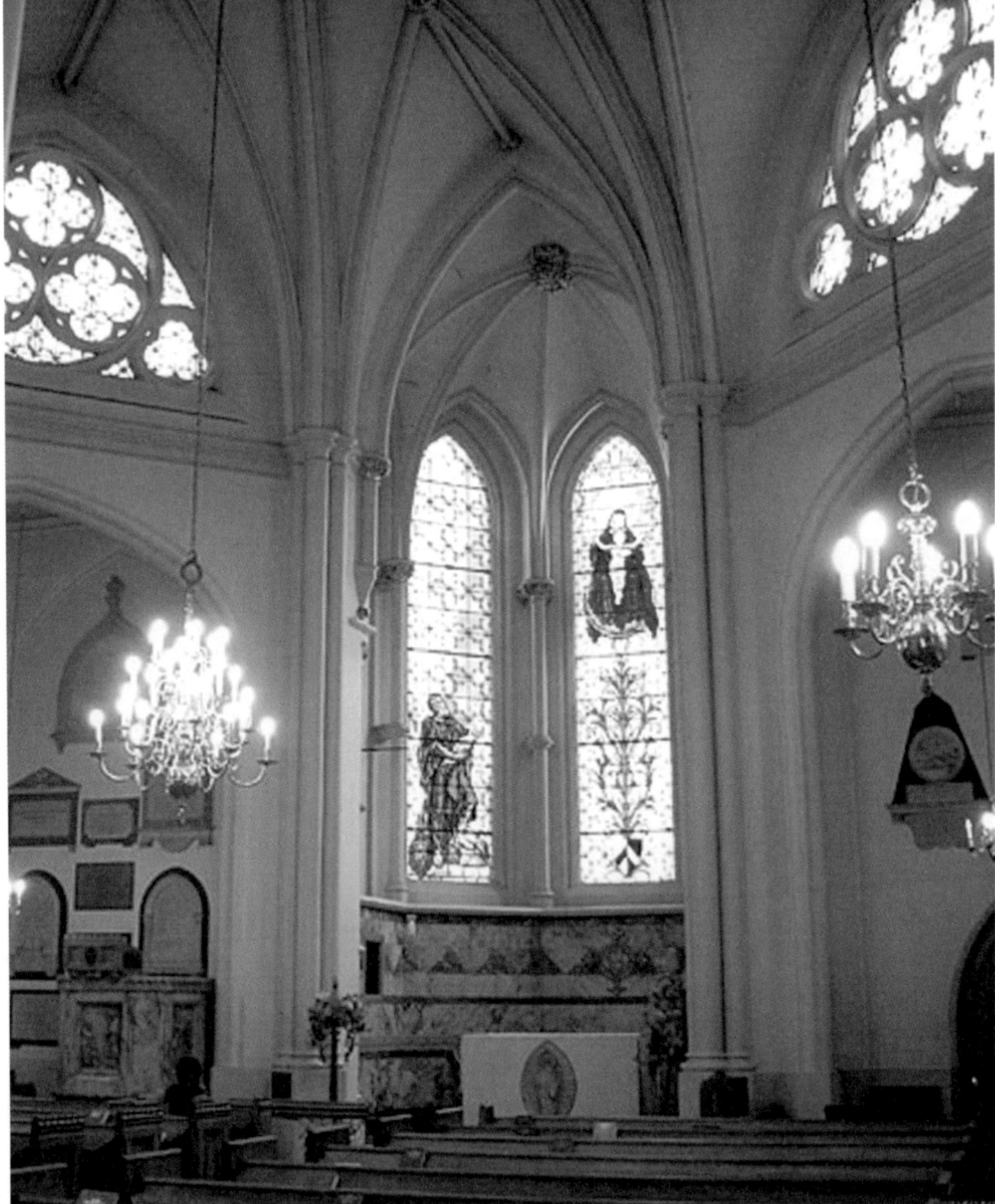

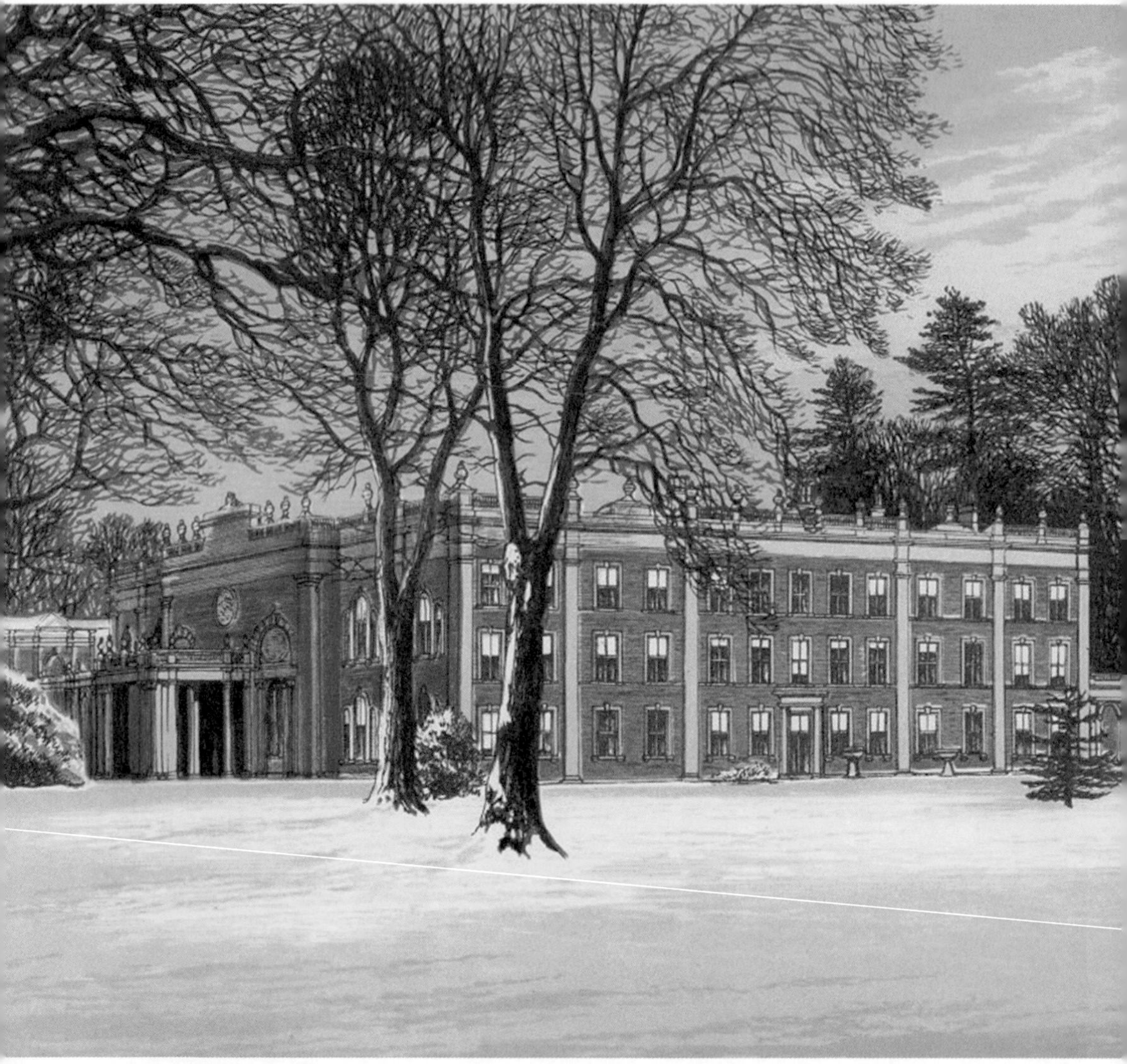

一幅插圖得到啟示，他在市政廳的圓頂上增添了許多凹槽。這種凹槽形的設計很快成為一種時尚，出現在以後許多建築師的作品中。

市政廳還有一個特別之處，它的東西兩端比中間高出許多，這使得建築西端的採光來自兩個看不見的窗戶。當人們處在建築內部時，感覺光線好像來自一個不知名的隱蔽地方，給人以恍若隔世的虛幻感。人們稱它為「神秘的光線」。

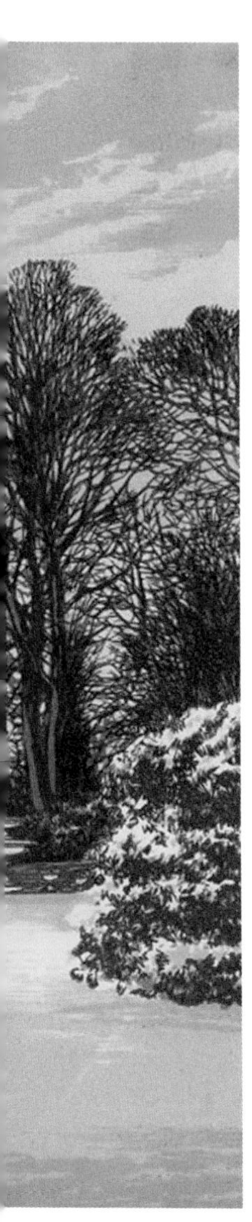

※ 克蘭布利莊園帶有古羅馬建築的特色。

隨後，丹斯為蘭斯多恩府邸設計了圖書館，建築師在這個設計中也沿用了「神秘的光線」這種設計方式。蘭斯多恩府邸最初由亞當建造，到丹斯接手的時候，裡面的建築還僅僅是一個框架。丹斯將亞當原來設計的圓頂改成了克蘭布利莊園所採取的結構，分別在中心房間的兩端建造半圓頂。被剖開的圓頂內側設置窗戶，「神秘的光線」就是從這兒進入建築的內部。

在丹斯的作品中，我們還可以看到他對歌德式建築風格的喜愛。丹斯在自己設計的一些教堂建築中採用了這種風格，比如倫敦的聖巴斯洛摩小教堂（St Bartholomew-the-Less），他將教堂內部主要空間設計成了一個八角形的大廳，而且採用頂部照明的方式，這種處理即是一種樸素的歌德式風格。在民宅建築中，丹斯也嘗試融入歌德式建築的某些特色。如 1804 年建造、位於萊斯特郡的一座府邸，建築師又一次成功地將簡約化的歌德式風格與帶有浪漫色彩的頂部照明方式結合一起。

1781 年，丹斯為倫敦的聖盧克醫院設計一座精神病房，建築師在這一建築的內部設計了一系列的拱券，所有拱券在垂直和水平方向上都逐漸變細，這使它們看上去好像在無限延展，給人以無窮無盡夢魘般的感覺。看起來，建築師仍然是在試圖利用建築本身來圖解建築所要承擔的功用。不過，在精神病院中採用這種設計，會不會讓病人變得更加浮躁？當然，這些精神病人或許不會理解建築師在設計時的此一「用心良苦」。

作為一個建築師，丹斯將古代希臘、羅馬建築風格應用到建築創作中，他把歌德式和古典主義的建築風格融合在一起，創造出一種奇特的簡化形式。丹斯通過這些建築把我們帶到曾經屬於希臘羅馬的那個遙遠時空。

正如有人所評論的那樣：「丹斯是他那個時代的詩人建築師。沒有人在來到了新門監獄後會懷疑它不是一座監獄，也不會有人在來到了聖盧克醫院的精神病院後會懷疑它不是一座精神病院，同樣，對於倫敦市政廳，恐怕也不會有人在看到它恢宏的氣派之後會懷疑它不是一座權力的機關。」晚年丹斯疾病纏身，於 1825 年 1 月 14 日在倫敦去世。

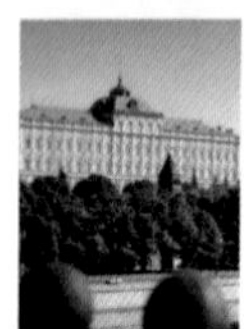

托恩

克里姆林宮設計者

Konstantin Thon Thurn（俄羅斯 1794-1881）

托恩是俄羅斯 19 世紀最有代表性的建築師，他設計的大克里姆林宮（Grand Kremlin Palace）現在是俄羅斯總統舉行就職典禮的地方。

托恩於 1794 年 10 月 26 月出生在聖彼得堡，他的父親經營一間手飾作坊，家境富裕。1803 年，托恩被送入聖彼得堡美術學院學習，這時他還只是一個 9 歲的孩子。在 1809 年，托恩就開始了自己的專業建築生涯，當然，他在這一時期的建築作品不太成熟，只能算是他在美術學院的習作，不過卻也反映出他在建築方面的獨到天賦。1815 年，托恩從美術學院畢業，並留校工作。同時，他還就職於水利和建築工程委員會。

在畢業後的幾年裡，托恩設計一家娛樂場所和一間「蒸汽溫室」。蒸汽溫室的設計在當時顯得非常獨特，所有的蒸汽都來自於旁邊的洗衣房。溫室由一位伯爵出資興建，專門用於培育鳳梨。

1819 年，托恩到歐洲各國遊歷，他到過威尼斯、佛羅倫斯、柏林、維也納、那不勒斯、米蘭、熱那亞等地，他仔細研究了這些地方的古代建築遺跡，他還專門考察了龐貝城。不過，托恩在國外大部分的時間都是在羅馬度過，他對這個永久之城中的古希臘和古羅馬建築遺跡充滿興趣。

在 19 世紀的前半期，歐洲流行一股修復古蹟的潮流，建築師們以這種獨特的方式來研究古老的建築形式。托恩也不例外，他完成了羅馬帕拉廷山上凱撒宮和普列涅斯特的福爾圖娜教堂的修復方案。凱撒宮的修復方案使托恩獲得了羅馬考古學院院士的稱號，在回國之後，他也因凱撒宮的修復方案而得以進入沙皇內閣工作，並於 1830 年獲得聖彼得堡美術學院院士的學位。

1831 年，由托恩設計的聖葉卡捷琳娜教堂正式開工建設。托恩之所以能在設計競賽中獲勝，是因為他的設計帶有強烈「俄羅斯風格」。托恩一方面進行古典主義的設計，一方面積極探索俄羅斯民族

※每個時代最重要的建築師幾乎都會參與到政府的標誌性建築的建設中，托恩當然也不例外。這是克里姆林宮的示意圖，托恩設計建造了其中的大克里姆林宮和兵器館。

所特有的建築風格。在同一時期，托恩還設計了美術學院對面的碼頭，這一座建築則帶有古典主義的風格。

在碼頭的設計方案做好之後，托恩把它帶在身上來到皇宮，沙皇接見了他，這是他與沙皇的第一次會面。一個月後，沙皇將托恩召到了莫斯科，討論一項大工程。為了紀念 1812 年的衛國戰爭，沙皇決定建造一座偉大的建築，俄羅斯在這場戰爭中戰勝了不可一世的拿破崙。這座後來由托恩設計的偉大建築就是救世主大教堂（Cathedral of Christ the Saviour）。建築師在設計中要凸顯出這座建築的獨立意義，同時還要注意與克里姆林宮等歷史性建築的融合。

托恩在設計中參考了克里姆林宮的聖母安息大教堂（Dormition Cathedral）和阿爾漢格爾斯克大教堂，他吸取了古代俄羅斯建築的獨有特點，同時又融入了他本身所處時代的建築學發展的新特徵。

救世主大教堂在 1837 正式動工，到 1883 年投入使用，共歷時 46 年。教堂的主體工程是在 1854 年左右完成，之後進行室內裝修，也是由托恩擔綱設計。同時參與救世主大教堂設計工作的還有其他許多工程師和藝術家。在教堂的內部裝飾中，彙集了俄羅斯最優秀的畫

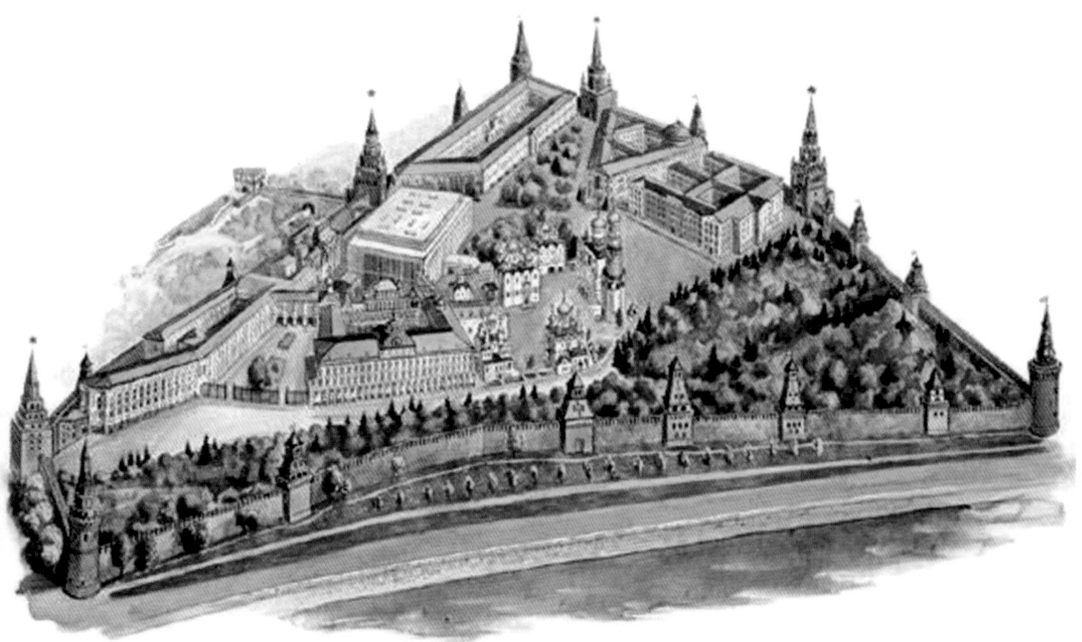

家和雕塑家創作的作品，其中最為引人注目的當屬紀念俄羅斯人戰勝拿破崙的大型大理石浮雕。

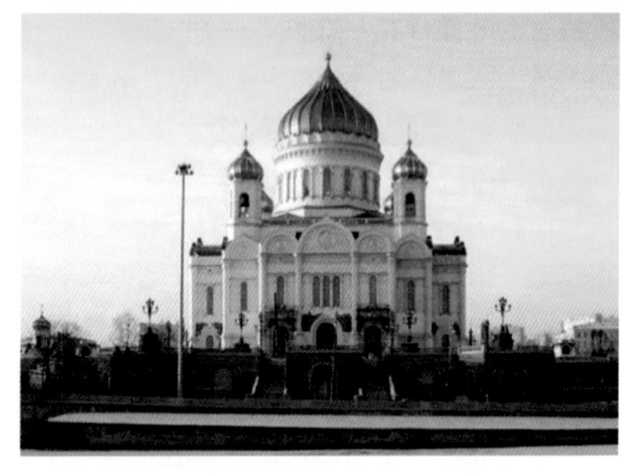

※1931年，救世主大教堂在蘇聯掀起的反宗教狂熱中被炸毀，這是1997年按照原來的藍圖，在原址上修建的新的救世主大教堂。

救世主大教堂高103公尺，面積6800多平方公尺，極其寬闊排場，可同時容納7000人做祈禱。大堂內配置了24座大鐘、13扇青銅門和多達3000支的燭臺。後來，大堂也成為沙皇亞歷山大三世舉行加冕典禮的場所。救世主大教堂是當時非常醒目的一棟建築，居住在城外的人都可以看到教堂的5個金黃色圓形穹頂。

由於救世主大教堂的建造過程極其漫長，在這一段時期，莫斯科美術學院和建築學校的學生通常都來到這裡觀摩，教堂的工地變成了一個另類的建築學校。

1880年，救世主大教堂竣工，他的設計者托恩卻已經老病在床，只能由人抬著才能看見自己人生中最重要的作品。當到達教堂的時候，托恩努力地試圖從擔架上自己走下來，但是沒有成功，最後托恩熱淚盈眶，告別了救世主大教堂。到1883年，大教堂正式啟用時，托恩已經離開人世。

托恩的創作在19世紀30年代的末期達到頂峰，他設計了貴族會議宮、福音會教堂、幾幢私人住宅。他還設計了皇家鐵路車站，這座車站建於1837年，是一座很小的木造樓房，到了1849年，它又開始被改建成石砌樓房，改建設計方案仍然是由托恩提出。

同樣是在1837年，托恩還受命開始設計莫斯科的另一座規模宏大而又極具象徵意義的建築物——大克里姆林宮。這座建築動工於1837年，於1849年完成。宮內的三座大廳分別為喬治大廳、亞歷山大大廳和安德列大廳，這三座大廳的名字都來自歷任沙皇。

新建的大克里姆林宮必須與原來的古老教堂和沙皇宮殿保持統一風格，它的位置與那些古老的建築物連成了一個整體，托恩在進行設計的時候必須保持傳統，但作為一個藝術家又總是會不自覺地想表現出自己作品的獨創性。托恩採用了常規的形式，規劃大克里姆林宮，一系列大廳都位於一條軸線上，而且是以一個帶有內部宮殿的長方形建築為中心，這些都是古典主義建築傳統。大克里姆林宮由古老的教堂、閣樓、金色的查理金納宮和多棱宮組成，冬園畫廊將大克里姆林宮和沙皇公寓、馬廄和接下來建成的兵器館（armoury）連接在一起，而在這些建築的邊角處又與其基本的處所群相連接。雖然托恩採用了傳統的處理手法，但建成後的建築群卻出現了新的統一性。

從靠近莫斯科河的角度看上去，那些靠近克里姆林宮山崗路基邊緣的宮殿使得整個克里姆林宮具有了前所未有的整體性。因為新增的建築，克里姆林宮正立面更加完整，而巨大的建築群相互連接在一起，構成了一個平衡的整體。

與大克里姆林宮同期建造的還有兵器館，這個建築的外觀甚至比宮殿還要輝煌。兵器館的外部使用了佈滿雕刻的圓柱，這些雕刻極具俄羅斯民族色彩。

1851 年完成的聖彼得堡車站是托恩對古典主義建築傳統的一次成功變形，這座車站大樓結合了大克里姆林宮和兵器館曾經使用過的建築元素，更加入建築師自己所喜愛的結構類型。

聖彼得堡的聖米羅尼教堂同樣是在 1851 年建成，它採用的是一種三段式的教堂建築類型，由位於教堂本身所處的軸線上的入口和兩側的鐘樓組成。鐘樓高約 70 公尺，是一個分層式的角錐形，它的總體角錐形輪廓由中心的錐形高屋頂和與其緊密連接的各小部分錐形屋頂所組成。

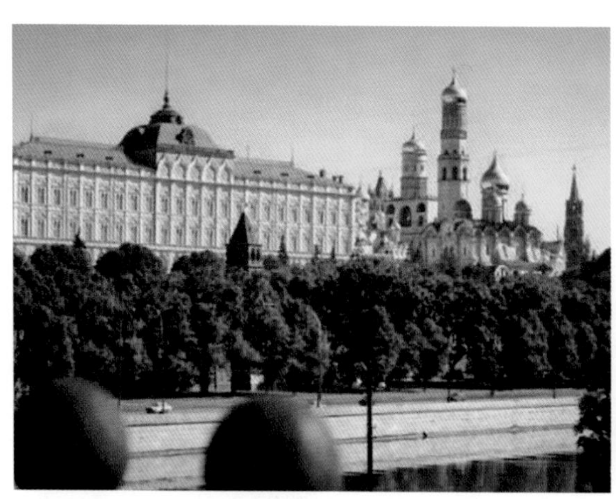

※ 托恩設計的大克里姆林宮與原來的古老教堂和沙皇宮殿保持風格上的統一，現在，這裡是俄羅斯總統宣誓就職的地方。

托恩在 19 世紀的 40、50 年代設計了許多大大小小的教堂，分佈在俄羅斯的各個地方。

有的大教堂圓頂處理手法與救世主大教堂非常類似，而有的教堂則是聖葉卡捷琳娜教堂的變體。

1844 年，托恩獲得了貴族的封號，他還因設計的建築而獲得各種動章。在 19 世紀 40 年代的末期，托恩成為美術學院的一級教授，這使他每年有了 1000 盧布的薪水和 1500 盧布的房租補貼。1854 年，

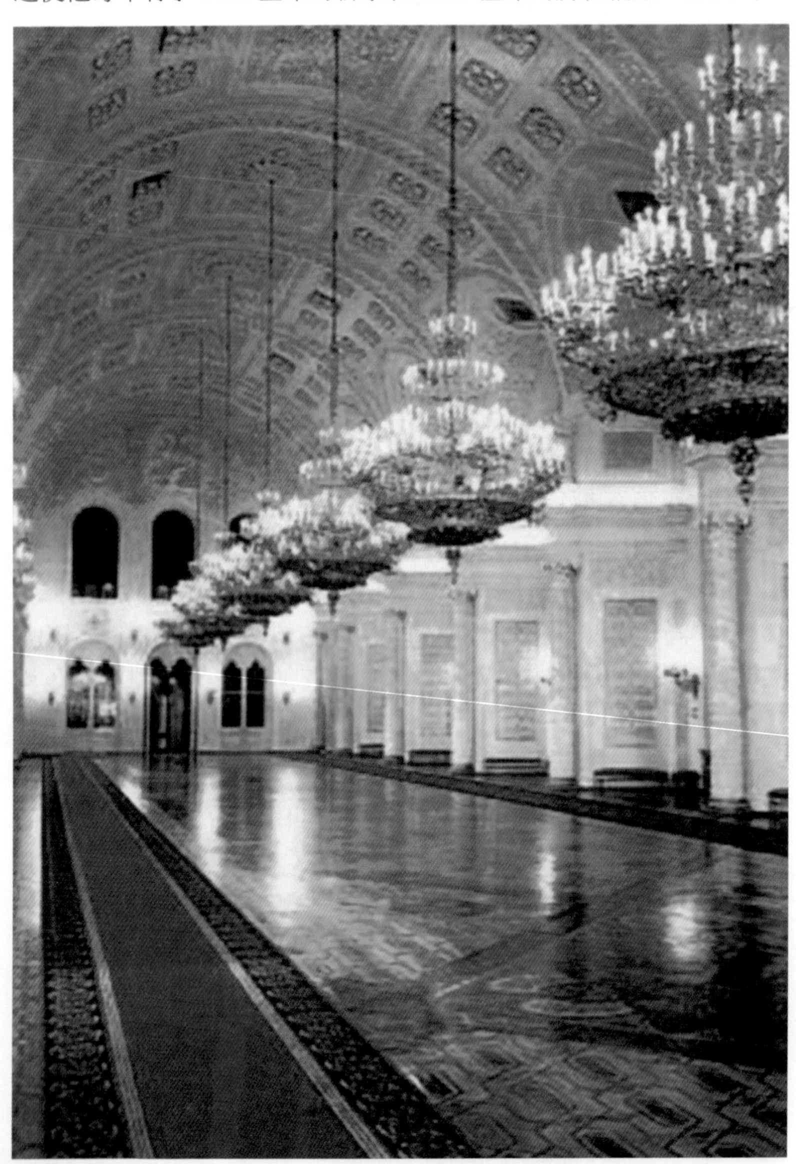

※ 大克里姆林宮內景。

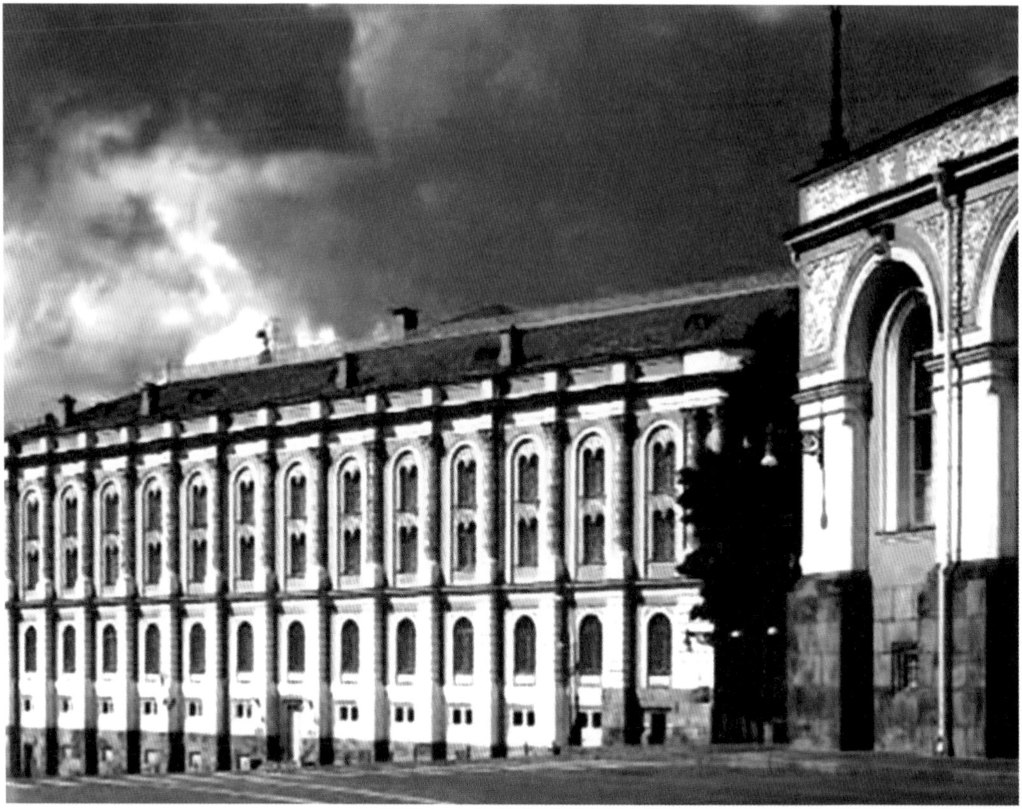

※ 托恩設計的兵器館甚至比宮殿還要輝煌，外部雕刻極具俄羅斯民族色彩。

托恩成為美術學院的院長，主管建築學，同時還要負責管理學院的財政、人事等工作。托恩在晚年幾乎將自己的全部精力投入到了學院的教育工作中，他很少再從事設計，他的最後一件作品是位於聖彼得堡的彼得保羅大教堂的尖頂，但是這個設計在施工中卻以慘敗收場。這項工程的失敗並沒有阻止托恩繼續獲得建築方面的榮譽，他於 1861 年獲得「沙皇陛下建築師」的稱號。1868 年，當選為英國皇家建築學院的榮譽院士和通訊院士，這一榮譽通常是為歐洲最有名的建築師所保留。托恩於 1881 年 1 月 25 日去世。

托恩在設計中善於綜合運用各種風格，對於古典主義有著自己獨特的解讀方式，他創造出了俄羅斯－拜占庭樣式的折衷主義風格建築，而這種風格，不但在當時俄羅斯國內建築界有著主導地位，也影響該國後世建築甚鉅。

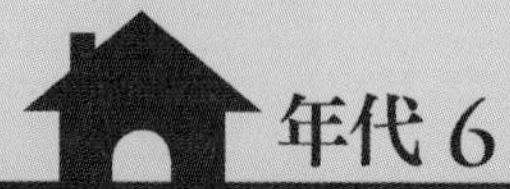

年代 6

現代主義前期

19 世紀～ 20 世紀

19 世紀末 20 世紀初，工業革命的思潮席捲整個歐洲，人類開始走向現代化的社會。隨著新的建築材料、結構技術及施工方法的出現，西方建築的傳統形制和美學價值發生極大的轉變，建築設計的核心價值，從追求官能美感，轉變成更加看重技術與功能。現代主義建築正是在這種思潮下萌生，並隨之成為建築界主流風格。

現代主義建築在發展初期，出現許多的藝術派別，例如，新工藝美術、新藝術運動、維也納分離學派、表現主義等。19 世紀後 50 年，現代主義建築發展更加活絡。1928 年，以科比意為代表的幾十名新派建築師在瑞士成立了「國際現代建築協會」。他們致力於研究建築的工業化、最低限度的生活空間、高層和多層居住空間以及社區的規劃和城市建設等問題。

現代主義建築思想，在歐洲漸趨成熟之後，也逐步擴展至全球。第二次世界大戰以後，現代主義建築運動的中心從歐洲轉移到美國，開始了國際化階段，密斯的「少就是多」原則逐漸成為建築界新寵，以基礎結構出發，強調簡單、明確，可說極簡主義的濫觴。這時期，同時也出現了粗獷主義、典雅主義、有機建築、功能主義等後現代主義支派。

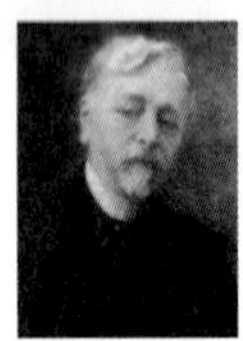

艾菲爾

巴黎鐵塔建造者

Gustave Eiffel（法國 1832-1923）

在英國舉辦了第一屆世界博覽會之後，其他國家爭相跟進。在以後的各屆世博會中，舉辦國家都極力想要展示出自己的輝煌成就，1889 年在巴黎舉辦的世博會也不例外。

這一年恰好是法國大革命 100 周年紀念，法國政府決定隆重慶祝，要將這屆博覽會辦成有史以來規模最大的一次。為了充分展示出法國在工業技術和文化方面的成就，世博會籌委會決定建造一座象徵法國革命和巴黎的紀念碑。

設計招標工作在 1886 年 5 月正式開始，以後陸續收到了 700 多件應徵方案。其中有一個最為「異想天開」的設計，是由橋樑設計師古斯塔夫．艾菲爾所提出。這是一個高達 300 多公尺的金屬拱門塔的方案，艾菲爾在創意中說：「建造一座新穎的金屬凱旋拱門為現代科學和法國工業增光。這座拱門將會給人獨特的印象，也會超過歷史上各種凱旋門形式。」最終，艾菲爾的方案獲得通過。

艾菲爾 1832 年 11 月 15 日出生於法國勃艮第。艾菲爾的祖先本是德國人，世代皆為地毯工人。他的祖父在年輕時從德國遷到法國，並在巴黎娶了一位同鄉的女子。祖父為了紀念自己在德國的出生地，將姓氏改為艾菲爾，這是德國家鄉的法語音譯。艾菲爾的父親是皇家騎兵的一名軍官，後來到政府任職。隨著孩子們的出生，艾菲爾父親做公務員的那一點菲薄的薪金已經不能滿足家庭所需，幸好艾菲爾的母親非常能幹。她是一位木材商人的女兒，不僅長得漂亮，做事也有主見。當時，附近的埃皮納克開始出現了許多小煤礦，她就在勃艮第的碼頭上開了一家店，專門銷售埃皮納克出產的煤。此時，社會上才剛剛興起用煤做燃料，這個碼頭上的小煤店生意非常興隆，後來，艾菲爾的父親索性辭去工作，幫忙打理生意。

由於母親忙於生意，艾菲爾從小跟外祖母長大。小艾菲爾非常調皮，在學校裡算不上是一個出色的學生，他稱學校是一個「惡臭難聞，陰暗冰冷」的地方。好在艾菲爾非常聰明，中學畢業以後，他順利考

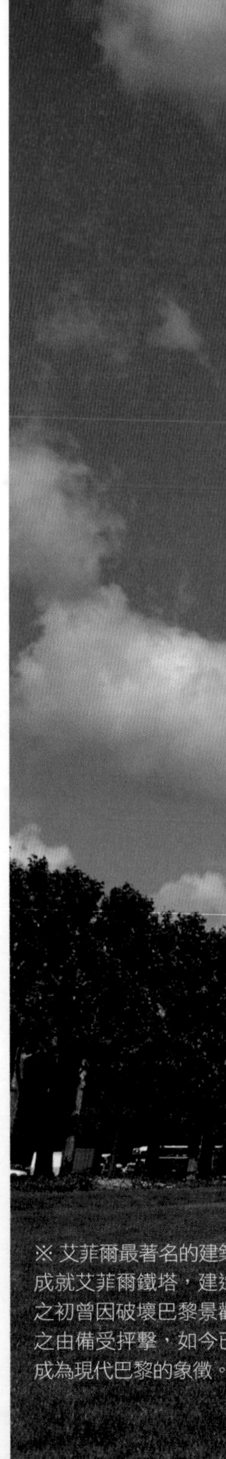

※ 艾菲爾最著名的建築
成就艾菲爾鐵塔，建造
之初曾因破壞巴黎景觀
之由備受抨擊，如今已
成為現代巴黎的象徵。

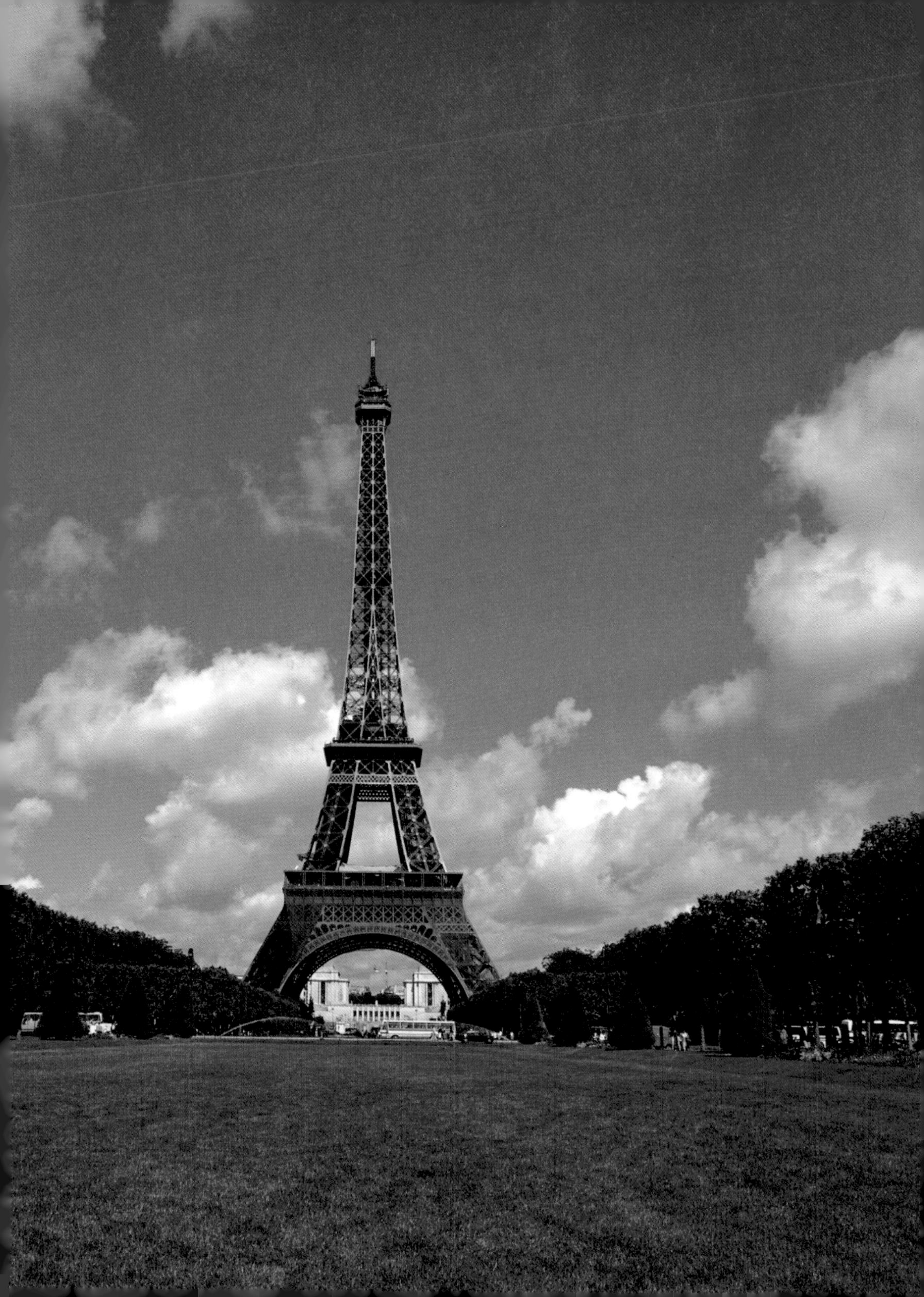

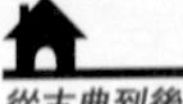

上聖巴爾貝技術學校。此時艾菲爾仍不安分，他隨後又轉入巴黎綜合工科學校和法國中央高等工藝製造學校。可無論是在哪一所學校，他最終都沒能畢業。

艾菲爾最初在巴黎的一個鍋爐製造商那兒工作，他的老闆內普弗是典型的工業時代商人，有技術，敢創新。艾菲爾在工作期間和內普弗有著深厚的友誼。後來，在母親的勸說下，艾菲爾轉到法國最大的西部鐵路公司任工程師，但他仍然和內普弗保持著聯繫。1858 年，內普弗的公司承擔了波爾多橋工程，要在加隆河上架設一座長達 500 多公尺的橋樑。內普弗將波爾多橋的設計工作交給了 26 歲的艾菲爾。年輕的艾菲爾果然不負眾望，他大膽採用了壓縮空氣的施工方式，在河床上打下 6 根金屬橋樁，長達 500 多公尺的鐵架就架設在這些橋樁之上。艾菲爾成功了，他的表現受到公司和大眾一致讚揚。

1866 年，艾菲爾開始獨自創業。在法國舉辦 1867 年世界博覽會期間，艾菲爾承擔了建築美術館和機械美術館的金屬屋架工程。透過這一工程，艾菲爾逐漸從工程師轉變成建築師。

為了紀念第一次法美結盟，法國在 1871 年決定贈送美國巨大的自由女神像，計畫將其樹立在紐約港。負責自由女神像工程的雕塑家巴道爾蒂找到了艾菲爾，要他幫助建造女神像的鐵骨架。這個塑像的外層用銅板做成，然後固定在鐵框架上。女神像要能夠抵抗住強烈的海風，鐵框架就必須做得非常結實。另外，她的內部被分成好幾層，

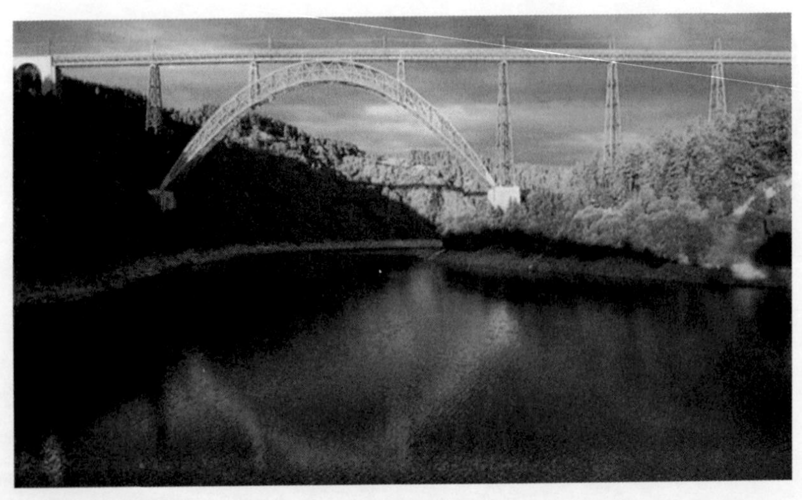

※ 加拉比高架橋是艾菲爾橋樑設計的又一次大膽創新，它的成功為後來艾菲爾鐵塔的建造累積了寶貴的經驗和資料。

※ 大家都知道美國的自由女神像是法國贈送的，而她的鋼筋骨架出自艾菲爾的手筆這一點卻很少有人知曉。

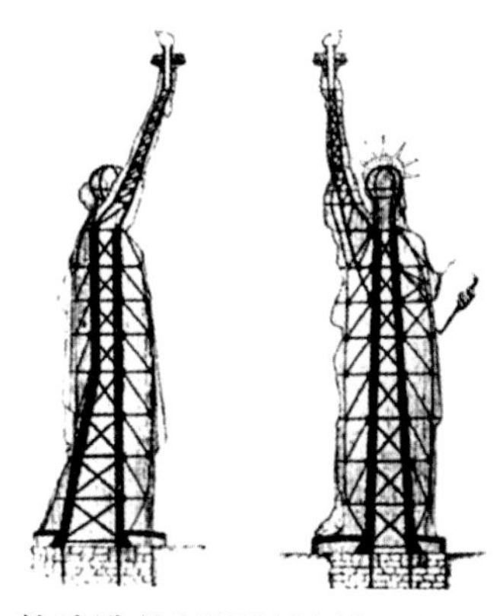

裡面還要裝上樓梯。這是一個非常複雜的工程。自由女神至今屹立不倒，有賴於艾菲爾出色的框架設計。

此外，艾菲爾發明了新的橋樑組裝方法，可以在工廠裡生產出配件，然後拿到施工工地進行現場組裝，這種方式大大加快了工程的進度，也使得偏遠的地方進行橋樑施工變得更方便。艾菲爾共建造了 42 座跨河大橋，他建造的橋樑遠達俄羅斯、秘魯等地。

葡萄牙的皮亞大橋是艾菲爾橋樑建築中的另一傑作。這座橋坐落在葡萄牙北部的杜羅河上，杜羅河不僅河水湍急，由於受到強烈的沖刷，河床也非常鬆軟，根本不可能在其上樹立橋墩。艾菲爾在實地考察之後，對助手說：「或許在這樣一條河上架一座橋樑是不可能的事情，但是我認為還是非常值得一試。」他回到巴黎之後就鑽進了自己的設計室，一個星期後，艾菲爾拿出自己的方案。在隨後舉行的皮亞大橋的招標中，艾菲爾設計的方案脫穎而出。令競爭者驚奇的是，艾菲爾為這座不可能建造的大橋開出的價碼非常低。艾菲爾沒有像以前的橋樑那樣在河面上支起橋樁，而是在河岸兩邊分別豎起高高的橋墩，用粗壯的鋼索將一個輕巧的拱形橋樑「捆」在這兩座橋墩上，這是艾菲爾開創的橋樑設計中的又一場革命。

1880 年至 1884 年建造的加拉比高架橋，是艾菲爾的又一次大膽創新。這座橋樑位於法國中部的高原地區，橫跨急流圖也爾河。它的總長度近 500 公尺，中間的跨河橋孔達到了 165 公尺，共使用鋼材 3254 噸。艾菲爾在設計中繪製了各種各樣的圖表，進行各種分析、實驗和數學計算，以確保橋樑的大型零件能夠精確安裝。這樣的工作為艾菲爾鐵塔的建造積累了資料和經驗。建成後加拉比高架橋密佈著各種鋼索，遠遠望去，就像是一個蜘蛛網懸掛在 122 公尺的高處。

1884 年以後，艾菲爾建造了佩斯特火車站、田園堡聖母教堂，還有一些工廠、商店等。1886 年，艾菲爾投標巴黎鐵塔成功，這座以他的名字命名的鐵塔成為艾菲爾生命中最重要的建築作品。

其實，修建一座高聳入雲的高塔是當時許多建築師的夢想，在美國和英國都有人進行嘗試，但最終都沒有成功。艾菲爾從 1884 年就開始著手研究利用修建高架橋橋墩的方式造一座高塔的可能性，當法國政府決定以紀念大革命勝利 100 周年的機會舉行一次世界博覽會時，艾菲爾建造鐵塔的方案已經非常成熟了。

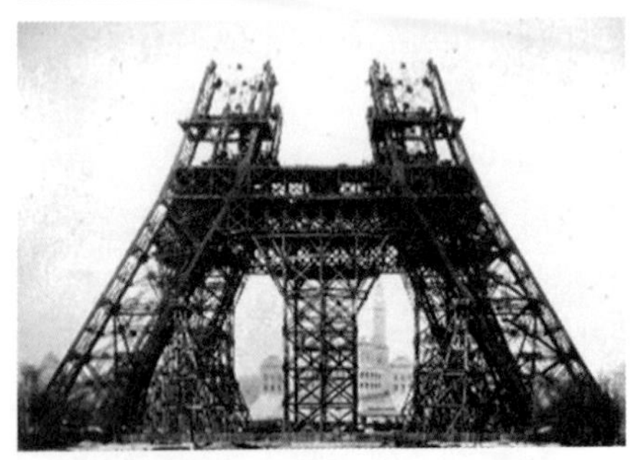

※ 艾菲爾設計的鐵塔非常合理，施工組織井然有序，兩圖分別為 1888 年春天和 1888 年 7 月時的鐵塔，從中我們可以看出鐵塔的自然生長。

1886 年 11 月 5 日，貿易部長批准了艾菲爾提交的方案。為了建造這座鐵塔，法國政府撥款 150 萬法郎，剩下所需資金要由建造者籌集，建成之後，投資者享有 20 年的經營權，20 年後鐵塔收歸國有。

1887 年 1 月 28 日，鐵塔在博覽會所在地戰神廣場正式破土動工。鐵塔的建造引起了巴黎人的強烈關注，其中有不少反對的意見。有建築學家通過數學計算，宣稱建造一座 300 公尺的鐵塔是絕對不可能的，他們甚至計算出當鐵塔建造到 228 公尺時會就發生倒塌。這一論斷使鐵塔周圍的居民神經緊張起來，其中有一個叫包尼法斯的退休上尉竟然把艾菲爾和巴黎市政府告上了法院。當鐵塔快要造到 228 公尺時，確實有一批人遠遠地聚在四周等待鐵塔倒塌。

最大的反對意見來自巴黎的藝術家們，以著名的作家莫泊桑和小仲馬為代表的 47 位著名人士，發起了一項反對鐵塔的簽名活動，他們稱「以法國文化的格調受到蔑視的名義，以法國歷史和藝術受到威脅的名義，反對在巴黎市中心建造艾菲爾設計的鐵塔——這個無用的怪物」，他們認為鐵塔「這個用鋼板和螺栓安裝起來的乾巴巴的鐵架，會給我們的巴黎帶來無法彌補的侮辱和破壞」。

艾菲爾面對壓力，始終沉著冷靜，他堅信所建造的鐵塔將是人類理想的一座里程碑。艾菲爾堅持將工程進行下去，他取得了最終的勝利。由於法國政府只投資150萬法郎，艾菲爾將自己的公司做了抵押，以湊足所需的資金。

一共有250多名工人參與了鐵塔的建造，他們冬季每天工作8小時，夏季每天工作13小時。最初進行的是基座的建造，此時，艾菲爾必須仔細研究土壤的特性和沉積情形。打完基礎之後，四條巨大的腿也慢慢地樹立起來，1883年3月，鐵塔的第一層建造完畢。之後，工程正式進入了安裝階段。

原來在地上的四輛吊車被安裝在了第一層的平面上，繼續在高處把鋼樑和鉚接材料吊給工人。在現代建築施工中，這樣運用吊車的方式已經是司空見慣，不過，在艾菲爾時代，這卻是一個創舉。鐵塔所需的每段鋼材都經過了嚴密的計算，然後在工廠中精確地製造出來，經過嚴格的檢驗、編號後，再運到工地按圖紙進行組裝。在高塔建造時，現場並沒有做鷹架，一根根沉重的鋼材憑藉手動液壓裝置精確頂到位置，再由工人揮動鐵錘將一個個燒紅的鉚釘固定到位。工地上井然有序，每段鋼材運到工地，就立即進行安裝，整個工地變成了一個巨大的鋼鐵組裝廠。鐵塔上的每個配件事先都嚴格編號，裝配完全依照設計進行，中途沒有進行任何改動，可見艾菲爾的設計非常合理。當然，艾菲爾為此付出了巨大的努力，僅鐵塔的設計草圖他就繪製了5300多張。鐵塔的建造成功還有賴於艾菲爾精確的計算，他對計算非常擅長，據說，

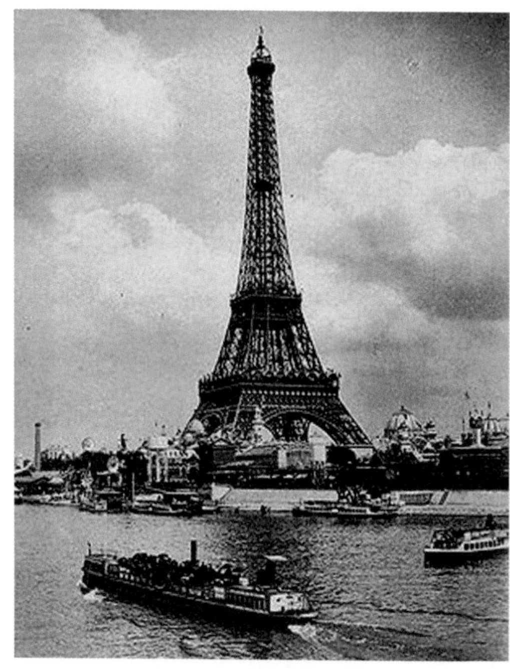

※1889年艾菲爾鐵塔落成，成為當時世上最高的建築。

艾菲爾為鐵塔所做的預算是 800 萬法郎，而工程實際花費 7,799,401 法郎，與他的預算非常接近。

1889 年 3 月 31 日，這座鋼鐵結構的高塔終於大功告成，法國政府舉行了隆重的落成典禮。這是一個星期天，天氣晴朗，軍樂隊在塔下演奏著雄壯的《馬賽曲》，艾菲爾與法國政府元首並肩走向鐵塔。下午兩點三十分，艾菲爾一行人終於登上了塔頂。人們在高空中高唱起《馬賽曲》，艾菲爾親手升起了法國三色國旗，與此同時，一門小禮炮鳴響了 21 次以示慶祝。艾菲爾驕傲地宣稱：「現在，世界上只有法國國旗能飄揚在 300 公尺的高空。」

艾菲爾鐵塔採用交錯式結構，連同頂部的旗杆在內，塔高 312 公尺，是當時世界上最高的建築。由四條帶有混凝土水泥臺基的鐵柱支撐，鐵柱非常粗大，與地面成 75 度角互相連接在一起。鐵塔共包括 1.8 萬多個金屬構件，其中包括 1500 多根巨型預製樑架。這些部件的精度都達到了 0.1 公分，共使用了 250 萬個鉚釘將它們連接在一起，鐵塔的總重達到 7000 多噸。

1889 年 5 月 6 日，隨著艾菲爾鐵塔上一聲炮響，世博會正式開幕。鐵塔成為博覽會上最為引人注目的展品，登上鐵塔成為人們參觀世博會的主要目的。博覽會期間，艾菲爾鐵塔共接待了 200 多萬人。它的名聲隨著世博會很快傳遍了世界，人們把它看作西方工業革命的象徵。

曾經激烈反對建塔的巴黎文人們也經常光顧鐵塔。曾經有人詢問莫泊桑：「你為什麼經常到鐵塔去吃飯？」莫泊桑不無幽默地回答說：「因為在巴黎，只有在艾菲爾鐵塔裡面，才是惟一看不到鐵塔的地方。」

鐵塔在第一次世界大戰中在無線電通訊聯絡方面做出了重大貢獻，從 1918 年開始，艾菲爾鐵塔承擔了發送廣播節目的任務。在後來又安裝了電視中心的天線，鐵塔的高度達到了 320 公尺。巴黎的藝術家們也慢慢地喜歡上了這座鐵塔，把它當作一件藝術作品來描繪，這是艾菲爾始料不及的。在建造鐵塔之初，建築師只是稱它為一個「純粹的技術建築物」，他沒有預想到鐵塔對建築美學可能產生的強大衝擊。

※ 建成的艾菲爾鐵塔成為巴黎最重要的景觀之一，它對日後建築美學產生了深遠的影響。

如果說巴黎聖母院是古老巴黎的標誌，那麼艾菲爾鐵塔就是現代巴黎的象徵。艾菲爾鐵塔有點功高蓋主的味道，她在短短的幾天內就被全世界所知曉，而鐵塔的設計者卻往往會被人們忽視，用艾菲爾自己的話說：「艾菲爾鐵塔把我淹沒了，好像我一生只建造了它。」從 1890 年開始，艾菲爾放棄了經營，轉入到計量學和空氣動力學的研究，他把自己的工作室建在鐵塔最高的平臺上。1923 年 12 月 28 日，艾菲爾離開了人世。此時，紐約的帝國大廈還沒有建成，艾菲爾鐵塔仍然是世界上最高的建築。

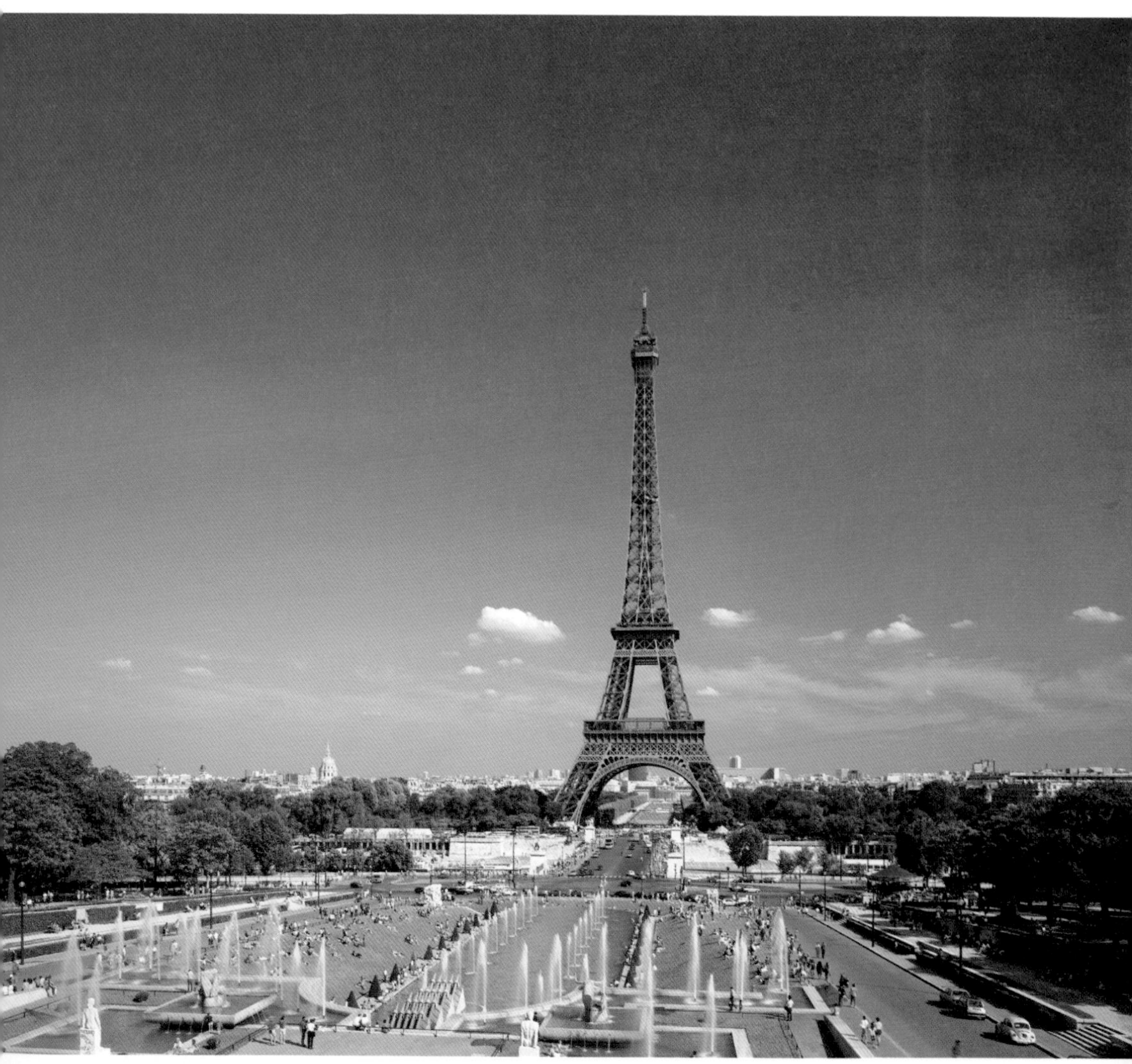

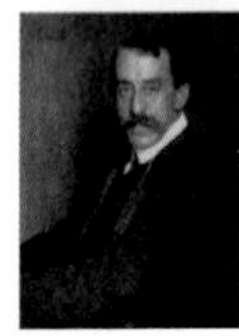

華格納
維也納分離學派大師

Otto Wagner（奧地利 1841-1918）

直到 19 世紀末，在新古典主義的影響下，奧地利的建築師們堅定而嚴格地沿襲著傳統的歷史風格。隨著奧地利政治和社會生活的發展，這種狀況在 19 世紀的最後 10 年中發生了變化。在 1896 年舉行的議員選舉中，普遍的選舉權被引進國家的政治生活。在建築方面，出現了表現自由理想的主題，往日專屬於宮廷的藝術開始流向民間，大學、博物館、戲院等大型的公共設施開始興建，一些漸漸富裕的人也開始在市區和郊外建造宏偉的住宅。這一時期出現的維也納「分離學派」代表了奧地利建築發展的主流，其中最突出的代表人物是建築師奧圖．華格納。

華格納生於 1841 年 7 月 13 日的維也納郊區。他的父親在 1847 年去世，1850 年，小奧圖開始進入學校學習。母親希望華格納將來能夠成為一位律師，但在 1857 年考入維也納技術學院之後，他卻選擇了建築科系。後來，華格納又轉入柏林皇家建築學院學習。1861 年，華格納返回維也納，繼續在維也納美術學院深造。1863 年，華格納以優異的成績從美術學院畢業，他的畢業作品（一座公共大廳的設計）獲得了專家的好評。同一年，華格納與妻子結婚。

作為一名年輕的建築師，華格納在創業初期遇到不少困難，為了能夠順利地展開工作，他不得不與當時一些較有名氣的專家合作，一起進行建築工程的設計工作。這時候，華格納必須接受那些當時流行、但自己並不怎麼認同的設計理念。雖然如此，他依然勤奮工作。

此一時期，華格納所承接的工程大多為城市商品房建築，而且都位於維也納。這種大規模的建築工程與一般郊外的私人住宅不同，建築師必須在滿足出資人要求的情況下，還要尋求建築與城市整體環境的融合。這些工程大大拓展了華格納的思維，幫助他積累豐富的建築經驗，也使得他贏得了維也納建築界的認同。

華格納早年的作品帶有文藝復興和巴洛克式的風格。在 19 世紀 70 年代末期，華格納獨力設計了一些商業大樓，他對文藝復興和巴

※ 華格納設計的維也納郵政儲蓄銀行清晰明朗，展現出鮮明的現代氣息。

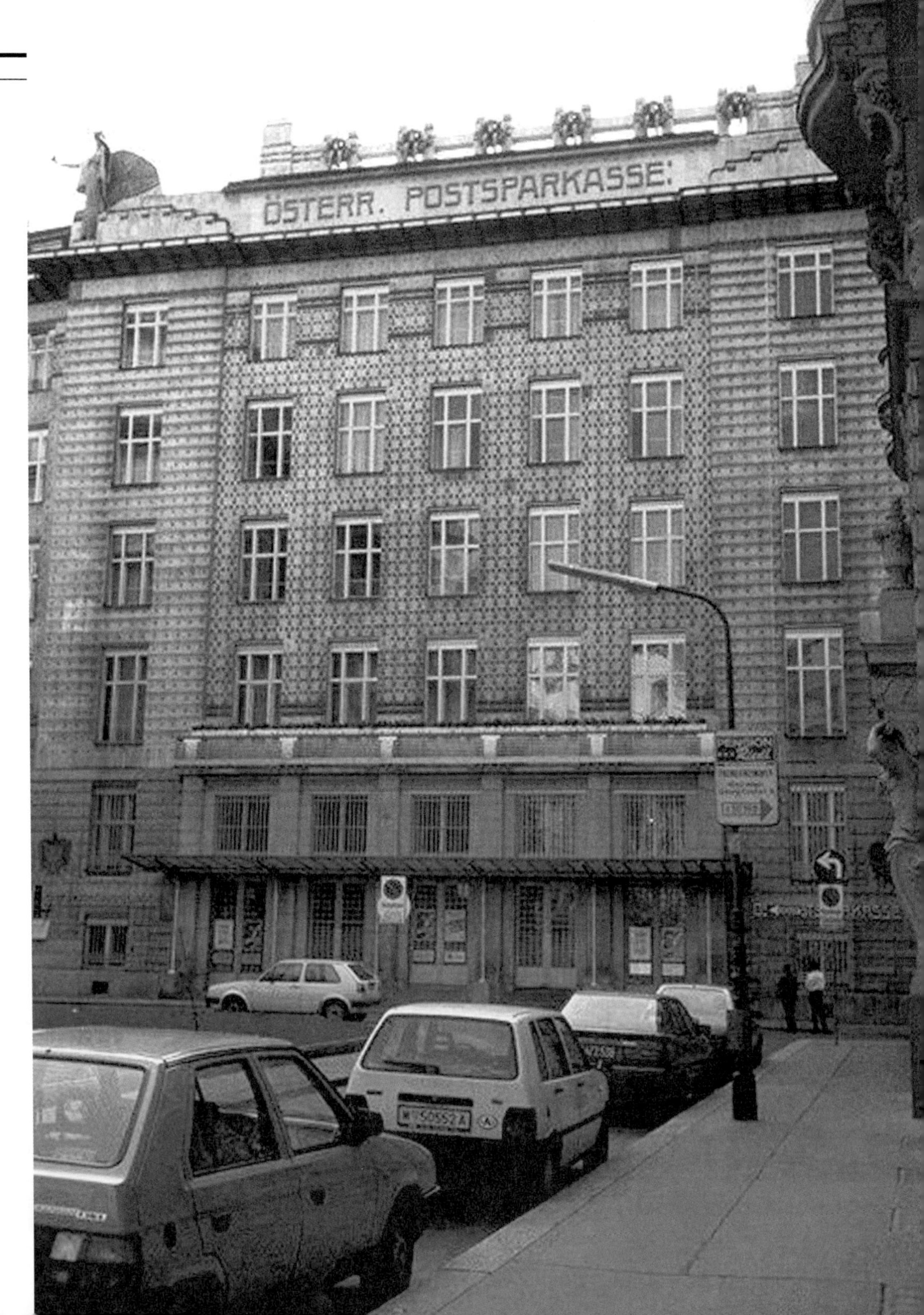
ÖSTERR. POSTSPARKASSE:

洛克式的風格進行了現代化的詮釋，使這些樓房和它們在城市中所處的位置特點更加適應。華格納在建築設計中積累了不少資金，他開始自己投資建造大樓，建成後再把它們賣出去，這時他的角色已經轉變成為一位房地產商。只不過和其他的房地產商不同，華格納同時還是建築師，他親自負責這些建築專案的設計工作。這樣看來，華格納的角色更像是一位職業的藝術家，自己創造作品，然後再把它們賣出一個好價錢。

透過開發房地產，華格納積累了一定的財富。此後，就只有多金的富裕買家，才能請他親手設計建築。

華格納在 19 世紀 60、70 年代的作品，為城市中商業建築的發展有推波助瀾作用。他堅信在現代城市的發展過程中，商業建築對建構城市的基本風格非常重要，這些建築必須與周圍的其他既有建築物有同樣的價值感。他認為，隨著城市的發展，這些建築無論是在規模、數量和重要性上，都將和其他的公共建築一樣具有同等地位。

在 19 世紀的末期，華格納的建築思想發生了很大變化。1890 年，華格納自費出版了自己的建築作品集《完成的建築及一些草圖和方案》。這本書是華格納對自己建築設計工作的一次總結和展望。從書中可以看出，隨著時代背景、技術、材料、營造方式等出現的劇烈變化，華格納也在自覺地轉換自己的建築理念。

1892 年，華格納參與了維也納城市改造的設計競賽。他對維也納的城市結構進行了大規模的改造，其中包括運河、水閘、橋樑和複雜的城市交通。他還為未來城市的發展預留下空間。華格納的方案獲得設計競賽的一等獎，他的部分構想在 1893 年後進行的城市改造中得到了實施。華格納在 19 世紀 90 年代設計的許多建築作品都與這次維也納的改造方案有關。

1894 年，53 歲的華格納成為維也納藝術學院的教授，教授的職位不僅給華格納帶來了更大榮譽，也為他今後從事建築招標以及培養年輕的建築師，有了更加雄厚的背景。華格納擔任教職的一個重要成果就是創建了維也納分離學派。

華格納在擔任教授的就職演說中指出，時代的發展已經在強烈地呼喚建築思想的革新。他在教學中很快放棄了傳統風格，1895 年，也就是在擔任教授的第二年，他出版了《現代建築》一書。華格納書

※ 華格納希望教堂建築能具有現代化的外觀，聖利奧波德教堂是其中代表。

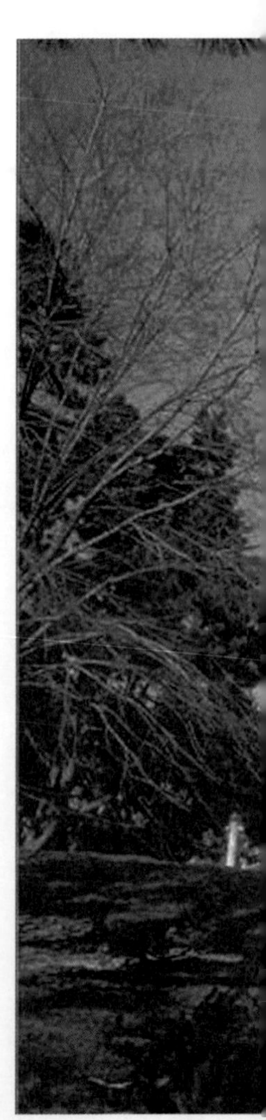

中表達了新的建築思想，開始強調功能、材料和結構才是建築設計的基礎。他重新闡釋建築設計，認為必須運用自己時代的建築材料和營造方法，才能成功地構造出現代建築形式。他認為，新的建築要來自當代生活，表現當代生活，新結構和新材料的出現必然導致新形式的出現。

華格納據此反對歷史樣式在建築上的重演。比如在宗教建築方面，時代的發展和人們觀念的演進也使其形態發生很大的改變。除了承擔必要的宗教功能，人們還希望教堂等建築能夠還能夠展現出時代

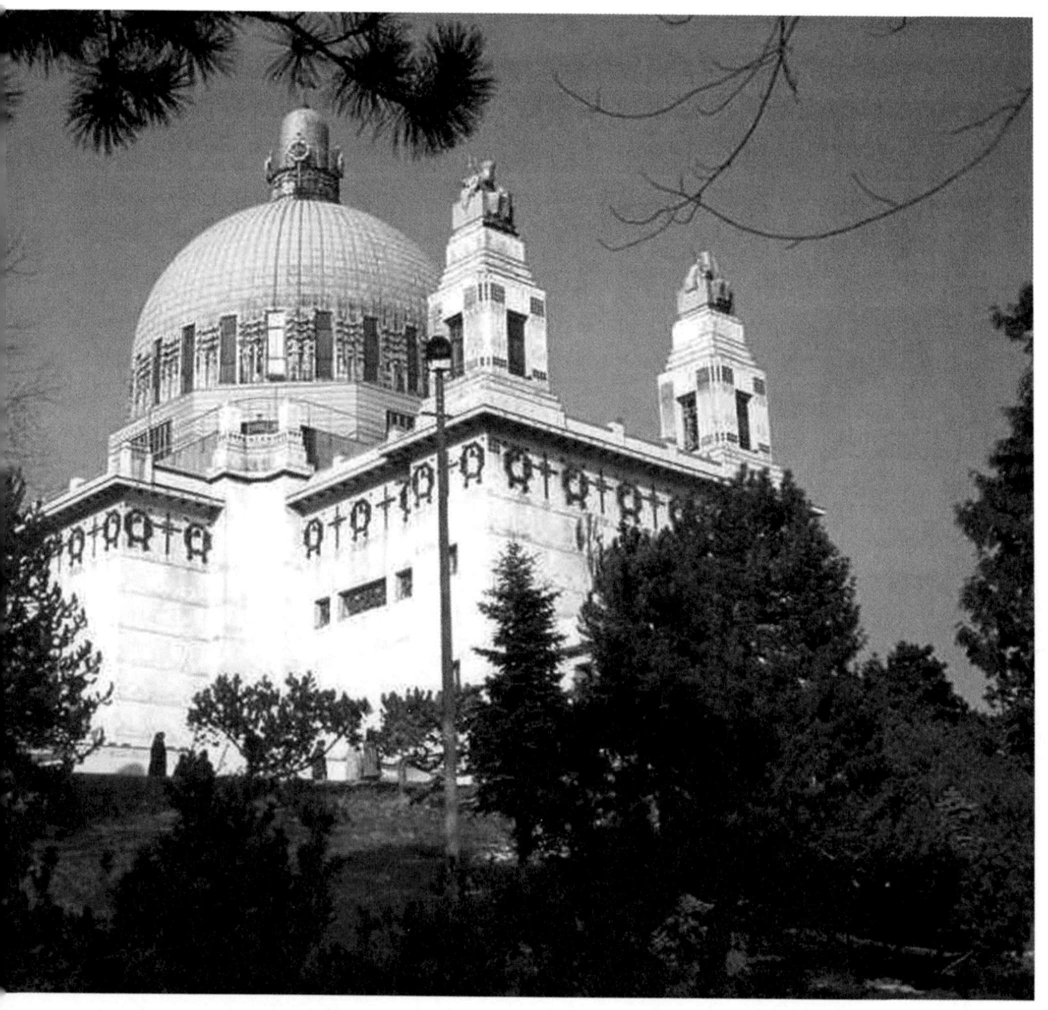

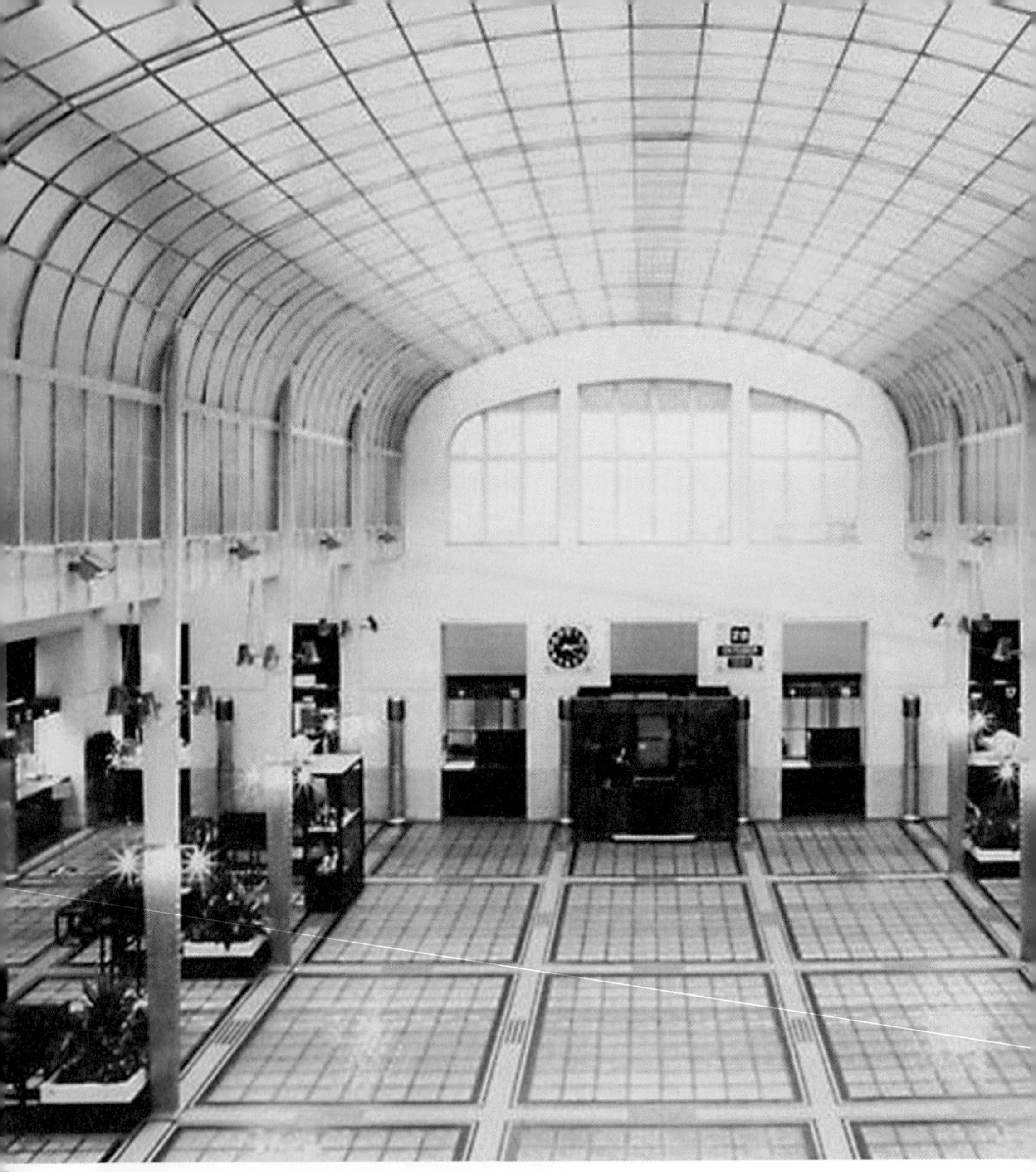

發展的脈動，反映人們對宗教的全新理念。

在華格納建築生涯的早期，在宗教建築樣式，有過多次試驗。其中包括 1890 年的埃塞格教堂設計方案、1891 年的柏林大教堂設計方案和 1898 年的韋林教區教堂設計方案等。在這些作品中，華格納試圖設計出具有現代外觀特點的教堂。他的想法最後在聖利奧波德教堂

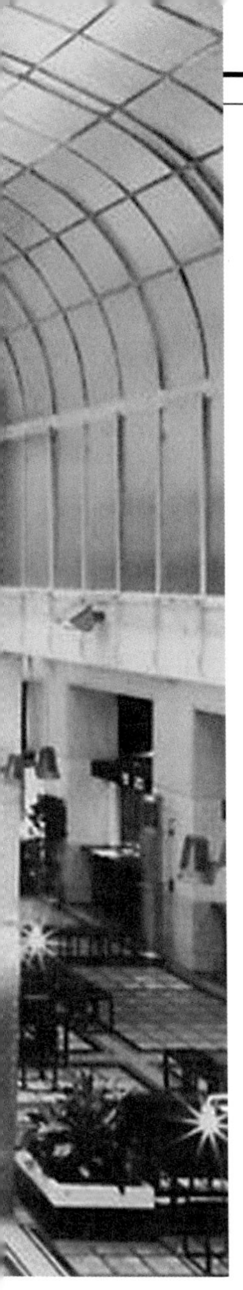

※ 華格納在維也納郵政儲蓄銀行裝飾中追求機能化的效果，各種裝飾都趨於簡化。

中實現。

這座教堂位於維也納西區的施亭戈夫地區，1904 年開工建設，1907 年完工。華格納的設計拋棄了許多宗教建築的傳統。他拿掉祭壇上部的窗戶，只留下了幾個側窗，教堂大廳中的中廳也被刪去，他將大廳設計成了一個統一的空間，它的高度達 20 公尺。教堂內部完全按照現代的要求進行設計，在通風取暖、照明以及音響等方面，安排都十分妥善。例如為了達到最佳的音響效果，建築師將教堂內所有的角都處理成圓弧狀。

在維也納城市改造方案之前，華格納就接受過國家委託。第一次在 1879 年為德國皇帝的銀婚慶典作室內裝飾。但這一件工程似乎並不太成功，沒有太多好評。

1896 年到 1897 年間建造的維也納火車站較為成功。這座建築的中央圓頂、橢圓形窗戶以及柱頭螺旋形裝飾，還殘留有許多巴洛克式的傳統。但是，在巴洛克式風格之下，它質樸的立體形外貌已經顯示出華格納建築設計的新方向。維也納地下火車站被認為是華格納的代表作品之一。

維也納郵政儲蓄銀行開始建造於 1905 年，這座建築被認為是華格納在現代建築史上的里程碑。華格納在遙遠的象徵主義者所描述的烏托邦中，去尋求美的形式，他更願意在時代的需求中創造適宜的建築。

與華格納的早期建築物相比，維也納郵政儲蓄銀行的各種裝飾更趨於簡化。作為銀行業務辦公大廳，要求建築的線條必須清晰明朗。他追求裝飾的機能化效果，使其與傳統的無用裝飾，有明顯的區別。

大廳的頂端是一個巨大的透明天棚，上面設置月桂花環，屋頂架在鋼筋混凝土的結構之上。在兩側，各設立一座勝利之神的雕像，它們微張翅膀，揚手向著天空。建築師以此來詮釋強盛的奧匈帝國所具有的共和仁愛思想。華格納大膽選用新型建材完成自己的藝術理念，玻璃和金屬成了決定性的建築材料。整座郵政銀行就像一個龐大的金屬盒子，入口大門的遮雨欄杆和女兒牆上的扶手都是鋁製品，在裝飾牆面的大理石薄板上，也鑲嵌著鋁釘。銀行大廳內也全部選用鋁製材料，包括其中的傢俱和暖氣裝置。

維也納郵政儲蓄銀行中的扶手椅和方凳等傢俱同樣出自華格納的

手筆，這些作品被認為是他在傢俱設計方面的代表作。跟這座建築一樣，華格納設計的傢俱也具有超前的現代感。用在結構和關鍵部位的鋁合金的包飾件，不僅具有裝飾的作用，還有保護功能。

在郵政大廳的內部裝飾中，華格納採用了大理石和帶有幾何花紋圖案的瓷磚，陽光從透明的屋頂照射下來，與廳內金屬與陶瓷的裝飾交相輝映，分外璀璨。

華格納設計的郵政銀行大樓不同於 19 世紀出現的展覽館、火車站等建築的中性特徵，建築師在設計一開始，就著力要表現出工業材料、結構、設備等的現代象徵。這座郵政銀行大樓至今被完整地保留下來。

華格納的建築理論跟他在維也納藝術學院的教學活動有緊密的聯繫，他的見解對他的學生影響很大。華格納本人在早期所接受的技術教育，使他完全瞭解他所處時代的社會因素，他關於建築的浪漫想法，大大地鼓舞了他的幾個天才學生如奧布雷克（Joseph Maria Olbrich ）和霍夫曼（Josef Hoffmann）等人，這些人主導反學院藝術運動。1897 年，在華格納的加持之下，霍夫曼等人正式組成了維也納分離學派。

在這幾年，華格納嘗試建造了三座商業建築作品，它們分別位於維也納的林卡、溫色列和克斯特拉薩等三條大街上。他運用抽象而有濃厚裝飾性的陶製品來覆蓋大樓的整個正面，上面畫有莖和花組成的巨大弧形花帶，圖案從正面的一端一直延伸到另一端。華格納採取的這一奇特裝飾手段使人們大吃一驚，很多人都認為這樣「花枝招展」的建築出現在維也納市中，實在是太不像話了。

華格納以實際的行動，表明了對於維也納分離學派的支持，然而老派建築師和官員們並不能理解他的新建築。華格納因為要捍衛對新建築理念而受到攻擊，1899 年，華格納索性離開藝術家協會，直接加入了維也納分離學派。

華格納明確指出，在過去的建築教育中，風格訓練非常僵化，它讓學生產生惰性，使他們將來只能被動工作且因循守舊。

他認為「藝術創作的唯一出發點，是現代生活」。在華格納眼中，藝術家是以自己個人的愛好從事創造性生產的人，創造性是藝術家最重要的素質。在藝術中，不容許存在保護主義，保護弱者的直接後果

※ 華格納在 1898 年設計的商品作品，採用了奇特的裝飾手段，抽象而有濃厚裝飾性的陶製品，覆蓋了大樓的整個正面。

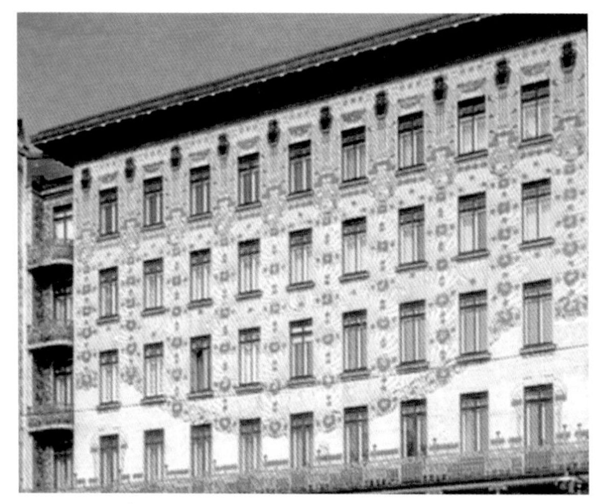

是藝術水準的降低。在藝術創作中，強者應該受到鼓勵，「藝術中的平庸得不到憐憫」。華格納指出，人類的藝術掌握在具有獨創性的人手中，是他們促進了藝術的進步。

華格納不斷在建築作品中試驗新材料，在 1914 年進行的一個療養院的設計中，他試圖使用整塊的鋼筋混凝土預製板作為牆面，然後再以裝飾性的灰泥縫來分割其正面。而 1910 年設計的維也納大學圖書館更是表明了華格納的裝配建築思想。這座圖書館設計藏書 80 萬冊，形體非常巨大。華格納試圖建造一座帶有標準結構的建築物，建築中所有的牆壁、柱子、屋頂等都是由鋼筋混凝土製成。建築師將牆壁設計成可裝配的鋼筋混凝土預製板，但在當時的技術條件下，這一點還不能完全實現。這個設計的價值在於，華格納已經預告了鋼筋混凝土將成為未來 20 世紀最重要的建材，華格納因此也被認為是開發鋼筋混凝土的先鋒。

建造於 1917 年的維也納和平教堂是華格納最後的作品之一。教堂的屋頂採用的鋼筋混凝土的結構，建築師將它處理成得像鏡面一樣光滑，這在 1917 年算得上是一個創舉。和平教堂的設計完成於第一次世界大戰期間，建築師透過它表達了對和平無限嚮往。

1918 年 4 月 11 日，華格納在維也納去世。他在維也納 13 區的墳墓是他自己親手設計的。華格納的建築創作和他的教育活動，推動當時奧地利建築業發展。如果沒有他在維也納的積極活動，那這個奧地利首都的面貌將不會是現在的樣子。這不僅僅是建築本身的緣故，更是因為華格納給這座城市增添了全新的文化氣息。

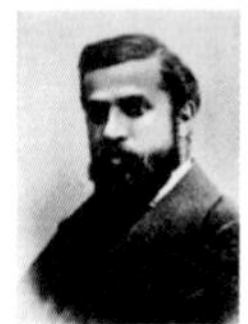

高第
舞動上帝色彩的建築師

Antoni Gaudi（西班牙 1852-1926）

在1992 年巴塞隆納奧運會期間，一座造型奇特、有著 4 個圓錐形尖塔的教堂頻繁出現在體育報導的片頭，它就是西班牙著名聖家堂大教堂（Sagrada Família）。這座大教堂矗立在巴塞隆納市中心，依靠奧運的電視轉播，它迅速成為世界各地的觀眾所熟知地標建物。大教堂的設計者安東尼·高第在沉寂了半個世紀之後，又一次引起世人的廣泛關注。

高第於 1852 年 6 月 25 日出生在雷烏斯（Reus）一個補鍋匠的家庭裡。高第從小就體弱多病，5 歲的時候，他患上了關節炎，不得不呆在家裡。他常常幾個小時沉浸在對石頭、花兒、昆蟲等遐想中，它們在他幼小的心靈深處成為了活靈活現的跳動的精靈。可以說，童年時代對自然景物的感受是他獲取建築靈感的啟蒙。

1863 年至 1868 年，高第開始在一所免費的教會學校學習，學院按規定開設了普通課程，同時也傳授一些基本的教義。在這裡，小高第開始瞭解天主教和羅馬教廷，並逐漸成為一名虔誠的宗教徒。兩年後，高第來到了巴塞隆納，準備報考大學的建築系。

1873 年高第在巴塞隆納高等建築學校學習，在被正式錄取以前，他必須經過為期 5 年的入學預備課程的學習。這段學習的經歷使他免去服兵役的義務。高第被製圖和建築所吸引，兼職做繪圖員、同時學習各種手工藝，顯露出出奇的熱情，他對細木工活、金屬鍛造以及玻璃品的製造，樣樣精通。他還利用學到的技能和特長為學校週刊畫插圖，為學校劇場做裝飾、繪製佈景等。

在他開始顯露出對建築專業興趣時候，他的哥哥去世了，幾年後母親也離開了他和父親。在餘下的求學時間裡，他和父親、外甥女住在一起。為了繼續完成學業，並且負擔家中經濟，年輕的高第開始在一個巴塞隆納的建築師底下做事。

1878 年，高等建築學校的院長把高第的成績單寄給了巴塞隆納大學校長，他開始有了建築師的名號。也就是從那時起，高第開始了

※ 高第曾經說過，「直線屬於人類，曲線屬於上帝」，這或許也是對這位天才建築師作品的最好注解。

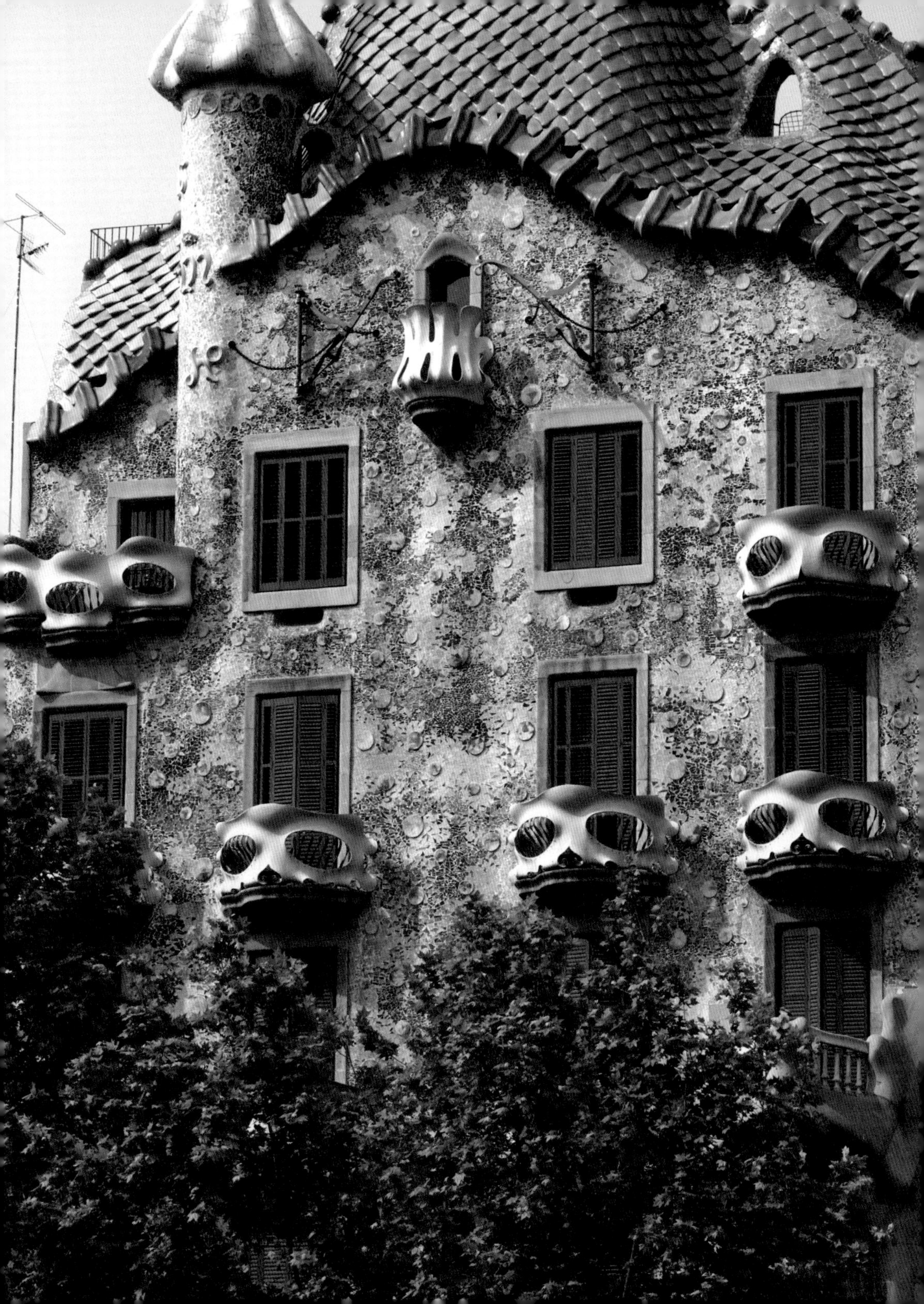

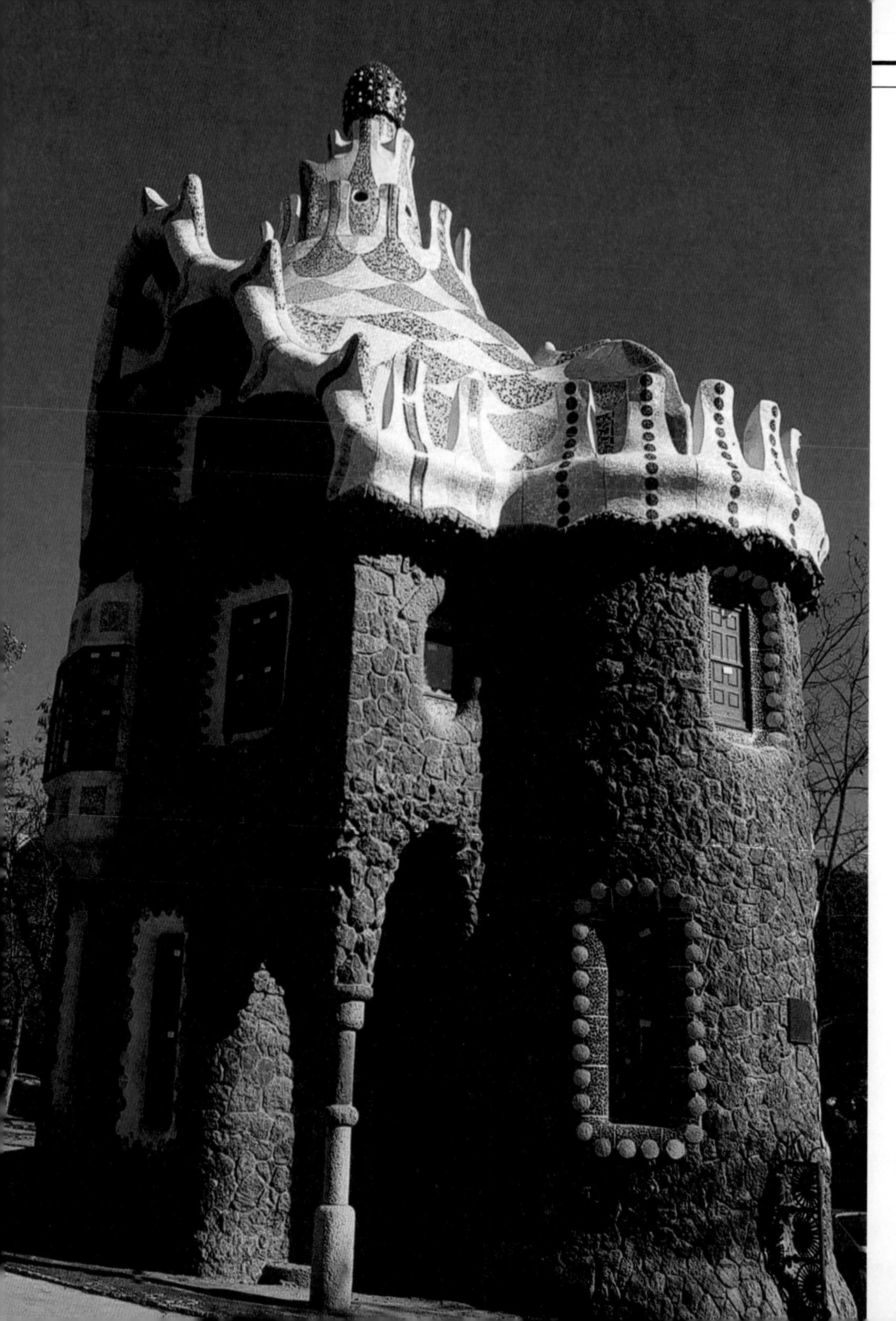

他傳奇般的職業生涯。

工作初期，高第接手的專案不多，多數還是打雜的工作。但他在為其他建築師工作期間，他的設計靈感不時地顯現，他為自己設計了全套的傢俱，而且還設計製造了自己的工作臺。

高第和他的朋友馬塔羅在離巴塞隆納 30 公里的海濱小鎮為單身工人們設計了一處社區，這一設計方案後來參加了在巴黎舉行的世界博覽會，引起極大的迴響。自那以後，高第獲得了更多的委託項目，工作量急劇增加，建築設計開始成為他生活的全部。

1883 年，高第承接了他的第一項大型專案，即文森之家（Casa Vicens）。高第把文森之家構想成一個水晶組合體，低處的水準條紋和高處陶瓷狀的豎向線條，層次感分明而協調。這種建築風格使人不禁聯想到西班牙摩爾人的建築，建築師對細節的把握頗費心力。

同一年，高第設計了卡基哈諾別墅（Villa El Capricho），這是一所「含苞欲放」的鄉村住宅，節制中透著欲望，莊重中滲著典雅。同樣，曲線的設計元素逐漸取代直線的位置。在建築的功能需要上，高第在別墅的基座設計中趨向簡單，這樣可以讓別墅和大自然融合得更好。在屋頂的設計中，他採用了傾斜狀的磚瓦設計，以適應當地頻繁的降雨。在外觀裝飾方面，起伏不大，仍然採用了紅褐色的磚石造型，間隔排列。瓷磚中間排列點綴著間隔有序的向日葵浮雕和綠樹葉。別墅中還設計建造了一座塔樓，這座塔樓被四根柱子支撐著，頂部有一個被細小的輕金屬支撐的別緻的清真寺尖塔。

1885 年，高第開始設計建造他早期具有里程碑意義的建築奎爾別墅（Finca Güell）。在這棟建築中，最為詭異而史無前列的風格設計就是建築中具有拋物線形狀的雙門廊。這座門廊與其說是一個進入豪宅的大門，不如說是一個進入洞穴的入口。步入主廳就會發現，室內的設計也非常奇特，藍色瓷瓦裝飾的穹頂展現了高第刻意做出的彈性空間和人為張力。這種前所未有的拱卷形式成了他一生所探索和追求的建築語言。

奎爾是加泰羅尼亞地區經濟界的代表人物之一，他在 1886 年委託高第為他在巴塞隆納設計一座府邸，後世稱之為奎爾宮（Palau Güell），他囑咐建築師可以自由發揮，不用擔心預算問題。於是，高第選用了最好的建築材料來構築這幢建築。府邸包括 1 個地下室，

※奎爾公園入口處的亭子彷彿來自精靈的傳說。外牆用石頭砌築，並用瓷片裝飾。

4 個樓層和 1 個屋頂露臺，馬廄和 1 個存放東西的備用房。為了便於外出，高第設計了兩條跑道，螺旋形的一條供工作人員使用，平緩的一條用作馬道。前廳、會客室和起居室是主樓的主要部分，通過走廊與會議室和宴會大廳相連。這座府邸在西班牙內戰期間，被叛亂分子徵用，地下室也變成了拘留所，破壞極大。

府邸的外立面採用了素淨、樸實的石頭外牆，頗具古典的格調。兩個拋物線狀的大拱門延續著高第的一貫風格，是建築師的標誌性語言。在府邸室內部分，高第匪夷所思地利用了視覺上的比例，使建築的空間看起來比實際的空間大了許多，尤其是從底層直達屋頂的中央大廳給人以簡單、空曠的感覺。穹頂處被設計成了星空閃耀的天空，控制著大廳的空間。府邸的屋頂設計極富特色，煙囪和通風管被設計成了不同的雕塑作品，超凡脫俗。

1900 年，奎爾在多次遊覽英國後，決定建造一座可以和英國的園林風景媲美的花園，於是，就在巴塞隆納附近買下了一塊大概 15 公頃的土地，這塊土地位於山坡之上，是當時巴塞隆納郊區的制高點。奎爾委託高第負責工程的規劃設計，希望建成以後能夠吸引富有的加泰羅尼亞地區的中產階級前來居住。也就是後來的奎爾公園（Park Güell）。

公園的 7 個大門最具個性，大門的圍牆均用一種叫做「特雷卡迪斯」的陶瓷鑲嵌，並被設計成如波浪一般起伏。建築部分只建了兩座住宅，高第買了一座（後稱為高第之家），在搬到聖家堂之前一直住在這裡。大門兩側的橢圓形平面小樓彷彿神話傳說中的精靈圖案，用石頭砌成，表面覆蓋著色彩繽紛的瓷片。入口處兩個對稱的大臺階導向由 86 根古典柱子構成的百柱廳，直至一個宏偉的中央廣場。絢爛的護堤將臺階分成了 3 段，每一段都蘊含著不同的含義，尤其是第二段，一個變色龍從一塊帶有加泰羅尼亞四條紋旗圖案的遠雕中伸出，體現了特有的民族風格。

高第於 1906 年為紡織品製造商巴特由的老房子進行改建，後稱為巴特由之家（Casa Botines）。為了充分顯示婉約奇美的風格，高第在建築的表面大膽採用了玻璃和石頭，其上附有陶瓷圓片。每一個瓷片的位置都恰到好處，均能反射陽光。外立面最富有詩意的地方就是蓋著桃紅色的藍魚鱗瓷片的屋頂。兩個坡面相交的地方恰似鯨魚的脊背，起伏不定，蒼勁有力。為了避免建築的突兀感，高第重新調整了建築的高度，使其與周圍的建築相適應，煙囪和屋頂的排水設施用玻璃片和彩色瓷片裝飾。

米拉之家（Casa Milà）是高第最後一個位於巴塞隆納市的建築作品。由於工程的規模龐大，建造之前，高第精心製作了一個建築模型，建築表面波浪狀的凹凸部分被標明出來，然後再鋸成幾個部分，放在相應的工地上。有意思的是，高第還在模型較大的突出部分放置了一根繃緊的垂直線，以便丈量出波浪處的構造。

由於高第和業主米拉夫婦意見出現分歧，高第最終沒能完成這項工程。但是，米拉公寓仍然是後世認為最為完整的高第式建築之一。在這張酷似大象皮的建築外表下，那些非理性的形式處理得非常虛幻。樓頂上面同樣是裝飾怪誕的小煙囪雕像。曲線的設計和排列使龐然大物看上去並不臃腫，當然如果你要在這座非比尋常的建築裡找到

※ 酷似大象皮的米拉公寓是最完整的高第式建築之一。

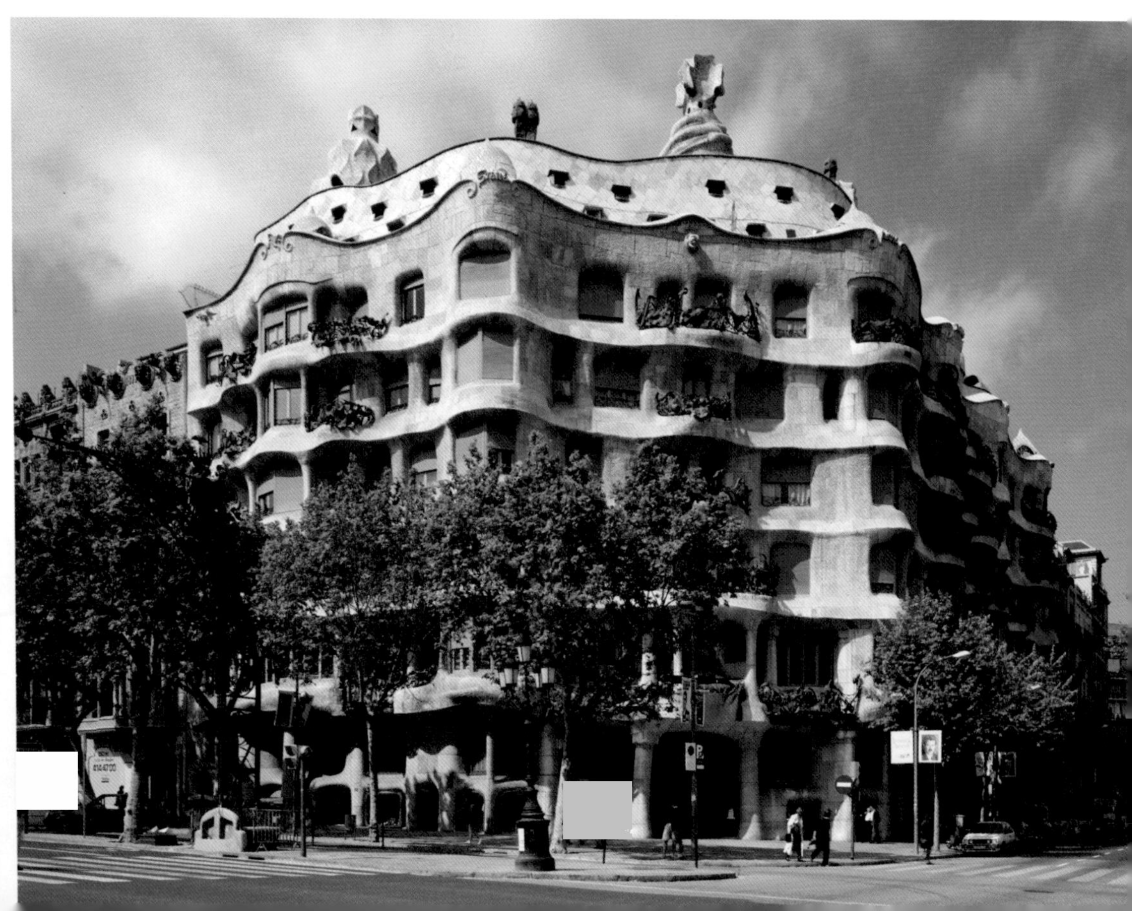

一根直線，那絕對是徒勞的。

1908 年，即米拉之家開工後的第二年，高第在奎爾的紡織廠附近修建社區配套工程。為了使其具有趣味性和獨創性，高第花費了近 10 年的時間研究方案。為了使其中的教堂工程能夠和自然融為一體，他有意將工程選址在一個小山坡上。

非常可惜的是，當奎爾在 1914 年去世以後，工程被迫停止，不過當時已經完成了教堂的地下室部分，這個地下室總體上體現了「因勢利導」的原則，利用地基明顯的坡面來容納教堂的門廊和地下室。地下室的穹頂就像一張張著血盆大口的「漁網」，是由長而薄的磚塊組成。石頭和玄武岩塊構成複雜而有序的骨架，散列在地下室周圍。從外面看，地下室就像一個烏龜殼，四根玄武石斜柱立在入口處迎接來者。這座建築被看作是高第自然造型和結構系統的完美之作。

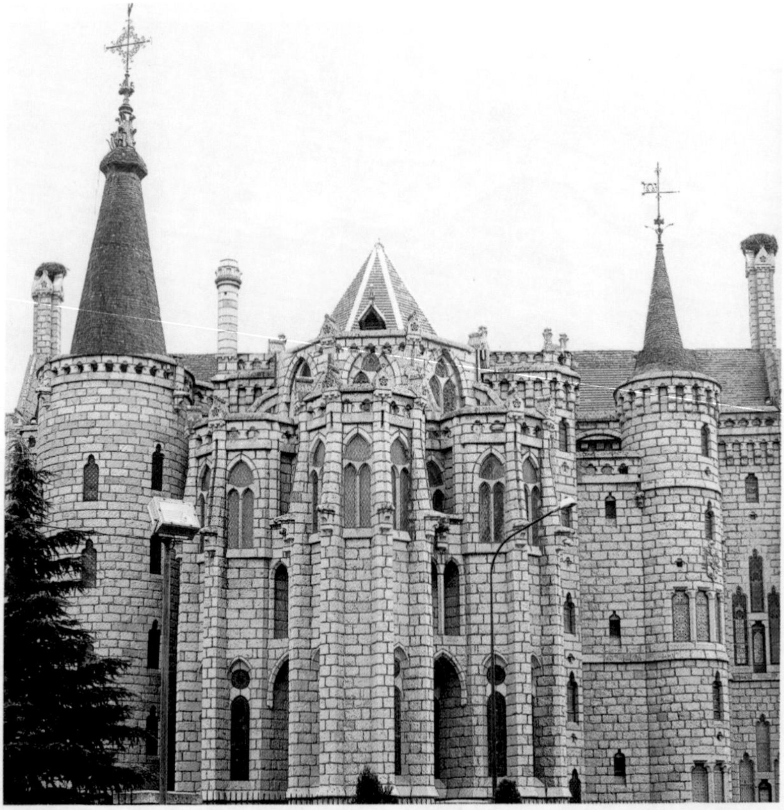

※ 阿斯托加主教宮是高第和教會妥協後的教堂建築，頗具歐洲中世紀城堡的風格。

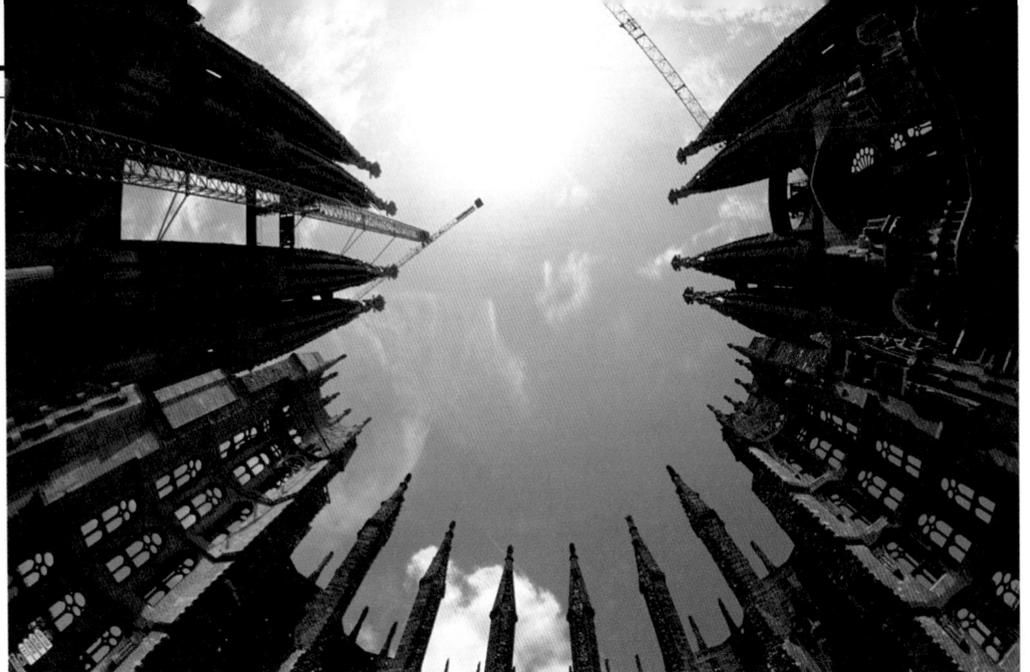

※ 從聖家堂仰角上看，奇特的尖頂指向天際，呈現出懾人的氣勢。

高第最為重要的作品當屬聖家堂大教堂。起初聖家堂的設計方案由建築學校的校長維利亞爾來負責。後來，維利亞爾和建設委員會之間爭吵不斷，維利亞爾辭去了主管設計師的工作。幾經反覆後，最終建設委員會就把這項工作交給了年輕的高第。從 1883 年 11 月 3 日，高第接管這項工作開始，一直到他死於車禍，他就一直擔任聖家堂的負責人。在他的最後 15 年，他更是拒絕了其他所有的工作並搬到這棟建築物的地下室裡居住，過著與世隔絕的教士般生活。

最初高第對大教堂的改動較小，維利亞爾設計的小禮拜堂被局部修改，拱門的高度增加了 10 公尺，正門的樓梯被移到了側翼，另外小禮拜堂的圓柱的柱頭形狀被他捨棄。隨著高第聲望的提高，大教堂的建築方案也得到了大膽的個性化的完善。由於大教堂是陸續增建而成，高第對大教堂不同部分的設計也是逐步修改完成。他所設計的整座教堂的設計草圖最早完成於 1906 年，但是並非最終的方案。由於工程量巨大等原因，直到 10 年以後，高第才做成了展現教堂整體空間形象的石膏模型。

大教堂地下室的頂部設計了拉丁十字式的平面，平面上方的主祭壇被 7 個穹頂環繞著，代表著聖約瑟的痛苦，十字相交部位則代表著受難和重生。從馬婁卡大街上望去是大教堂的正立面部分，大教堂的外牆由砂石築成，被完全設計成彩色。其中 3 座巨大的外牆中，東面

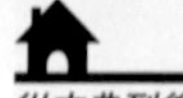

那座是誕生牆，是希望的象徵，西面那座代表耶穌的感情和死亡，而教堂最大的一面牆——南牆則描繪了基督的偉大與光榮。每面牆都有 4 個尖塔，象徵耶穌的 12 位聖徒，中央的尖塔至今未建，是奉獻給救世主基督。在它周圍的 4 座短塔代表著 4 位福音傳道者：馬太、馬克、路加和約翰。尖塔的高度超過 107 公尺，為了更好地釋放出長形排鐘的聲音，建築師設計出百葉窗的造型，並在尖端用夢幻般的玻璃、瓷片等作裝飾。為了保證品質，高第親自選擇了堅固、昂貴的穆拉諾玻璃馬賽克，並且和技師們一道反覆試驗而成，同時他也得到許多雕塑家的幫助，其中包括胡安·馬塔馬拉·弗洛塔特斯等人。

高第在大教堂建築中表現了驚人的想像力，教堂結構空間的獨特達到了登峰造極的程度。中央主殿一層多分支的柱子近乎極端，結構樣式卻符合建築邏輯。二層與三層有著不對稱柱頭的傾斜的支柱，以及雙曲線截面的穹頂，尤其是那些看似沒有壓力的支柱的分支錯落有致地排列著。柱子的分支向外伸展，一直伸到帶有葵花狀圓孔的雙曲線拱頂的表面。在高第看來，哥德式建築的扶臂是多餘的，因為每一個構件都具有正確的角度和斜度，所以其承重能力毋庸置疑。

大自然的形狀和結構的結合是大教堂引人注目之處，也是高第奇異建築藝術的體現。從遠處望去，那些建築中的窟窿更像是螞蟻的巢穴。另外，他為大教堂立面設計的雕塑都是以人和動物為模型，按照真實尺寸用灰泥塑成的。人形、動物、植物和雲朵的雕刻屬於自然主義風格，自然、真實而又可親。

在建築聖家堂時，高第還設計了阿斯托加新的主教宮，並一度主持修復帕爾馬大教堂的工程。

1926 年 6 月 7 日下午，高第不幸遭遇了一場車禍。那時，74 歲的建築師正在巴塞隆納的市中心拜倫大街的拐角處蹣跚而行，一輛電車將他撞倒在地。開始，人們以為這個垂死的、不修邊幅的老人是一個乞丐，他因此被送入了一家早期的中世紀醫院裡救治。兩天後，這位老人在一所陰暗的小房間裡孤獨地離開了人世。直到幾天後人們才知道，這位被認為是乞丐的老人就是西班牙的建築天才安東尼·高第·科內特。為了紀念他對西班牙的貢獻，他的遺體被安葬在尚未完工的聖家堂地下室裡面。

※ 聖家堂是高第最為重要的建築作品。這座教堂蓋了 200 年，至今尚未完工。

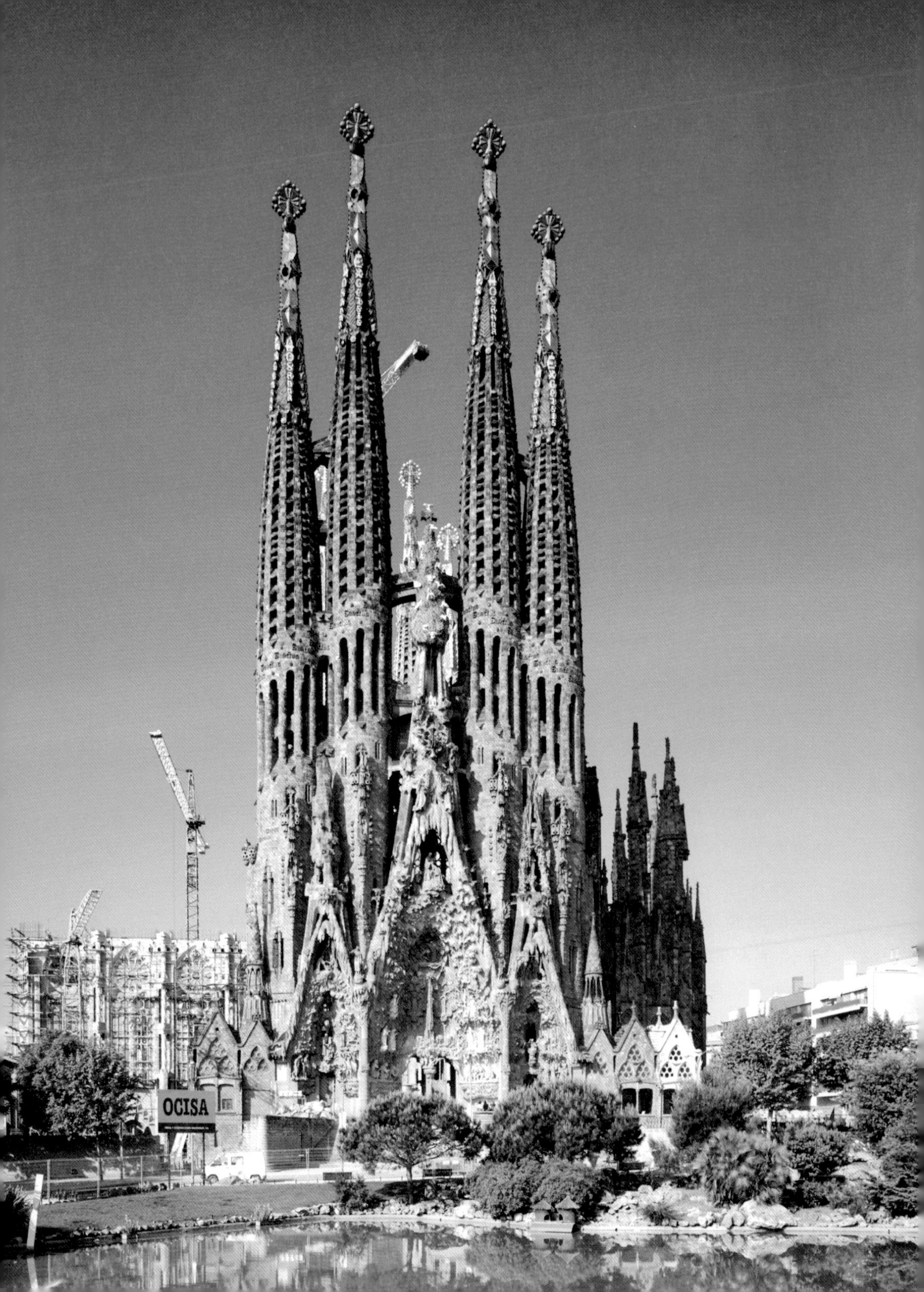
OCISA

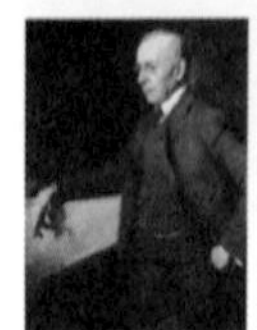

蘇利文

功能主義的宗師

Louis Sullivan（美國 1856-1924）

路易斯・蘇利文被認為是美國現代建築，特別是摩天樓設計美學的奠基人。在設計上，蘇利文遵循「形式隨功能而定」（Form Follows Function）的宗旨，他是建築革新的代言人，是歷史折衷主義的堅決反對者。（折衷主義，指模仿古代的建築風格，隨喜好任意組合。）

1856 年 9 月 3 日，蘇利文出生在位於麻塞諸塞州的波士頓，童年是跟隨祖父在波士頓城外的農場裡度過的，這造就了他熱愛自然的天性。1872 年，他才 16 歲就到麻省理工學院學習建築，但卻在一年之後，輟學到位於賓西法尼亞州的費城陪祖父一起居住，並進入法蘭克・范內斯（Frank Furness）的設計室工作。後來，蘇利文又到芝加哥跟隨被稱為鋼鑄摩天大樓之父的拜倫・詹尼（William Le Baron Jenney）工作。

年輕的蘇利文對工程技術充滿了興趣，對橋樑尤其著迷，以致於他曾經夢想過將來要做一名橋樑工程師。為了瞭解橋樑中存在的「祕密」，蘇利文閱讀了大量的書籍。廣泛的閱讀，開闊了蘇利文的眼界，他說「在自己的眼前展開了一個全新的、五彩繽紛而又無邊無際的廣闊世界」。

1874 年，蘇利文到達法國，進入巴黎藝術學院學習。但只有幾個月的時間，1875 年，他又返回了芝加哥，在約翰斯頓（Joseph S. Johnston & John Edelman）的設計室任繪圖員。1876 年，設計室承接了穆迪禮拜堂（Moody Tabernacle）內部裝修的工程。這一年他才剛滿 20 歲而已。1879 年，蘇利文進入丹克瑪・阿德勒（Dankmar Adler）的設計室，1883 年，蘇利文成為阿德勒的合夥人，設計室的名字改成了「阿德勒與蘇利文建築事務所」。阿德勒與蘇利文建築事務所共設計了 180 多座建築，它們大多是住宅或辦公樓，也有極少部分是帶有拱頂的禮堂和劇場等建築物。

阿德勒是一個非常有經驗的工程師，他注重實際。在合作中，通

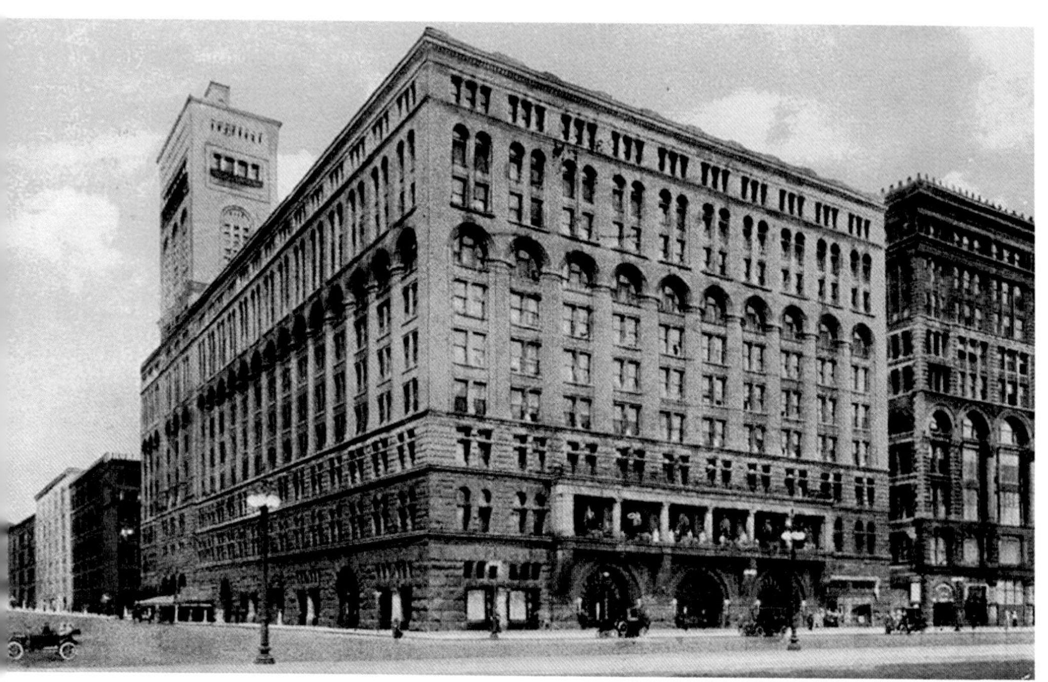

※ 芝加哥會堂是蘇利文承接的第一項大型工程，設計風格明顯受到了理查森的影響。

常是由阿德勒負責工程和事務方面的問題，而蘇利文則主要進行藝術方面的設計。蘇利文相信自己能夠創造出完全不同於同時代人的建築風格。

1887 年，一個名叫法蘭克・萊特（Frank Wright）的年輕繪圖員加入了阿德勒與蘇利文建築事務所。蘇利文很快發現了萊特在建築方面的才華，極力的栽培他。這對萊特影響很大，成名之後的萊特依然尊稱蘇利文為「敬愛的導師」。實際上，蘇利文宣導的「形式隨功能而定」（Form follows function）的宗旨正是萊特等人「草原式住宅」（Prairie Style，或稱草原風格）所遵循的基本原理之一。

在 1886 年以前，阿德勒與蘇利文建築事務所的規模還比較小，他們主要是做些小規模的住宅、倉庫、商用建築等。這些早期作品大都以六層樓為限度，建材選用鐵或磚石，或者是兩者混合運用。在這些建築的設計中，蘇利文借鑒了古典主義的手法，將其正面劃分為基層、中層和頂層三個部分。1881 年建造的羅斯遲德大樓，蘇利文設計了鑄鐵和石雕的裝飾，他試圖以這種方式來豐富建築裝飾的形式。

阿德勒與蘇利文建築事務所在 1886 年承接了第一項大型的工

程——芝加哥會堂（The Auditorium Building）。這是一座綜合性的建築物，包括劇院、旅館和辦公大樓，最初的設計與最終的施工藍圖有非常大的差別。

芝加哥會堂對於這座城市不論在技術上或觀念上都有很大的貢獻，它成為多用途複合體建築的一個典範。會堂在芝加哥格子狀城市中佔據了整條街的一半，按照要求，建築師要建造一座現代化的歌劇院，在其兩側再各建一個高十一層的大樓，大樓主要是出租用作辦公室，其中少部分用作旅館。蘇利文和阿德勒根據這種獨特的建築組合方式做出了許多創新性的設計，他們將旅館部分的餐廳和廚房都放置在頂樓，這樣可以使它們產生的煙塵不會妨礙到周圍的居民。而在劇院的內部，阿德勒為了適應不同容量的要求，使用了可以折疊的天花板和屏風來改變劇院內部的容量。這樣，劇院在進行音樂演奏的時候，可以容納 2500 人，而在舉行大型的集會時，則可以容納多達 7000 人。

劇院的建築和裝飾形式，取決於劇院本身所要達到的良好的音響效果。聲音從舞臺發出之後，做垂直和側向的傳播，經過一列系的同心橢圓拱體，有效地傳達到廳內每一個聽眾的耳邊。橢圓的拱底和兩側的面上都用浮雕來裝飾，設計師將建築的理性邏輯與裝飾中所需的豐富想像力完美地結合在一起。

芝加哥會堂的外觀仿效了理查森（Henry Hobson Richardson）的設計，蘇利文用多層石拱構成了這座建築的正面，這種形式幾乎是馬歇爾商店（Marshall Field's Wholesale Store）的浪漫主義風格外觀的翻版。不過，蘇利文的設計也有不同的地方。理查森在批發商店的外觀上全用粗石，蘇利文為了調和芝加哥會堂這個龐然大物，在其三層以上的樓層全部改用了光滑的

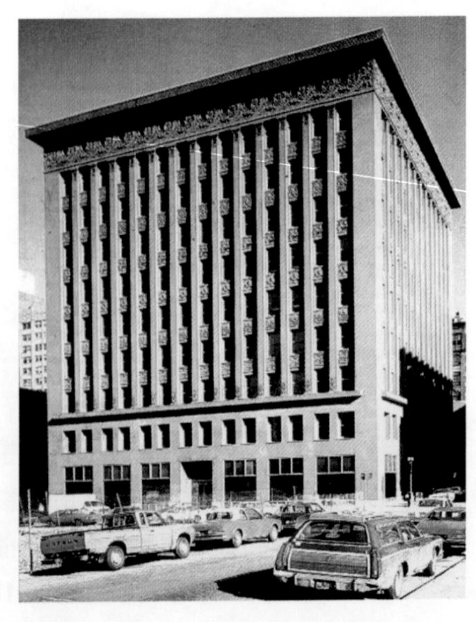

※ 蘇利文發展出一種適合於高層建築的建築形式，溫瑞特大廈就是一個很好的證明。

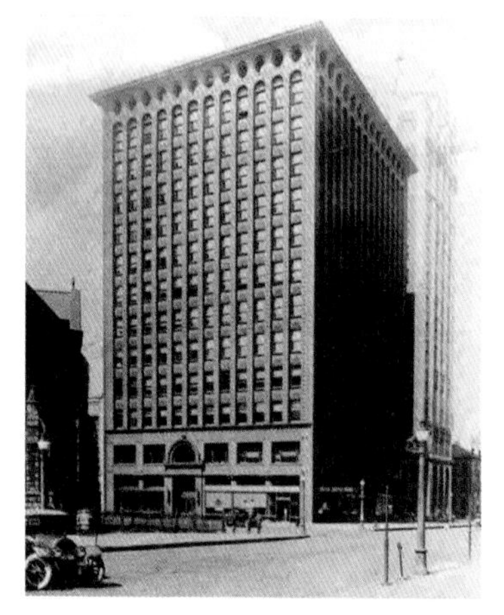

※ 蘇利文大膽展示出保險大樓承重構造的支點，體現出對高層建築美學的獨特概念。

條石。

會堂中旅館的一側朝向一面湖泊，建築師在這裡設計了一個帶有東方色彩的迴廊，湖水、迴廊和建築物的主題高塔交相輝映，景色非常優美。

在早期蘇利文的作品中，可以看出受理查森風格顯著的影響。蘇利文大力模仿理查森的新古典風格，1888 年設計建造的沃克倉庫等建築，樸實清純，造型得體，深得古典精髓。建築的立面平滑發展，上加插曲似的裝飾。1890 年建造的蓋提公墓（Graceland Cemetery）和 1891 年建造的溫瑞特大廈（Wainwright Building）都是這一風格的體現。

蘇利文通常將建築的結構體設計成一個完整的方盒狀，並不希望通過裝飾來增加結構的明晰性，這一點和維也納的建築師華格納非常相近。不過，蘇利文有時也會在裝飾中採用伊斯蘭風格的元素，有時裝飾本身也處理成東方式的唯美情調。

蘇利文並不是高層建築的發明者，但是他發明了一種適合高層建築的建築語言。1891 年建造的溫瑞特大廈是蘇利文高層建築結構美學的一個示範。經濟的發展使城市變得越來越擁擠，許多房地產商看到土地增值的趨勢，紛紛加入到對土地的投機行為中，使得城市特別是市中心的地價變得越來越貴，這種情形促生了一種新型的建築——摩天大樓。在同樣面積的土地上，建的樓層越多，使用面積就會越大，相對的，這塊土地為地產商所創造出來的利益也就越多。投資商爭先恐後地在市中心建造多層的建築，但是最先出現的高層建築由於受到建築技術和垂直交通等方面的限制，高度一般在五六層。後來，能夠載客的升降機——電梯的產生使得高層建築的樓層再次往上增加。

在蘇利文的溫瑞特大廈之前，就已經有人建造起了 16 層的磚構造承重的大樓。蘇利文認為可以創造出一種專門適用於高層建築的建築形式，他透過溫瑞特大廈進行試驗。溫瑞特大廈位於密蘇里州的聖路易城。在這座建築中，蘇利文去除了理查森的過多影響，他讓建築

構造的邏輯結果來決定建築的外觀。在建築物的正面，蘇利文取消了那些看起來好像拱廊一般的窗戶，而是採用明顯的柱子將立面分割成格子狀。窗臺凹入牆面，並貼瓷磚以裝飾，使其與窗融為一體。柱子全都突出於立面，從二層樓高的石材基礎上一直延伸到大廈 10 樓的頂端，結束於以瓷磚裝飾的突出的簷口之下。

1894 年建造的保險大樓（Prudential Building）是蘇利文體現其高層建築美學的典範。這是一座 13 層的辦公樓，建築師按照它的功能為其安排了豎直的樓體。在一樓，建築師故意展示出了大樓的承重構造的支點。從二層起，是辦公用的房間，因此，建築師設置了較多的窗子。在最高的第 13 層，蘇利文設計了豐富優美的裝飾，大樓的外立面貼以精美的瓷磚，一層大堂的金工製品等裝飾也顯示出豪華的風格。

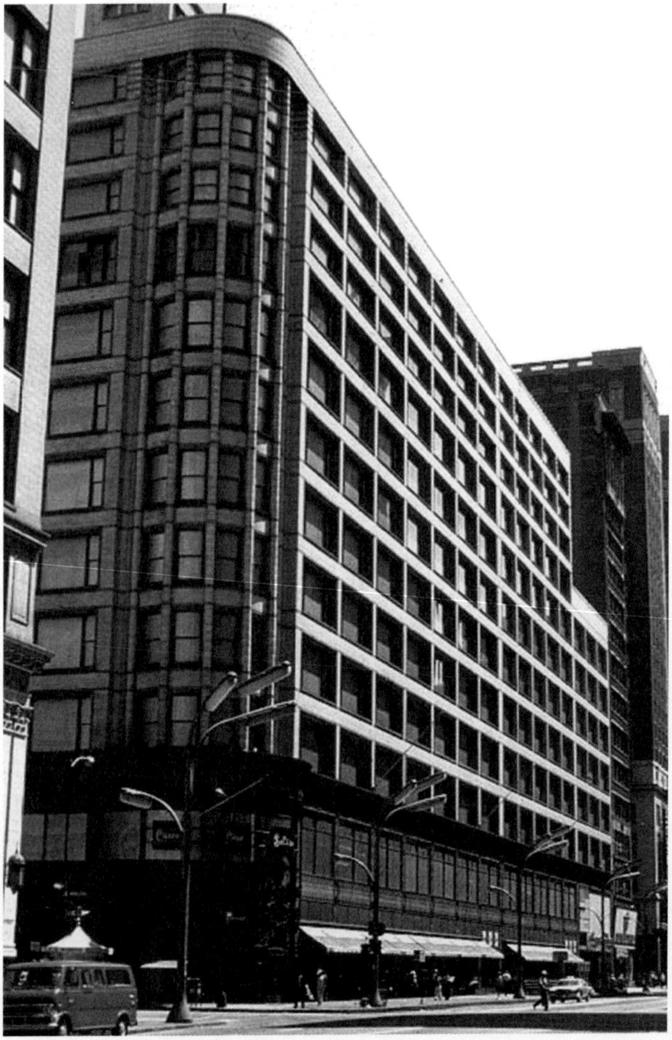

蘇利文在 1892 年發表了《建築的裝飾》一書，他在書中寫到：「應該說，假如我們能有一段時間完全抑制裝飾，而集中精力創造優美而裸露的造型，必將會更加有益於這個世界。這樣可以避免許多隨心所欲的事情，而將精力集中到一條自然而有希望的健康之路上來，思索如何讓建築更有效地承擔起它的功用。無論如何，我們應該知道，裝飾是一種精神的奢侈而非必要，當然，裝飾的極限和樸素的建築能取得同樣偉大的效果。我們渴望強壯、健康的簡潔造型，當然，我們也知道，當我們為建築物穿上一件具有詩一般意象的外衣時，它就能夠提供加倍的能量，這就像優美的旋律掩映在和諧的聲音上一樣。」

1895 年，阿德勒想讓他的兩個兒子進入公司工作，在這個問題上，蘇利文和阿德勒之間出現摩擦。這件事最終導致阿德勒退出公司。由於缺乏商業才能，蘇利文能夠承接的工程量銳減，而美國建築界出現的新風潮更使蘇利文的公司雪上加霜。

1893 年舉辦的哥倫比亞世界博覽會改變了美國建築界潮流，大多數的觀眾和建築師都選擇了來自歐洲的帶有輕鬆愉快氣息的巴洛克風格，雖然也有一些人站出來反對這種虛偽的華麗風格，但並沒有產生多大的作用。蘇利文曾經非常痛心地指出：「這次世博會給國家造成的損失將延續半個世紀」。由於缺少了阿德勒在業務方面的支持，蘇利文競爭不過那些能夠迅速拿出方案的建築公司，他們的設計雖然沒有個性，但迎合了出資人的要求因而被接受。在很長時間內，蘇利文只能接到一些小型建築的委託，如住宅或者小城市小型銀行建築。1899 年，蘇利文終於得到了一次施展自己建築理念的機會。這是一座位於芝加哥繁華路段的百貨大樓。考慮到內部空間的照明效果，蘇利文在正面設計了帶有金屬薄框玻璃的窗戶。對於建築內部空間的處理，蘇利文則借鑑了倉庫建築的特點，使其更符合百貨公司的功用。

由於很少能夠承接到建築工程，蘇利文將很多的時間投入到寫作中。從 1901 年開始，他在《州際建築師與建造者》週刊上連載《談幼稚園》一書。他認為只有通過像幼稚園的老師與學生對話那樣的簡單對話，才能表達出內心對於簡潔性的追求。

從 1908 年開始，蘇利文很少再進行建築設計，到 1918 年，他徹底破產了。1922 年到 1923 年，蘇利文寫作《一種觀念的表象》，這部書也是採取了分期連載的形式刊登在《美國建築師協會會刊》上。1924 年，他出版生命中的最後一本書《根據人的能力的哲學建立的建築裝飾方法》。在同一年的 4 月 14 日，蘇利文在芝加哥的一家旅館中去世。從某種意義上講，蘇利文算得上是美國建築界的先鋒，雖然他的試驗以失敗告終，但他卻為以萊特為代表的美國年輕一代建築師指出了前進的方向。

※ 蘇利文在芝加哥的這座百貨大樓中，運用了金屬薄框玻璃的窗戶，極具現代感。

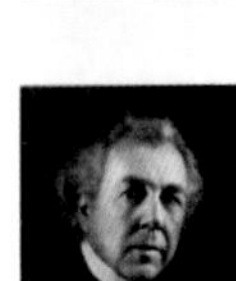

萊特
創造有機建築理論

Frank Lloyd Wright（美國 1867-1959）

法蘭克．勞德．萊特被認為是 20 世紀美國最重要的建築師。他提倡有機建築理論，強調建築應該融入其周圍的環境。他還提出建築空間連續性的思想，對現代建築的發展產生了重要的影響。

萊特於 1867 年 6 月 8 日出生在威斯康辛州格蘭德中心小鎮上。他的父親是一位牧師兼音樂家，但家庭經濟卻很拮据。後來母親不滿父親不穩定個性與收入，兩人在萊特 17 歲時離婚。

父母離婚後萊特跟隨母親生活，但父親藝術家性格，對他影響很大。萊特曾經回憶說：「小時候，父親在書桌和鋼琴之間來回走動的身影，是那樣地瀟灑，他忙著試音，然後快步走到書桌旁寫下華爾滋、波爾卡等動人的舞曲。」或許正是這些音樂，影響後來的萊特，既是建築師也像一位藝術家。

後來，萊特進入威斯康辛大學就讀，同時也在土木系兼職作助教，每月可拿到 35 美元的薪水。1887 年，萊特輟學，前往芝加哥建築事務所工作。一年後，萊特如願進入了芝加哥最富盛名的阿德勒和沙利文建築事務所，並逐漸成為事務所的首席建築師。同時萊特也在此時結婚，並在芝加哥西邊橡樹園，設計自己的住宅，由於住宅風格優美，附近的鄰居們也紛紛請他設計住宅。

阿德勒和沙利文事務所很少接私人住宅的設計委託，一旦有此種類型的專案，沙利文經常把它交給萊特。1893 年，萊特與同事柯溫一起成立了一家事務所。創業第一年，萊特接手了 5 件委託案。從公司開業到 1911 年間，事務所一共設計建造了 135 棟房子。除了進行建築設計，萊特還經常受邀參加演講，不時地在報刊、雜誌上發表論文，被譽為新芝加哥學派或者草原學派的先驅。隨著 1910 年《萊特建築》在柏林的發行，萊特的大名開始被理性、保守的歐洲接納，影響與日俱增。

隨著業務量的增加，萊特決定在自家住宅旁邊，面向芝加哥大道的地方建造一座兩層樓高的辦公樓。他所選定的地段正好位於鬧區，

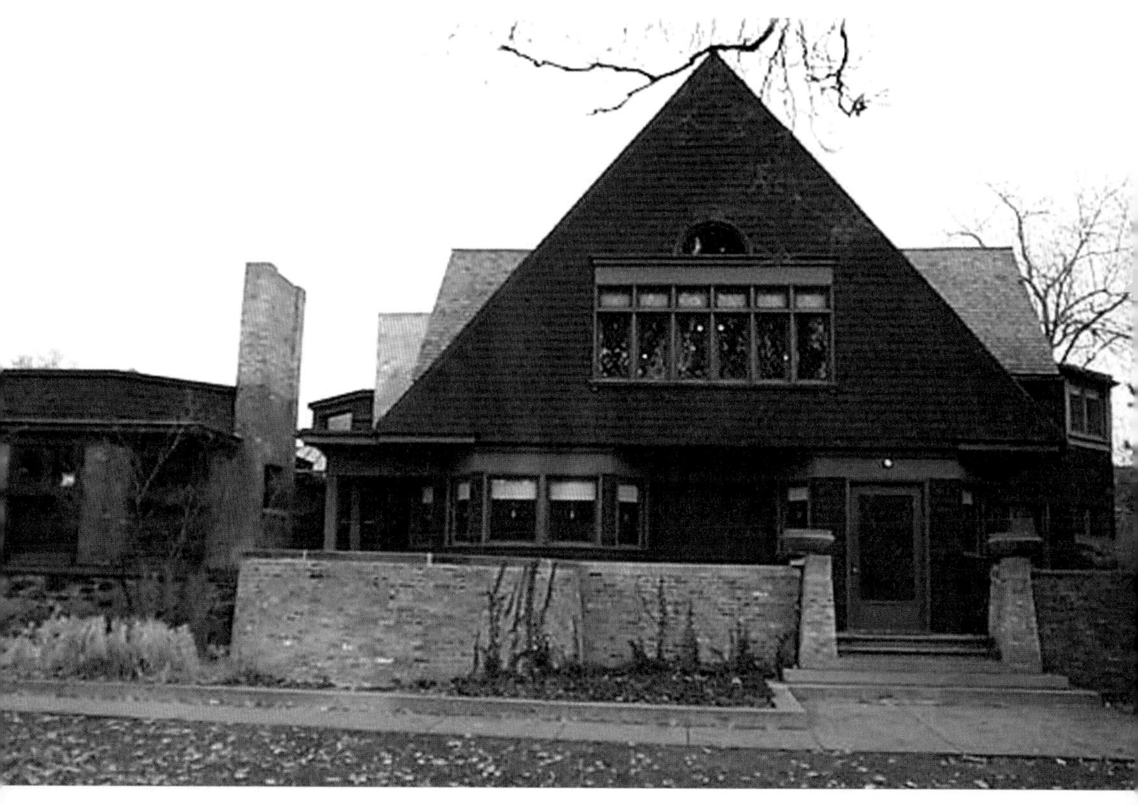

※ 山牆高聳的屋頂和木牆板是橡樹園住宅及工作室的顯著特點，灑脫而自然。

非常吵雜、不太適合作為辦公室。萊特於是將大樓地面設計比馬路高出一截，而且圍有半個人高的圍牆，避免了喧囂與吵雜，成為非常靜謐的空間，有種「大隱隱於市」的感覺。出於事務所業務的需要，萊特將大門設在正中央，非常醒目。不過辦公室內部仍然給人以洗練、清靜的感覺，圍牆內的大門旁邊一塊嵌入牆裡的石板上鐫刻著「法蘭克．勞德．萊特建築師」的字樣。（這處辦公室與私宅的住所，被稱為塔里耶森，Taliesin Ⅰ）

除此以外，萊特尊重自然的態度令人欽佩，在建造那條介於辦公室和自家宅第之間的通道時，碰巧有棵老柳樹擋在那，為了保護這棵古樹，萊特讓牆繞彎通過，還打了個洞，讓樹繼續生長下去。橡樹園的私宅也被擴建了 2 倍，更能體現出萊特尋求與自然環境相融合的努力。

這一時期，萊特頗具代表性的作品還有他在橡樹園（Oak Park）

的住宅、拉金大廈（Larkin Administration Building）等。

隨著萊特事業的穩步向上發展，他的婚姻卻逐漸走下坡。1914年，萊特的情婦和孩子在塔里耶森寓所被人殺害，而且兇手還放火焚燒整個住房。心情沉痛的萊特對該寓所進行改建。這次改造堪稱經典，連續延伸的屋簷和宏大的壁爐是他習慣的設計手法。同時他也將住宅的規模擴大，加建農舍、馬廄、傭人用房等。

稍後，萊特在東京設計帝國飯店時認識了一位女雕塑家，這位女藝術家後來成為他的第二任妻子。帝國飯店因其卓越的抗震設計而聞名於世，在1923年的東京大地震中，其周圍的建築全部倒蹋，只有它巍然屹立。但萊特的第二次婚姻卻不像他的帝國飯店一樣牢固，不久，他就與妻子離婚了。

萊特在芝加哥觀看一場芭蕾舞表演時，邂逅了小他30來歲的歐

※帝國飯店像一艘漂浮於水上的大船立於地面，不怕地震的顛簸與震盪。

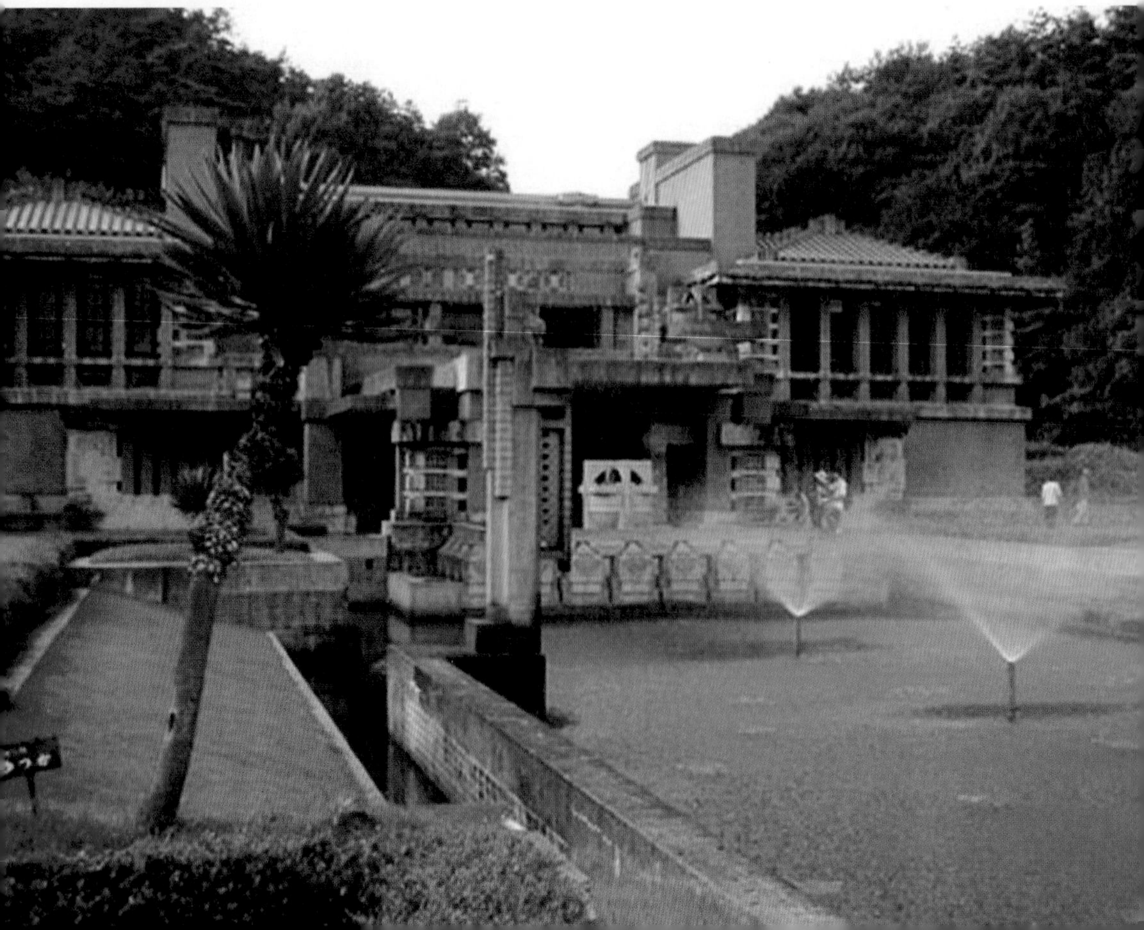

格凡娜，這位女士陪他走過了未來數十年的人生旅程。就在萊特與他的這位新情人搬到新設計的塔里耶森公寓不久，這個多災多難的寓所又因電線短路而引發一場大火，建築幾乎被焚毀。在愛情的鼓舞下，萊特重又設計建造了一個更宏偉、更壯觀的塔里耶森。

30 年代初，萊特的建築風格遇到了挑戰，在他眼中呆板、冷酷的鋼筋混凝土建築在美國經濟發展的大潮中，逐漸被資本家們接受。萊特所堅持的有機建築的理念逐漸被人們所忽視，儘管他看不起那些毫無特色、單調雷同的現代主義建築，畢竟建築設計潮流的趨向是不以人的意志為之轉移。有建築史學家評論：「當然，萊特是美國最偉大的建築師，可那已經是 20 世紀初的事了。」年輕的美國建築師們開始推崇科比意（Le Corbusier）、密斯（Mies）和格羅佩斯（Gropius）等人，在他們看來工業時代的建築，就應該符合機械美學的概念。

很長時間以來，萊特就在醞釀開辦一所學校，按照他的構想，學校要打破一般學院式的桎梏，採用師生直接教導與學習的方法，老師和學生一塊兒生活和學習。學習的地方也不一定在課堂上，師生同時要自己動手，在動手實踐中體驗生活的意義。經過長時間的準備，1932 年 10 月，塔里耶森學校（Taliesin Hillside Home School）開學了。開學以後，學生們花在整理及修繕房子上的時間比讀書更多，鐵鋸、卷尺、錘子、三角板等是他們必備的工具，他們必須修建學校的設施。管理學校的任務由歐格凡娜負責，煮飯洗衣、耕地除草、照料馬匹等工作，她樣樣在行，學校被管理得井井有條。

學校在每個週末的晚上都要舉辦一場派對，或者看一場電影，晚宴由歐格凡娜負責安排。周日的野餐也是不可或缺的，學生們要到周圍的山上和大自然交流，感受自然的美感，同時培養學生之間融洽的關係。

一旦有委託的設計方案下來，萊特總會及時地把任務分配給每一位學生。在繪圖過程中，萊特很少干涉，而讓他們自由發揮。每個學生只能以集體的名義接案，所得收益必須繳回學校。這一規定，也使特別有才華的學生離開塔里耶森，成為萊特的競爭對手。

萊特的工作方式一向是慢工出細活，但是落水山莊（Fallingwater House）卻是他例外中的傑作。1934 年匹茲堡百貨公司的老闆考夫曼（Kaufmann）邀請萊特為他設計一座週末度假屋，地點選在賓州康那斯維爾市一個叫熊奔（Bear Run）的地方。那裡風景優美，瀑布從石壁上落下，清靜、幽遠。考夫曼夫婦希望度假屋最好能正對著瀑布下方，也許這樣能夠感受落水的氣勢和悠長，但是萊特卻不這樣認為，他覺得不能因為瀑布之美而喪失了心靈之悠，更不能破壞自然環境的原有生態。

幾個星期後，考夫曼造訪萊特，看看自己的工程設計進展的情況。不知道這位大師在集聚靈感，還是由於公事繁忙，考夫曼的委託方案竟然沒有絲毫進展。而當萊特聽到考夫曼要來的消息以後，一言不發地走進工作室。他拿起 3 張不同顏色的繪圖紙，一張畫地下室，一張畫一樓，最後一張畫二樓。當考夫曼風塵僕僕地趕到塔里耶森的時候，萊特已經完成設計藍圖了。

落水山莊是萊特「草原風格」的代表作，房屋與森林融為一體，加上山石與瀑布，整座建築與環境渾然天成。瀑布的流水在下，聞而不見，更添雅致的野趣。在室外的細部設計上，體現了萊特所秉持的有機建築的理念。混凝土石板嵌入原有的自然山石之內，形成了獨特的具有鄉野氣息的空間，這是建築和自然對話的最好方式。房子的室內地面採用了樸拙的石板地面、牆體也是石質的，通過大片的玻璃和室外相連。

值得注意的是，在落水山莊中，萊特使用了鋼筋混凝土材料，這大概是與他強調房子水準及垂直的方向構築有關。落水山莊以垂直石堆為核心，房屋圍繞四周，形成臺階式的佈置。為了達到這種效果，同時又兼顧到房子的造價和施工的需要，萊特採用了鋼筋混凝土懸樑臂支撐，這也是萊特依賴機器協助的嘗試。

1936 年，萊特受託設計嬌生公司總部辦公樓，當時工業界流行著一股流線型風，汽車、照相機、打火機等都在追逐著這股潮流。光滑的線條和圓弧的邊緣是流線型的明顯特徵，萊特也決定把這種風格適時地運用到建築當中，嬌生成了最好的試驗品。

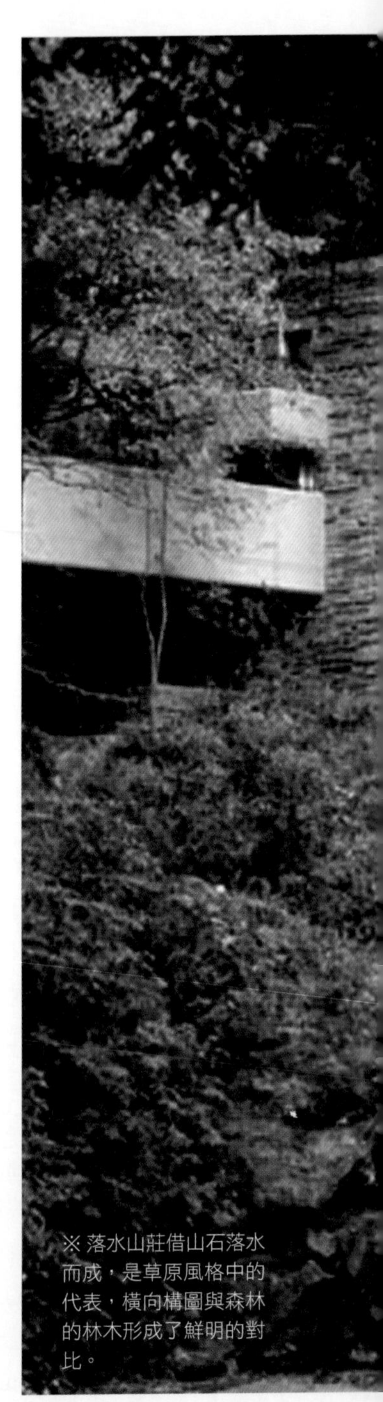
※ 落水山莊借山石落水而成，是草原風格中的代表，橫向構圖與森林的林木形成了鮮明的對比。

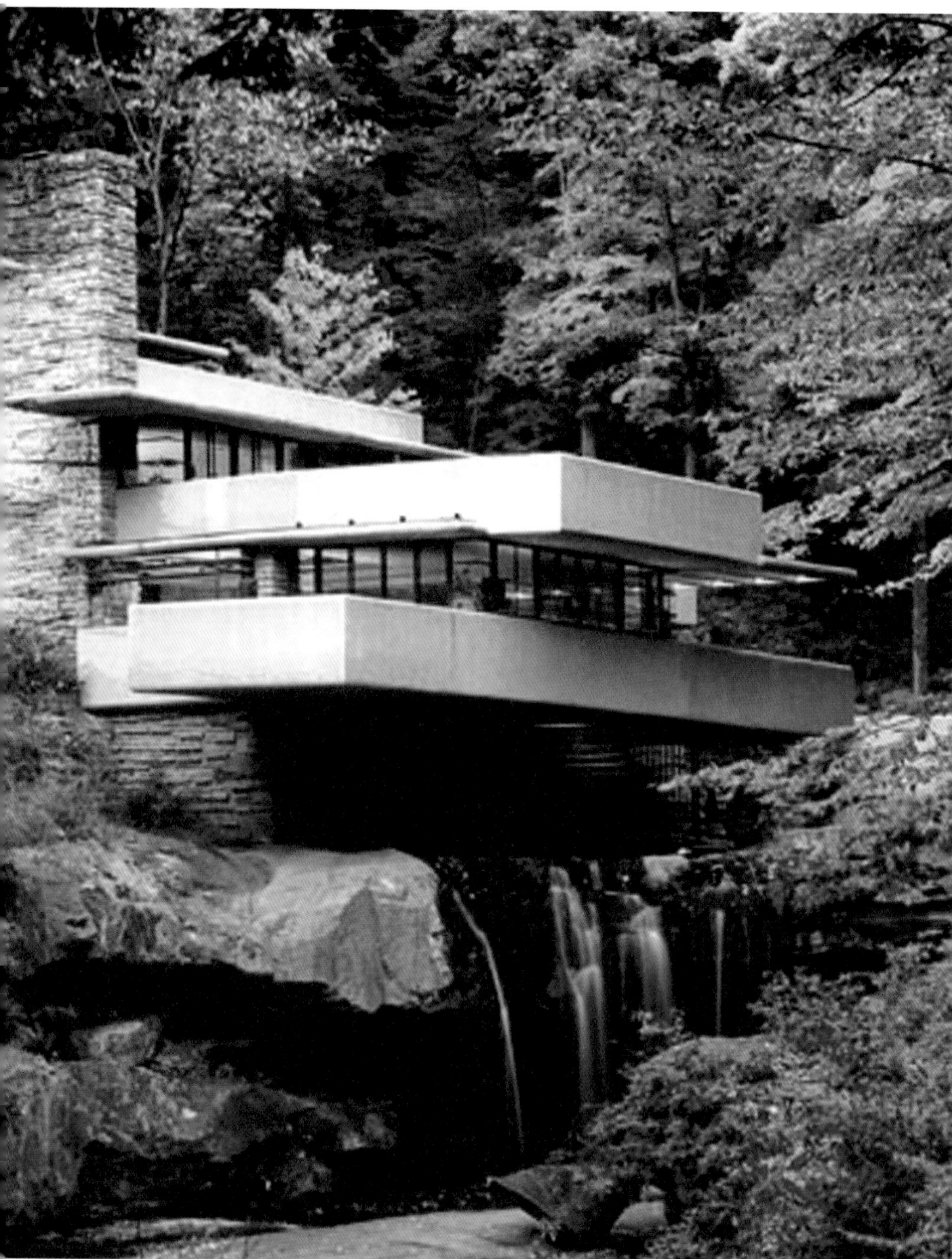

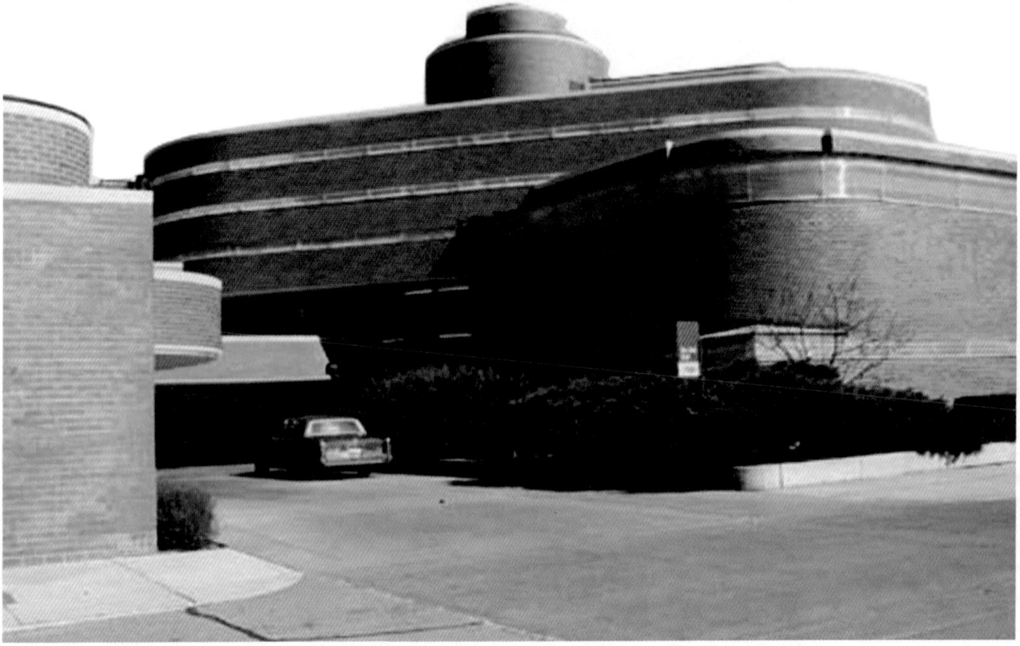

方案完成以後，建管局的官員們對萊特這個離奇設計感到困惑，他們不相信，一座座的「蕈狀柱」不能支撐住龐大的天花板。幸虧有萊特當場演示，要不然這個怪異的大樓就會胎死腹中了。這座大樓的內部是一個廣闊的圓形空間，電梯是圓弧形的。內部圍繞著一個中央垂直的採光中庭，形成了一個內向的開放辦公室，服務空間、管道系統等安排在辦公室的四周。雖然有人堅持這樣的辦公環境提高了員工的工作效率，但是卻破壞了員工的私密性，試想 50 多個打字員在這樣一個開放的空間內辦公，會是怎樣一個場景。10 年後，嬌生公司總經理再度請萊特設計了研究大樓，同時為他自己設計了一棟私人住宅。

古根漢美術館（Guggenheim Museum）是萊特在紐約市的唯一建築。為了展現業主收藏品的特殊性，萊特採用了大膽簡潔的造型，建築造型像一個流動的貝殼，充滿著自由不拘的風格。美術館是一個中空狀的六層樓建築，以圓形空間作主導，動線呈螺旋狀上升，在任何一層都可以看到其他的樓層和中庭，同時也有利於陽光從穹頂照入，

※ 古根漢美術館是萊特在紐約的唯一作品，建築造型像一個流動的貝殼。

※ 嬌生公司的總部辦公樓具有光滑的線條和圓弧的邊緣，是萊特設計作品中 相當有趣創作。

這一設計方式被看作是美術館建築設計的顛覆性創作，成為紐約的地標性建築。不過由於美術館中的斜坡造型，致使在展覽的過程中，參觀的人只能歪著脖子看畫。

在萊特職業生涯的最後十年，他獲獎無數、委託設計案也接連而來。1958 年，萊特已經 91 歲了，他仍接到 31 件設計案。1959 年他為亞利桑那州立大學設計的大禮堂，在他死後才完工。1959 年 4 月 6 日，年近 92 歲的萊特在一次野餐之後胃病發作，在私人醫生的勸說下，他接受了一個小手術。但手術並不成功，4 月 9 日淩晨，萊特離開了人世。

萊特曾經說過，「建築學是一門創造結構、表達思想的科學藝術。」他的有機建築理念對 20 世紀乃至 21 世紀的世界建築都有著深刻的影響。在 1999 年美國《時代》雜誌舉辦的「本世紀最有影響的百人」評選活動中，他是唯一入選的建築大師。

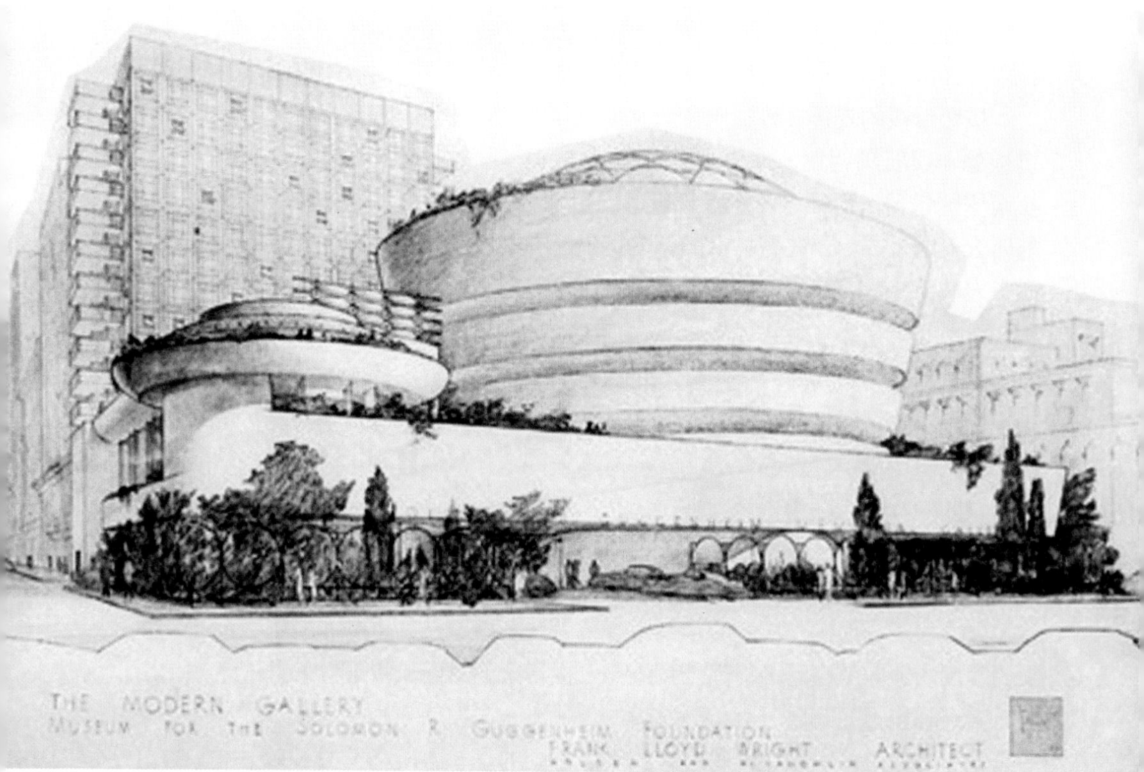

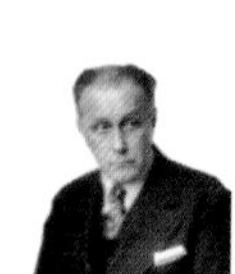

魯斯
過多裝飾是一種罪惡
Adolf Loos（奧地利 1870-1933）

有人這樣評論阿道夫・魯斯：作為一個人，他的天性是一隻離群的狼；作為一位藝術家，他是一位現代的迪歐根尼（Diogenes，犬儒學派的代表人物。此學派揚棄世俗傳統觀點，號召人們回復到簡樸自然的生活）。

魯斯堅持著藝術淨化的理念，他的創作過程，始於現代派的鼎盛時期，結束於功能主義最為繁榮的階段。如果沒有魯斯同裝飾主義的對抗，功能主義發展不會如此迅速。正如科比意所說：「魯斯清理乾淨了我們腳下的土地，這是一次認真仔細而富有哲學邏輯的整體性清理。」

魯斯生長在一個石匠的家庭。他在 12 歲之前耳疾造成失聰，這種生理障礙對他性格的發展以及命運都產生了很大的影響。

按照母親的安排，魯斯應該繼承他父親的石刻作坊。而魯斯卻不這樣想，與石刻相比，他更喜歡建築。1890 年，魯斯進入皇家帝國技術學院學習，而後又轉入德勒斯登技術學院。在 1893 年畢業後，魯斯去美國投靠自己在費城做鐘錶的舅舅。在美國三年中，魯斯遊覽過各大城市，在錢花光之後，他就打工賺錢以繼續留在美國。他做過各式各樣的工作，在建築工地鑲地板瓦工、洗盤子等。在這期間，魯斯認真研究美國的新建築，對芝加哥學派的建築理論特別熟悉，芝加哥建築師蘇利文的作品給他留下了深刻的印象，蘇利文的《建築的裝飾》一書對他的影響極為深遠。魯斯欣賞美國人務實的精神，但他吸取這方面的優點，卻不模仿，他希望在自己的藝術創作中得到充分的自由。

1896 年，魯斯回到了維也納開始自己的事業。起初，他在一家建築公司找了一份工作，同時還為報紙寫各式各樣題材的專欄。他開設的專欄內容非常廣泛，從建築到服飾，從音樂到禮儀無所不包。當魯斯來到維也納的時候，華格納領導的現代派正在與保守派進行激烈的論戰。魯斯也參與到這場紛爭。與別人不同的是，魯斯並不加入某

※ 魯斯為斯泰納住宅設計的外觀形式，是後來「國際樣式」的雛型。

一陣營，他同時向現代派和保守派開炮，他既反對對歷史的盲目模仿，同時也反對分離派的裝飾主義建築。魯斯清醒地認識到，分離派太過講究外表的美觀，有華而不實的傾向。

1900 年，魯斯創作了一個寓言，取名為《一位可憐的富翁的故事》。他在故事中講述一位幸運的商人，因為一個意想不到的機會而賺了一大筆錢之後，委託一個分離派的建築師為自己設計一個「完全藝術品」的住宅，不僅包括了建築、傢俱，還有居住人的服飾。魯斯寫道：

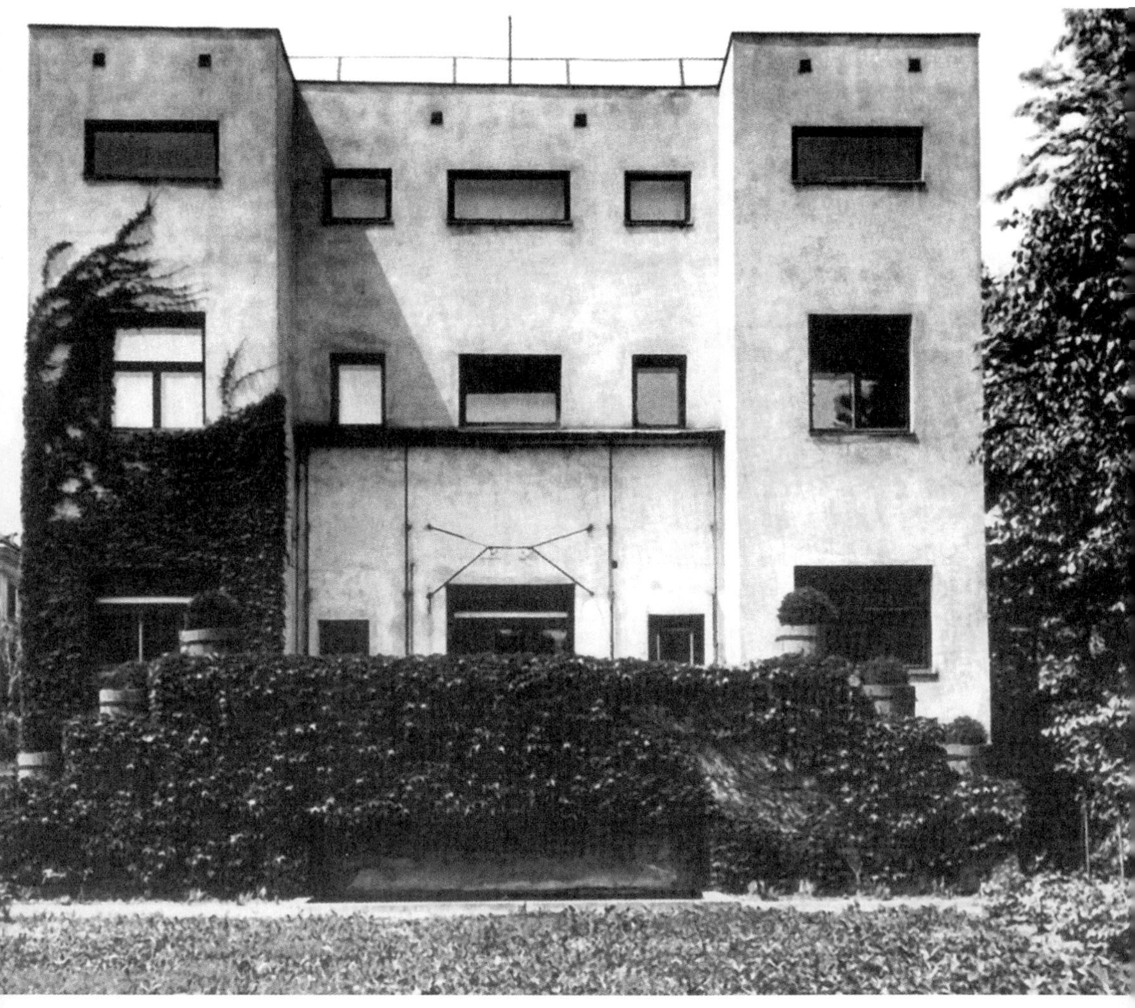

在他生日那天，妻兒都送來了很好的禮物。不久，建築師也來了，主人非常熱情地出去迎接，建築師卻臉色難看，對主人的熱忱並不怎麼領情。說：「你們怎麼穿這種拖鞋？」主人看了眼自己穿著的繡花拖鞋，無辜地說：「難道您忘了，這可是您親手設計的新式樣式呀！」「不錯！」建築師大聲地回答：「但那是為了在臥室裡使用而設計的，客廳可是色調迥然不同的另一個地方呀！現在完全搞亂了，你看到了嗎？」

魯斯的這段話是對建築師維爾德的一個諷刺，這位比利時藝術家不僅設計了自己的住宅，還專門為夫人設計了一套特別的服裝，以與房間內的線條相和諧。他在 1908 年還發表了一篇名為《裝飾與犯罪》的文章中，攻擊了「分離主義」的另一個代表人物奧布雷克，他在文中稱其為「私生子裝飾」的始作俑者。魯斯極力反對裝飾，他認為裝飾不僅浪費了人力和材料，而且必然會帶來一種奴役技術的低級造型，只能為那些低文化水準的人所欣賞。他拿自己一次製作皮鞋的經歷舉了一個例子，他說：「我們在工作一天之後會去聽貝多芬的音樂，但我的鞋匠不會，他自有他的樂趣。如果今天有人先去聽第九號交響曲，然後再坐下來設計壁紙，那這個人不是欺詐就是墮落。」

與華格納相比，他更理解現代建築的本質。魯斯對於裝飾主義的批判與他在美國的經歷也有很大的關係。他自己就做過石刻、鑲嵌地板等工作，他對於裝飾等的觀點也來源於自己對各種手工技藝的切身

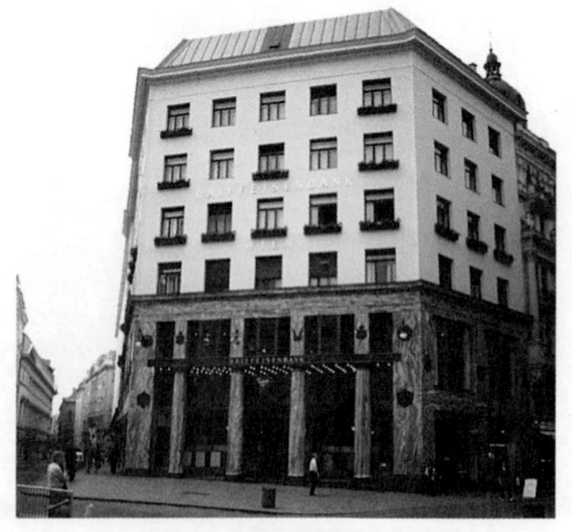

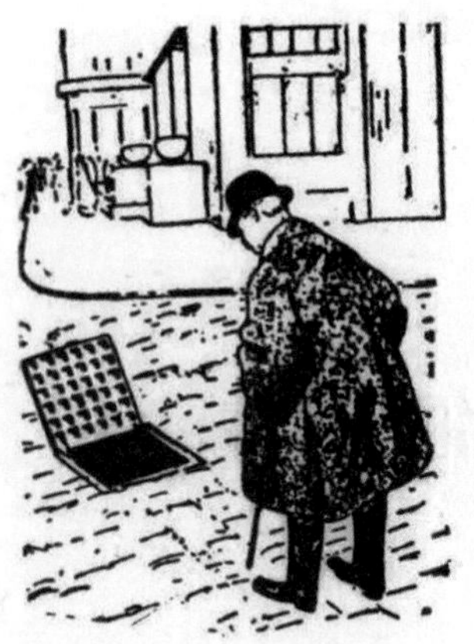

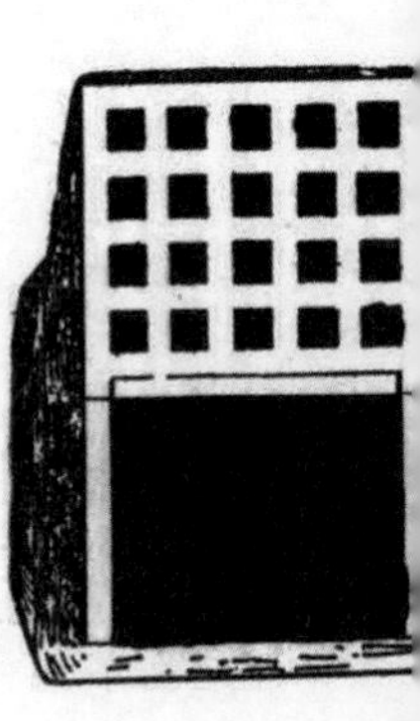

體認。

1910 年，魯斯寫作了《論建築》一文，他開始感覺到「現代困境」的存在。他指出：「建築中只有一小部分如陵墓、紀念碑等屬於藝術，除此之外的其他建築都應該排除在藝術之外。」魯斯並不是要絕對地取消裝飾，他也贊成樸素的衣飾、簡潔的傢俱，他希望以此來代替個人意味濃烈的裝飾設計。

1904 年在蒙特建造的卡馬別墅是魯斯的處女作。這座建築物局部對稱，有著輪廓分明的開洞，主要的入口設置了孤立的多立克柱式。魯斯用白色來統一建築的外觀，消除了建築各個部分之間差異。魯斯的設計參照了華格納的作品，但用自己獨特方式處理，使得建築看上去更加堅固。有人因此批評他的設計比不上華格納作品的雅致。

在第一次世界大戰之前，魯斯主要從事的是私人住宅和商業用房的室內裝飾工作。1907 年，魯斯設計了維也納的一家商店和一家酒吧。在酒吧的室內裝潢找不到圖案花飾，魯斯的設計中沒有任何為裝飾而裝飾的手段。他使用了一些比較貴重的材料，用材料和結構本身來表達其富貴的氣象，這樣的效果比圖案裝飾所能達到的更加深刻。

在《材料的豐富性》一書中，魯斯寫道：「質地美好的材料和精巧的工藝不僅可以補救裝飾的缺乏，而且可以比裝飾本身更能體現出其富麗。」魯斯的室內設計不拘格式，有時是帶有鄉野性的舒適，有時是帶有紀念性的嚴謹。在公共建物、開放空間等地，魯斯會使用白色的天花板，私密房間的裝飾則選用暖色的木料或金屬。在 1910 年設計的斯泰納住宅（Steiner House）中，魯斯用石材做鑲花地板，上面鋪具有東方風格的地毯。壁爐四周用磚砌成，玻璃櫃和鏡架則做成輕巧的形式以與其形成對比。室內的傢俱盡可能地固定。他在一篇文章中說道：「建築物的牆壁是屬於建築師的，建築師以此發揮他的思想，傢俱應該視同牆壁，不能移動。」斯泰納住宅的外形類似於工業建築，抹有灰泥的正面完全暴露在外，在建築的側面開巨大寬扁的窗戶。窗子既不對稱，也不裝框，完全展現功能住宅的理念。魯斯在斯泰納住宅的室內裝飾中更多地使用木材，這使它帶有了濃厚的鄉間住宅的特色。

※ 漫畫家以高曼拉次公寓外型像是水溝蓋，來諷刺魯斯的建築設計單調風格。

魯斯在斯泰納住宅中，開始發展一種所謂的「空間規劃」概念。魯斯反對將建築物中所有的房間都作成固定的高度，他認為每個房間的高度應該個別地、根據最需要，做出適合的高度，不必強求與鄰近房間的一致。只有這樣，才能更成為有功能性的房間。他晚年建於維也納的庫勒別墅（Khuner Villa）和布拉格附近的穆勒別墅（Villa Muller）是他在這一理念代表作。

同樣是在 1910 年，魯斯還設計了一座名為高曼拉次的公寓，這座樓房因其外形而受到了一位漫畫家的揶揄。在斯泰納住宅中，魯斯

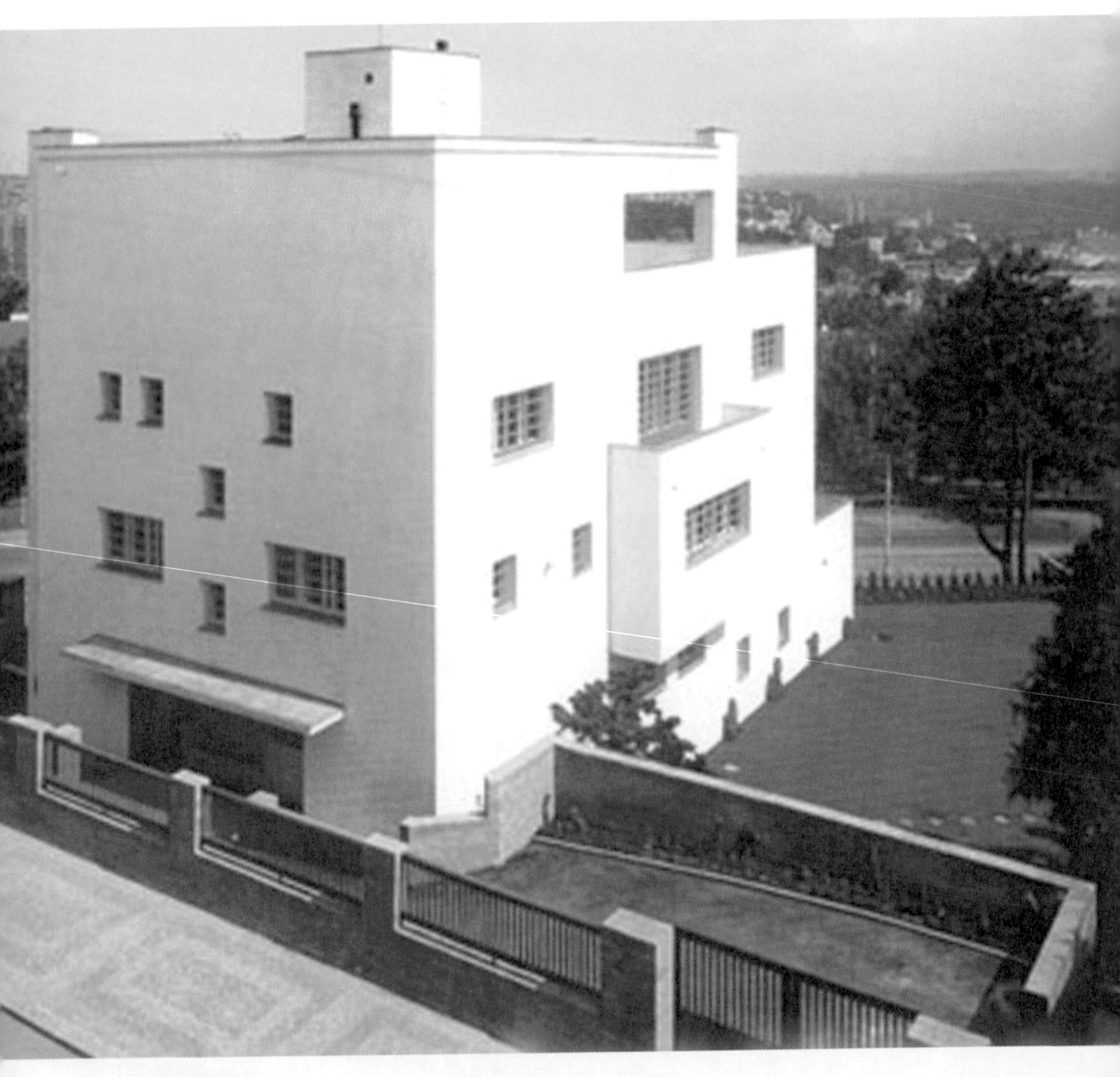

已經創造了一種高度抽象的外觀形式——白色無飾角柱，這一形式是 8 年後出現的所謂「國際樣式」（The International style）的雛型。在 1922 年的魯法住宅（Rufer House）中，窗子的開口部分非常自由，室內空間的組合也顯現出一種自由的狀態，這一建築的立面部分與風格派建築的典型作品形成了對比。

在庫勒住宅和穆勒住宅中，魯斯「空間規劃」的技巧已經達到出神入化的地步。建築物外部的樓梯和魯法住宅類似，它們的空間組織都是按照主層的空間位移來安排，這樣的處理不僅使空間更具動感，而且也成功地將起居室和其他用途空間區分開來。

奧匈帝國的君主政體於 1918 年被推翻，1920 年，魯斯擔任了維也納國民住宅部門的首席建築師。他利用這一機會將「空間規劃」的思想應用到大型住宅的建造中，將他偏好的立方體造型轉變成階梯狀陽臺斷面。1920 年，魯斯主持了一個大型的住宅實驗項目——乾草山社區，這是他空間規劃理念的重大成果。這些住宅都附有花房和菜圃，居住者可以種植蔬菜和花卉。魯斯的這一設計與當時德國戰後的經濟困難狀況有關，當時正在實行國民自給政策。

1922 年，魯斯辭去了首席建築師的職務，在法國達達主義詩人查拉的邀請下來到了巴黎，魯斯於 1926 年為這位藝術家設計了一套住宅。

1928 年，魯斯終於又回到了維也納。此時，他的建築設計工作實際上已經停止。魯斯出生在捷克境內，由於這一原因，捷克於 1930 年為他提供了一筆養老金。1931 年，魯斯在捷克北部設計了一座工人新村。魯斯在生命的最後兩年飽受疾病折磨，一直在維也納一所療養院接受治療。1933 年 8 月 23 日，魯斯在療養院中去世，他的骨灰安葬在維也納中央公墓。

魯斯對於現代文化具有一種天然的洞察力，他提倡人們回歸自然，他在《論建築》中表達了自己對於建築的理想：「我們一起去山腳下的那片湖濱吧。你看那兒天是藍的，水是綠的，山和雲掩映在湖水中，所有的事物都是那麼地平和。這裡有房子、有農場、有庭園，也會有教堂。所有這些東西都不是人為的，它們是上帝的造物。山水樓閣等所有事物都在享受著這裡的美與寧靜。」

※ 魯斯為斯泰納住宅設計的外觀形式，是後來「國際樣式」的雛型。

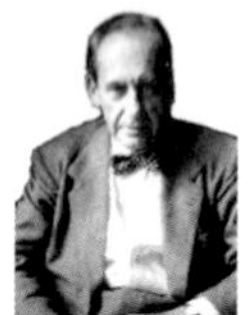

格羅佩斯

包浩斯風格導師

Walter Gropius（德國 1883-1969）

華特．格羅佩斯是現代主義建築學派的宣導人之一，同時也是包浩斯學校（Bauhaus，德文建築之意，德國知名之藝術設計、建築專門學校）的創辦人。作為一位建築師，他的設計令 20 世紀的建築，掙脫了 19 世紀各種主義和流派的束縛，邁向大規模的商業化階段。

格羅佩斯於 1883 年 5 月 18 日生於柏林，父親是一位建築師，家境富裕。1903 年到 1907 年間，格羅佩斯就讀於慕尼克工學院和柏林夏洛滕堡工學院，畢業之學後進入貝倫斯的建築事務所任職，與貝倫斯、密斯、科比意等人一起工作。貝倫斯的設計理念深深影響了格羅佩斯，他後來說：「貝倫斯是第一個引導我，以系統性的、邏輯性，去處理建築方面的問題。與他一起合作的重要案子中，我漸漸相信，在建築表現中不能抹煞現代建築技術，而建築應該有前所未有的新形象。」

1910 年，格羅佩斯成立了自己的建築師事務所。這一年，他向 AEG（德國電器公司）提出一份「合理化製造住宅建築」的備忘錄，即便是在今天看來，這個方案也是對「標準化住宅建築」有最為透徹和精闢的闡述。

格羅佩斯並開始積極提倡建築設計與工藝的統一、藝術與技術的結合，講究功能、技術和經濟效益。這些觀點首先用在法古斯工廠（Fagus Factory）和 1914 年科隆展覽會展出的辦公大樓中。

法古斯的鞋楦廠是格羅佩斯承接的第一項大型工程。格羅佩斯進一步發展了貝倫斯的思想，放棄古典主義對華麗外表的追求，創造出一種新的建築形式。這座新建築採用了鋼架結構和平板玻璃為建築材料，是世界上最早的「玻璃帷幕牆結構建築」。這種設計不僅使建築具有良好的功能，更獲得現代化的外形。

格羅佩斯於 1914 年和阿道夫．邁耶合作，設計了在科隆展覽會展出的德意志製造聯盟辦公大樓。這是一個多功能的綜合建物，立面簡潔明快。建築師仍採用玻璃幕牆結構，在主建築的兩端利用兩個玻璃的圓柱結構，將樓梯包藏起來。格羅佩斯第一次將這種玻璃幕牆的樓梯設計進去。

格羅佩斯設計的這兩幢建築都採用了框架結構，外牆與內部支柱脫開，成為純粹的幕牆。法古斯鞋楦廠的幕牆由大面積玻璃窗和下部的金屬板裙牆組成，這使得室內能夠盡可能多地得到外界光線；房屋的四角也沒有設立角柱，充分展示出鋼筋混凝土樓板的懸挑性能。展覽會辦公樓正面兩端各有一個全玻璃幕牆的圓塔，中間的螺旋形樓梯與上下樓梯的人全部暴露在外界的視線中。這種新的設計，在後來的現代建築中，十分常見，這兩座建築使格羅佩斯聲名大譟。高知名度也讓格羅佩斯在創建包浩斯學校時，得到極大助力。

1915 年，格羅佩斯開始在魏瑪實用美術學校任教。這一時期他寫作了不少理論文章，後來收入到《全面建築觀》一書中。他說：「美的觀念隨著思想和技術的進步而發生改變。誰要以為自己已經找到了永恆的美，那他就一定會陷於模仿而停滯不前。真正的傳統是不斷前進的產物，它的本質是動態，不是靜止，現代建築不是老樹上長出的新枝，而是從新的土壤中生長出來的幼株。」

格羅佩斯認為有必要對建築等領域的傳統教育進行變革。第一次世界大戰之後，格羅佩斯致信政府部門，建議設立一座專門的建築設計學校，以培養德國重建最需要的建築設計人才。他說，工業革命的完成，必將使工業化生產的模式進入未來的建築領域，而目前歐洲盛行的古典主義建築理念和風格會阻礙建築產業的現代化。所以，要迅速地重建德國，成立一所致力於現代建築設計的學校是非常必要的。

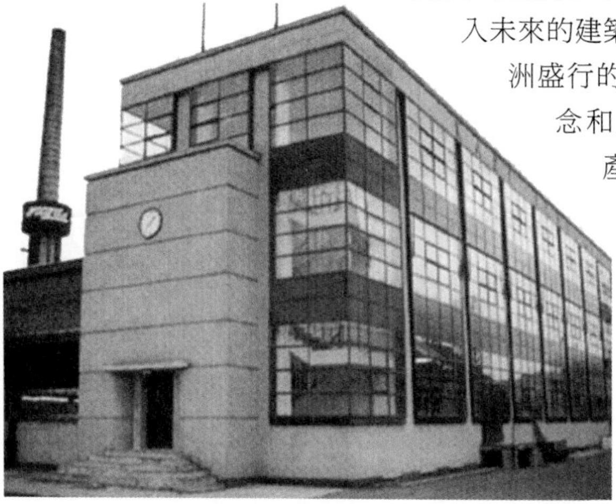

※ 格羅佩斯在法古斯工廠中第一次成功運用了玻璃幕牆，從而創造了一種新的建築形式語言。

格羅佩斯

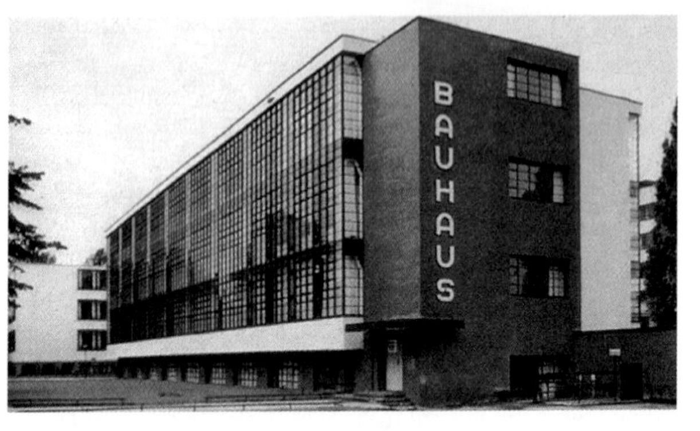

※ 雖然包浩斯學校存在的時間並不長，但它對現代建築和工業設計產生了極其深遠的影響。

的朋友不認為他會成功，因為此時的德國幾乎變成了一片廢墟，在此時，建一所醫院或是住宅遠比成立一所設計學校更為實用。但政府在兩個月後便批准了格羅佩斯的建議。1919 年 3 月，撒克遜大公美術學院和國家工藝美術學院合併，成立了「國立建築工藝學校」，36 歲的格羅佩斯被任命為首任校長，這就是包浩斯學校。

包浩斯實際上是德語 Bauhaus 的譯音，由德語 Hausbau（房屋建築）一詞倒置而成。在格羅佩斯的帶領下，以包浩斯為基地，20 世紀 20 年代形成了現代建築中的一個重要派別——現代主義建築，他們主張適應現代工業生產和生活需要，應講求建築功能、技術和經濟效益。格羅佩斯為包浩斯制定了一個目標：創造一種工業化建築的方法，以大規模地生產廉價優質的住宅，有效解決戰後德國的住宅問題。

包浩斯聚集了一大批才華橫溢的教師，如何引導這些人從事研究和教學對格羅佩斯就是一個不小的考驗。此外，他還要面臨資金匱乏等諸多問題，特別是保守勢力對包浩斯創新設計方法的敵視，而這後一點最終導致了格羅佩斯於 1925 年將包浩斯遷到了德國東部的德紹。

此後，格羅佩斯設計，後來被稱為現代建築設計史上的里程碑，也就是包浩斯的校舍。建築的外形是一個普普通通的四方形，四層裡包括了教室、禮堂、餐廳、停車場等，具備多種實用功能。較為特殊的是，校舍的二、三、四層有三面都是全玻璃幕牆，成為後來多層和高層建築採用全玻璃幕牆的濫觴。

在包浩斯之前，歐洲的建築結構與造型往往講求的是複雜而華麗，建築雖強調藝術感染力，卻無法進行工業化、大量生產。格羅佩斯提倡設計，既是藝術又是科學的、實用的，同時還能夠如工廠的生產線，大量且迅速生產製造。

包浩斯在課程方面，也進行了改革，開設平面構成、立體構成、色彩構成等課程，這也成為日後建築設計的教學模式和科學發展方向。建立起了一個集教學、研究、生產於一體的現代教育體系。

與傳統學校不同，在包浩斯，沒有老師和學生的稱謂。學校擁有一系列的生產部門：木工部門、磚石部門、鋼材部門、陶瓷部門等，學生在學習基礎知識的同時更要參與實務。

在格羅佩斯影響之下，包浩斯樹立了以幾何線條為基本造型的全新設計風格。它所設計出的工廠不再有任何裝飾，廠房通常都是四方形，平平的房頂、樓房則除支柱外全部用金屬板搭構，外面鑲嵌大塊的玻璃，顯得簡潔而敞亮，非常適合現代生活的需求。

在進行建築設計的同時，包浩斯還設計椅子、臺燈、水壺等工業產品。它們通常都是選用最簡單的方形、長方形、正方形、圓形等，但在設計樣式和風格方面卻極具現代感。1928 年，格羅佩斯辭去了包浩斯校長的職務。之後，他來到柏林，希望能夠參與到大規模的住宅建築工程中，實現自己的建築理想。在格羅佩斯理想中，標準的樓房應該一列列地的平行排布，並提出在一定的建築密度要求下，按房屋高度來決定它們之間的合理間距，以保證有充分的日照和房屋之間的綠化空間。

把大量光線引進室內是當時現代主義建築所強調的一個重要特點。歐洲傳統建築大多室內幽暗，陽光很少，而格羅佩斯在設計房屋時則選用較大的窗戶，並設陽臺。這些觀點在格羅佩斯於 1929 年設計的德國西門子城住宅區中得到了充分的表現。這是一個小型經濟住宅的範例，它確立了今後，大規模住宅建築的基本方向。

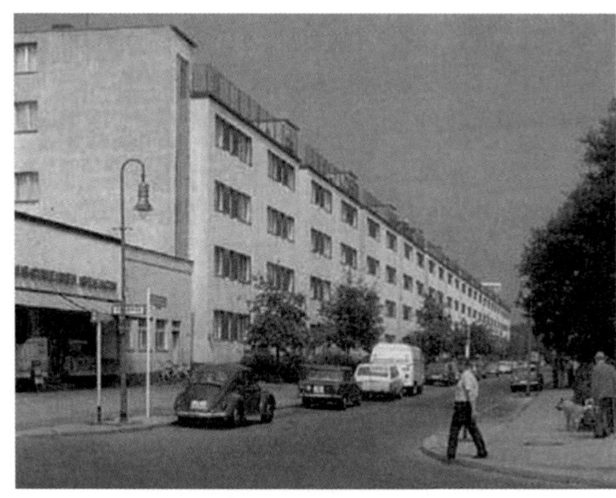

※ 德國西門子住宅區是格羅佩斯所提倡的經濟住宅的一個範例。

在 1933 年納粹掌權之後，格羅佩斯被迫移居英國。他和英國的建

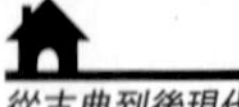

築師合作建造了一系列的建築，1936 年建成的平頓鄉村中學是其中的代表作品。這些建築使英國傳統的保守主義設計理念受到了理性主義思想的衝擊。1937 年，格羅佩斯受邀前往美國，成為哈佛大學建築學教授。同年，格羅佩斯加入美國國籍，第二年任哈佛大學設計研究院院長。在教書的同時，格羅佩斯在波士頓近郊設計建造了自己的住宅。住宅位於一個緩坡的頂部，周圍是大片的果園，山色優美。

格羅佩斯在設計時借用了美國的小型住宅通常採用的木框架結構，除了白色的木欄杆和國際式的條形窗外，建築師還選用了磚和毛石等材料，磚砌的煙囪、毛石地基擋土牆等使這所住宅具有了濃郁的美國風格。

住宅裡面，為了有效地利用空間，建築師將一個打通的大空間作為起居室和工作間，這樣的設計也可以減少走廊的數量和長度。格羅佩斯用一個斜向的玻璃磚牆將工作室和餐廳分隔開，因為玻璃的有效運用，這種分隔並不影響室內的光照。

住宅的入口與主體建築形成了一個精心設計的角度，兩根細細的鋼柱和一道玻璃磚牆支撐著長長的入口雨蓬。還特意在旁邊設置了一個鋼制的螺旋樓梯，這樣就可以直達房屋二層的平臺，增強住宅在使用上的靈活性。

格羅佩斯在設計這座建築時充分考慮了功能方面的需求。如住宅南側的挑簷正好可以有效地遮擋夏天的烈日，同時建築師又在外牆和挑簷間預留出一個空檔好讓上升的熱空氣從中散發掉。格羅佩斯不僅考慮了夏季的情形，在他的設計下，這所住宅還可抵禦室外最低紀錄零下 21℃的嚴冬。

建成後的格羅佩斯住宅被稱是波士頓近郊的第一幢現代住宅，但這所住宅並沒有顯得與當地社會與自然環境格格不入，恰恰相反，建築師在一開始設計時考慮到了將包浩斯關於簡樸性（Simplicity）、功能性（Functionality）和統一性（Uniformity）的精神，有效地融入新英格蘭的地方風格中。在這之後，格羅佩斯陸續接到了不少住宅建築的案子。除了小型的住宅，格羅佩斯和他的在包浩斯時的學生布勞耶爾還合作設計了美國匹茲堡的鋁城住宅區。

1945 年，格羅佩斯領導一群年輕的建築師成立了「協合建築師事務所」，格羅佩斯的理論在第二次世界大戰之後開始受到各國建築界的推崇。格羅佩斯帶領協合建築師事務所的建築師一起設計建造了哈佛大學研究生中心和巴格達大學校舍等著名作品。

哈佛大學中心包含了七座宿舍樓一個有俱樂部、食堂、圖書館等的綜合性大樓，這些獨立的大樓由帶頂的走廊連接在一起。建築師特意在不同的高度上佈置了大片的綠地，這使得那些簡潔的低層樓房就像分散在大自然中，很符合美國人的口味。

1957年進行的巴格達大學的設計規模巨大，而在1962年所設計、位於西柏林一座可容納5萬人的新城區對格羅佩斯來說更是一個前所未有的大訂單，這個城區現在就是以他的名字來命名。

美國駐雅典大使館是格羅佩斯在50年代最具特色的作品。建築師參照古代希臘、羅馬建築的特點，廣泛使用了柱子，使館大樓圍合成一個內院，它的外部四周都是用大理石砌面的柱子，這樣的柱子同樣也分佈在內院的周圍。格羅佩斯在晚年依然接到不少訂單。他在1969年7月5日於波士頓去世。毫無疑問，格羅佩斯關於建築的理論和實踐引領了一個時代。雖然有人批判現代主義建築千篇一律、忽略人的精神需求，不過格羅佩斯對於現代建築的開創性貢獻依然值得我們銘記。

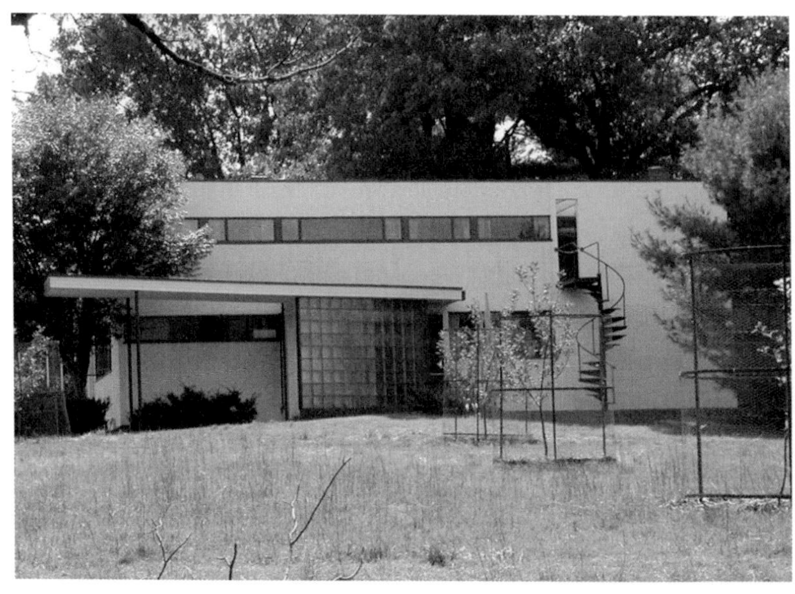

※ 格羅佩斯為自己設計的房屋被稱為是波士頓近郊的第一座現代化住宅。

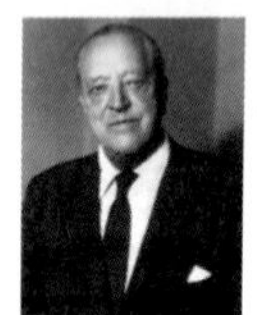

密斯
少就是多解剖建築皮骨

Ludwig Mies Van Der Rohe（德國 1886-1969）

路德維希·密斯·凡·德·羅沒有接受他那個時代流行的新藝術教育，他憑藉著豐富的實踐經驗、堅強的意志和自己對於建築的獨特理解成長為 20 世紀最具影響力的建築巨匠之一。

1886 年 3 月 27 日，密斯出生在德國一個小石匠的家裡，家庭生活還算富裕。1905 年，19 歲的密斯來到了柏林，在一個擅長木結構設計的建築事務所工作，後來他又轉到了德國著名的傢俱和木結構設計所——保羅事務所。兩年以後，密斯離開事務所，設計了他建築生涯中第一個專案——新巴貝爾斯貝格的里爾住宅。里爾住宅的設計顯得較為保守，他採用了 18 世紀的傳統建築風格，內部是連續的木格板牆，陡坡屋頂上加有老虎窗。雖然大多數人認為這是一座完美的建築，但是在密斯看來，沒有缺點的建築就不是一座好建築，個性鮮明才是他努力的方向。

1912 年密斯應邀赴荷蘭海牙為克呂勒夫人設計住宅（沒有真正建成），同時參與了俾斯麥紀念堂的設計，第二年，密斯從海牙回到了柏林，設立了自己的事務所。第一次世界大戰爆發以後，他參加軍隊服役。到了 20 世紀 20 年代，美國建築摩天大樓的風潮吹到了德國，在柏林鐘樓公司主持的一個高層辦公樓的設計競賽中，密斯設計的方案因為具有高度的簡潔性和開闊的思路而受到了讚揚，但是卻沒有在競賽中獲獎。原因是他的設計方案超出主辦方對建築功能和佈局的要求，尤其是結構採用了鋼板框架和懸臂樓板的做法，外面全部包以玻璃，這樣的設計在當時德國經濟捉襟見肘的情況下只能是一個美麗的幻想。但是，密斯所開創的陡直建築造型和玻璃幕牆結構，成為後來建築師們競相模仿的對象。

為了充分展示自己的設計理想，1922 年密斯又設計了一座他理想中的玻璃摩天大樓方案。此樓高 30 層，被規劃在一個不規則的五邊形地段上，位於兩條馬路的交叉點。這個自由的平面塔樓是由三個曲線型的平面體組成，各自獨立又相互隸屬。三個體形由深凹槽彼此分開，功能鮮明。

隨後，密斯設計了一個鋼筋混凝土辦公樓的方案，密斯試圖用最少的手段獲得最大的效果，因此在鋼筋混凝土的使用上，他沒有設計太多的虛假裝飾，不用承重牆，只用柱子和大樑，這就是建築界通常所稱的「皮與骨」的建築。後人也因此稱呼密斯為「解剖學建築師」。

密斯設計的理想方案中還有一個混凝土鄉村別墅，不同傳統別墅建築，該建築由一個中心向三個方向大小不等的伸展出翼，每個翼部都是平屋頂的棱柱形體量，這種自由的不對稱結構所形成的實虛對比的效果是建築的最大特色。從功能上劃分，三個部分分屬於起居室、餐廳和服務用房等。密斯應用鋼筋混凝土的初衷就是想節省大量的材料，因此他把住宅的有效載荷集中在幾個結構支點上。為了消除鋼筋混凝土隔熱性能不高、容易傳聲的弊端，密斯在別墅的外部設計了隔熱的材料，同時利用橡皮貼的樓梯、拉門和拉窗等隔離噪音。

儘管在 20 年代的歐洲，他曾因為這些方案而被看成為一位幻想家，但是一個不可否認的事實是，密斯在這些設計中展現了高度的表現技巧，它們甚至被認為是優秀的藝術作品。其實，密斯的這些方案並非荒誕不經，它們都是考慮了技術的可行性與建造的現實性，這在現代建築後來的發展過程中得到了證明，只不過當時密斯的想法過於超前。

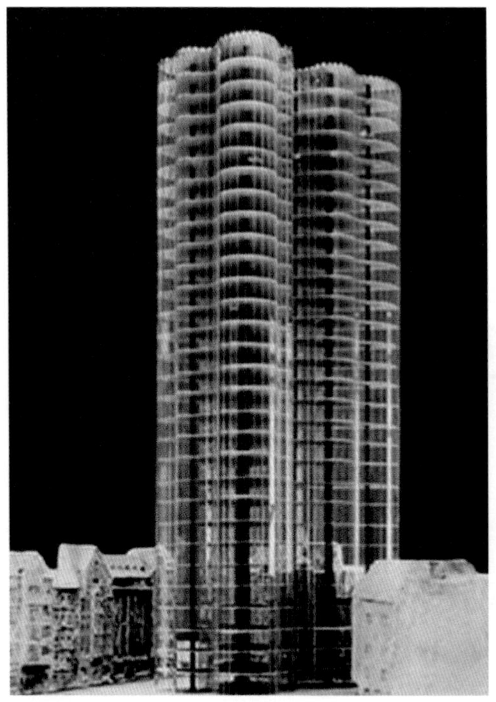

※1922 年，密斯理想中的摩天大樓模型。

隨著德國經濟的恢復，密斯關於現代建築的夢想逐步得到實現。1924 年，他在新巴貝爾斯貝格設計了一座大型住宅，這是戰後他所設計的第一個作品。在隨後的幾年裡，他又建造了一些非常經濟的公寓，外觀簡潔明瞭。建築立面全部是清水磚牆，磚材的粗糙質地和建築的工藝水準在他的作品中成為了規則的韻律，不斷被大膽地表露出來，如沃爾夫住宅、蘭格住宅和埃斯特斯住宅，磚砌結構平整、精緻，清一色的磚材鋪面顯得素雅、整齊，外觀上保持著辛克爾式的平靜風格。

兩年後，密斯被任命為德意志製造聯盟的第一副主席。他於1927年主持了在斯圖加特舉行的魏森霍夫區住宅展覽會。在這屆展覽會上，密斯一直以來努力宣導的「少就是多」（Less is More）的座右銘得到了淋漓盡致的發揮。他要求展覽會上的展品必須做到少而精，而且陳列用的隔斷牆、架子和櫥窗也儘量少用，已達到最大限度地展現展品的藝術效果。另外，襯托展品的構件也要和展品的性質一致，如玻璃展品的襯托隔牆必須用玻璃的材料，這樣就會非常簡潔，成為了密斯獨特的設計標語。密斯設計的純粹主義的傢俱，尤其是其中的「金屬籐椅」在這屆展覽會上一炮而紅。這種彎曲鋼管而成的椅子直到現在仍十分常見。

1929年密斯應邀設計了巴塞隆納博覽會上的德國館。這是一座帶有巨大的水準屋頂的單層建築，漂浮的屋頂和敞開的平面，類似萊特草原式住宅。建築坐落在水池點綴的寬大的基臺之上，抬高了建築的視覺效果。建築的內部被玻璃和大理石的屏風所分離，材料相當精細、富麗，規則的鋼框架結構和把牆體引申到外部空間去的處理斷然而明確。

到了30年代，隨著更多作品的問世，密斯的聲望在歐洲達到了高峰。1930年，他被任命為包浩斯學校的校長，次年獲普魯士藝術與科學院院士的稱號。在德國納粹黨執政期間，為了炫耀民族的精神，新古典主義的建築甚囂塵上，密斯所宣導的現代建

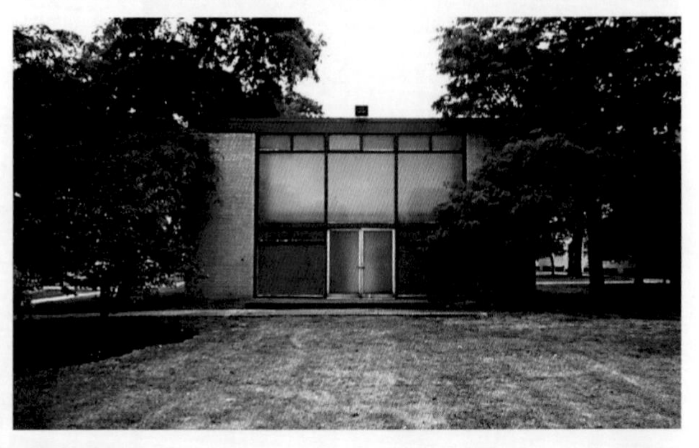

※這是密斯設計的學院小教堂，充分採用了鋼框架與模數制磚牆。

築運動遭到了壓制。

1937 年，經過朋友的介紹，美國現代藝術博物館評論委員會的委員里索夫人委託密斯為她設計一座夏季別墅，並在巴黎見了面。這次會面成為密斯人生道路上的轉機，之後他搭上前往美國的輪船，在新大陸，密斯接受了阿爾莫理工學院聘任，正式成為該院建築系主任。

第二年，密斯完成了里索住宅的設計任務，方案中這座鄉村別墅捨棄了原來採用的流動空間或者庭院式組合的方式，建築師將住宅設計成一個獨立的長方形盒子，橫跨在一條小河上，石頭的基座分置在兩端，當然住宅的正、背面大部分是玻璃幕牆，非常有秩序感。

在阿爾莫學院工作期間，密斯重新規劃了阿爾莫學院的新校園，他採用了網格佈置的方法，單位是 24×24 英尺（恰好是室內高度模數的 2 倍）。這種近乎苛刻的秩序原理設計手法是他第一次採用，整個校園的規劃設計，就像流水線的工業產品一樣被嚴格地計算好，以達到整齊佈局的目的，從而體現學校的美學效果。在建築設計上突出特徵就是在結構部件上不附加雕刻裝飾，表現了機器美學的思想。

密斯還在校園中設計了一個極具特色的小教堂。為了使其能夠不依附其他傳統形式，密斯將它處理成一個長寬為 60×37 英尺，高度為 19 英尺的封閉空間。正面分為五開間，中間三間全部是玻璃門窗，淡藍色的磚牆位於兩側，這種簡單的幾何造型體現了密斯所追求「於小體量中展現不朽」的建築理想。

1944 年，密斯加入美國籍，密斯風格的建築也開始在世界的主要城市風行起來。即使這樣，密斯仍然保持清醒的頭腦。他認為建築藝術的源泉在於材料，磚和玻璃是他在德國常用的材料，來到美國以後，他發現了鋼材。讓密斯感到欣慰的是，玻璃與鋼材的結合是戰後美國最愛用的建材，他們把這種組合視為美國文化的奇蹟。

這一段時期，密斯接受了房地產商格林沃爾德的邀請，設計一座高達 22 層的芝加哥海角公寓，由於二戰造成的鋼材短缺，原來構想的鋼和玻璃帷幕被鋼筋混凝土取代。芝加哥湖濱路 860 號 -880 號公寓姐妹樓是密斯接手的第二個委託項目，這座公寓高 26 層，採用的是玻璃幕牆和平屋頂。它的問世對本世紀的高層建築產生深刻的影響，成為後來高層建築的範本。

兩座長方形平面的大樓佈局緊湊，相互之間成曲尺狀相連。大樓的結構由框架組成，顯然密斯所遵奉的是盡可能地表現結構特徵的需要。支柱和橫樑組成立面構圖的基調，開間呈長方形，設有鋁合金窗框。窗櫺和支柱外面焊接了工字形鋼，增強建築的垂直感，使平淡無奇的建築表面活潑起來。底層的牆體退到支柱的後面，這樣做的結果是底層形成了一圈敞廊，既照顧到建築的實用性，又兼具了秩序性的美感。

這兩座塔樓體現的高層建築形式來自於結構的建築理念，密斯這個德國老人所推崇的哲理觀適應了美國實用主義的需要，他將建築還原到結構要素，表達他充滿時代精神的不懈探索，藝術和理性得到了雙重體現，這也被看作是他高超藝術涵養的自然流露。

1956 年，密斯主持建造了芝加哥湖濱路 900 號公寓，在建築的總體佈局中同樣採用了直角相聯的方式，從此「雙樓」在美國開始流行，影響著美國的建築趨勢。

伊利諾理工學院克朗樓（建築系館）是密斯 20 世紀 50 年代中期的代表性作品。在這座建築中，他改變慣用的流動空間的手法，而採用統一空間的構思。建築分兩層，上層是一座精美的玻璃方盒，長 220 英尺，寬 120 英尺，高 18 英尺，內部是一個沒有阻礙物的大空間。4 對柱子間距 60 英尺，柱子之間用板梁連接，屋頂懸掛在板梁的下面。為了使半地下室有充分採光和通風，密斯還將上層的地面比室外抬高 6 英尺。建築的入口處採用對稱的方式，有一個寬敞的平臺和階梯。

與此同時，密斯還設計了兩個大空間建築的方案，分別是西德曼海姆國家劇院和芝加哥大會堂，這兩座建築展示著密斯在處理空間上的熟練手法。有人這樣評價：「他植根於無懈可擊的理性，但又把理性推到了非理性的極端。」

同一時期密斯所設計建造的高層辦公樓非西格拉姆大廈莫屬，菲力浦·詹森擔任他的副手。遵照業主所要求的設計原則，密斯設計了一座高 39 層與大街平行、高聳的長方形柱體。玻璃幕牆是筆挺的垂直線，選用淡灰色的玻璃，加上銅皮飾面的建築材料，顯出一種尊貴高雅的氣氛。主體建築的背面連著裙樓，兩邊是側翼，表現出軸線的形象。

由於西格拉姆大廈整體後退了20餘公尺，兩邊內收了約9公尺，所以在大廈前形成了一個開敞的都市空間，提供市民休憩娛樂。這個面積看似不大的廣場是犧牲西格拉姆公司的經濟利益為代價，因為按照當時紐約法規的規定，大量的大廈底層可以出租。

西格拉姆大廈及其廣場是美國建築設計中的經典之作，大廈的純潔性是它永恆的價值所在。但為此他與助手詹森理念相左，因為詹森嘗試放棄密斯的結構表現原則，偏重於平整的新古典主義，最終兩人分道揚鑣。但是，客觀地講，詹森對西格拉姆大廈的貢獻不亞於密斯，他的許多室內設計的作品，包括著名的四季飯店、中央水池等都為這座大廈增光。

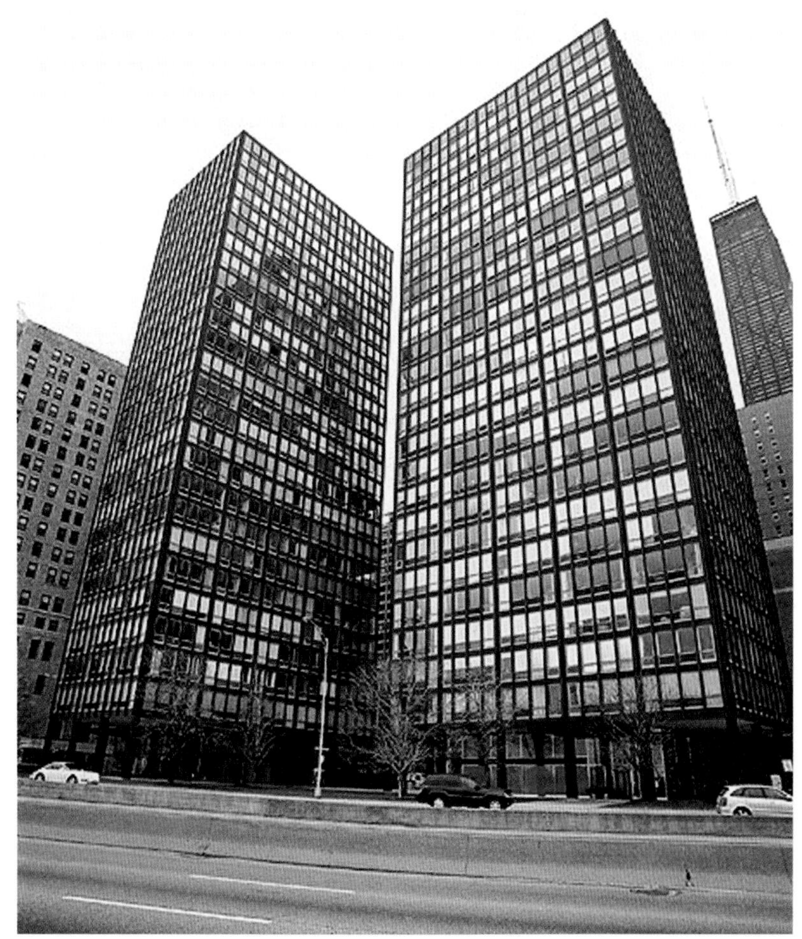

※位於芝加哥湖濱路860-880號的這座雙樓高26層玻璃幕牆，平屋頂。它的問世對本世紀的高層建築產生了深刻影響，成為後來高層建築的範本。

1958 年，密斯從伊利諾理工學院退休，同一年，紐約的西格拉姆大廈落成。此時年屆 72 歲的密斯關節炎舊傷發作，不能親臨現場。在此後的十年中，他不得不依靠輪椅代步。

從 60 年代開始，密斯的建築作品開始分為兩種基本類型：棱柱式的塔樓和單體大空間的廳堂式建築。這一時期的代表性作品主要有

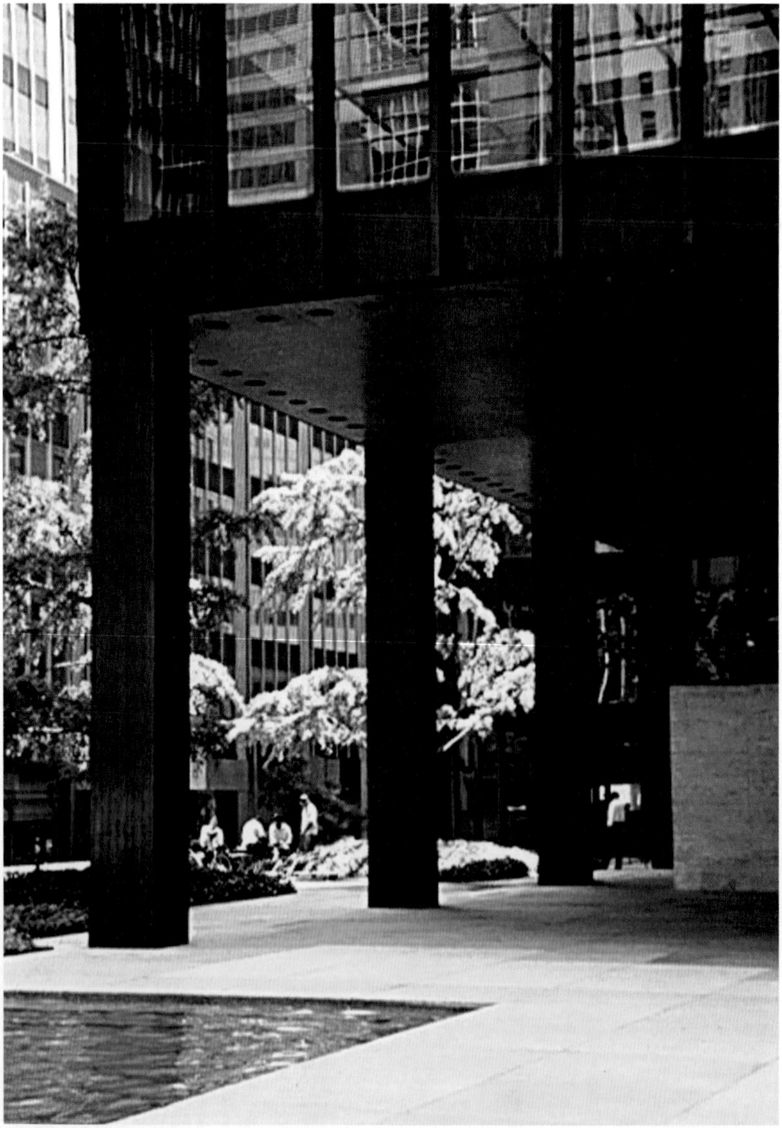

※ 新國家美術館寬敞的正方形玻璃大廳的屋頂由 8 根鋼柱支撐。

※ 西格拉姆大廈的廣場左右兩邊設有水池，旁邊鋪就迪尼安大理石，散發出生活的氣息。

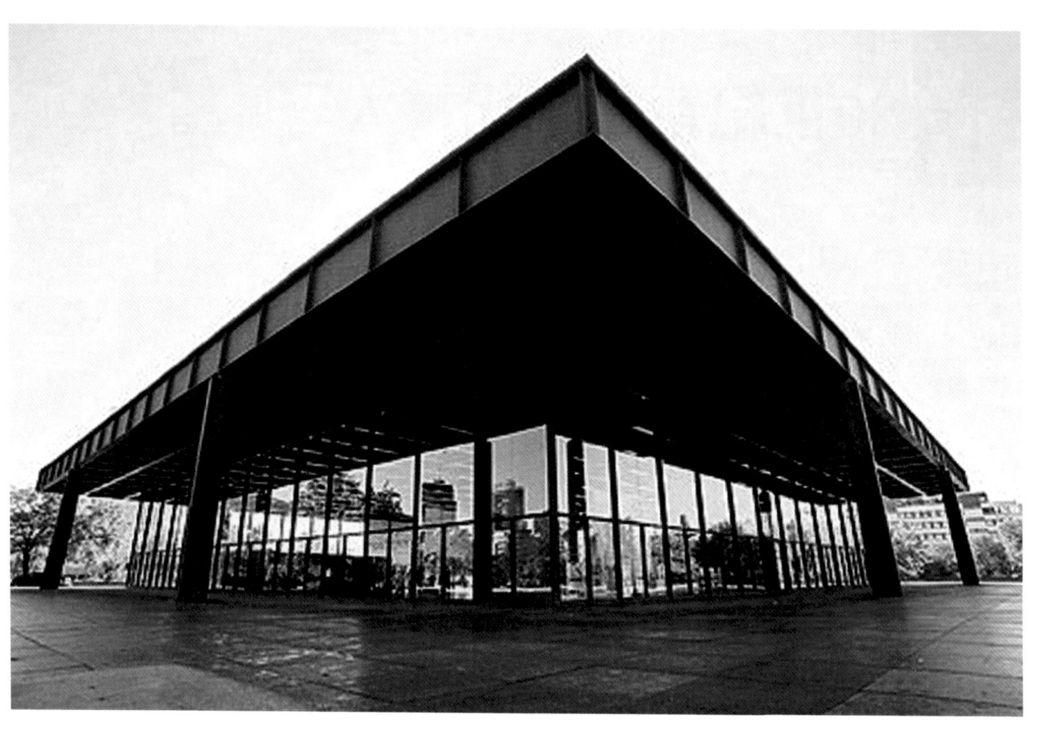

多倫多的多米尼中心、蒙特婁的韋斯特蒙特廣場和芝加哥的聯邦中心。此時美國的建築界對密斯大量單調的、沒有裝飾的鋼與玻璃建築的氾濫感到擔心，對他的設計理念提出批評。甚至有人認為密斯所堅持的「少就是多」的信條，實際上就是「少就是厭煩」的代名詞。現代派面臨著前所未有的危機，甚至在現代派內部也出現分裂。密斯從未正式對此做出回應，但他認為：「一個好的構思不可能適合所有的功能需求。」

西柏林新國家美術館是密斯在這段時期最為著名的作品。他把這座美術館設計成一個古典的廟宇，柱廊圍繞，軸線對稱。巨大的展覽大廳包括一個沒有內柱的通用空間，四周是玻璃幕牆，屋頂用整體網格式鋼結構做成。1963 年，密斯接受了美國總統詹森授予的自由勳章。1969 年 8 月 19 日，密斯因食道癌復發離開了人世，享年 83 歲。

密斯認為建築的任務不是在發明造型，他由此提倡簡潔的建築風格，當然，他所稱的簡潔並不意味著簡單。密斯說，建築「最起碼還應該是優美，甚至是宏偉的」。

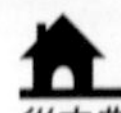

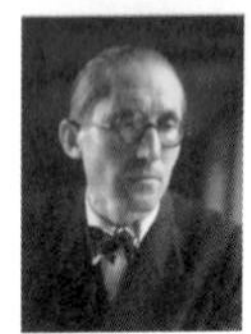

科比意

20世紀新建築代言人

Le Corbusier（瑞士 1887-1965）

廣為人知的科比意其實是一個筆名，這位建築師的真實名字叫做查理・艾杜・奈爾德（Charles-Edouard Jeanneret）。科比意於1887年10月6日出生在瑞士西北部，在家中排行老二。父親是一位鐘錶雕刻師，母親是一位鋼琴家，在當地享有極高的聲望。

三歲時，科比意進入幼稚園。他體質很弱，不太喜歡參加小朋友們的遊戲活動，性情顯得有點古怪。隨著年齡的增長，科比意倔強的個性愈來愈明顯。1901年，科比意進入了拉秀德豐藝術學校繼續自己的學業。這是一所專門培訓鐘錶雕刻人才的專業學校，由於那些昂貴的金銀雕刻需要較高的技巧，這對於視力欠佳的科比意來說，是非常困難的。也就是在這所學校，他在一位名叫勒普拉德尼的老師影響下，將興趣轉移到了建築方面。

1907年9月，科比意走訪了義大利北部的16個城市。在佛羅倫斯，他參觀了艾瑪修道院，這種融合個人和群體的空間配置給他留下了深刻的印象。

受法國巴黎在維也納演出的歌劇感染，科比意又決定去巴黎瞭解和感受那裡的藝術氛圍。當時法國美術學校的學院勢力左右著法國的主流藝術文化，金屬和玻璃材料開始被一些建築師運用到建築上。科比意原本想去圖案設計師及工藝師葛拉瑟的事務所工作，但是當葛拉瑟看完他的作品後，覺得科比意應該學習鋼筋混凝土技術，於是就把他介紹到了佩雷事務所。工作之餘，科比意對法國建築的造型進行深入的研究，據說《法國建築理性詞典》是他用第一個月薪水買的，這本書使他的建築設計從單純的藝術造型轉入了理性思考。

1909年底，科比意回到家鄉，成立了一間聯合藝術工作室。在隨後的工作中，科比意對強調和諧比例關係的德國建築產生了濃厚的興趣。1910年他展開了德國之旅。在母校的資助下，他對德國應用技術的演進進行研究。這一時期的成果體現在《德國裝飾性藝術運動之研究》一書中。

科比意進入貝倫斯事務所工作，期間結識了同在事務所工作的密斯・凡・德・羅。雖然5個月的繪圖工作讓他受益匪淺，但是科比意仍然抱怨學到的只是一些膚淺的東西。在完成母校委託的項目以後，科比意開始和朋友一道去探訪一個古老而又特殊的城市——君士坦丁堡，這裡的伊斯蘭建築使他備感新奇。那些有正立方體和圓球體等幾何圖形組成的建築壯觀而細膩，回教寺內的空間更顯示出超強的震撼力。

這次旅行歸來之後，科比意協助老師勒普拉德尼負責學校的教學工作，每週有12個小時講授幾何在建築上的應用、自然的裝飾圖案等。1912年，科比意為父母設計住宅，此後，他又為鐘錶企業家設計了一座別墅，別墅的整體風格仍然是古典式，明朗而端莊。科比意開始逐步脫離早年所依循的瑞士傳統的山間木屋形式，轉而強調古典建築轉向性的空間組織原則，外觀上也不再採用自然形式加以抽象化的裝飾圖案，努力降低裝飾的意味。

※ 看似平淡無奇的多米諾住宅系統因適應了第一次世界大戰後的建設需求，影響了建築的未來。

第一次世界大戰爆發後，科比意的生活並沒有受到太大的影響，他的視力問題使他免除兵役，而且瑞士所採取的中立政策也使國家免

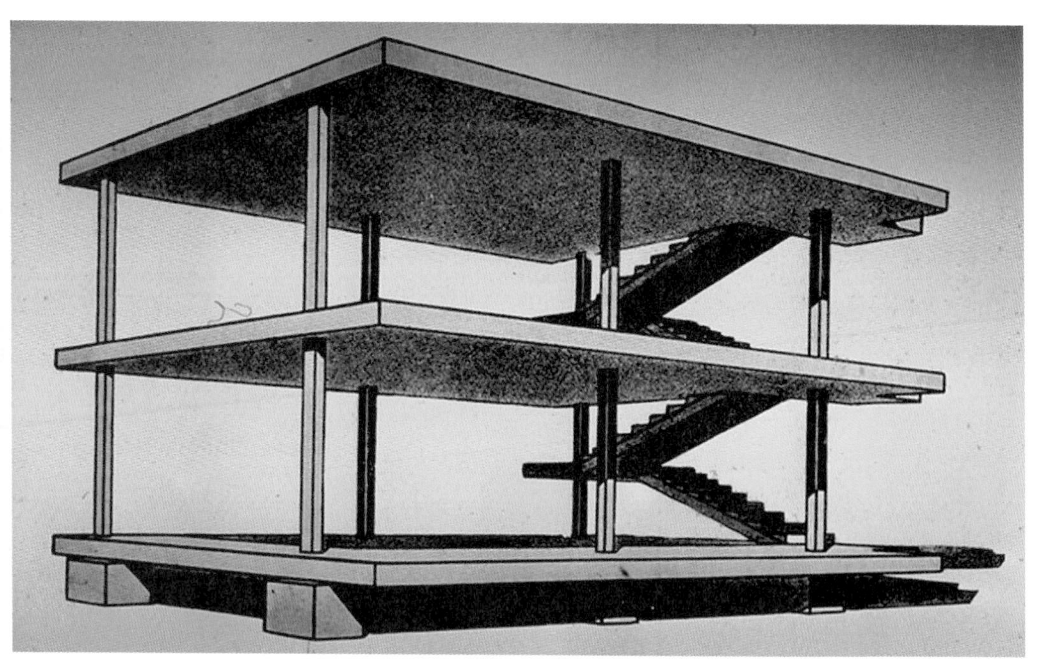

遭戰火波及。但戰時的條件使科比意不得不考慮快速建造廉價住宅的辦法，鋼筋混凝土技術的運用成了他下一步努力的方向，多米諾住宅系統就是在這樣的時代背景下所產生。

多米諾住宅用 6 根鋼筋混凝土柱取代了傳統的承重牆結構，無樑的平板取代了木構造樓板，中間只靠一個敞開的樓梯連接。這種形式上的理想主義提供了自由的平面、自由的立面與自由的單元組合，樓層的空間、牆面和窗戶的位置可以隨著設計者的意圖隨意設置。這個看起來平淡無奇的構造卻影響了整個建築的未來。

科比意在許沃柏別墅中運用簡單的幾何造型強調水準空間構成，別墅高兩層，平面以正方形為基礎，立面以黃金比的矩形為基礎，決定開口部位的位置和大小，別墅同樣呈現了古典建築的特色。在工程技術的處理上，採用鋼筋混凝土和雙層玻璃，滿足了瑞士特有的氣候特徵，既有利於採光，又能抵禦冬季嚴寒的天氣。

隨後，科比意移居到巴黎，並開設一間生產新型建築材料的工廠，但工廠的效益並不好，他不得不於 1921 年 7 月關閉工廠。1920 年，科比意成為視覺藝術刊物《新精神》的編輯，也就是在此期間，他開始用外祖父的姓取筆名為科比意。這個時候，科比意開始這樣定義建築：「建築是在陽光下組合量體的一項聰明、正確、巧妙的遊戲。從中可以看出他對建築設計的把玩和與眾不同的建築理念，那是一種至高的境界。」

同一時期，科比意開始構想城市的規劃。他認為高層樓房除了採取十字形平面的方式獲得充足的陽光以外，也應該運用退縮的手法便於室內採光。對城市未來的發展，他提出了集中的原則和高密度發展的理論，認為高樓的發展是提高市區密度並能增加綠地的唯一方式。科比意還對巴黎的城市規劃提出了構想，他甚至破天荒地建議，在塞納河以北到蒙馬特山丘之間，除了保留羅浮宮、協和廣場、凱旋門以及少數的教堂以外，其他則統統鏟平，將「當代城市 」的概念植入其中。

所謂的「當代城市」的概念，科比意曾經通過模型加以展示。城市的中央有 24 棟 60 層高的辦公大樓形成城市商業中心，四周環繞著退縮狀的集合住宅和由住宅單元組成的 10 層高樓，圍繞著綠化中庭的獨立街景。科比意的這種計畫只能是一個理想化的城市規劃，割斷

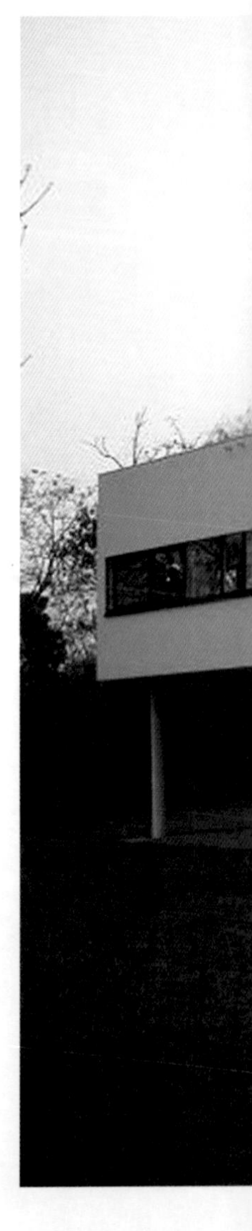

※ 薩伏伊別墅是一座架高的白色混凝土方盒子，集中展現了科比意所推崇的建築五要素。

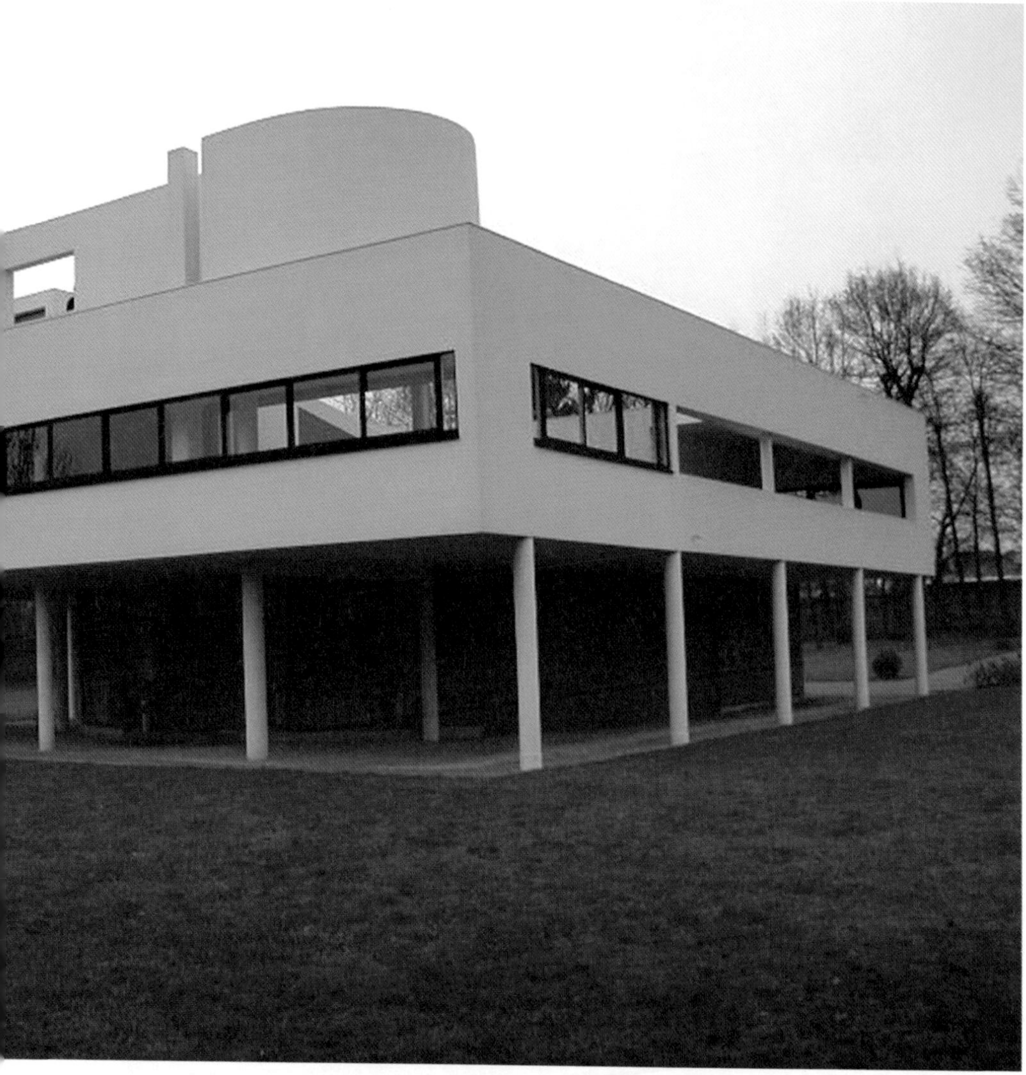

了城市的歷史文脈，也沒有考慮到政府的財政能力，但是他所宣導的居住、商業中心和交通問題的大規模城市規劃成為現代城市的範本，可以有效地消除城市中心的擁擠、增加城市人口密度、解決交通問題及提高綠化面積。

除了在建築理論方面的創新，科比意在 20 世紀的 20 年代還設計了很多住宅，最具代表性的建築就是薩伏伊別墅。這棟別墅是一個架

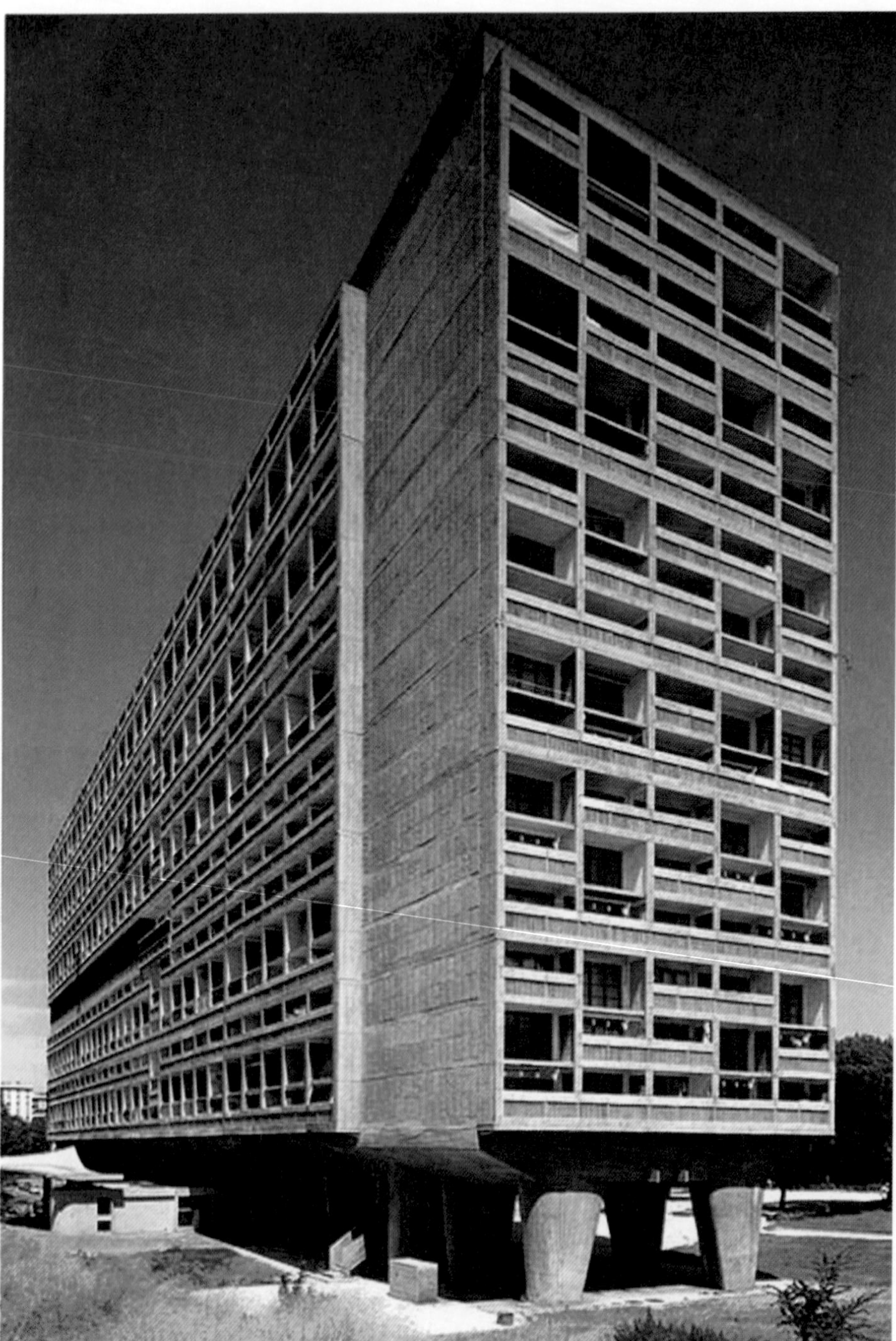

高的白色混凝土方盒子，一個三段式的結構體系在水準和垂直方面將體量分割開來。視窗橫直排列，穿過了三個方向的立面，是別墅的眼睛，從這裡可以眺望果園，恰如科比意自己形容的「一個讓人睜大眼睛的機器」。視窗下方的底層空間是一個被列柱架空的涼廊，使整座建築看上去有漂浮的感覺，相對於以前用石頭承重的建築物而言，這的確算得上是一次革命。盤旋而上的坡道將建築在縱向上剖開，拾級而上，還可以欣賞周圍的景致。屋頂的日光浴花園，是一個享受自然和陽光的美好空間，時而重疊，時而透空。

從這棟別墅身上，我們不難發現科比意是以立體派畫家的身份來詮釋物體的。他對這個充滿現代氣息的大立方體進行了巧妙的分割，從而使這個方盒子的一部分可以容納大小不等、錯落有致的房間。這棟別墅也集中體現了科比意所推崇的建築五要素：獨立支撐、屋頂花園、自由平面、帶狀窗戶和自由構成的立面等。也正是在這五項原則的指導下，科比意建造出了與以往石砌結構形式的建築徹底決裂的里程碑建築。

1928 年 6 月，科比意和幾個建築師一道在瑞士成立了國際現代建築協會，即 CIAM。兩年以後，科比意正式加入了法國籍。當瑞士大學董事會決定在巴黎大學城中建造一個瑞士館，給身在巴黎的瑞士大學生們提供便利的學習條件時，他們選擇了科比意。不過由於董事會的預算少得可憐，而且瑞士館所在的地方地質較差，科比意不得不多次調整方案，以達到節省資金又不失原則的目的。他仍然沿用了獨立柱和帶形窗，45 間學生宿舍置於粗壯的混凝土立柱之上，遵循了多米諾系統，以達到節省資金的目的。可自由穿越的地面公用層由不規則粗石砌成的牆包圍起來，每間宿舍都是互不關聯的實體，保證了單元空間的獨立性。雖然科比意一再宣稱這所建築是精神性的，但是它卻兼具了物質的意義。

20 年後，科比意同樣將他對瑞士館的設計理念，運用到另外一個最具代表性的建築上，即戰後對於集合住宅影響最大的建築——馬賽公寓。該建築 1949 年 10 月 14 日工程正式動工，3 年後工程完工。

※ 馬賽公寓由巨大的混凝土柱樁結構支撐，並不顯得笨重。

作為一個「家的盒子」，馬賽公寓稍顯龐大。大樓共有 18 個樓層，其中有 23 種不同類型的 337 戶錯層式公寓，底層是巨大的混凝土柱樁結構。巨柱下面的自由空間用於交通和停車，主入口和電梯也設在

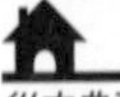

這裡。每個單元跨越 3 層，整棟建築只有 5 條走廊，每 3 層一條。大樓7層和8層的內部設有一個大型購物中心，除了日常生活用品以外，還設有洗衣店、藥房、理髮店、郵局等。最頂層包含一個幼稚園和托兒所，由斜坡道直達屋頂的空中花園，那裡有一個游泳池和兒童活動的場地，一個健身房，一條跑道和一個花房。另外，屋頂還有一些服務設施，包括假山、室外劇場和影劇院等，其中最引人注目的是將空

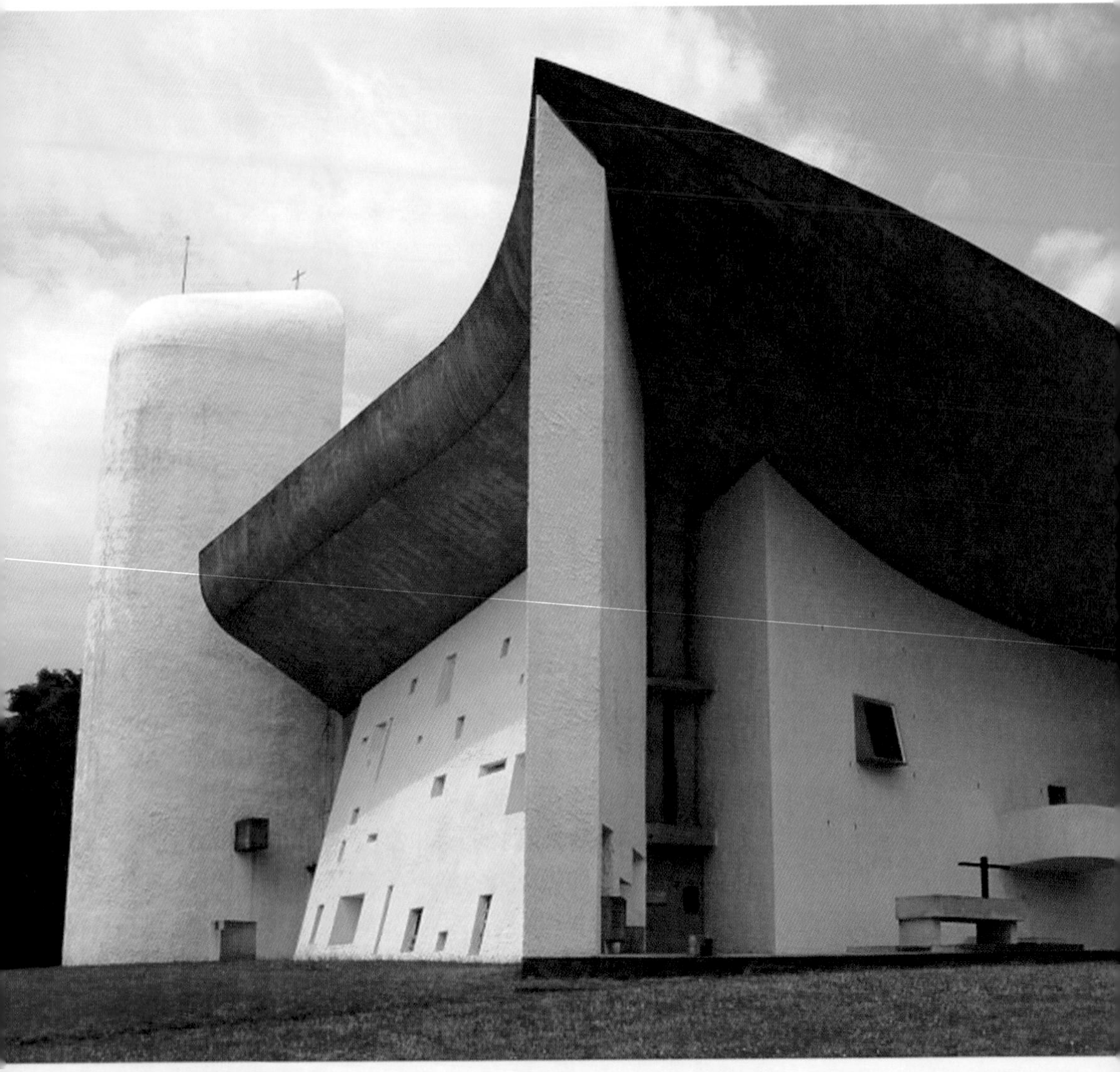

氣排出建築物的巨大的倒錐形煙囪。

大樓中沒有傳統意義上的入口和大廳，門廊、牆體、門窗、陽臺和屋頂等所有的元素都被重新闡釋，而且這種顛覆性的破壞並沒有偏離既有的建築框架。建築的外觀雖然遭到了眾多的非議，甚至被懷疑是使用了有缺陷的材料所導致，但是科比意堅持認為，那些粗糙的混凝土效果是深思熟慮的結果，只有這樣才能保存材料自身的波狀紋理和豐富的形態，真實的裸露是最美的胎記。馬賽公寓成為科比意最有創意和最具影響力的作品。

※ 朗香教堂建在山峰之上，曲線的造型被視為一條船，和地平線相呼應。

1950年初，科比意在孚日山區的一處山頂設計了一座小教堂——朗香教堂。建築西面和北面的牆壁向內凹進，而南面和東面的牆壁卻向內傾斜。三座塔樓是祈禱室，各自獨立捲曲，形成頂部的收藏室。屋頂是一個巨大的混凝土殼狀物，在中間處下彎並在角落處上揚，據說這一點是受了科比意在紐約長島撿到的「貝殼」的影響。

除了建築的外形以外，教堂內部各種色彩斑斕的光線交織在一起也非常有趣，可以說這是一座以光為主題的成功建築。但是，當你在聖歌聲中，去觀察建築的細節的時候，你又會感覺到這還是一座以聽覺為主的建築。也許，這就是科比意的成功之處，他能夠讓你用五官去感受建築的每一部分，包括他所渲染的藝術氛圍。

儘管這座教堂被建築史家佩夫斯納評價為「新非理性主義引起的最多爭議的紀念碑」，甚至被很多人看作是沒有實際功能的「祈禱機器」，但是朗香教堂仍然是科比意最具代表性的作品之一。它不但超越了冷戰時期的社會氣氛，也超越了宗教信仰，從這個意義上講，朗香教堂的文化價值比建築本身更重要。

科比意在亞洲也有許多作品，其中包括印度新的政府辦公場所、高等法院等。

晚年的科比意對死亡的態度非常豁達，他曾經說過：「死亡是我們每個人必然要走的出口，是自然的平衡，我不知道為什麼要如此傷痛。」晚年，他一個人躲在海濱木屋裡工作，每天游泳以保持體力。1965年8月27日上午，科比意因心臟病突發離開人世，法國文化部在巴黎羅浮宮為他舉行了隆重的國葬。

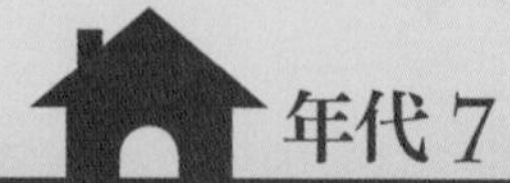

年代 7

現代主義後期

20 世紀末～

現代主義的發展使得「建築師」這一職業本身發生了深刻的變化。建築業同樣開始遵循資本主義經濟的運作模式，許多建築都是通過招標的方式來選擇經濟實用的方案。建築師逐漸成為這一競爭機制中的自由職業。

現代化的發展深刻影響著城市居民的生活，人們更加注重居室的舒適性，而現代化同時又使得人們的生活產生異化，人們更加嚮往曾經擁有的自然與個性，這同樣表現在對建築的追求中，建築師們通過建築形式的不斷革新來為人們尋求新的生活空間。

國際式建築大一統的格局在 20 世紀 70 年代後被打破了，所謂的「後現代主義建築」浮出水面，西方建築界呈現出了多元化的發展格局。建築師們開始採用被國際式建築所摒棄的西方傳統建築的裝飾元素，他們更加重視建築對人心理的影響，主張以裝飾手法來豐富建築的視覺效果。不過，建築師們遵循的設計核心仍然是屬於現代主義的，只不過他們給現代主義建築披上了一件裝飾的外衣。

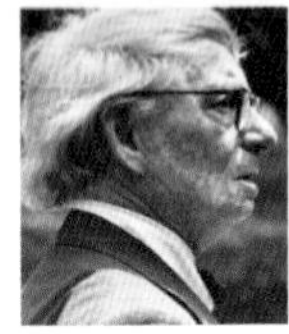

路易・卡恩
建築中暗藏哲理的詩人

Louis Isadore Kahn（美國 1901-1974）

作為一名建築師，路易・卡恩在現代建築的演變中佔有關鍵的地位。他被公認為大師，在思想、藝術、建築理論與實踐等各方面都有極佳表現。卡恩的思想中既包括了德國古典哲學和浪漫主義哲學的基礎，又融合了現代主義的觀念和東方文化色彩。他的建築理論往往像詩一樣艱深，充滿了隱喻；他的建築則是為這些詩句般的理論所做的最佳註解，卻也在無形中蒙上一層神秘的色彩。

卡恩於 1901 年 2 月 20 日在愛沙尼亞的薩拉馬島出生。1905 年，他隨父母移居美國費城。小時候的卡恩就已經表現出了超人的繪畫和音樂天賦，在他以後提出的建築理論中，經常將建築的創作與音樂聯繫在一起。1924 年卡恩從費城的賓西法尼亞大學畢業，隨後進入費城莫利特事務所工作。

1928 年，卡恩赴歐洲遊歷。他在這一時期接觸到了歐洲的先鋒派建築藝術，尤其是科比意的建築作品給他留下深刻的印象。他的古典主義建築理念開始動搖，功能主義此時對他來說顯得更有吸引力。

青年時期的卡恩在建築方面並沒有太大的成績，在美國乃至全球經濟蕭條的年代，卡恩沒有找到施展自己才華的機會。他於 1941 年至 1944 年間先後與豪和斯托諾洛夫合作從事建築設計。從 1947 開始，卡恩任耶魯大學教授，並成為耶魯美術館擴建工程的建築師，負責該館的設計。美術館從 1952 年開始動工，到 1954 最終完成。

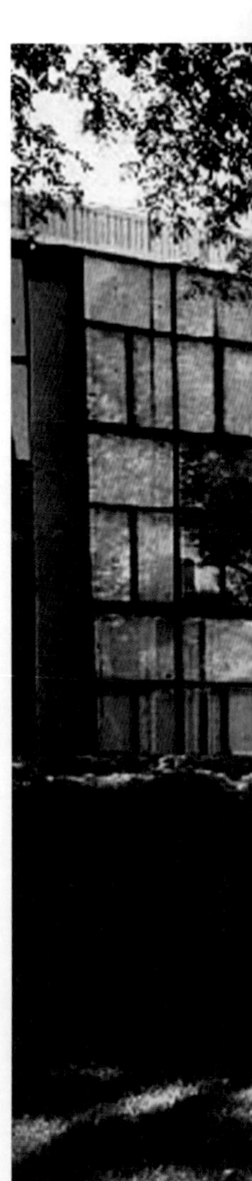

這座建築在戰後的美國具有一種紀念性的文化意義，與當時美國建築的庸俗外表相比，美術館更完美地呈現出了建築的內在本質。耶魯美術館是建築師卡恩在密斯後期美學觀的基礎上進行再次創新。在外形方面，隱藏了建築的骨架，而密斯通常是將建築物結構骨架的表現放在優先地位。另外，一些以前在建築中處於次要地位的元素如牆、地板等在這裡受到重視，被賦予紀念性的意義。密斯注重構圖上的對稱分佈，而卡恩卻通過專門的處理來掩蓋實際存在的對稱秩序。耶魯美術館的空間由四個方向的鋼筋混凝土架構來決定，它們圍合在一起組成了樓面地板，或者說是建築師以方柱和規律的格子將空間劃分成了四個基本部分。有人因此批評耶魯美術館缺乏結構上的韻律感，對建築的功能組織和視覺感受沒有做出太大的貢獻。

※ 卡恩在耶魯美術館的設計中刻意隱藏了建築的骨架和實際存在的對稱秩序，更完美地呈現出了建築語言的內在本質。

1952 年到 1957 年間，卡恩與建築師安唐進行合作。他們在此期間合作設計了費城市政大廈。這是一座以三角形為基本單元的高層建築，這個多面幾何體以伸向四方的混凝土樓板維持著穩定，而以垂直構架來抵抗來自横向的風力等。這在建築設計上是一種非常新奇的設

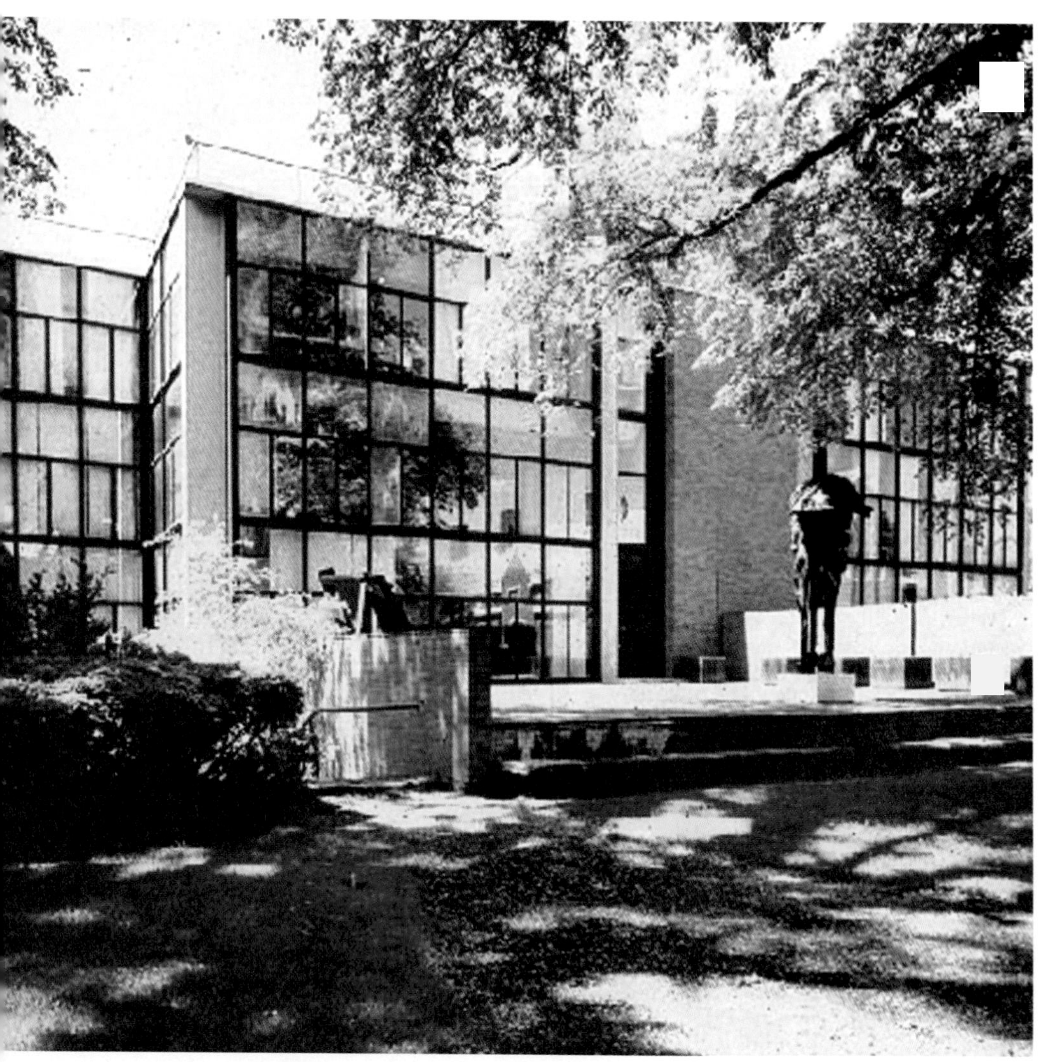

想。

卡恩自己說：「哥德時代的建築師使用堅實的石頭來構建建築，我們現在則使用中空的石頭。由結構組成的空間和結構本身同樣重要，這些空間從密不透風到開了窗洞、然後可以採光通風甚至大到可以居住通行，它們按照一定的尺度排列組合在一起。

如果是為了顯示某種風格，而在設計建築時表現這些窗洞，那麼這些造型上的嘗試必須來自於對屬性的深度認知和對秩序的堅定追求。如果要暗示出建築秩序，而將結構隱藏起來的手法是不可以的，因為這樣做的話就損害了藝術形式的發展。我相信建築和其他的各種藝術一樣，藝術家們總是在本能地保持著該作品是『如何造出來的』的痕跡。現在的建築通常都要求進行潤飾的處理，將視線可以到達的地方進行美化，另外也可以消除那些可以合併在一起的接頭部分。結構應該滿足空間的大小及其機械性的要求。假如我們在進行建築設計

※ 賓西法尼亞醫學實驗大樓的空間切分極具邏輯性，建築師的獨特處理使這座建築在整體上了呈現出了一種緊張的造型狀態。

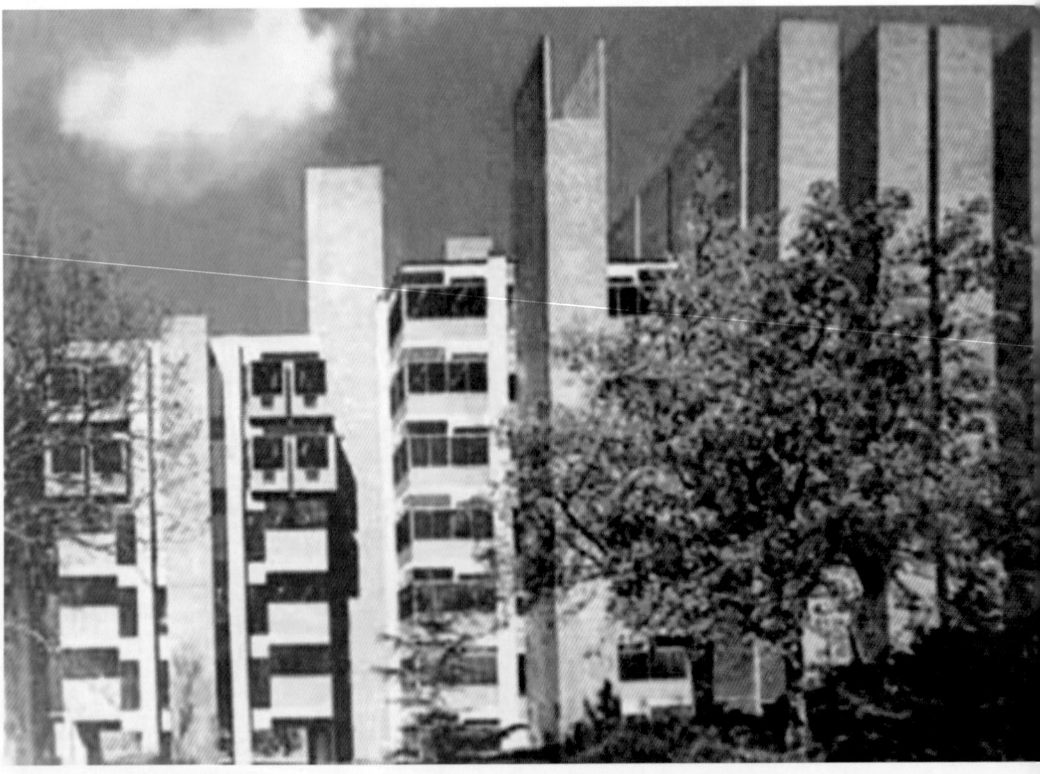

方面的訓練時，構建了一個想像中可行的結構，當自上而下對其進行描述時，混凝土或者是鋼結構的那些接點應該得到強調，它們即是這座建築『如何造出來的』的標誌。以此為基礎，裝飾才能以我們所喜愛的方式呈現出來。如果將窗、風管、水電管等穿過這些重要的結點，那絕對是不能容忍的。」

上面這一段話可以看作是卡恩後期建築創作的理論基礎，建築師以此說明了「建築本身的要求」是什麼。在耶魯大學美術館和賓西法尼亞大學醫學大樓，是理論得到驗證的例子。賓西法尼亞大學醫學實驗大樓的建造開始於 1957 年，1961 年完工。如同耶魯美術館一樣，卡恩在這座實驗大樓上所採取的表現方法與模式，很少受到建築程式經驗的影響。實際上這是一種功能與造型相分離的情形，建築師要創造出這樣的造型，必須是建立在對此建築的整體運作模式有深刻瞭解的基礎上。實驗大樓的空間切分極具邏輯性，它們使這座建築在整體上了呈現出一種緊張的造型狀態。

卡恩的整體建築觀念是到 20 世紀 50 年代中期才逐漸形成。早期的卡恩受到古典主義的影響，後來受到功能主義的影響，而在羅斯福新政之後，他再一次回歸到遙遠的歷史傳統，創造出具有嚴整秩序的結構造型。而到 1954 年建造的猶太社區中心又一次顯示卡恩建築手法的全面轉變，此時，卡恩對於歷史的參考似乎已經背離了西方的傳統，建築師將眼光投向帶有伊斯蘭教風味的建築文化。

1959 年至 1965 年間，卡恩設計建造了加利福尼亞州的生物疫苗研究所。他將整個建築劃分為工作、集會、生活等幾大功能區域。卡恩在研究所的設計中將空間區分為「服務的」和「被服務的」，把不同用途的空間性質進行解析、組合。這種設計觀念突破了學院派建築設計從軸線、空間序列和透視效果入手的陳規。建築師的設計也並不完全是在考慮功用，為了建築的造型，卡恩同樣也會對空間進行特殊的處理，如研究所的服務性部分就受到了不同程度的抑制或隱藏。

卡恩不主張建築只體現其功能，盲目地崇拜技術和程式化的設計會使建築缺乏特色，每個建築必須有自己精神意義。這可能是為什麼他最好的作品都是用作宗教或其他極為莊重場合的原因，如孟加拉達卡國民議會廳。卡恩認為，在建築被賦予一定的社會使命時，就不能只是再單純地討論所謂的功能，建築本來就應該具有超越其使用功能的意義。

卡恩的其他代表作品還有索克大學研究所、愛塞特圖書館、艾哈邁德巴德的印度管理學院等。

在從事建築設計的同時，卡恩還做過城市規劃。1956 年時，他做出了一個「費城市中心規劃方案」。他在方案中巧妙地安排了新型

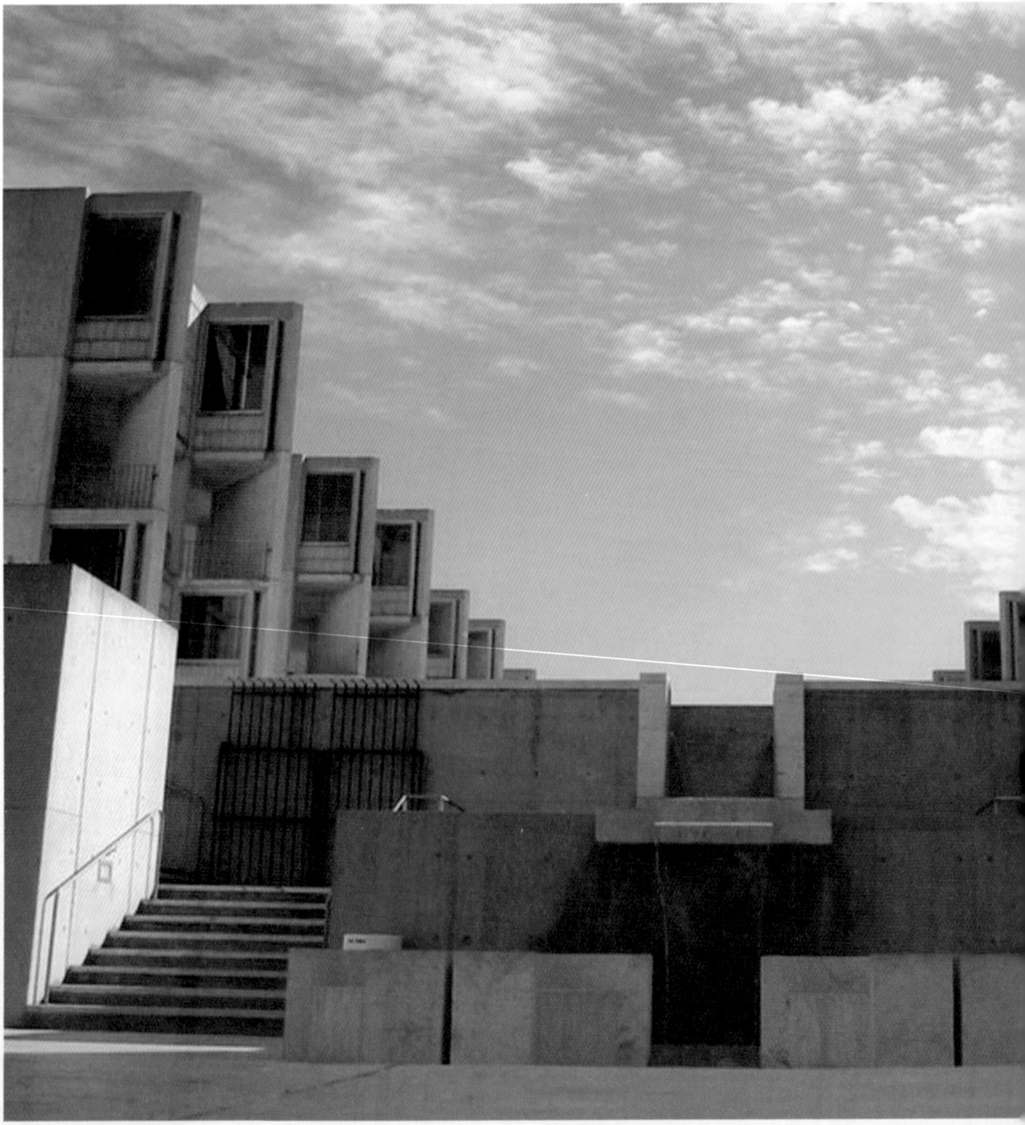

※ 卡恩在美國加州生物疫苗研究所的設計中，對研究所中的服務性部分進行了不同程度的抑制和隱藏，突破了學院派建築設計的陳規。

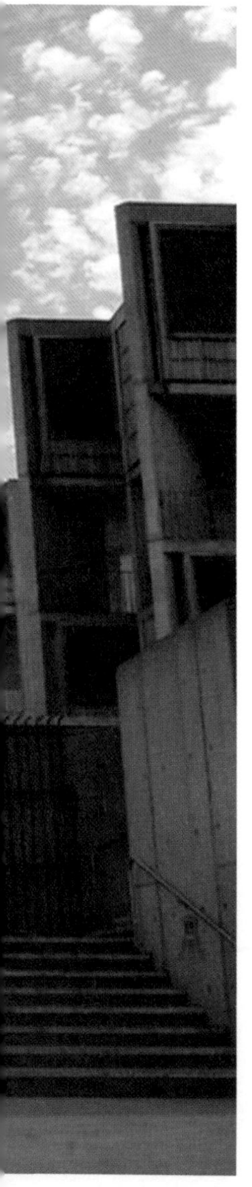

的交通模式，將快車道視作河流，而將需要交通管制的街道看作是運河。但當建築師在處理步行道與車道之間的關係時碰到難題，他意識到了城市與車輛之間存在著不相容性，讓一個城市的內部運動功能不受汽車的破壞，恐怕只能存在於烏托邦的理想中。

卡恩有關於建築的多部著述，其中包括《建築是富於空間想像的創造》、《建築、寂靜和光線》、《人與建築的和諧》等。卡恩曾經在自己的書中寫道：「音樂與建築具有非常相似的特徵，作曲家記下樂譜，是為了使自己創作的音樂能夠得到復現，而建築師在創造一座建築時，同樣也希望在空間與光影的變化中找到和諧的旋律。」

憑藉自己數十年的建築創作，卡恩於 1971 年獲得了美國建築師聯合會金質獎章，次年又得到英國皇家建築師協會金獎。1974 年 3 月 17 日，卡恩在紐約逝世。

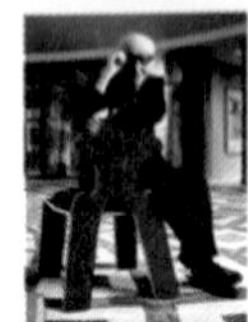

菲力普・強森
建築中唯一的錯誤就是無聊

Philip Cortelyou Johnson（美國 1906-2005）

菲力普・強森是一位多產而富有創新精神的建築師，對藝術的追求有強烈執著。作為一位建築師，他見證了 20 世紀現代建築史上的各種潮流，人們稱他為現代主義和後現代主義設計理論與實踐的奠基人和領導者。菲力普・強森深深影響了美國以及世界建築業。

1906 年 7 月 8 日，強森出生在美國俄亥俄州克利夫蘭的一個富有家庭，父親是一位著名的律師。高中畢業之後，強森進入哈佛大學哲學系。在 20 世紀 20 年代的末期，強森開始對建築產生了興趣，並逐漸培養起現代美學的觀點。1927 年他從哈佛大學畢業後，同建築史家 H・R・希契科克一起遊歷歐洲，結識了許多現代派建築師，這段經歷進一步強化了強森對於現代建築的認識。26 歲時，他成為紐約現代藝術博物館的建築部主任，受到工作的影響，強森逐漸熱衷於建築評論。他與希契科克合著了《國際式風格：1922 年以來的建築》一書，並舉辦展覽，首次將包浩斯建築學派的理論和手法引入美國。

在20世紀的整個30年代，強森致力於傳播現代主義建築的理念。作為一位藝術評論家，他支持密斯、科比意和格羅佩斯等人的理論和作品，並多次為這些建築大師舉辦展覽。1946 年，他擔任紐約市現代藝術美術館建築部主任。1947 年，他出版了《密斯・凡德羅》一書，獲得極大迴響。

強森的早期作品明顯受到了密斯的影響，包括他在 1949 年為自己設計的一座玻璃住宅。正是這所被稱為「玻璃屋」的自宅，確立了強森作為建築師的聲望。玻璃屋帶有典型的國際式風格，該風格的建築以鋼鐵和玻璃為主要建築材料，強調的是建築物的功能而不只是外表。國際式風格的建築通常造型方正、簡潔、平整，沒有過多的裝飾。從外觀上看，玻璃屋是一個長方形玻璃盒子，玲瓏剔透地站立在森林中一片綠色的草地上，周圍環境非常優美。玻璃住宅內部利用傢俱進行空間分割，只有講求私密性的衛浴設施使用實牆。大面積的透明玻璃和型鋼立柱是主要的外牆材料。這種「引景入室」的設計概念在當

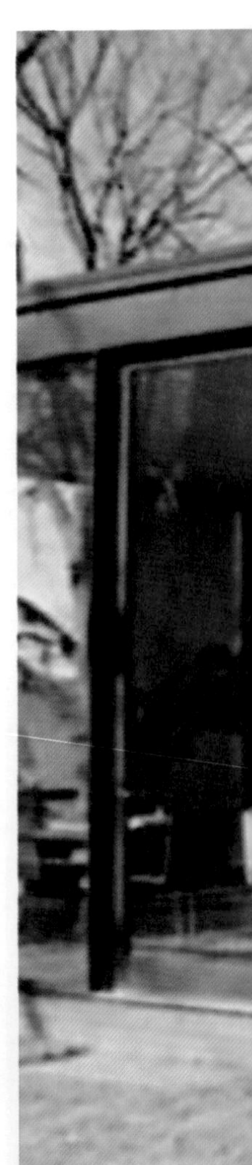

時是非常新穎的概念，這座玻璃屋在建築界引發激烈爭論。

可是真正住在玻璃屋又會是什麼樣的感覺呢？強森邀請了密斯同住，可這位同樣喜歡玻璃的建築大師在半夜兩點多的時候就實在忍受不住了，他請求強森為自己另找一個地方睡覺。強森本人在這裡住了一段時間以後，也出現了問題，晚上的星空美麗、日間的松鼠和鳥兒雖然可愛，卻使他無法安心工作。最後只好在玻璃屋旁，另建了一個工作室。

※ 玻璃屋玲瓏剔透地站立在森林中一片綠色的草地上，方正簡潔而平整，帶有顯著的國際式風格。

在 1954 年至 1958 年間，強森與密斯共同設計了紐約的西格拉姆

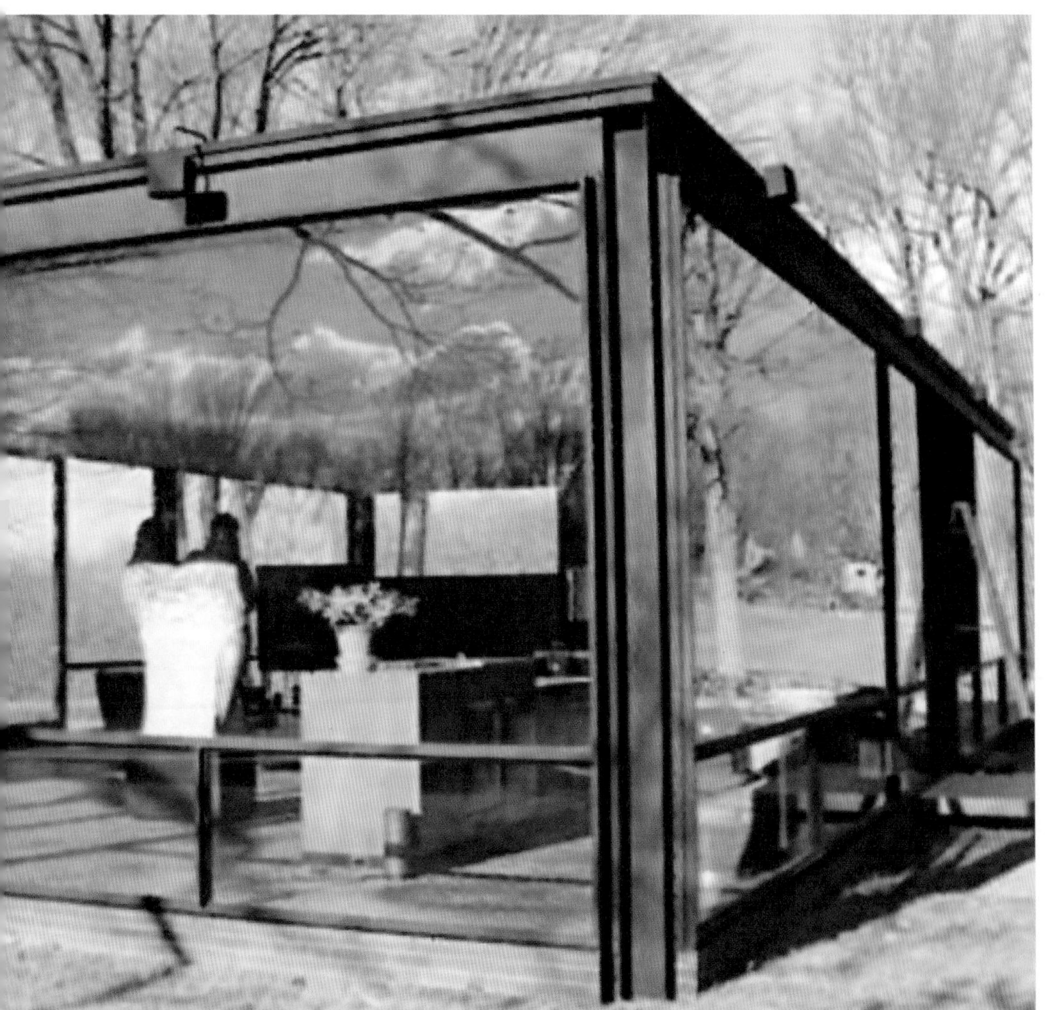

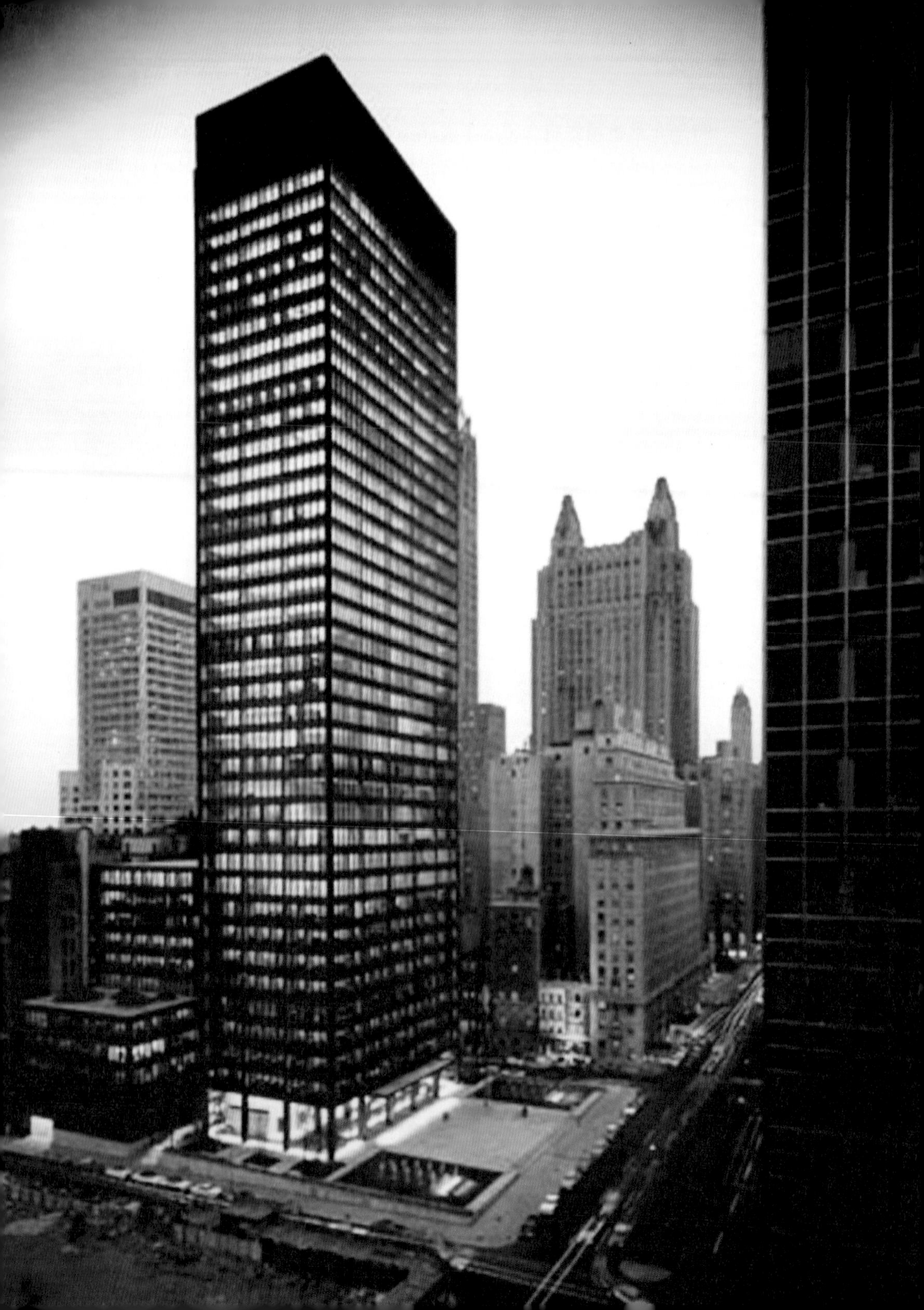

大廈。這座大樓共 40 層，高 158 公尺，是一棟純淨、透明和施工精確的鋼鐵玻璃盒子。但這座建築物主要是密斯的概念，只有大廈裡面「四季飯店」的裝飾，才是強森獨立創作的作品。

強森風格的明顯轉變發生在 20 世紀 50 年代的中期，此時他的創作開始由密斯風格轉向新古典主義。1960 年建成的普洛克特博物館，是強森最後一件密斯風格的作品。該建築保守的外表顯示出一種特有的寧靜，已經開始顯露出新古典主義的風格特點。

強森主持的紐約現代藝術館庭院改造工程完工於 1964 年，這座建築有所謂運動組織的概念。強森在《建築的運動要素》一書中寫道：「建築既不僅僅是空間的組織，也不僅僅是規模的組織，它們其實都是次要的因素，都要服從於主要的因素，即運動的組織。建築只留存於時間中。」

在改建之後，參觀人流可以直接從博物館舊館進入花園西部，但要想看到庭院內的水池和綠化，遊客則必須向右轉 90 度；而要進入博物館底層的餐廳，則必須向左轉，庭院內部的路線明確。建築師還適當加高了與馬路相鄰的庭院外牆，以避免外界的干擾，使人們可以安心地欣賞雕塑群。

強森在這一時期的代表作品，還有紐約林肯中心的紐約州劇院（1964 年），這座建築被公認為是美國新古典主義發展的高峰。強森在劇院裡建造了一個豪華的休息室，這在紐約同類建築中是第一次出現，這一獨特的空間處理模式，給人們留下了深刻的印象。

這一階段，強森還接了許多建築案子，如內布拉斯加大學的謝爾敦藝術紀念館、華盛頓的哥倫布藝術博物館、耶爾的流行病與預防大廈、比勒費爾德博物館等。

從 1967 年起，強森開始與約翰・伯奇一起合夥。他們在 20 世紀 70 年代合作設計了一系列的新建築。利用鋼筋混凝土澆鑄成一種具有簡單幾何形狀、同時又新穎得不可思議的建築，兩人的合作關係一直持續到 1991 年。自 1970 以來，強森轉而喜歡那種混雜各種風格的後現代主義的作品。較為重要的建築作品有明尼蘇達州明尼阿波利斯 IDS 中心、波士頓公立圖書館擴建部分、休斯頓建築學院、德州休斯頓潘索爾大廈、達拉斯感恩廣場、聖路易斯州人壽保險總公司、加州的加登格羅芙水晶大教堂等。這幾幢建築一掃強森以往的折衷風格，

※ 紐約的西格拉姆大廈由強森與密斯共同設計。

透露出清新的氣息。

1977 年至 1980 年間建造的加登格羅芙水晶教堂（Garden Grove Crystal Cathedral）是強森建築風格的轉捩點。加登格羅芙水晶教堂聳立在高速公路旁，利用白色網狀屋架和反射玻璃構成了一個很大的空間，可容納 300 人。為使室內的每個座位都能夠對著聖壇，建築師創造性地將傳統的十字型教堂平面改造成四角星型平面。反射玻璃窗由機械設備控制，保持通風，反射玻璃僅使 8% 的光線進入室內，為教堂內營造出了一種水底般寧靜的氣氛。強森認為一座像是沒有屋頂的教堂才是真正天國的象徵。

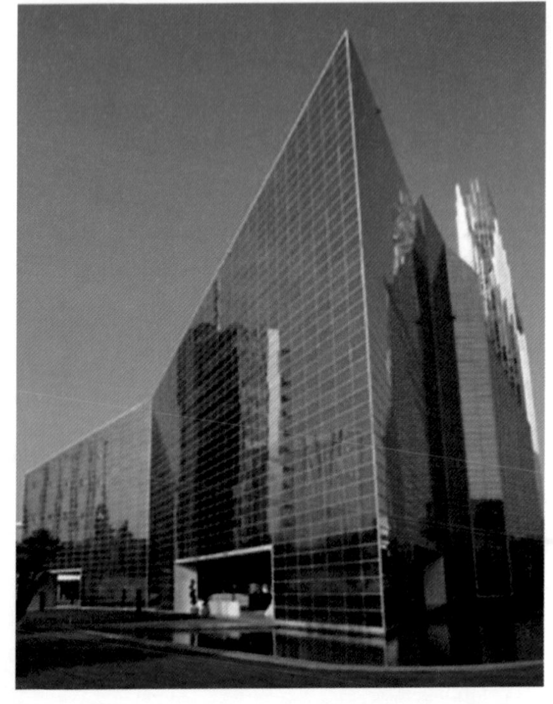

※ 加登格羅芙水晶教堂由白色網狀屋架和反射玻璃構成，強森運用現代建築材料和技術，創造出了一個天國般的空間。

1979 年，強森成為美國凱悅酒店集團創始人普立茲克（Jay Arthur Pritzker），設立的普立茲克獎（The Pritzker Architecture Prize）的第一位得主，這個獎項被譽為建築界的諾貝爾獎。

1983 年建成的美國電話電報公司大樓成為強森在那個時期的巔峰之作。大樓位於紐約曼哈頓區，正對麥迪森大街。建築主體為 37 層，分成三段。強森把古典風格搬進了這座現代高層建築。大樓的整體造型就像一個高腳立櫃，樓體由高高的樓腳支撐起來，建築師借用了 15 世紀義大利文藝復興教堂的形式，採用了「拱」這種古典的建築語言。這樣，巴洛克時代的堂皇與現代工業的玻璃盒子融為了一體。建築師在頂部設計了一個三角形山牆，建築的中央上部則形成了一個圓形凹口，這樣的處理使得建築的外貌得有了豐富變化，為改變

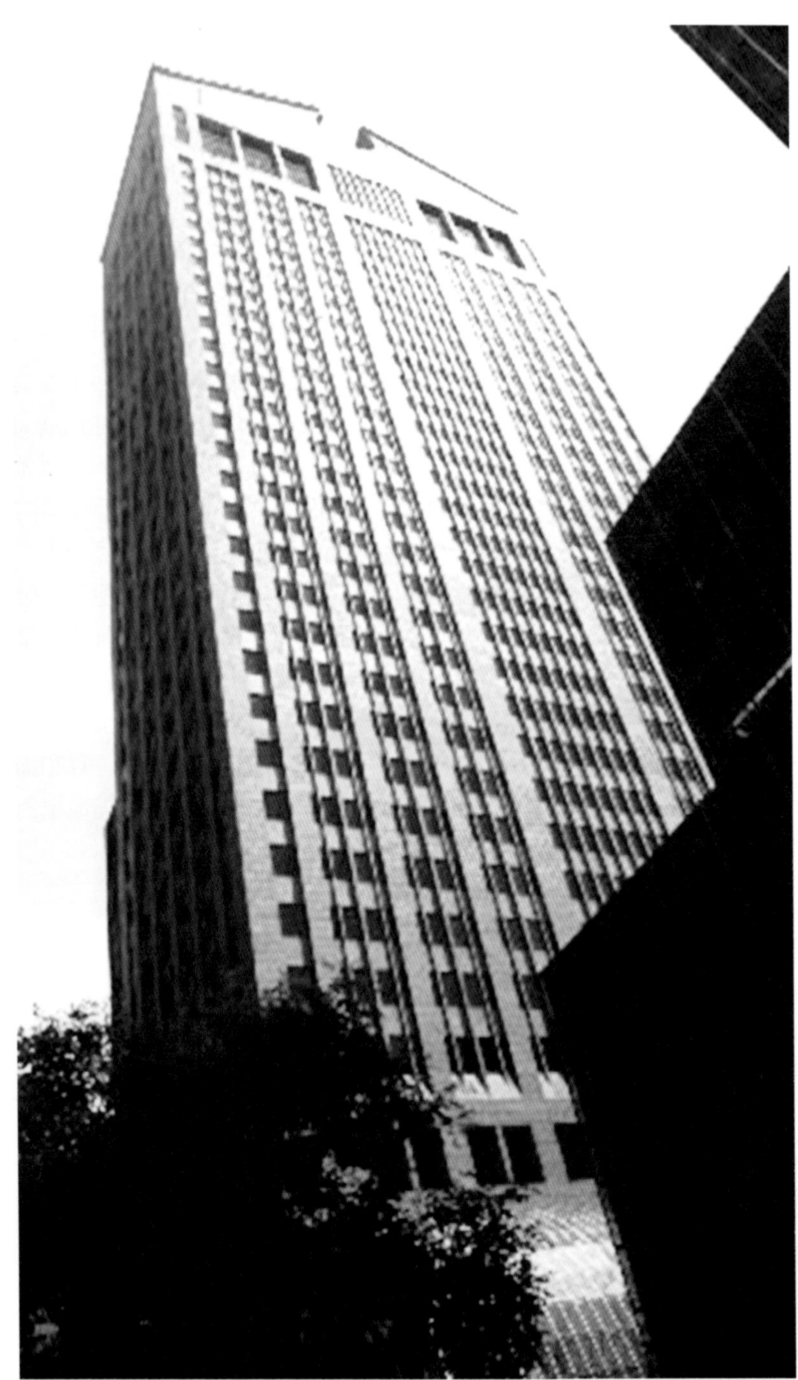

※ 美國電話電報公司大樓被認為是後現代主義建築的里程碑式作品，建築師將巴洛克時代的堂皇和現代工業的玻璃盒子融合成一個整體。

現代建築的單調面貌開創了先河。大廈共使用了 13000 噸磨光花崗岩做飾面，與大街平行的建築背面有一條供採光的玻璃頂棚走廊。

美國電話電報公司大樓顯示強森的建築風格有了明顯的轉變，建築師在設計中把歷史上古老的建築構件進行變形，將其加入到現代化的大樓上，有意造成曖昧的隱喻和不協調的尺度。美國電話電報公司大樓一舉成為引起爭議的後現代主義建築的里程碑。同樣的作品還有 1984 的美國賓夕法尼亞州匹茲堡 PPG 總部和 1985 年的德州休斯頓美國銀行等。

在強森漫長建築創作生涯的早期，他做得比較多的是一些小型的住宅建築，隨著設計理念和手法的進一步成熟，他開始更多地建造高樓和公共場所等大型建築，這使他的作品遍及到了社會生活的各個領域。強森的設計經常具有很強的抽象性和審美觀，他一直注重建築物外形，總是離奇地不斷變化，這一特點使得強森在工商界受到很大的歡迎。因為客戶們總是希望他們的建築，能夠顯得更加別緻醒目。強森認為建築的結構和外觀必須與客戶的認可程度相當，他設計的建築既與四周的高樓形成明顯的對比，同時又能夠主動地在這種對比中佔有相當的優勢地位。他說過：「我們不應僅是複製自己的作品而已，我們應該跟從前完全不同。」當然，由於過多地關注建築的位置和周圍環境等因素，強森的設計有時會顯得有些迎合世俗眼光，但他絕對可稱當代摩天大樓的大師級建築師。

強森認為建築中唯一的錯誤就是無聊。他相當注意自然和人造光線之間的搭配，同時也積極發揮水及光線等對建築所在位置的影響。他在設計中通常會加入幾個單獨的而彼此之間又有一定關聯的噴泉，他還運用雕刻品來表達更為豐富的空間。

從 1995 年開始，強森又投身到解構主義建築的設計中，這再次證明了他是一個可以專心於另一種建築語彙的建築師。強森的重要建築作品還有：1987 年的美國德州達拉斯市立國家銀行大樓、1988 年的亞特蘭大大西洋中心、1996 年的俄亥俄州克里夫蘭雕刻中心等。

強森不僅僅是因為建築設計而受到人們的尊重，他還以積極行動來推動美國建築的設計革新。他在各地發表了大量演講，為學生授課並積極進行寫作，就像操縱他的建築作品一樣，強森能夠非常自如地駕馭語言來表達自己的思想。

人們稱菲力普．強森為美國建築界的「教父」，這位歷經現代主義、後現代主義以及解構主義的建築師，於 2005 年 1 月 25 日在位於康乃迪克州家中，就在那座著名的玻璃屋中靜靜地告別了人世，享年 98 歲。直到死前他還在從事紐約的一個設計案。

強森曾經獲得了美國建築師協會的金獎，該協會主席這樣評論他：「你無法把強森的作品歸於某一類或某一種風格。他總是能有創意，因地、因時進行設計。他實現客戶心中的夢想，他是當代美國建築設計界的視覺大師，他不墨守成規，他是在創造規則。」強森不僅受到了美國人的尊重，他在歐洲也享有極高的聲譽，特別是由於他和密斯的淵源，他更是受到柏林人的尊敬。柏林弗里德里希大街 200 區的辦公大樓，被稱作菲力普．強森大樓，以紀念這位受人尊敬的美國建築大師。

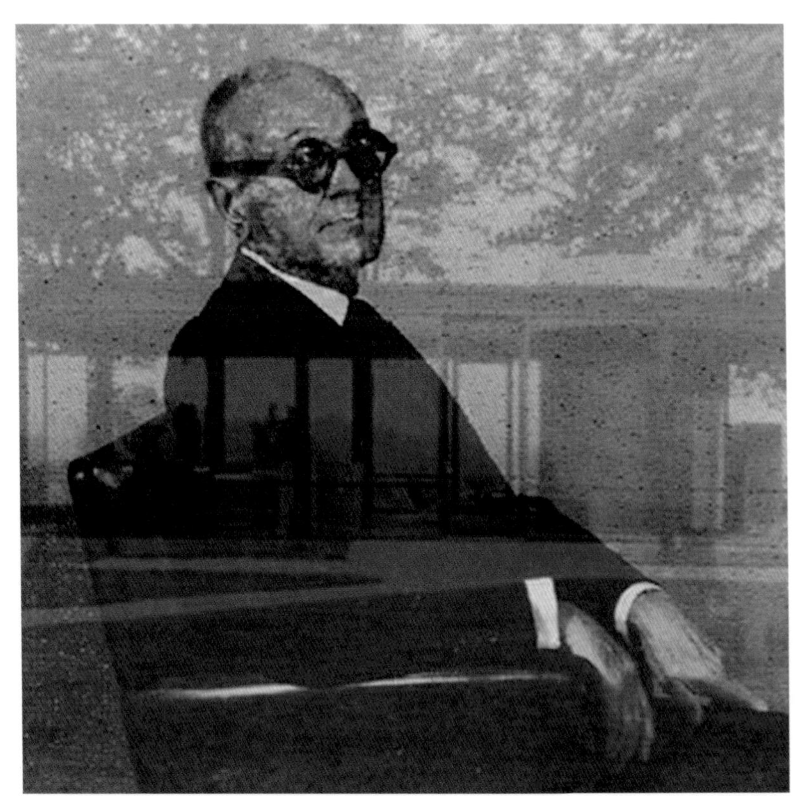

※ 菲力普躺在著名的玻璃屋中，靜靜地告別了人世，人們稱他是美國建築界的教父。

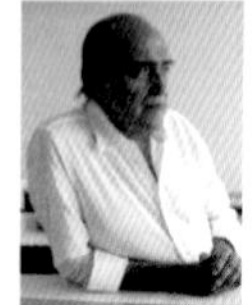

奧斯卡．尼梅耶
巴西利亞的魔法建築師

Oscar Niemeyer（巴西 1907-2012）

聯合國教科文組織在 1987 年，將巴西利亞這座落成不到 30 年的城市列為世界文化遺產，這是世界對巴西現代建築設計的最高評價。巴西利亞的設計者建築師奧斯卡．尼梅耶隨之名揚天下，躋身於 20 世紀最偉大的現代主義建築師之列。

奧斯卡．尼梅耶於 1907 年 12 月 15 日出生在里約熱內盧，他的父母都是葡萄牙人，家境富裕。奧斯卡從小在外祖父家長大，他的父親為了表示對岳父一家人的感謝，便將岳父家的姓尼梅耶加在了奧斯卡名字的後面。在他成名之後，人們就直接稱他為尼梅耶了。

1937 年，尼梅耶完成的第一個建築是里約熱內盧婦幼醫院，同年，尼梅耶在里約熱內盧開設了自己的事務所。1936 年，尼梅耶、盧西奧．科斯塔與科比意共同參與了巴西教育衛生部大樓的規劃設計。在 1939 年科斯塔退出之後，尼梅耶成為這項工程的實際領導者。這座建築於 1943 年竣工，它具有科比意建築思想和結構原則，同時也融合了巴西的地方特點和民族特色。高大的建築由柱子來支撐，這樣可自由規劃內部空間，又可讓內部空間與外部空間獲得平衡。

尼梅耶在 1939 年參與設計紐約世界博覽會的巴西館，這是一座完全符合展覽功能的建築物。在展覽館的設計競賽中，科斯塔的方案取得了勝利，但當他在看到尼梅耶的參賽方案之後，就邀請他參與展覽館設計。尼梅耶的參與，使得方案具有經典性的特徵同時又頗具個性。

在這段工作的時期，尼梅耶認識了當地的行政首長，也就是後來的巴西總統庫比契克，這個重要淵源，使他日後得以成為巴西新首都（巴西利亞）的總建築師。

尼梅耶於 1942 年為自己在里約熱內盧建造的住宅，採用了開放的室內設計，房子由一些巨大的圓柱支撐，結構非常緊湊，它的特殊表現使之成為當地的重要景點之一。

同年，尼梅耶在巴西的大型工業中心貝洛奧里特市郊區設計了一

※ 尼梅耶代表巴西參加了紐約聯合國總部大廈的設計。

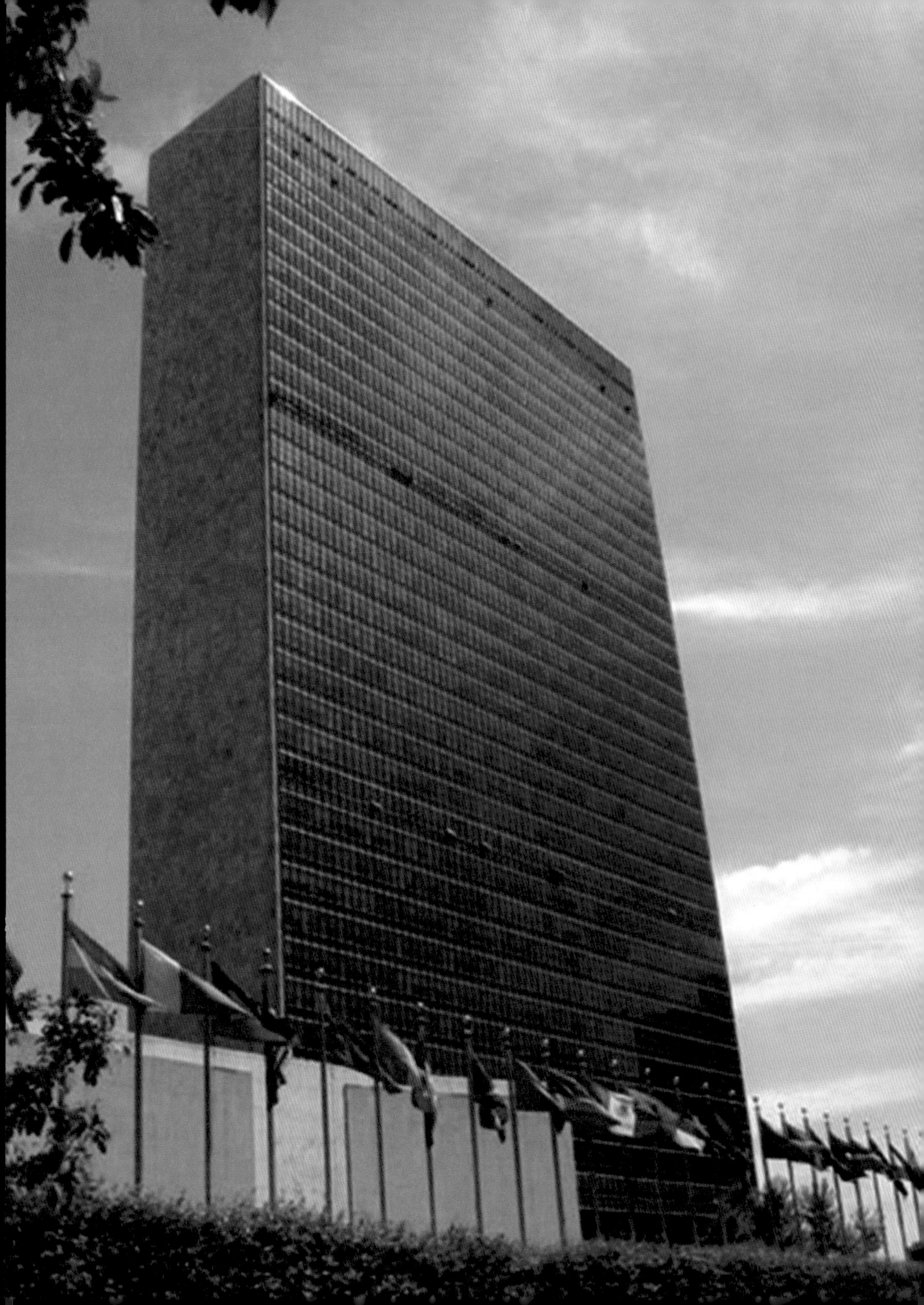

座體育娛樂中心。這座位於潘普哈湖附近的建築群，彙集了不同構思的造型，以非凡的技巧整合了建築、繪畫與雕刻，輕快的光影交互在一起形成了一片迷醉的空間。從這一建築群中可以看出未來巴西利亞的某些特色，也正是在這一建築中，建築師尼梅耶開始與工程師卡爾多祖合作。

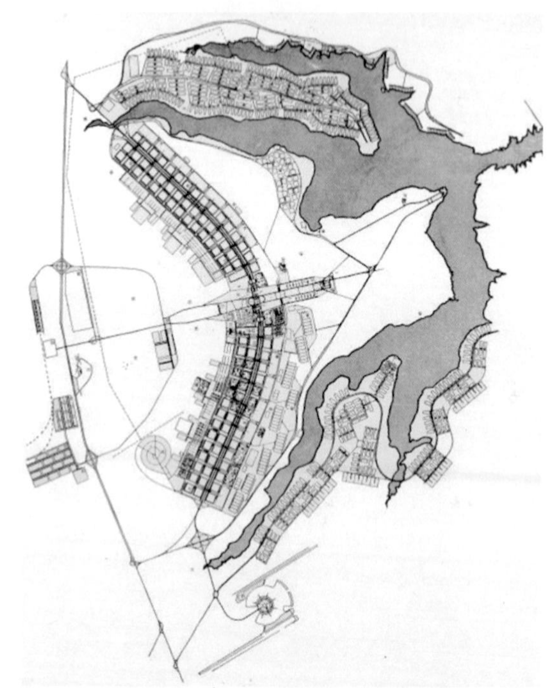

※ 在尼梅耶的設計中，巴西利亞的各種城市功能經過合理的組織和規劃，被安排在了一個極像飛機的外型空間中。

尼梅耶於 1950 年至 1954 年間在聖保羅市設計了國際展覽中心，這座建築是為紀念聖保羅市建城 400 周年而建造的。這是尼梅耶創作的一個總結，是他對功能和技術進行深入研究後，所做出的一大創舉。該建築誇張而富有想像力，但它具有整體性，不像一般展覽場那樣雜亂。這座展覽中心最終沒有完工，不過對巴西建築的發展產生了巨大的影響，它也成為尼梅耶日後創作的新起點。

尼梅耶著迷於建築形式的創新，1954 年，他在加拉加斯建造的博物館採用了倒金字塔形的設計。尼梅耶的生活在 1956 年發生了深刻的變化，在這一年的 9 月份，他正式接受了總統的委託，參與新首都巴西利亞的規劃設計。尼梅耶在自己的書中寫道：「從那一刻開始，我一直在思索著巴西利亞。……要讓它像被施了魔法一樣在荒漠中迅速地崛起，然後讓人們感受這座過去不為任何人所知的神秘城市的氣息。我們要鋪設道路、要建造大壩，要去征服那些無人的地區、要在高原上樹立起一座新的城市，它會激發起巴西人應有的樂觀精神，讓人們看到我們美麗的國土多麼富饒。」

在幅員廣闊的國土中心建造一座新的首都，是巴西人百餘年的夙

※ 巴西利亞大教堂的夜景非常美麗，它就像一個絢爛的桂冠漂浮在光影之中。

願，原來的首都里約熱內盧雖然非常發達，但是一個面向大西洋的海港，缺乏對內地經濟、文化、政治等的應有帶動力。雖然在 1822 年巴西獨立之後，遷都的動議不斷被提出，但直到 1955 年才最終選定了新國都的位址，是巴西中南部的一片遼闊高原，巴西人在這修建了一座大壩，在帕拉諾亞河上截出了一個人工湖，新首都巴西利亞就處在湖的西岸。

新首都的工程由公私合營的諾瓦凱普公司承建，公司專門設置了一個龐大的設計部門，尼梅耶被任命為設計總監。在 1956 年之後的幾年中，尼梅耶謝絕了其他的私人委託，專心投入到巴西利亞的設計中。

同時參加巴西利亞規劃的還有科斯塔，他和建築師尼梅耶一同設計新城市的一切細節。從居民區和行政區的佈置到建築物自身的對稱，巴西利亞常常被比擬成一隻鳥，他表現出城市和諧的設計思想，其中政府建築表現出驚人的想像力。

巴西利亞的設計靈感來自科比意式規則，城市的功能經過合理的

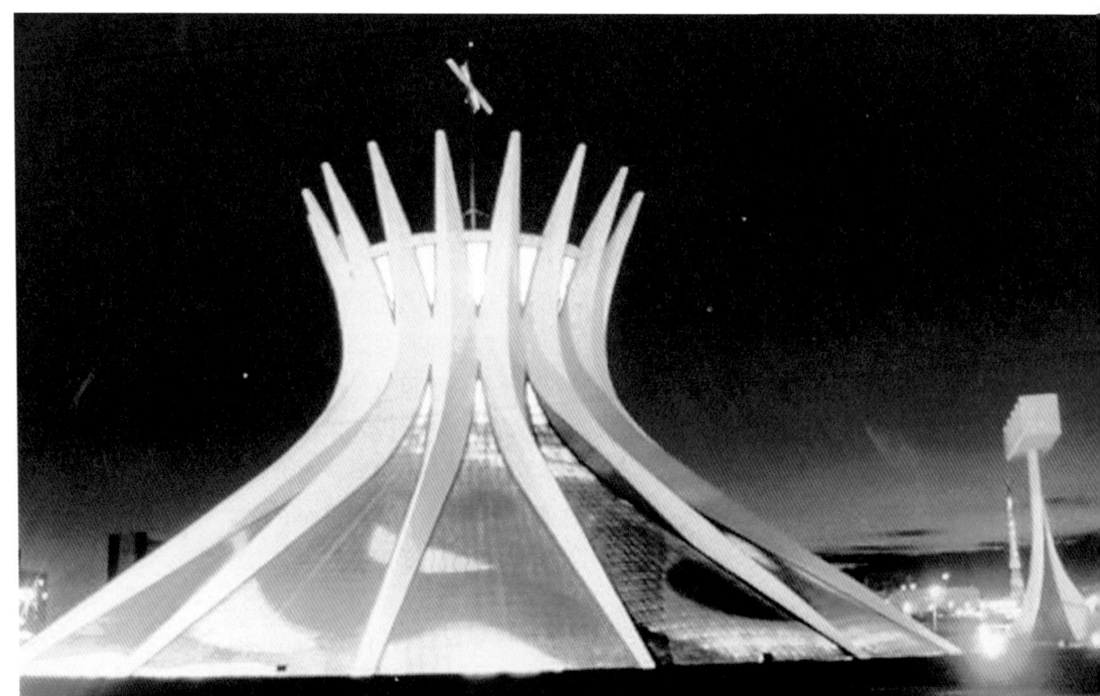

組織與規劃。有垂直交叉的兩條軸線貫通整個城市，其整體造型看上去就像一架飛機或者一隻大鳥正在向著西南方向飛行。巴西利亞被建成飛機形狀，隱喻著巴西正在快速朝前發展。

在飛機最前方部分，是由立法、司法、行政三大機構駐地組成的三權廣場，這裡有巴西總統府、聯邦最高法院、國會和政府各部大樓。在下面飛機機身，主軸線長 6000 公尺，寬 350 公尺，主要做行政用途，如政府大樓、教堂、國家劇院、公園、會議中心、商業中心等。

向南北伸展長達 1600 公尺的機翼是平坦寬闊的立體公路，沿路排列著規劃整齊的居民區、商業網點、旅館區等；機艙後部是運動區、文化區；機尾是長途汽車站和儀器加工、汽車修配等工業區；柵尾是工業和印刷出版區。巴西利亞別具一格的建築有伊塔瑪拉蒂宮、巴西利亞大教堂等，它們都是出自尼梅耶的手筆。

伊塔瑪拉蒂宮是巴西外交部所在地。整座大樓是玻璃外牆結構。大樓四周水池環繞，白雲、藍天、水、高樓群構成一幅絕美的圖景，顯示出建築師獨特的構思。

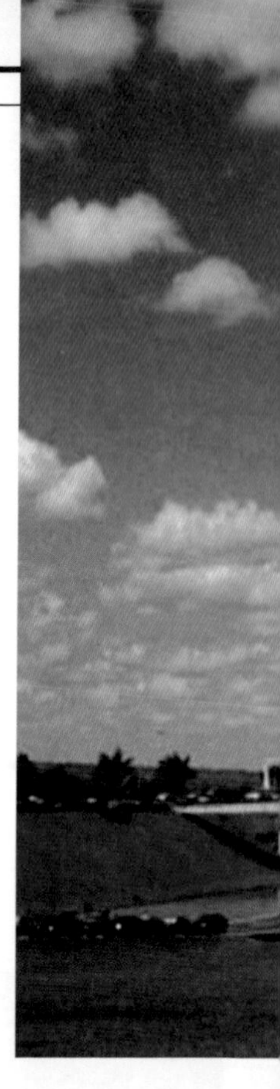

※ 尼梅耶在巴西議會大廈的設計中，將建築和雕塑巧妙地融合在一起。

巴西利亞大教堂主要部分在地下，露出地面的是一隻狀若荊冠、覆蓋玻璃的金屬頂蓋。頂蓋下是懸在空中的神像，基督和聖徒們猶如身在藍天白雲中。建築風格獨特、超群。

巴西利亞的建築風格多姿多彩，建築師在設計中有意集眾家之長於一身，這座新建立起來的城市因此被譽為「世界建築藝術博物館」。和諧的紀念性建築群使城市顯得整齊對稱，特別是觀看遠景時十分美觀。在寬闊的廣場區域裡，摩天大樓高聳的方型樓體在圓滑表面的平衡下創造出一幅和諧的城市畫面，是巴西新首都的典型象徵。

尼梅耶十分推崇科比意，視覺藝術是他的創作源泉，他所創作的城市空間往往需要還原成平面或模型才能顯其美麗，也就是為什麼在高空中觀察巴西利亞時才能更好地欣賞它的壯觀。如果是身在這座城市中，那又會是什麼樣的情形？一位在那裡住過的建築師曾經評價：「住在旅館裡，周圍一個孩子也見不到。整座城市沒有生氣。」這或許也確實是巴西利亞的不足。

1964 年，巴西發生政變，之後尼梅耶移居歐洲。20 世紀 60 年代至 70 年代間，尼梅耶在法國、義大利、阿爾及利亞等地設計了不少

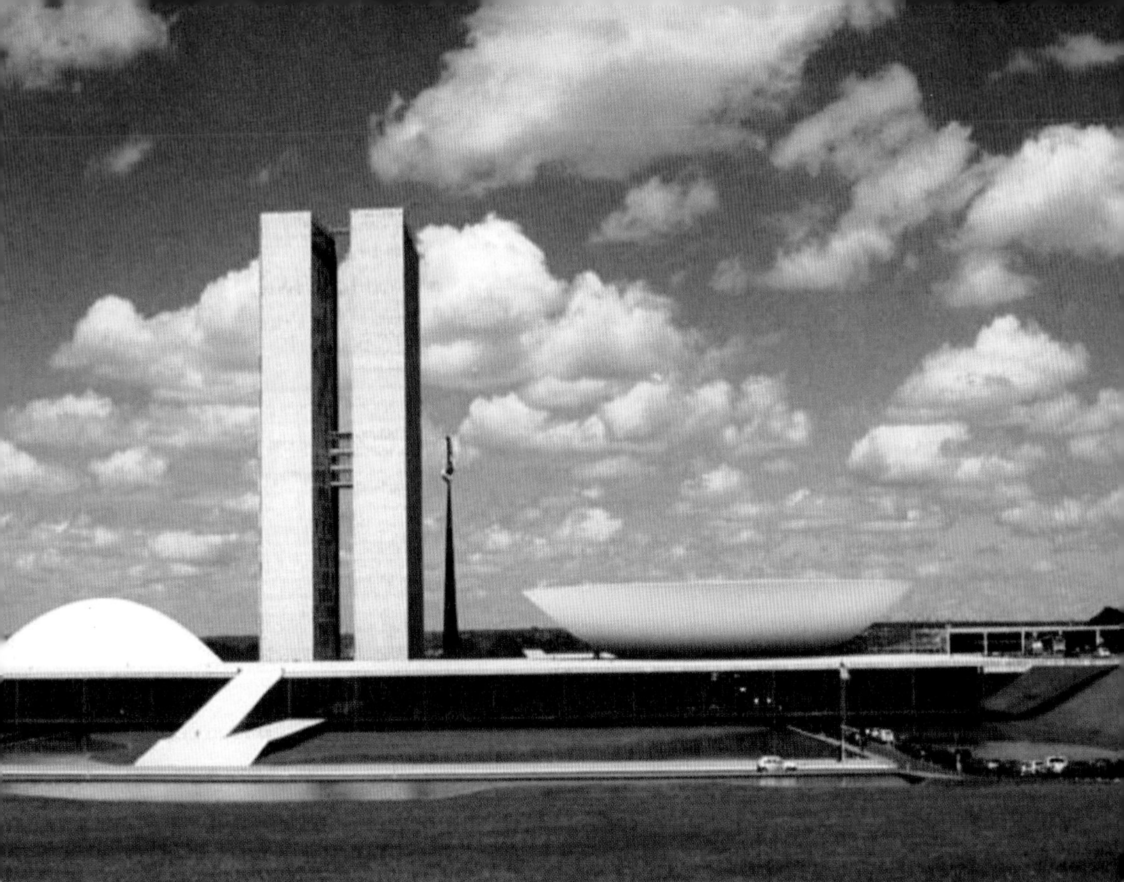

建築物，如 1966 年的法國共產黨總部、1968 年米蘭的蒙達多利出版社大樓等。這些建築都是一些帶有曲線和曲面的量體，充分表達出尼梅耶表現性及雕塑性的手法。

在 20 世紀的 70 年代，或許是在女兒（一位裝飾設計師）的影響之下，尼梅耶迷上了傢俱設計。他和女兒一起，利用鋼材設計了不少帶有彈性腿的皮質沙發。

1981 年 9 月，尼梅耶在巴西利亞電視塔不遠的草地上設計了一座建築紀念碑，以紀念開創這座城市的巴西總統庫比契克。該紀念建築的主體是一個帶有傾斜側面的扁平的平行六面體，裡面包括一間紀念圖書館、一間簡報室和一間辦公室。

尼梅耶為巴西利亞付出多年的心血，即便是在國家發生政變之後，尼梅耶依然要參加它的發展和完善工作，已經設計完成的方案在施工中也需要他的監督。但他終於在 1985 年離開巴西利亞，決定此後永久定居里約熱內盧。即便如此，他也不可能捨棄巴西利亞，不久，

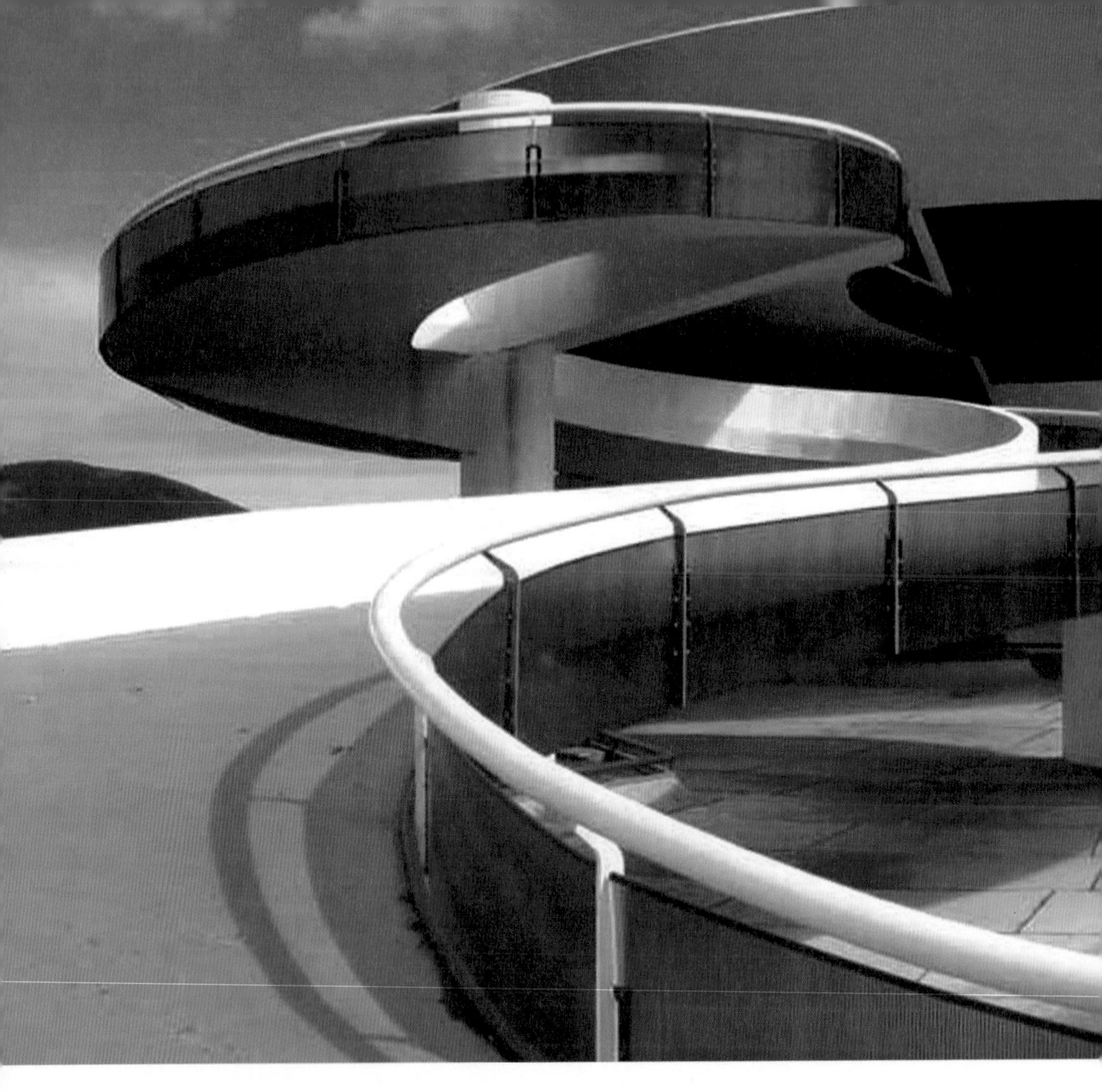

他又開始著手為這座城市設計一個居民休息區和一個能夠容納 5000 人的露天劇場。

尼梅耶的努力得到了世界性的認可，1987 年，巴西利亞被聯合國教科文組織列為世界文化遺產。在所有列入世界人類文化遺產的數百座城市中，巴西利亞是最「年輕」的一個。1988 年，尼梅耶獲得了普立茲克獎。

尼梅耶強調建築作品的創造性，他認為建築師必須不斷地創新。尼梅耶重視體形的表現，尤其愛用「自由的和有感情的曲線」。他的作品具有現代主義建築的形象特徵，又有強烈的個人風格——曲線型

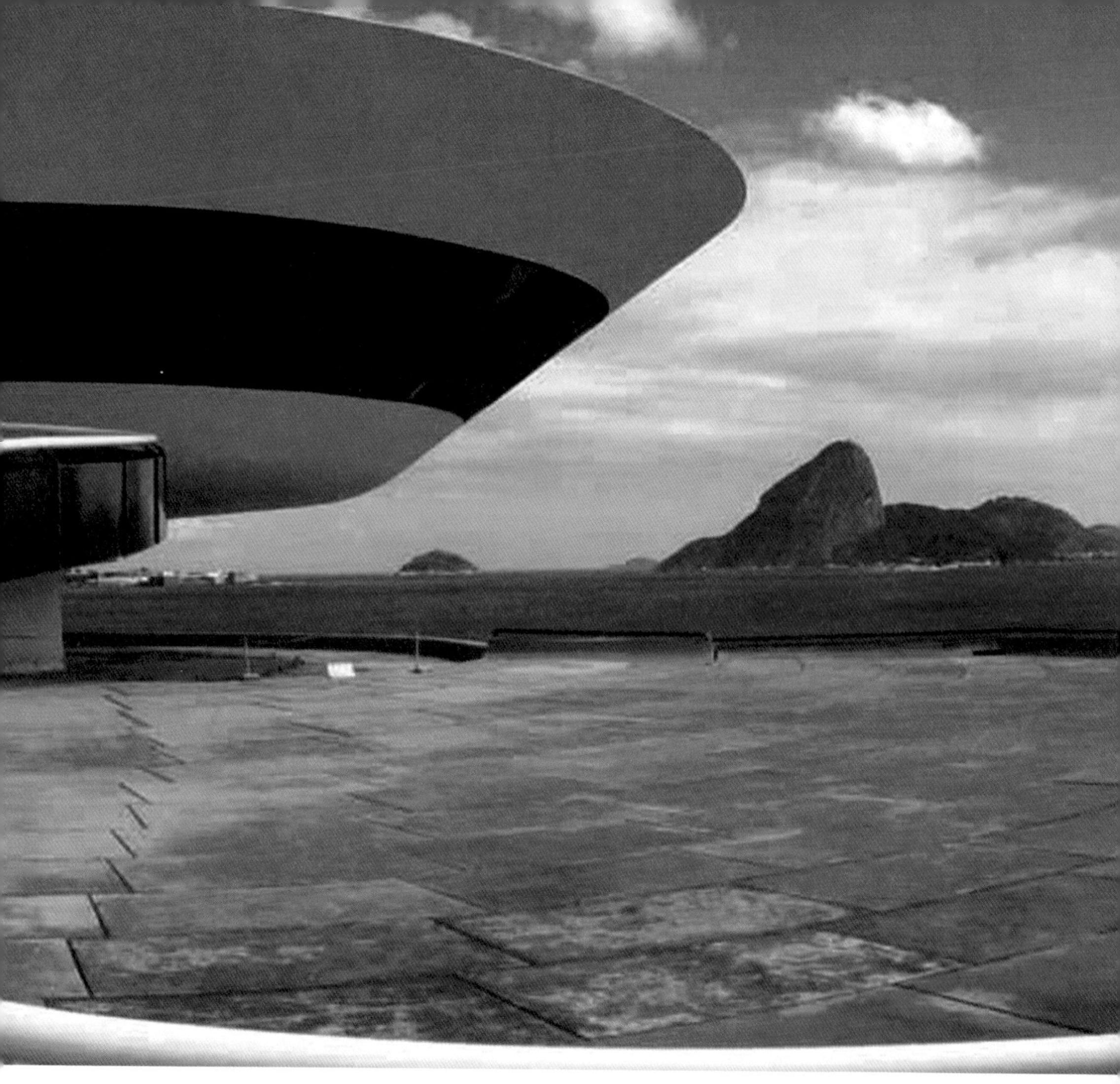

※ 尼梅耶設計的現代藝術博物館，是在一次超越建築美學之作。

體。他的作品通常造型輕快、自由而活潑，熱帶的氣候和地理特點反映在他的作品中。尼梅耶特別善於運用鋼筋混凝土材料，在他的手中，這種堅硬的材料被柔化了，他可以自如地運用這種材料以塑造出具有抒情意味的建築物。他作品中所表現出的那種大膽想像力使他獲得國際性聲譽。

奧斯卡·尼梅耶常掛在嘴邊的一句話是:「建築需要的就是夢想，否則什麼都不會存在。」他還說過：「我喜歡畫畫，我喜歡看到一張白紙上出現一座宮殿，一座教堂，一個女性形象。生活對我來說比建築更重要。」

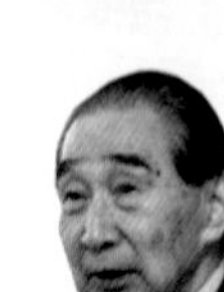

丹下健三
建築應具有直指人心的力量

Kenzo Tange（日本 1913-2005）

丹下健三是 20 世紀日本最有成就的建築師之一，他在繼承民族傳統的基礎上，提出「功能典型化」的建築設計方法，開拓了日本現代建築的新境界。丹下健三既是一位優秀的建築師，同時也是建築學方面的理論創新家，他培養的諸如楨文彥、磯崎新等人，都是具有世界影響力的新一代日本建築師。

1913 年 9 月 4 日，丹下健三生於日本大阪府，在愛媛縣今治市的鄉下度過童年。1938 年自東京帝國大學建築系畢業。隨後，他進入建築師前川國男創立的建築事務所。

1939 年，丹下健三寫了《米開朗基羅、科比意緒論》等文章，他在文章中對完全反對文藝復興建築的正統功能主義觀點提出了質疑，他認為米開朗基羅和科比意都是建築設計的創新者，他們各自開闢了新的道路，並依自己的方向取得了傲人的成績。丹下健三認為建築創作中，應將理性因素和感性因素融合，這樣建築設計才能更有活力，更富成果。

在 20 世紀 30 年代後期，由於日本政府推行對外侵略政策，新建築在日本國內受到排擠，新建築的支持者如前川等人的工作室乏人問津，丹下健三的工作也因此受到影響。1942 年，丹下健三又一次進入東京帝國大學，在研究院攻讀城市規劃，1945 年畢業後留在東京大學任教，1949 年晉升為教授。

第二次世界大戰期間，丹下完成了不少建築設計方案，並曾經參加了三次重要的設計比賽，每次都獲得了不錯的獎項，只是由於戰爭的關係，丹下的這些獲得獎項的計畫都沒有能夠真正實現。丹下在這一時期的創作中，主要參照了東京的皇家建築群和伊勢的廟宇等日本傳統建築，同時在設計中融合了古希臘廣場的某些元素，這在當時的日本算得上是新奇的設計。

1947 年，丹下健三參與設計了廣島的整體城市規劃，這座城市在二戰中受到了原子彈的毀滅性攻擊。丹下在設計中遵循了功能主義

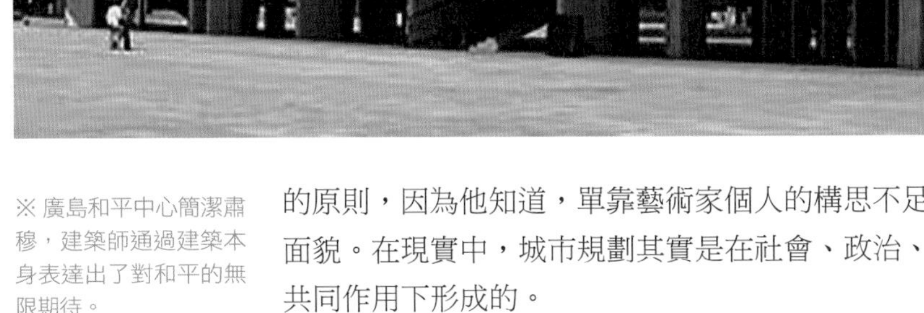

※ 廣島和平中心簡潔肅穆，建築師通過建築本身表達出了對和平的無限期待。

的原則，因為他知道，單靠藝術家個人的構思不足以改變一個城市的面貌。在現實中，城市規劃其實是在社會、政治、經濟等各種因素的共同作用下形成的。

廣島城市規劃為 1949 年丹下健三參加廣島和平中心的設計競賽打下基礎，他在這次的競賽中獲得了一等獎，而且這一計畫最終得以施行，成為丹下建築生涯的第一件作品。以此為契機，丹下組織個人建築師事務所。廣島和平中心的外觀非常簡潔，下部由柱子組成了空透的空間，不設牆，人們可以自由穿行，而上層的立面則呈現出一個疏密相間的網狀構造，具有日本本民族的空間組合特徵。建築物簡潔的外形給人以肅穆的感覺，它以自身的形象提醒人們對戰爭和核子危機的反思，表達了對永久和平的期待。

20 世紀 50 年代，是丹下健三的第一個建築創作階段。他第一次提出了「功能典型化」的概念，意在賦予建築比較理性的形式，並探索現代建築與日本建築相結合的道路。1950 年，丹下健三在神戶設計建造了一座展覽廳，外形非常堅固，有著明顯結構主義的機械風

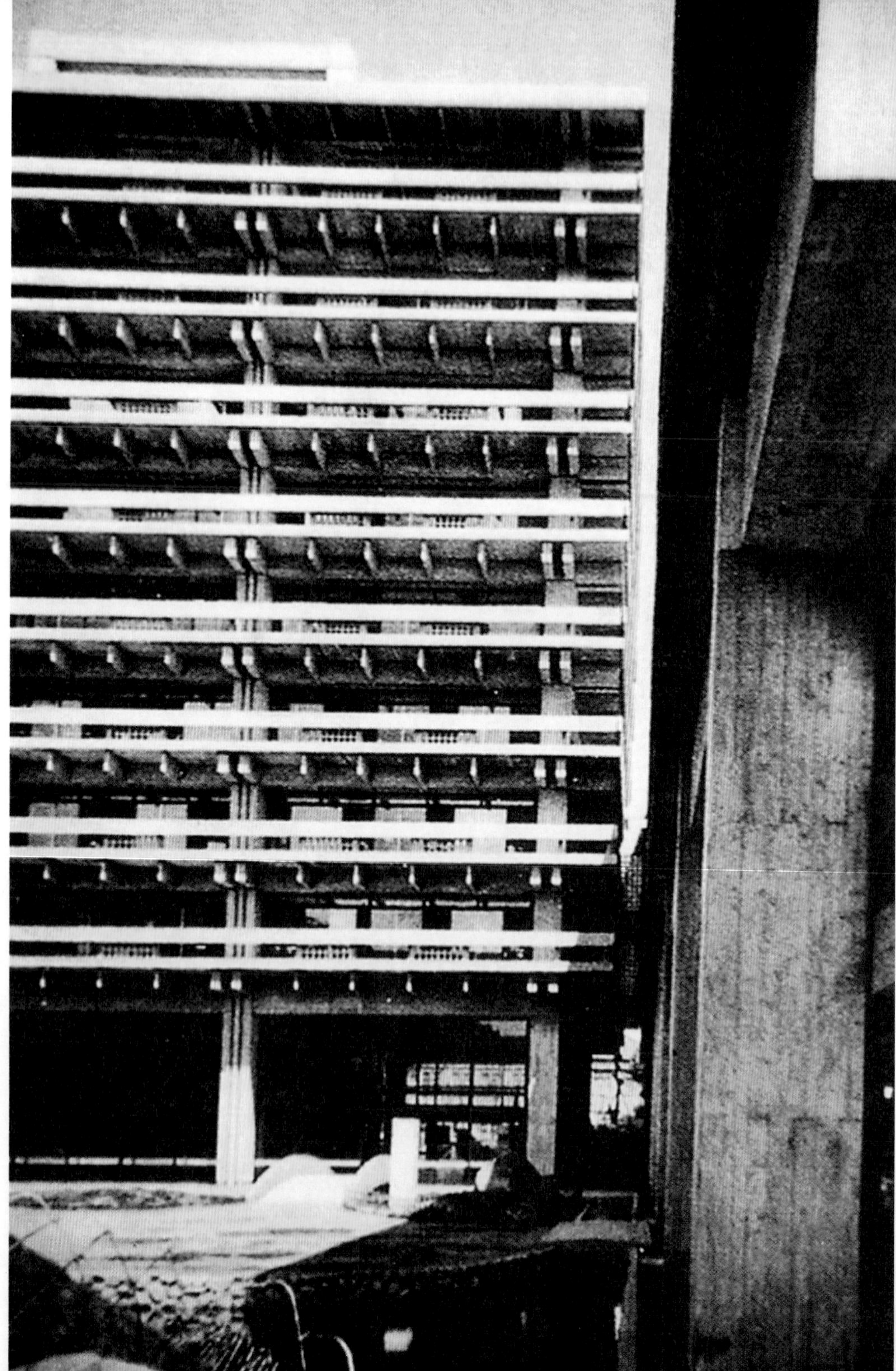

格。

從 1952 年起，丹下健三開始從事東京市政建築的設計，他試圖創造出中世紀末在歐洲出現的那種市政廳樣的建築物，他希望這類建築能夠表現出開放的特徵，能夠與這個城市的每一個居民都有關係。1958 年，丹下健三設計出一件日本歷史上從來沒有過的建築作品，它就是香川大廈。這是一座市中心建築，它一改日本同類傳統建築封閉威嚴的形象，建築師把它設計成一個開放的系統，首層向行人開放，樓上則安排了一排低矮的用於公共事務的辦公用房和一個四角形的辦公塔樓，這樣的設計使建築顯得愉悅而親切。丹下健三為塔樓設計了環繞的陽臺，這是建築師對古塔層層屋頂的含蓄模仿。這座辦公大樓和前川國男設計帶有音樂室的圖書館共同構成了一個宛如歐洲的城市中心。

20 世紀 50 年代，丹下健三還設計了一座引起頗大爭議的東京市政廳。丹下非常注重這座建築細節上的刻畫，建築師故意保留了鋼筋混凝土表面範本木紋痕跡。和香川大廈類似，辦公大樓前面是行人廣場，並一直延伸到大樓的架空柱下。這樣的設計使得建築物更具開放性，但同時也出現問題。丹下健三一位同事說：「我們設計的電梯似乎太小了，原以為交通高峰時間只不過出現在上下班的時候，可實際上卻是大批觀光者到達的中午。」於是有人調侃說：「這是一座公共建築物通常都會有的麻煩。」不過，這座建築也為他帶來更大的國際名聲，他因此獲得法國《今日建築》雜誌 1959 第一屆國際建築美術獎。

丹下健三已經感覺到日本在快速發展的工業中，所釋放出的巨大能量，但同時，他也注意到，傳統的阻力仍然很大，建築師必須扮演既是傳統繼承者，又要能代表解放力量的雙重角色。在香川大廈完成之後，他曾經寫道：「直到現在，日本仍然處在純粹論的控制之下，國民創新想像能力受到壓制，特別是在香川大廈的建設時期，更是如此。政府不會放棄阻止社會的改變，……我們仍在期待著新的秩序的形成。可以確信的是，日本從傳統轉變到創新的過程中，必然會釋放出更大的能量。」

※ 香川大廈是一個開放的系統，通過建築師的精心設計，令人覺得愉悅而親切。

20 世紀 60 年代，丹下健三進入了他創作的第二個階段。在 1960 年的東京規劃中，丹下提出「都市軸」理論，對以後的城市設計產生了深遠的影響。在建築方面，他對大跨度建築做出新的探索，其中又以代代木國立綜合體育館最為著名。代代木國立綜合體育館是 1964 年東京奧運會的主會場，它被稱為 20 世紀世界最美的建築之一，這座建築也為丹下健三本人贏得了日本當代建築界第一人的讚譽。

代代木體育館採用了高張力纜索為主體的懸索屋頂結構，創造出帶有緊張感和靈動感的大型內部空間。其橢圓形的看臺由鋼纜屋頂所覆蓋，屋頂又是懸掛在船頭似的犄角與橢圓的鋼筋混凝土腰箍之間，腰箍同時還支撐著傾斜的看臺的上層部分。這座建築特異的外部形狀再加上其裝飾性的表現，可以追溯到日本古代的神社形式和豎穴式住居。此設計可以看作丹下健三結構表現主義時期的頂峰之作，他將材料、功能、結構、比例等建築元素發揮到淋漓盡致、到前所未有的程度。同時，這座建築也被認為是日本現代建築發展的一個頂點，建築史家以此建築將日本現代建築劃分為前、後兩個歷史時期。

20 世紀 60 年代，丹下健三在利用象徵性手法表現新的民族風格方面進行了成功的嘗試，其中包括了山梨縣文化會館、聖瑪麗亞大教堂等建築。

丹下健三曾經在著作中說：「雖然建築的形態、空間及外觀要符合必要的邏輯性，但建築還應該蘊涵直指人心的力量。這一時代所謂的創造力就是將科技與人性完美結合。而傳統元素在建築設計中擔任的角色，應該像化學反應中的催化劑，它能加速反應，但在最終卻必須消失。」

1961 年，丹下健三創立了一個名叫「都市人和建築師小組」（URTEC）的機構，機構中包括了建築師、社會學家、工程師等各種職業的人，他們參與了丹下建築師事務所的許多大型工程。組織這一機構的想法來源於格羅佩斯在創立包浩斯學校時的理念，目的就在於加強建築教師與開業的建築師之間的合作和交流。

丹下健三非常注重團隊的合作，他不標榜個人主義，在他的事務所，設計師們永遠都保持著團隊合作精神。日本現在非常有名的建築師，如黑川紀章、磯崎新、槙文彥等都在丹下的事務所內擔任過助理的職務。丹下通過有效的組織運作，不斷地將理論與實際合而為一。URTEC 組織的目的不在於培養特殊人才，而是給每一個人相等的機會參與到每一個指定的計畫中，貢獻出個人的研究、設計和技術。

※代代木國立綜合體育館是丹下健三結構表現主義時期的巔峰之作，外形極具現代感，同時又有相當的原始想像力。

丹下注重建築與人之間的相互關係，以及其與藝術的結合，他意識到科學與技術深深地滲入人們生活後所帶來的危機，他希望能夠使其與藝術有新的結合，新的統一。建築不僅僅是藝術的表現，它同時反映了社會的結構，丹下總是不停地在創造新的空間和造型，期望它們能夠更加符合人類及社會的結構。

1970 年以後的創作可以看作是丹下健三建築生涯的第三個階段。在這一時期，丹下健三和他的研究所在北非和中東做了許多建築專案，如約旦哈西姆皇宮工程、阿爾及爾國際機場等。丹下健三還對鏡面玻璃帷幕牆進行了探索，這方面的重要作品有東京新都廳、東京草月會館新館等。

1986 年，丹下建三在東京新都廳設計競賽獲得了勝利。日本人要求新建築成為 21 世紀東京自治和文化的象徵，丹下的設計滿足了這一要求。新都廳舍總占地面積為 4.2 公頃，總建築面積達到了 37 萬平方公尺。丹下的方案在一側建造了一座 43 公尺七層高的大樓，由此圍成一個半圓形的廣場，在另一側建造了 243 公尺高的雙塔作為第一廳舍。在南面有階梯狀的第二廳舍，它共 34 層，163 公尺高。

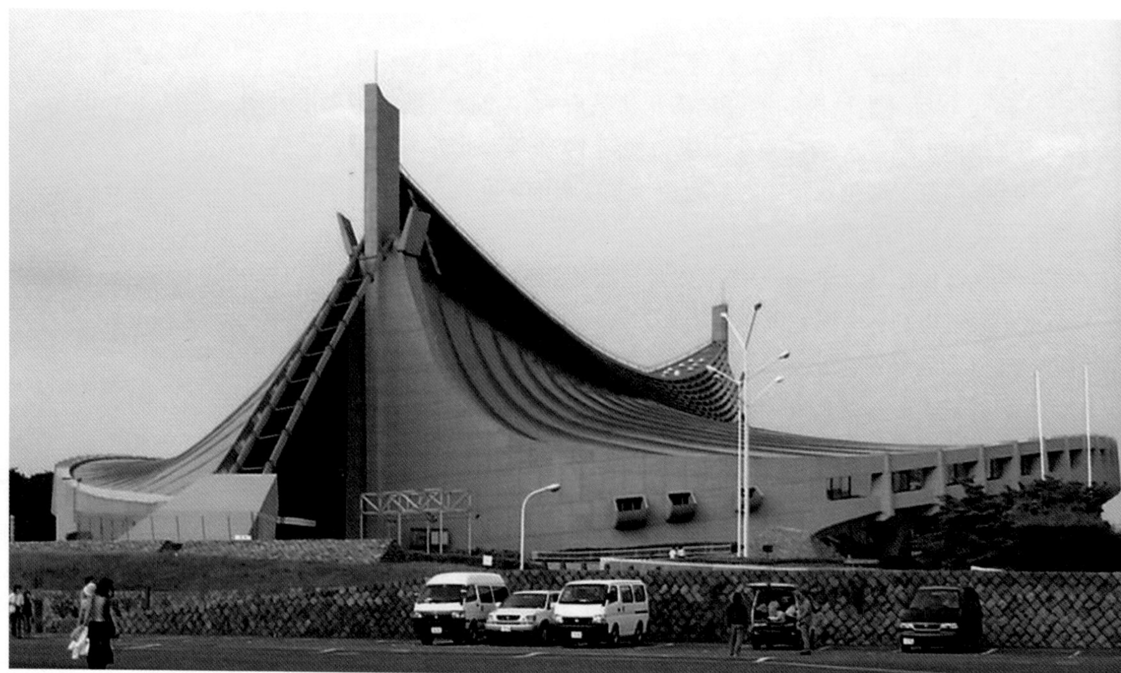

建築師在第一和第二廳舍之間設置了中央林蔭道，以此將廳舍的三個部分緊密的連接起來，並與廳舍南面的新宿中央公園的兩大片綠化帶連成一體。建築立面是深淺花崗岩與反射玻璃的組合。

※東京新都廳被認為是丹下健三的集大成之作，這是建築群中的雙塔。

丹下健三在設計中最基本的考慮是其行政功能，即必須保證現代化的辦公自動化所需的無柱靈活空間，並為資訊化時代，建築所需資訊功能留下充足的空間，以及在此基礎上對結構的堅固性要求。

丹下認為人們已經不僅僅滿足於單純的物質價值，人們同時還在追求著資訊的價值。這裡面不僅僅包含了科學技術，更有人們在現代生活中所需的「心」的和諧。建築師通過對建築物內部空間和外部空間的處理來滿足這一要求。為了避免建築物內外空間的單調，建築師在大立面採用了橫長的窗、縱長的窗和格子窗，他意在喚起人們對江戶時代以來東京傳統形式的回憶，同時還表現出東京高水準建築技術。

東京新都廳舍於 1991 年最終落成，它成為丹下健三的集大成之作。丹下健三在 74 歲的時候獲得了普立茲克建築獎，他是第一位獲得該獎的日本建築師，同時也是亞洲第一位獲得該獎的建築師。丹下的建築創作生涯長達 60 多年，獲獎無數、作品遍及全球。丹下不僅建築作品豐富，在建築教育方面也有著獨特的貢獻。丹下健三在 1959 年以《大城市的地區結構和建築形態》的論文獲得了東京大學工學博士學位，擔任東京大學教授到 1974 年。此外，他還曾經擔任過美國麻省理工學院的客座教授，並在哈佛、耶魯、加州大學伯克利分校等的建築系執教。

他也出版了許多著作，如《日本建築的傳統與創造》、《1960 年東京規劃——構造改革的方案》、《伊勢——日本建築的原型》、《日本列島的未來》、《人類與建築》、《建築與城市》、《21 世紀的日本》、《1986 年東京規劃——東京都臨海城區與東京灣城區的設計構想》等。

2005 年 3 月 22 日，丹下健三因心臟衰竭在東京的家中去世，終年 91 歲。日本媒體稱他為「世界的丹下」。有意思的是，丹下健三雖然在世界各地為他人設計建築，他自己在東京的住所卻是別人來規劃的。丹下稱這是非常聰明的決定，他說自己的住所還是不要自己設計的好，要不然就得經常承受妻子和子女對房子的抱怨。

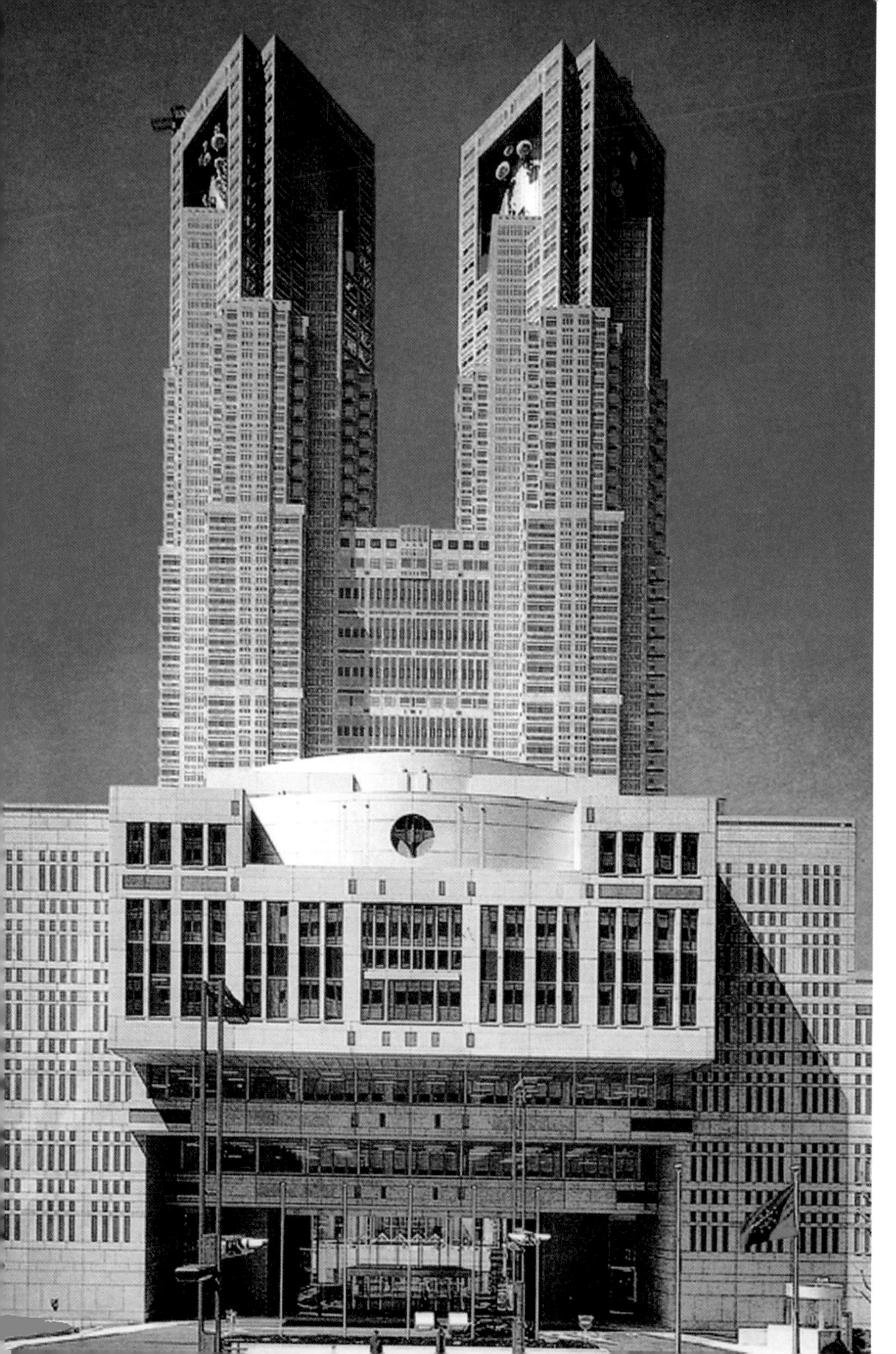

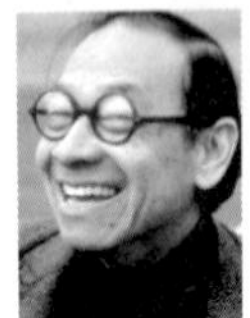

貝聿銘
用光線設計的建築魔法師
Ieoh Ming Pei（中國 1917-）

貝聿銘被稱為是現代主義建築的最後一個「大師」，他是一個注重抽象形式的建築師，他運用石頭、混凝土、玻璃和鋼筋等材料，設計了大量的劃時代建築作品。

1917 年 4 月 26 日，貝聿銘在中國廣州出生，他的祖輩是蘇州望族，父親貝祖詒曾任中國銀行行長，在 1919 年到香港創辦了中國銀行香港分行。

貝聿銘跟隨父親分別在香港、上海居住過，在 1935 年他遠渡重洋，到美國留學。本來父親打算讓他留學英國學習金融，他沒有遵從父命，而是依照自己的喜好到達美國，進入賓夕法尼亞大學學習建築。

據說貝聿銘會對建築產生興趣，是因為在上海讀書的時候，週末常到一家撞球館去玩撞球，而這座撞球館附近正在建造一座當時上海最高的飯店。貝聿銘心裡產生很大疑問，他不明白人們是如何建造這麼高的大廈。正是這一疑問，促使他最終選擇學習建築。

但是賓夕法尼亞大學以素描來講解古典建築理論的教學方法使貝聿銘非常不能適應，於是轉學到麻省理工學院。1939 年，貝聿銘以優異的成績畢業。第二次世界大戰爆發後，貝聿銘在美國空軍服役 3 年，1944 年退役後，進入哈佛大學由格羅佩斯指導的設計學院攻讀建築碩士學位。1945 年畢業後，貝聿銘本想返回中國，但由於時局不穩，他決定先留校執教。

1948 年，貝聿銘辭去了教師的職務，舉家遷往紐約，進入美國房地產商齊肯多夫（William Zeckendorf）的公司從事商業住房設計。齊肯多夫是一位非常有魄力的房地產商，在當時的美國可能還是第一次有人聘用一位中國人做建築師。

貝聿銘擔任了由齊肯多夫集團旗下建築公司的建築部主任，他設計了麻省理工學院的地球科學中心、費城社會大廈、丹佛旅館等。費城社會大廈包括三座高層的公寓，它具有經濟實用的特點，是貝聿銘

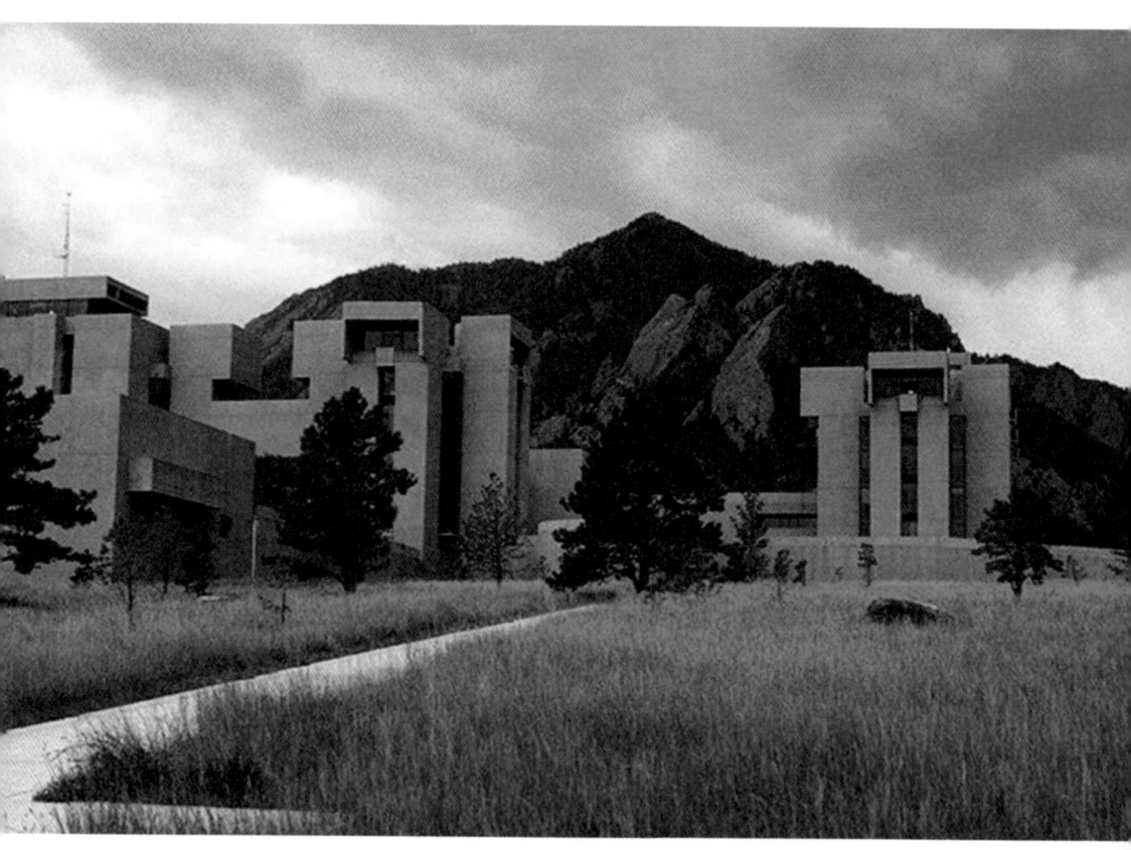

※ 美國大氣研究中心坐落在群山之間，建築與周圍的山脈交相呼應，莊重而優雅。

專門為一般市民設計的住宅。當然，貝聿銘也沒有忽略外形美觀，他採用了突出的窗框做為支架，不僅使建築立面更活潑，而且還有遮擋陽光和風雨的作用。由於貝聿銘的突出表現，費城萊斯大學在 1963 年授予他「人民建築師」的榮譽稱號。

1960 年，貝聿銘成立了自己的設計公司。他設計的美國大氣研究中心，成為貝聿銘建築生涯的一個轉捩點。在設計之初，貝聿銘對建築周圍的落磯山區進行考察，研究如何將中心與周圍的山石融合在一起。貝聿銘終於從一個古代印第安人的遺址找到了靈感。這是一座古老的磚砌塔樓，有著渾厚的基座、塔頂和有力的直向線條。貝聿銘以這座古老塔樓為參考，進一步規劃研究中心的建築形式和色彩。

研究中心採用了當地的石材，創造出別緻的幾何圖形和剛勁的線條，使建築與周圍的山脈交相呼應。貝聿銘的設計既符合建築功能上

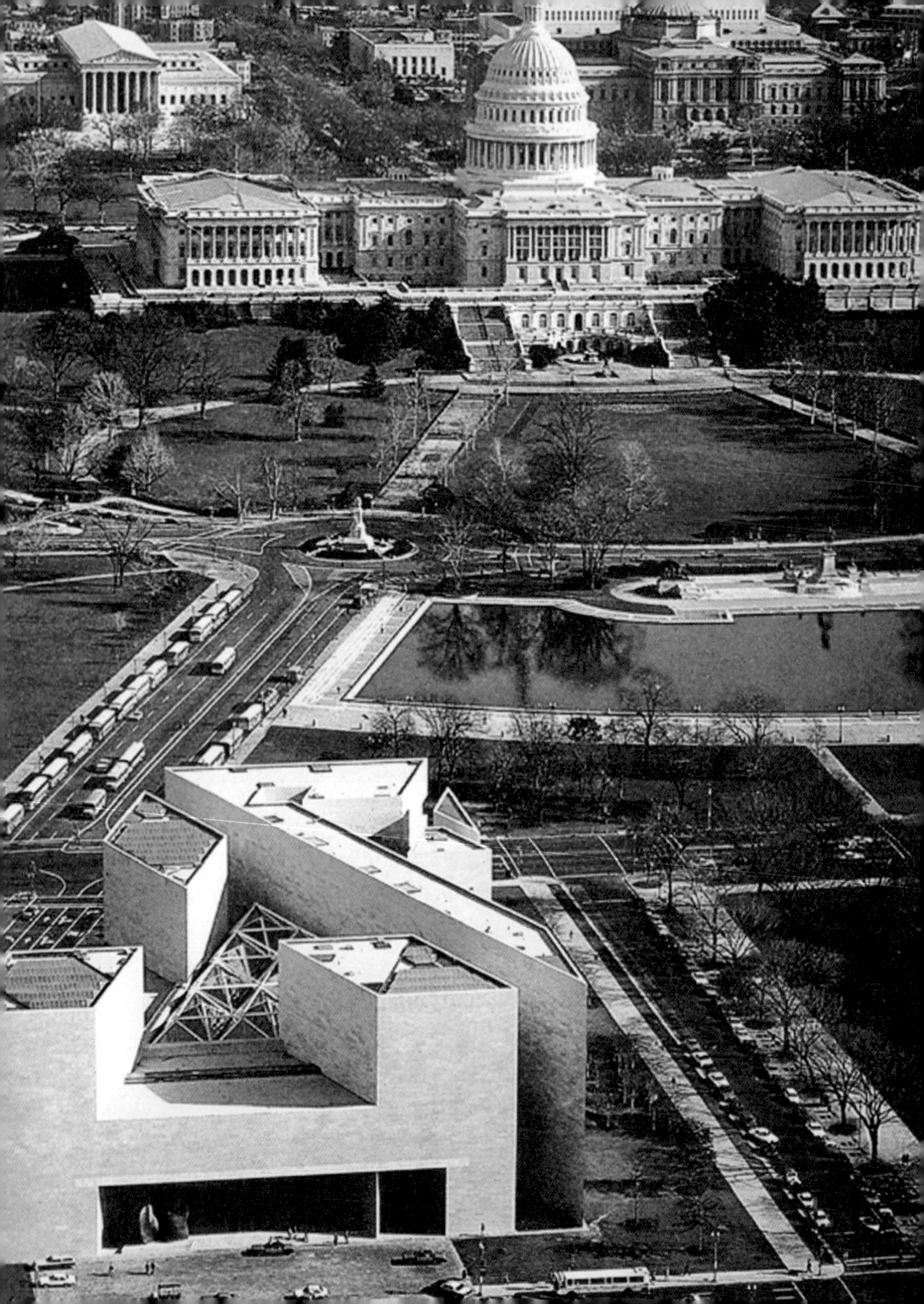

※ 國家藝術館東館與國會大廈、華盛頓紀念碑和林肯紀念堂共同構成了華盛頓的主軸線，地理位置非常重要。

的需求，又同時具有優雅的造型和莊重的氣質。大氣研究中心的成功，使貝聿銘大獲好評，展露頭角。

美國《新聞週刊》刊登介紹此建物，並稱這幢建築是一個「突破性的設計」，隨著他在美國的建築界逐漸打響名號，事務所也迅速擴大。之後，貝聿銘逐漸將自己的設計重心轉移到巨型公共建築物方面。而約翰．甘迺迪圖書館落成，終使貝聿銘成為世界級建築大師。

圖書館工程一直持續了 15 年，早在 1964 年，美國就已決定在波士頓港口建造一座永久性建築物——約翰．甘迺迪圖書館，以紀念遇刺身亡的總統約翰．甘迺迪。最初，貝聿銘在一大群應選的一流建築師中並不出眾，他並沒有受到甘迺迪家族的特別關注。不過，貝聿銘生動地解釋了自己的設計方案，他對於建築場地的處理、建材的使用以及如何賦予這座建築物以特殊的目的和意義發表獨特的見解，引起了甘迺迪遺孀賈桂琳注意。她說：「沒有人能夠和貝聿銘創造出的這個唯美世界相比，我再三考慮之後終於決定選擇他的方案。」就這樣，貝聿銘獲得這項重要的設計工作。

1970 年，貝聿銘的事務所遭受突如其來打擊，這一年，由合夥人之一的亨利．考伯設計的漢考克大廈的玻璃因為不明原因開始掉落，事務所的業務因此受到影響。貝聿銘並沒有因此氣餒，由他設計的華盛頓國家藝術館東館和甘迺迪圖書館在 1978 年和 1979 年相繼完工，這兩件成功的作品為貝聿銘的團隊在美國建築界重新贏得好評。

國家藝術館東館地處華盛頓最為重要的地段上，國會大廈、華盛頓紀念碑和林肯紀念堂共同構成了華盛頓的主軸線，要擴建的東館就處在這個主軸線的東端北側。留給貝聿銘的是一塊平面呈不規則梯形的土地，如何佈置這座新建築是建築師必須面對、富有挑戰性的問題。貝聿銘的方案非常出人意料，他巧妙地從國家藝術館的東入口引出一條直線，把場地切割成一個等腰三角形和一個直角三角形。等腰三角形是向公眾開放的部分，直角三角形則作為視覺藝術研究中心的用房。這一安排成功地解決了新建築與周圍環境的衝突。

東館等腰三角形部分的底邊再對著老館的東立面，主要入口在老館的東西軸線上，與老館的東入口相對。和老館嚴格對稱的羅馬復興建築風格不同，貝聿銘在東館採用典型的現代主義處理手法，建築的體形非常簡潔，牆體和大面積的玻璃構成強烈的虛實對比，特別是形如刀鋒的三角形銳角，透露出鮮明的時代氣息。除了要表現出自己的風格特色外，貝聿銘還必須考慮新舊兩座建築之間的內在關係，他在東館的立面上採用了與舊館相同產地、相同顏色並且是由同一個藝術家挑選的大理石。建築師還適當控制了新館簷口的高度，以使兩座建築在高度上取得和諧一致的關係。

在東館建築中，貝聿銘將不同形狀的平臺、樓梯、斜坡和柱廊等相互連接在一起，營造出一種變幻無窮的感覺。貝聿銘對博物館內的空間安排也非常獨到，他在東館內設置了一個巨大的中庭，中庭上部懸掛著可以旋轉的黑紅兩色的現代雕塑，外部照射進來的陽光隨著這些巨大雕塑的轉動在大廳內部形成了不斷變化的光影，極具藝術氣氛。

東館充分體現了貝聿銘建築設計具有的三個特色：建築造型與所處環境自然融化、空間處理獨具匠心、建築材料和建築內部設計精巧考究。

建成後的華盛頓國家藝術館東館在美國引起了巨大轟動，當時的美國總統卡特參加了東館的開幕儀式，他說：「這座建築不但是華盛頓市和諧而周全的一部分，而且是公眾生活與藝術情趣之間日益增強聯繫的一個象徵。」他稱貝聿銘是「不可多得的傑出建築師」。

約翰．甘迺迪圖書館於 1979 年在波士頓落成，這座建築宏偉而別緻。甘迺迪圖書館是甘迺迪總統永久性的紀念碑，它的設計非常新穎、造型大膽，體現出了高超的建築技術，被公認是美國建築史上最佳傑作之一。這一年，貝聿銘獲得了該年度的美國建築師協會授予的金質獎章，美國建築界宣佈 1979 年是「貝聿銘年」。

貝聿銘承接的下一個重要工程是羅浮宮的擴建，這是對建築師設計能力的又一次挑戰。

羅浮宮建成於 1857 年，在凡爾賽宮落成之後，這裡改為博物館，是世界上收藏最豐富博物館之一。20 世紀以來，這裡的遊人越來越多，幾經擴建仍不能適應需要。最終法國政府決定在 1989 年法國大革命二百周年紀念日之前完成對羅浮宮徹底改造。但法國人視羅浮宮為國寶，它的一磚一石都不能改動，為了能夠得到一個完美的解決辦法，總統密特朗派出特使前往世界上 15 個著名博物館，向它們的館長徵詢能夠主持羅浮宮改建的建築師，結果，有 13 位館長選擇了貝聿銘。

1981 年 12 月，密特朗在愛麗舍宮接見了貝聿銘。貝聿銘要求總統給他 3 個月的時間來思考羅浮宮的擴建工程，然後再提出自己的方案。貝聿銘自己回憶說：「當密特朗總統向我交待任務時，我並不那麼有把握我將來會拿出什麼樣子的東西，羅浮宮不是普通的博物館，它是一座宮殿，如何才能使新的方案不觸動不損害它，既充滿生氣和吸引力，又尊重歷史？」

羅浮宮處在巴黎老城中部偏東的位置，它的主體建築的南北兩翼同時向西展開，主入口設在了東立面上。貝聿銘的改建方案將新建部分的主體放在由原來羅浮宮的主體建築和南北兩翼共同圍合成的朝西的三合院的地下，並把羅浮宮的主入口從原來的東面移到了西面。主入口的改變使得羅浮宮以更加寬容的狀態融入了巴黎古城，而擴建部分放在地下更是體現了對原有城市環境的尊重。

這次改建最引起爭議的是貝聿銘設計的新的主入口，他計畫用現代建築材料建造一座玻璃金字塔覆蓋住這個新的主入口。此事一經公佈，立即在法國引起了軒然大波。人們認為這個主入口建築破壞了這座古建築的風格，「既毀了羅浮宮，又毀了金字塔。」在巴黎市長希拉克的要求下，貝聿銘做了一個 1 比 1 的金字塔模型擺放在新的主入口位置，有 6 萬巴黎人前往觀看並投票表示意見，結果多數觀眾贊同建築師的設計。密特朗總統最終批准採用貝聿銘的設計方案。

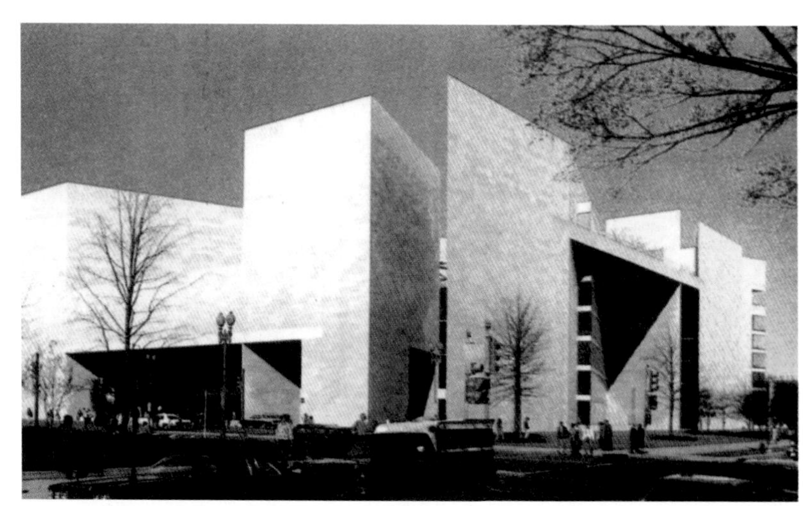

※ 貝聿銘將國家藝術館東館的外形處理得非常簡潔，形如刀鋒的三角形銳角透露出鮮明的時代氣息。

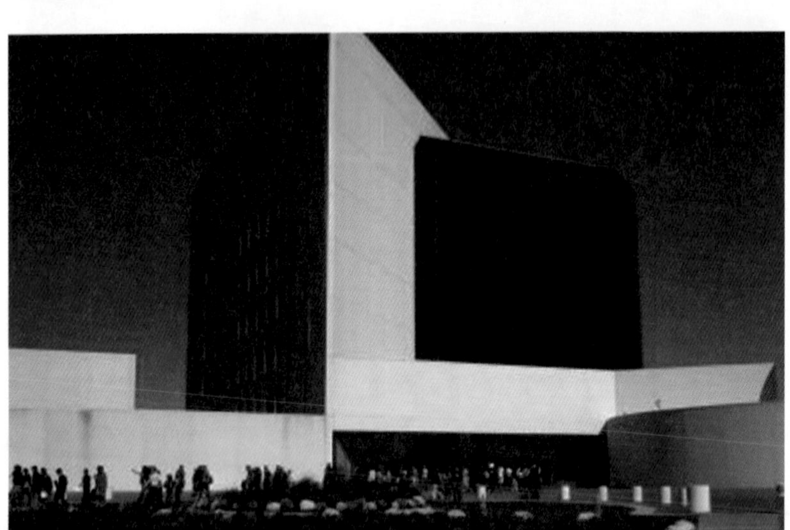

※ 甘迺迪圖書館宏偉而別緻，是甘迺迪總統永久性的紀念碑。

貝聿銘設計建造的玻璃金字塔高 21 公尺，底寬 30 公尺，聳立在庭院的中央。它的四個側面由 673 塊菱形玻璃拼組而成，總平面面積約有 2000 平方公尺。塔身總重量為 200 噸，其中玻璃的淨重就達到 105 噸，而金屬支架僅為 95 噸。也就是說支架的負荷超過它自身的重量，因此這座玻璃金字塔不僅體現出了現代藝術風格，同時也是運用現代科學技術的一次大膽嘗試。

在這座大型玻璃金字塔的南北東三面，貝聿銘佈置了 3 座 5 公尺高的小玻璃金字塔作為點綴，與 7 個三角形噴水池形成了平面與立體幾何圖形相交織的奇特景觀。羅浮宮擴建工程於 1988 年 7 月 3 日正式竣工，以前備受爭議的金字塔成了巴黎人的最愛，他們稱這座玻璃金字塔是「羅浮宮院內飛來的一顆巨大寶石。」

1979 年，貝聿銘接受中國方面的委託在北京設計一家飯店，經過反復慎重的挑選、比較，貝聿銘選擇北京西北郊的香山作為他設計這座飯店的基址。

貝聿銘對待工作一向認真細緻，他多次到香山登上周圍山頂，勘察地形和周圍的環境。在貝聿銘心中，中國傳統建築藝術具有非凡的魅力。他不辭勞苦地走訪了北京、南京、揚州、蘇州、承德等地的大

※ 夜幕下的金字塔分外璀璨，像羅浮宮前飛來的巨大寶石。

量建築和園林。蘇州庭園的長廊曲徑、假山水榭，尤其是建築屋宇與周圍自然景觀相輔相承的格局，以及光影美學的運用給他留下深刻印象。貝聿銘試圖通過香山飯店的設計來探索一條繼承和發揚中國民族傳統文化的新路。

在貝聿銘看來，中國傳統建築文化的精髓在於庭院和牆這兩個基本要素。在香山飯店的設計中，他用這兩種基本要素組合出一個充滿詩情畫意的空間。香山飯店採取一列不規則院落的佈局方式，與周圍的水光山色、參天古樹融合為一個整體。整個建築以白色和灰色為基本色調，帶有唐代情調的牆面分割和菱形的構圖不斷重複，強調這座建築本身的民族屬性。這座建築沒有現代大型商業飯店的熱鬧與豪華，它就像一個外貌看似普通其實非常內秀的姑娘，體現出輕妝淡抹

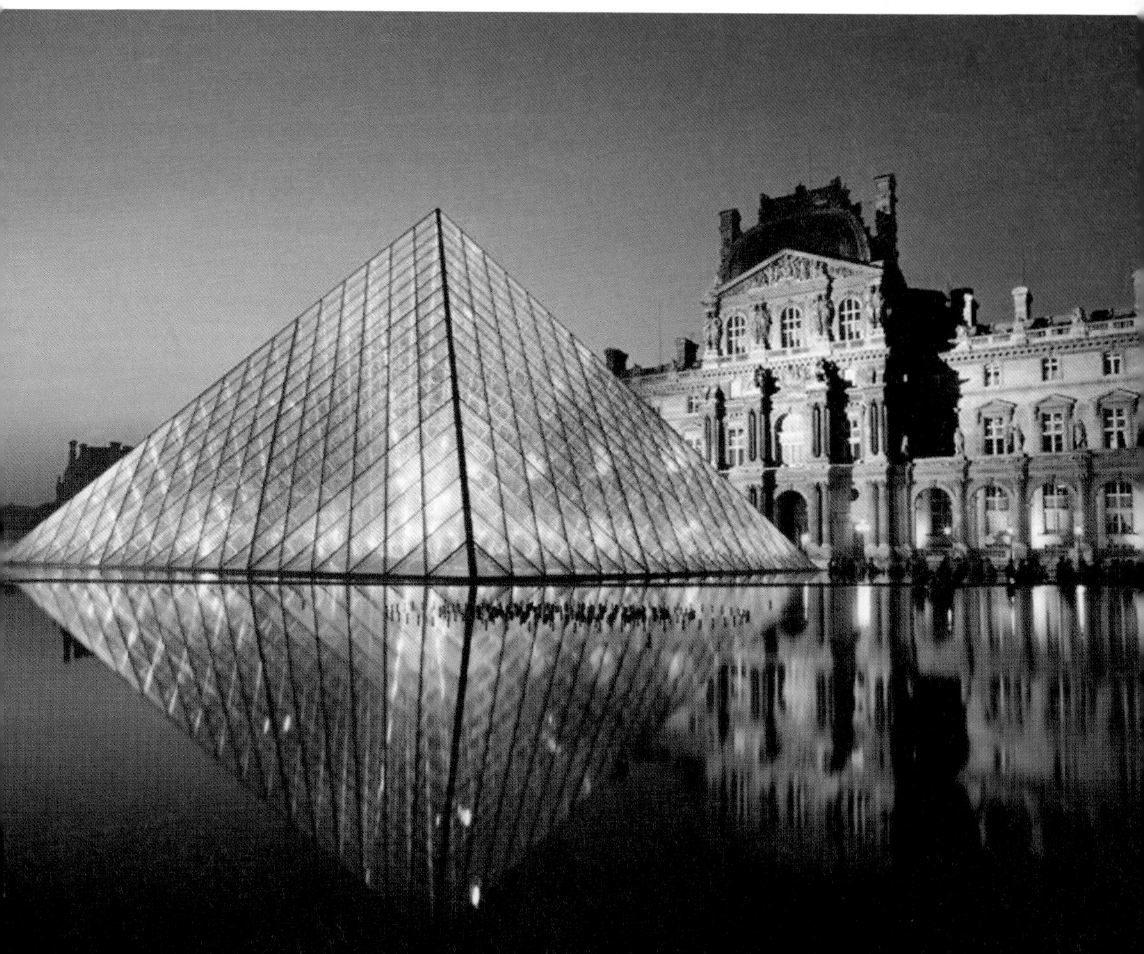

的自然之美。

雖然與以前設計的那些摩天大廈相比，香山飯店的規模不大，但是貝聿銘表示，香山飯店在他的設計生涯中佔有重要的位置，建築師在這座不大的飯店上下的功夫比在國外設計的建築高出了 10 倍。在貝聿銘的事務所裡，只存放著兩個設計模型。其中一個是美國國家藝術館東館的設計，另一個就是北京香山飯店的設計。由此可見，香山飯店在貝聿銘心目中確實佔有非常重要的位置。

1984 年，貝聿銘為香港中國銀行設計了一座 70 層，高 100 公尺的大廈。這在當時的香港是最高的建築物，也是當時美國以外世界上

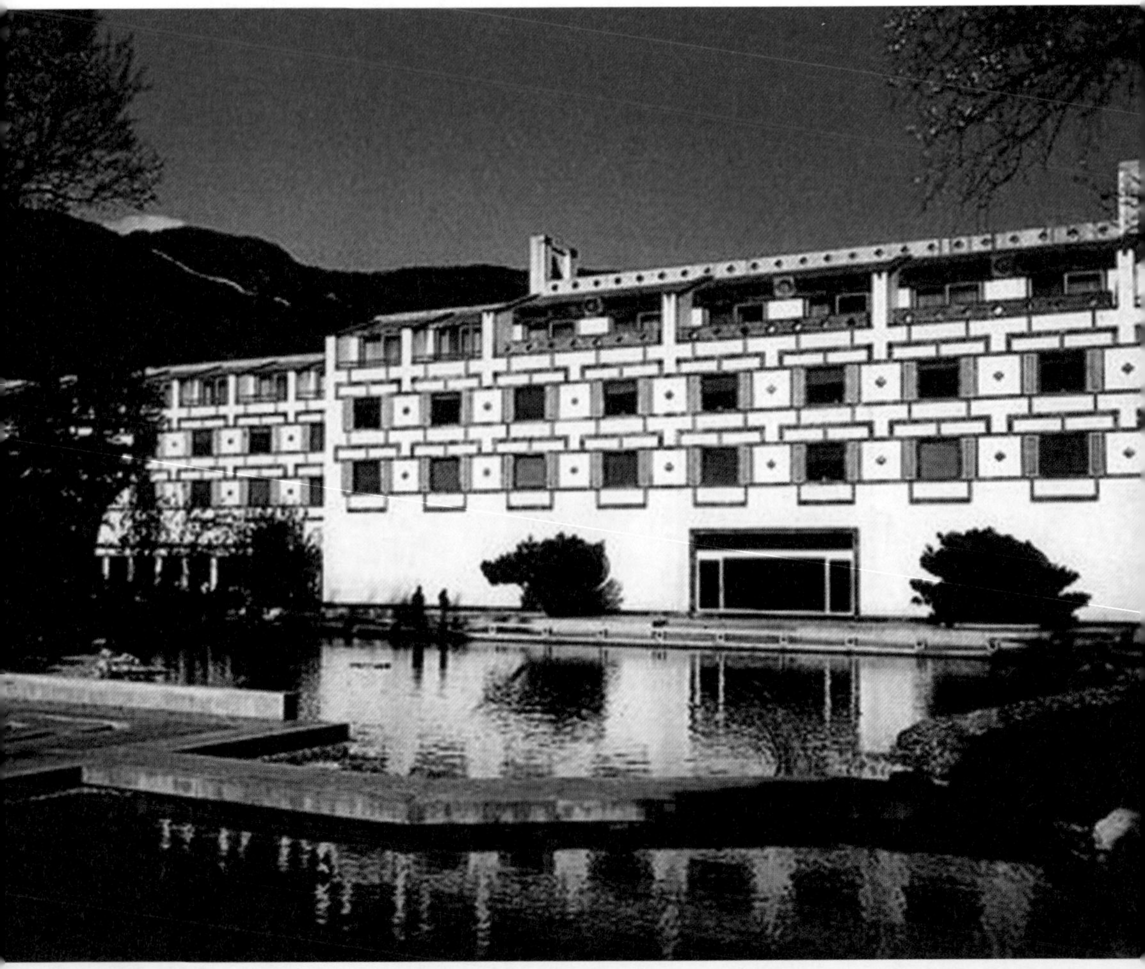

※ 香港中銀大廈的設計靈感來自於中國的一句諺語：芝麻開花節節高。

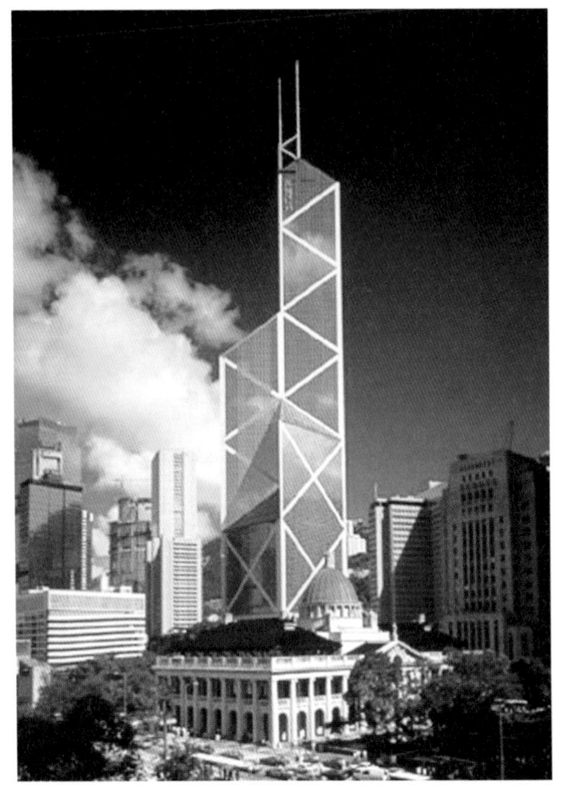

最高的建築物。貝聿銘的父親是香港中國銀行的最早創辦人之一，這使得他對這項建築特別有親切感，但他更想強調這座大廈象徵中國獨特意念。據說，建築師對於中國銀行大廈的設計靈感來源於古老的中國諺語：芝麻開花節節高。菱形的造型和透明的視覺效果使大廈就像一個多切面的鑽石。

1983 年，貝聿銘獲得了被稱為建築界諾貝爾獎的普立茲克獎，他是獲得此項殊榮的第五人。他把領到的 10 萬美元獎金悉數留作中國留學生的「留學基金」。他認為，學習建築不能僅僅紙上談兵，還必須對那些傑出的古典建築和現代建築進行實地考察，這筆「留學基金」就是專門幫助在美國學習建築的中國留學生前往美國各地和歐洲遊歷參觀使用。

2001 年，貝聿銘設計了北京的中國銀行總部大廈。2003 年 11 月，他設計的蘇州博物館新館動工，這件作品被認為這位元年逾古稀的華裔建築大師的「封筆之作」。貝聿銘的建築作品被人稱為是充滿激情的幾何結構，是現代主義的經典之作。不僅如此，貝聿銘還善於把古代傳統的建築藝術和現代最新技術熔於一爐，從而創造出自己的獨特風格。貝聿銘說：「建築和藝術雖然有所不同，但實質上卻是一致的，我的目標是尋求二者的和諧與統一。」

※ 貝聿銘在香山飯店的設計中強調建築本身的民族屬性，營造出一個充滿詩情畫意的完美空間。

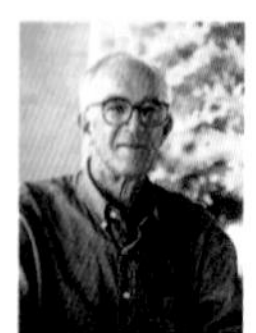

約翰・烏戎
雪梨歌劇院的浪漫設計師

Jorn Utzon（丹麥 1918-2008）

2003 年 5 月 20 日，普立茲克建築獎頒發給了 85 歲的丹麥建築師約翰・烏戎，以表彰他創造出的 20 世紀最偉大的建築之一——雪梨歌劇院。

烏戎於 1918 年 4 月 9 日出生在丹麥的哥本哈根，父親是一名優秀的海軍工程師，在一家著名的造船所工作。中學的時候，烏戎就開始幫助父親做一些雜活，也因此掌握了一些基本的設計、繪圖和模型方面的知識。

1937 年烏戎進入丹麥皇家藝術學院。1942 年，他為了躲避德軍，前往瑞典首都斯德哥爾摩，受雇於阿斯普朗德的建築工作室。瑞典雖然沒有被捲入戰爭，但是由於水泥和其他一些建築材料的進口銳減，瑞典的建築師們在這一時期不得不探索一種更為節省的建築形式，並充分利用本地廉價不抹灰泥的磚和木材。在以這樣為前提的基礎上，產生被稱作「新經驗主義」的流派。他們講究簡潔有力的建築外觀和合理有序的組織結構，任何多餘、無關建築的元素都被視為是奢侈品而被拋棄。這些設計理念深深影響著烏戎，這在他後來的很多作品中都能夠看見。

在瑞典工作 3 年以後，烏戎又去了芬蘭赫爾辛基與名建築師阿爾瓦・阿爾托一起工作。這被看作是烏戎創作階段進一步發展的重要時期，加深了他對有機建築的理解。

1948 年，烏戎開始了遊歷生活。他去了摩洛哥，當他看到當地的村落建築的時候，感到非常吃驚。因為那些建築的外表能夠和周圍的環境完美結合，和諧而靜謐。尤其是黏土材料的反復運用，深深觸動了他，我們可以從他後來的高層建築中看到當地村落建築的影子。在南美，馬雅人和阿茲提克人的古代建築同樣引起他的興趣，那些巨大的建物再次觸動他內心深處的建築靈感，成為他未來建築設計中的重要表現手段。

1950 年，烏戎回到丹麥，開立自己的事務所。雖然他參加了一些設計競賽，但是很少能夠實施，而且委託專案也少得可憐。1952 年，鬱悶不得志的烏戎在哥本哈根附近建造了自家住宅。這兩棟建築有著自由的空間處理和不對稱的外部結構，矗立在鋼筋混凝土支柱上，顯然受到有機建築原則的影響。

1957 年，烏戎又踏上了遊歷之旅，這次他來到亞洲，在中國、日本、印度、尼泊爾等國他見到了從未見過的建築。烏戎通過觀察得出結論，西方的建築重力是朝向牆體的，而中國建築則是朝向地面。有人說，烏戎設計的雪梨歌劇院的思想根源就是來自於中國建築「屋頂與平臺」的空間意象，強化巨大「平臺」上的「屋頂」。

回國以後，烏戎在赫爾辛格西郊的一片丘陵地帶設計了一組影響深遠的聯排式院落住宅金戈居住區。這片包括 63 座房子的住宅區結合了天然地勢，圍繞著中心的水池佈局。為了保證每棟房子都有良好的日照和公共綠地，烏戎將整個社區分成三組，每一組中的住房都是鏈式組合的形式。院落的圍牆非常低，這樣可以容納院子外面的自然風景，同時也使住房與外界保持一定的距離，以維護住家的私密性。住宅區最醒目的地方是所有的建築都由黃色的磚砌成，門窗使用當地

※ 弗雷德里克斯堡郊外的這個住宅區是村鎮傳統和現代主義的一個有機結合。

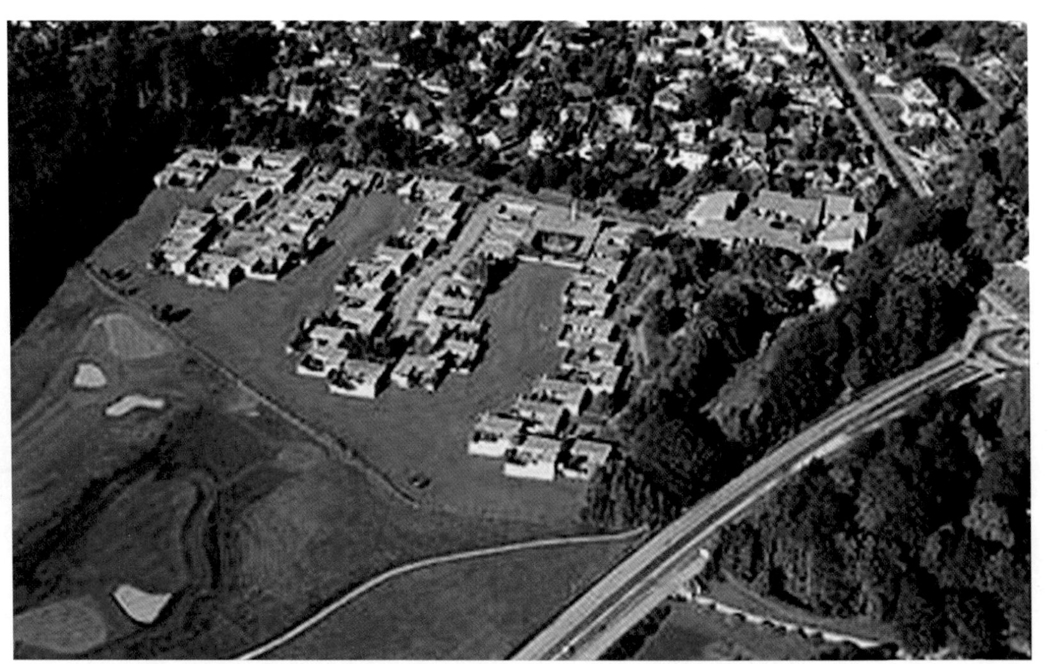

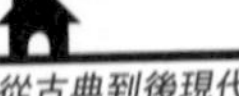

的材料手工製造，與周圍的環境自然地融合在一起。後人認為金戈居住區是烏戎建築生態學的力作，是自然界多樣性和有機性的統一。

同一時期，烏戎還在弗雷德里克斯堡郊區設計建造了一個住宅區。基地是一片向西南傾斜的緩坡地，周圍是森林。為了使居住與自然環境更好地結合，從而提高住家的居住環境，烏戎採用「南北盡端」式的道路系統。住宅區的佈置呈臺階狀垂直佈置，以應合地性。3 條社區的盡端通道寬窄不一，具有空間變化的動態，是村鎮傳統和現代主義的有機結合。每片住家三面呈鋸齒狀圍合而成的公共綠地也是烏戎特意打造的空間效果。該居住區按功能劃分為 48 座一樓的庭院住

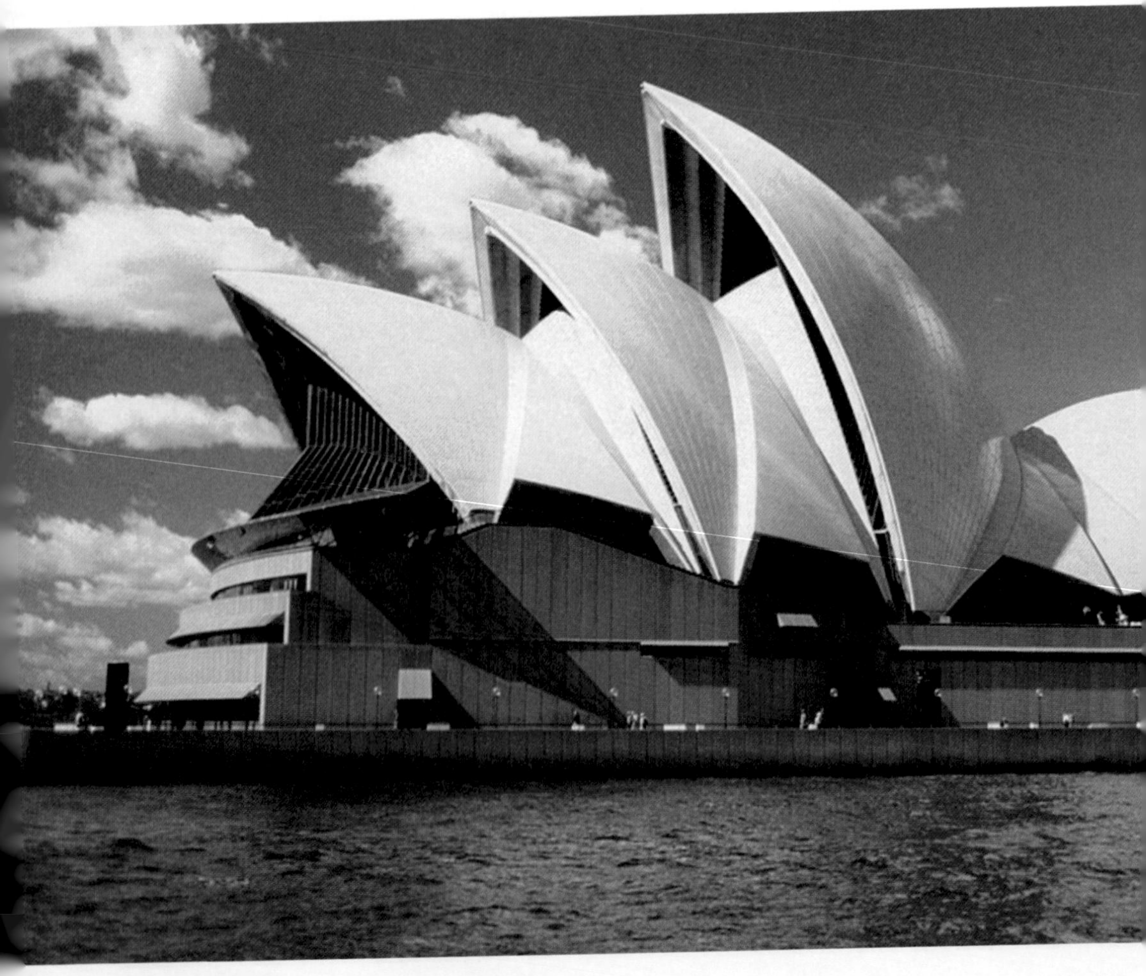

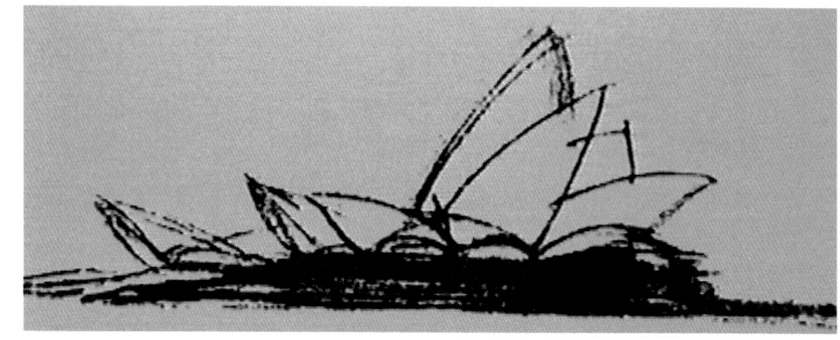

※ 烏戎為雪梨歌劇院繪製的草圖。

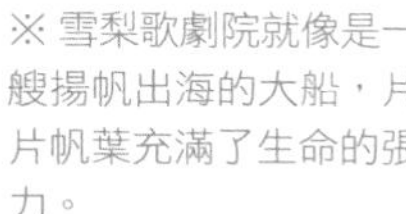

※ 雪梨歌劇院就像是一艘揚帆出海的大船，片片帆葉充滿了生命的張力。

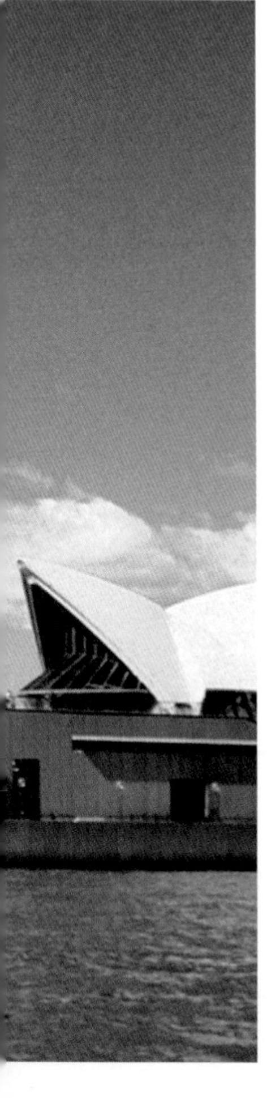

宅、30 座兩樓的聯排式住宅和一個管理中心。一樓單層庭院式的居住單元仍然採用鏈式排列，汽車交通與綠化帶分開，保證良好的公共綠地的交通條件，每個住戶可以直接開車回家。建築材料主要是土黃色的磚，門窗過樑為混凝土，門窗是松木製，框架上面塗有深紅色的釉彩。統一的材料和建築造型及平面的形式，與周圍的環境非常協調一致。這棟住宅區比弗雷德里克斯堡居住區更進一步表現了景觀的特徵，烏戎加入了「造景」的概念，比如草坪上的圖形等，這是在創造一種強烈對比的關係。可以看出，烏戎的造景嘗試是其設計風格日趨成熟的表現。

雖然當時烏戎的設計風格還不是很成熟，但是我們仍然能夠看到他對前輩建築師作品的理解和把握，以及對異國建築文化的汲取，正如後來普立茲克獎評委曾評價他說：「烏戎是一位根植於歷史的建築師，這段歷史包含了馬雅、中國、日本、伊斯蘭和他自身的斯堪地納維亞文化精髓。」

雪梨歌劇院可以稱得上是烏戎最為重要的作品，在 1957 年澳大利亞就雪梨歌劇院舉行的招標中，共有來自 30 多個國家、233 名參賽者提交了設計方案。競標規定所有參賽的建築師的設計圖不能用彩圖，也不能用模型，只能用黑白線條表現圖。在這樣設限下，建築的輪廓成為關鍵，當然藍圖必須呈現適合坐落於港灣的特點。評委們對參賽方案進行篩選後發現，烏戎那件驚人的建築構圖十分具有原創性。草圖的造型高高地矗立在向前突出的半島上，與周圍廣闊的大海和無垠的天空非常協調，白帆一樣的殼頂恰似帆船駛出港灣，如果能夠實現的話，必將成為世界上最偉大的作品之一。不要簡單地以為，烏戎的作品是因為離奇的造型而贏得了評委們的青睞，其實，評委們

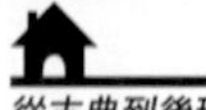

更看重的是作品「偉大的簡單佈局」和「統一的結構表現」。

1959 年 3 月，歌劇院工程破土動工。很難想像得到這個浪漫的抒情作品，一旦要變為實際建物會遇到怎樣前所未有的困難。10 個外殼（階梯狀的拱頂）組成的特殊系列，成階梯狀相互疊加，最高的殼頂距海面 67 公尺，相當於 20 多層樓高。這在當時科技水準尚不發達的情況下，完成漂亮而又充滿活力的外殼結構幾乎是不可能的，這也是歌劇院能否完工的致命問題。因此，在專案實施過程中，邀請了阿魯普作工程技術顧問。阿魯普是一位善於將結構昇華為藝術的傑出的結構工程師，他毫不妥協地將屋頂確定為一種幾何學定理，堅持無論如何也要將烏戎的設計理念徹底表現出來的堅定態度。但是，在付出了 10 萬人次的工作量後，仍然沒有得到一個令人滿意的答案。最後還是烏戎找到了答案，因為整個屋蓋除了橢圓形以外，其餘都是同一球面的一部分，每一塊都有同樣的曲率，然後再細劃分，就能做成一個個預製零件組搭起來。大屋頂的結構使用了肋骨狀構成的預應力混凝土，從而解決了需要較薄的結構斷面問題，在這一點阿魯普功不可沒。他同時讓各自的混凝土的部分重疊，通過鋼纜加入的張力使其融為一體，美感與功能兼得。如果沒有阿魯普的協助，烏戎的天才理想恐怕很難實現。

1965 年，由於工黨落選，歌劇院遇到了不小政治難題。新政府要求歌劇院的設計必須在更加嚴厲的監督下進行，以防止資金被濫用。次年，烏戎拒絕了新政府的任命，輾轉去了美國，在夏威夷大學教書。雪梨歌劇院餘下的工作由一組澳洲工程師來完成，原來方案中歌劇院的觀眾廳被改成了交響音樂廳，歌劇不演了，設備也被簡化。

歌劇院 30 多年的發展證明，雖然它超出了普通實用性建築的需要，但是錯落有致的外殼結構所引發的自由的想像空間才是烏戎留給澳洲人民的巨大財富。鳥翼狀的巨大外殼是歌劇院最為突出的地方，具有無窮的人文張力，是澳洲這個移民國家朝氣勃發的象徵。

烏戎對伊斯蘭建築的理解和把握，也使他贏得阿拉伯國家的信任和支持，早在 1969 年，他在夏威夷大學教書的時候，就被邀請參加科威特議會大廈的設計工作。當時基地的狀況非常之差，烏戎曾形容說是：「大海旁邊一個混亂不堪的市鎮」。

1982 年大廈完工以後，可以看到建築聯合體的構思是一個展開

※凹形屋頂是科威特議會大廈最為獨特的地方。

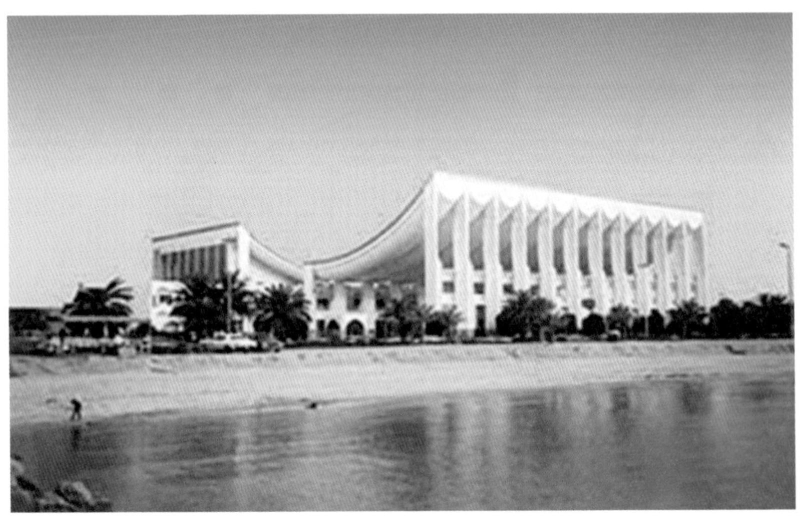

的造型，擁有整齊劃一的高度和自然粗糙的邊緣，給人一種突然拔起的莊重感。建築的四角是不規則的方形架構，與眾不同凹型頂部聳立在一個平面之上，這也是這座建築最為獨特的地方。整組建築的內部則是類似帳篷的屋頂，這是烏戎對阿拉伯建築符號的重現，也最能體現議會大廈的精神。尊重當地原有的建築「方言」，並進行大膽的抽象化運用，是烏戎所具有的難得的建築環境觀，因此，他總能避免簡單的重複，而且不斷呈現獨特且嶄新的建築形式。

烏戎設計的巴格斯維爾德教堂於 1976 年竣工。由於教堂所在的基地北側是一條車流量較大的城市主幹道，這就決定了該教堂的平面設計是一個矩形的平面和一個封閉內向的立面。這並非烏戎對環境的刻意迴避，而是努力造就一個獨立內向的宗教場所，隔絕街道的喧嘩。

從以上兩個作品可以看出，烏戎對於本世紀建築的最大貢獻在於他對建築自然與簡潔的重新定義。他的作品不但能夠尊重自然的法則和人文價值，而且對建築的真實功能和架構的表達直接明瞭，而這種理念又蘊含著充滿詩意的抒情方式，恰如自然本身一樣。

從 20 世紀 70 年代開始，烏戎就處於半退休狀態，和他的妻子莉斯居住在西班牙的馬婁卡島上。他的家宅位於島上一座小山的頂部，是一個用石頭砌成的、現代化的微型雅典衛城。坐在家中可以看到周

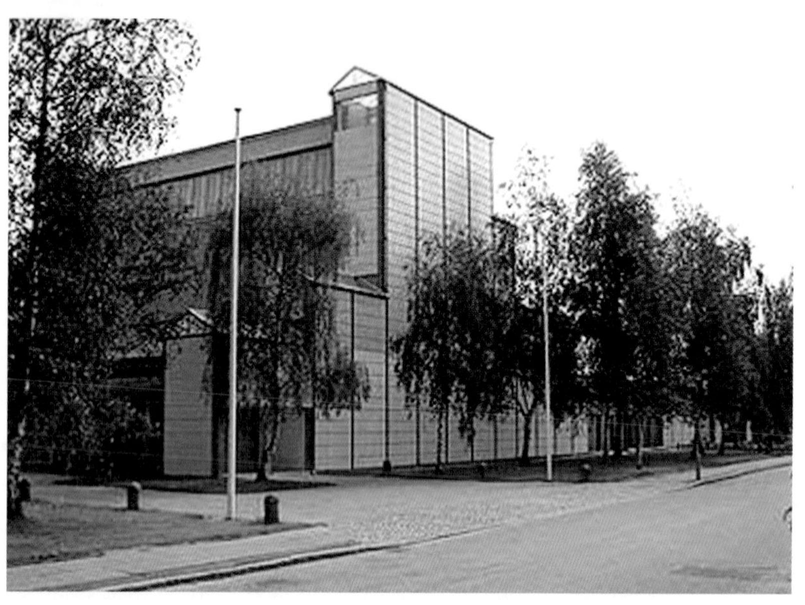

※（左）烏戎將巴格斯維爾德教堂營造成了一個獨立內向的宗教場所。

※（下）雪梨歌劇院一度被批評是浪費公帑的建築，如今卻為澳洲帶來難以估算的觀光財富。

圍鬱鬱蔥蔥的松樹林，俯瞰通向地中海的道路。

可能烏戎本人也沒有想到，他在 83 歲高齡的時候又參與了雪梨歌劇院的重修工作。因為澳大利亞建築師因對歌劇院內部與歌劇院揚帆出海的外形大相庭徑，雪梨有關部門萌生了重修歌劇院室內的想法，並最終決定邀請烏戎擔任修整工程顧問。此時的烏戎由於年邁已不能乘飛機親自前往澳大利亞，只能把建築現場的工作交給了他的兒子。

按照當年的設計方案，歌劇院的內部結構內容是厚重豐富的，比如用獨具創造性的弧形木制橫樑和層疊起來的玻璃構成的主體部分，層次感強烈，風格輕盈。後來它們被實用性較強的內部結構替代以後，明顯呆板了許多。由於受到各方面原因的制約，如果完全恢復到建築師當初設計的樣子已經是不可能的事了。

新整修的歌劇院重新設計了燈光背景裝置，鋪設了木地板，另外粉刷了屋頂的混凝土橫樑，這些軟體的調整使其看上去高雅、厚實。大廳的中央裝飾品是烏戎設計的一塊長 14 公尺的毛料掛毯，據說上面圖案的設計靈感來自德國音樂家小巴哈的交響樂。掛毯圖案由不同的顏色織成，好似道道霞光普照大地，又如一彎新月隱掛雲端。掛毯不僅將房間單調的灰白色牆壁裝飾一新，更重要的是用科學的方式將

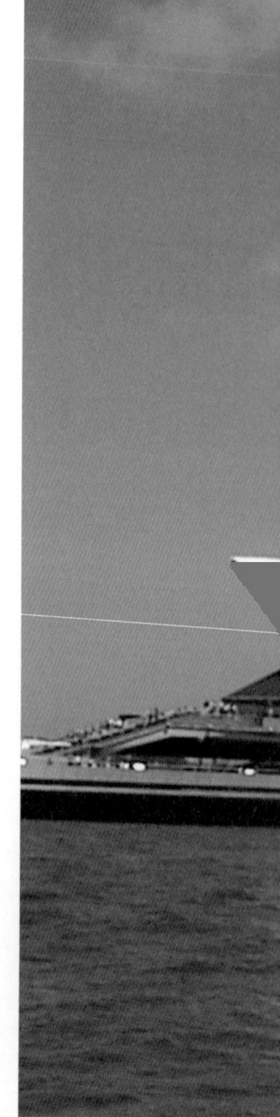

面對大海的牆壁做了聲學處理，使音樂達到繞樑於耳的效果。雪梨歌劇院的院長說：「烏戎具有絕妙的想像力和非凡的設計能力，大廳中央那幅裝飾掛毯與牆壁的距離和聲學上所要求的距離恰好吻合，真是巧奪天工的傑作。」

每當談起過去，烏戎總是說：「我的心態很平和，作為一名建築師，我盡到了社會和個人的責任，我也為此感到驕傲，但不會為自己失去的東西而消沉。」

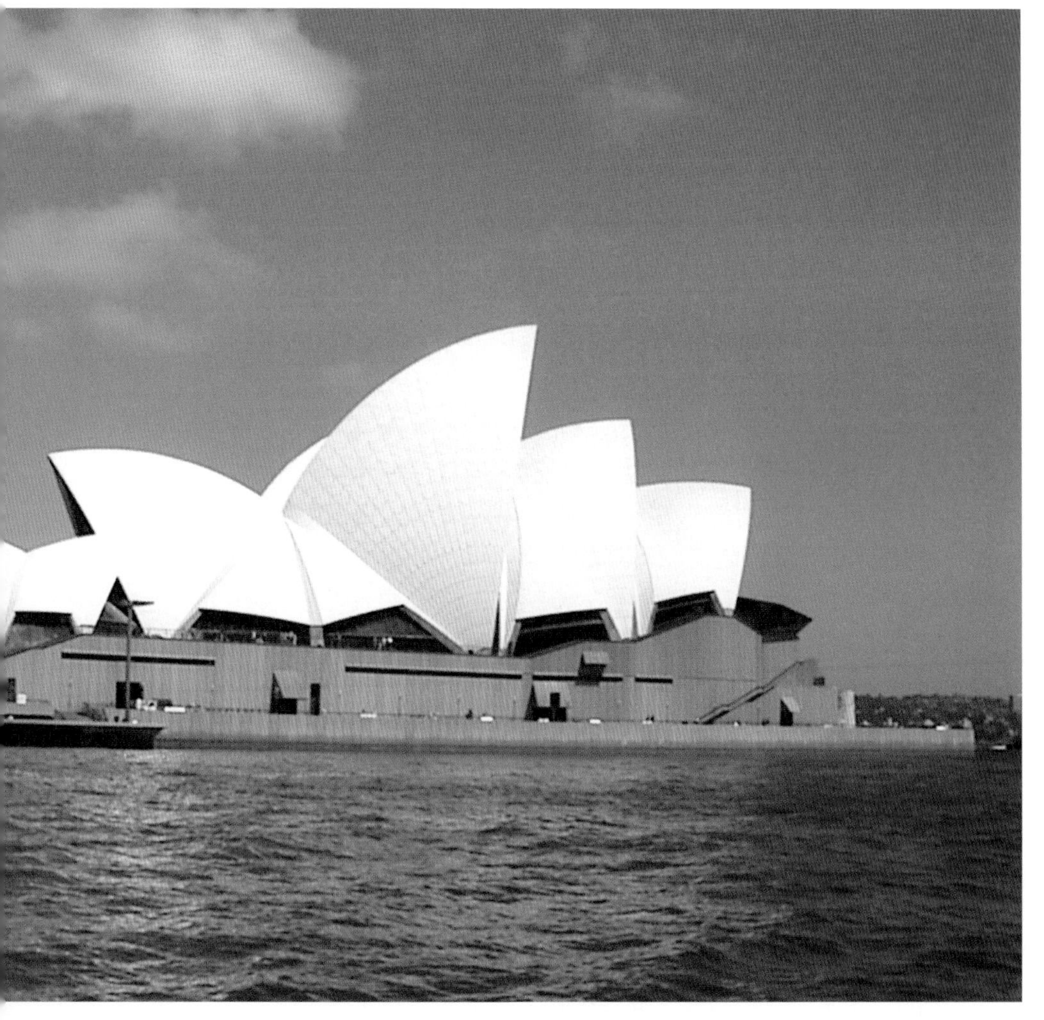

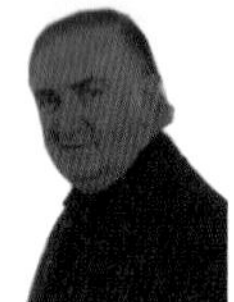

詹姆斯・史特林
無拘無束地使用各種建築語彙
James Stirling（英國 1926-1992）

詹姆斯・史特林是一位英國建築師，於 1981 年獲得了第三屆普立茲克獎。史特林於 1926 年 4 月 22 日出生於格拉斯哥，在英國北方的港口城市利物浦長大。1956 年，史特林與詹・戈文一起成立了一家建築師事務所。合作設計了漢姆公寓，這座建築被認為是新野獸派的代表作品之一，兩位建築師在短時間內聲名大噪。

1959 年，史特林設計了著名的萊斯特大學工程大樓（Engineering building, University of Leicester）。建築師在設計中非常注意對交通流線的組織和處理，同時又儘量使結構緊湊。一條顯著的坡道直通二層，兩個挑出的全封閉講堂壓在坡道和平臺的上方。從這個坡道並不能進門，真正的門處在建築的東面。塔樓共有 10 層，牆壁的階梯式輪廓，每一次收縮，廊道裡都開玻璃天窗。史特林對玻璃的運用顯得豐富多彩，大量的玻璃與磚體結構本身形成鮮明的對比，它們減輕了建築的重量，同時也反襯出磚體結構的沉重性。建築中沉重的磚體結構和尖銳的玻璃金屬外形給人留下了深刻的印象。

※ 史特林在劍橋歷史圖書館中再次使用了鑲有外框的階梯狀玻璃平面，進一步發掘了這一建築形式的內涵。

1964 年，史特林設計了劍橋歷史圖書館，同樣也使用鑲有外框的階梯狀玻璃平面。在建築的邊上有上到半層高度的陡臺階，設置了一扇門，但在設計和實際使用中，這扇門都不常使用。真正入口在辦公部分的 L 形頂端，從長長的坡道上升到平臺即來到這扇大門。

萊斯特大學的工程大樓和劍橋歷史圖書館在構思、材料、技術、色彩乃至窗洞的開法等方面都非常類似，史特林對於建築體量的安排，來自於對建築本身功能的理解和技術的掌握。

從 1969 年開始，史特林對理性主義和新古典主義產生興趣。在實際運用中，建築師首先規劃出一個基本對稱的構圖，然後由功能引出的非對稱性打斷和擾亂嚴整的對稱性，這種趣味顯現在聖安德魯大學藝術中心的設計中。這是一個與老建築擠建在一起的專案，擴建工程包括一個對外開放的美術館和排練廳等其他房間。在原有建築和新建築之間，史特林設計了一個玻璃連廊，呈圓弧形的兩翼創造出一個

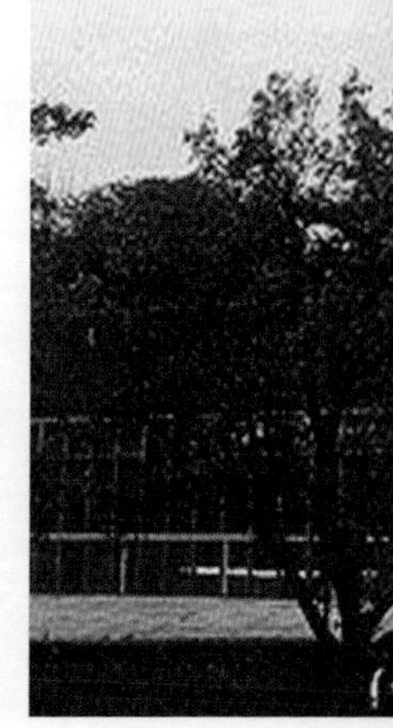

半公共的院落。工程通過一面曲牆把三棟現有的建築拼貼在一起，史特林的設計成功地將周圍建築所呈現出的歷史文化有機地結合在一起。

1971 年，維爾福德加入了史特林的事務所，事務所也由此改名為史特林維爾福德聯合事務所，這個名字留存至今。

1975 年，福斯特在德國歷史名城杜塞爾多夫博物館的設計競賽中勝出，這項設計的主要難題就是如何在具有濃厚歷史痕跡的複雜環境中建造一座具備現代功能的建築。建築師表達了自己的設計意圖，他力求新建築與具有紀念性的地方法院、紐勃魯克大街沿街建築和聖安德里斯教堂等完全相異的建築形式保持協調。同時，建築師也希望新的建築同樣具有個性，使老的建築景觀與極為簡化的誇張的現代建築形成一種對比。為了實現這一目標，建築師在平面和剖面等設計中以軸線、對稱的空間、簡單的幾何體來組織空間，另外，他使用了漫射玻璃的長廊，矩形、圓形、方圓相套的形體和長坡道等。這些元素後來又一次出現在斯圖加特新美術館的構圖母題中。

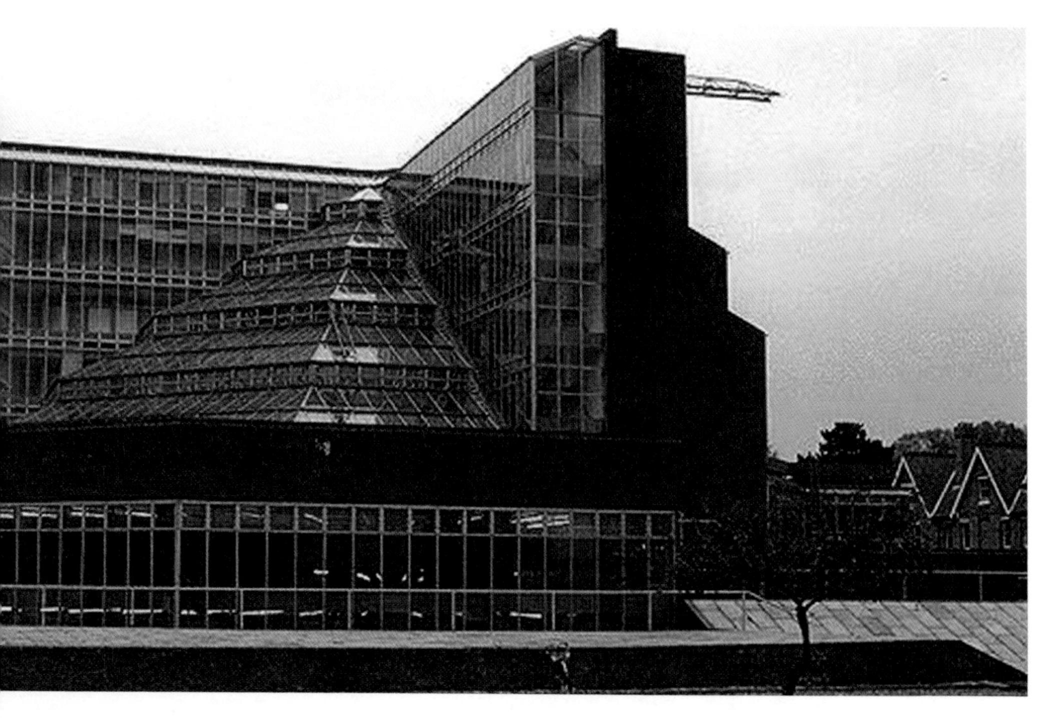

德國斯圖加特新美術館（Neue Staatsgalerie）的設計開始於上世紀 70 年代中期，1984 年 3 月正式揭幕。這座建築形似對稱，與舊美術館在類型上一致，但在手法上大量變異。新美術館的陳列庭院是一個由石塊圍成的圓形空間，使人聯想到古羅馬鬥獸場，而展廳的屋簷內凹，似乎有埃及神廟的影子。建築師在選用這些老的建築符號的同時，也混雜進「與現代建築運動有關係，源自立體主義、構成主義、風格派和所有新建築流派的語言」。建築中還有許多高技建築的痕跡，各種相異的成分相互碰撞，各種符號混雜並存，表現出後現代建築的矛盾性和混雜性等特點。中軸線上巨大的圓形下沉廣場，甚至帶有表現性和抽象性的元素。因為斯圖加特美術館的傑出成就，史特林因此獲得 1981 年第三屆的普立茲克獎。

史特林於 1980 年在倫敦設計建成泰特美術館（Tate Gallery），該館平面橫長展開，表現出古典復興式建築的特點。立面以白色的框架區分成格狀，立面上有精巧的半圓形突出物。大門扁尖，上面有小半圓的拱窗。在建築的內部，建築師佈置了大面積光滑牆面，在其上

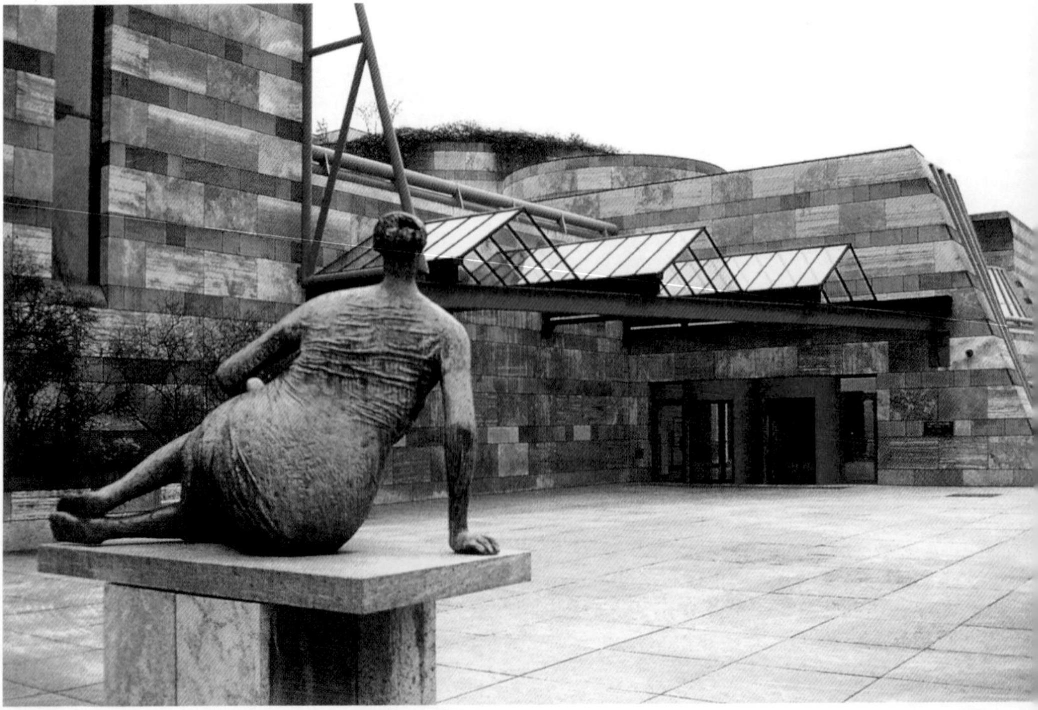

※ 泰特美術館是現代主義和古典主義的完美結合，從中我們可以看出建築師駕馭素材的超人才能。

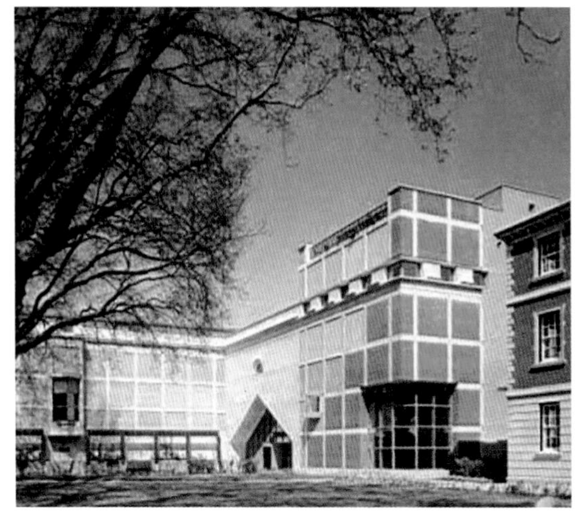

開小巧的門窗。泰特美術館體現出了後現代主義與古典主義的結合，嚴肅而又簡潔輕快，具有很強的表現力。

20 世紀 80 年代末，史特林設計了新加坡一座理工學院的校園和建築。這個學校位在較為偏遠的地區，是一座正在興起的新城鎮，建築師在設計中，不需要考慮所謂的傳統歷史文化，可以按照功能要求進行全新的安排。學校中心位置是一個馬蹄形的廣場、四所院系分別位於它的四翼，其他建築基於地形、交通等考量分別進行安放。在設計中，也兼顧到了當地的氣候特點，在這裡，不再有「新古典主義」、「後現代主義」等建築概念，而是一種因地制宜、專屬當地的建築風格。

在美國，史特林也設計了許多非常富有當地特色的作品。1981 年，史特林主持美國萊斯大學建築系館的擴建工程。它是史特林在美國的第一項設計，新建築的平面呈 L 型，與老安德森廳的北翼相連形成一個整體，在 L 形的西南側圍合出一個漂亮的花園。這座建築的平面及內部空間的處理手法都是現代的，而外牆則用赤土條紋磚、石灰石飾邊、紅瓦屋頂，半圓形的連續拱廊。這個外表立面的處理，也展現建築師一貫風格，它有效地消除新舊建築之間的區別。當然，史特林沒輕忽新建築所應具有的個性。西山牆裡面凹入的拱門內有一個不對稱的圓窗，入口門洞中央立有一根大圓柱，另外更為明顯的就是高高聳立在屋頂上的那兩個圓錐形天窗，這些都不是 20 世紀 20 年代建造的房屋的特徵。建築個性看來不顯得過分突兀，成功地保持了視覺與文化上的延續性。1983 年的《紐約時報》曾經評論道：「這幢建築在學生中是較受歡迎的，它比多數建築院校的系館更為令人愉悅。他利用自己的嚴謹給人們上了生動的一課，這是其他進行建築說

※ 史特林在斯圖加特美術館的設計中融合了古老或現代的各種建築符號，表現出後現代建築的矛盾性和混雜性等特點。

教的房屋絕對比不上的。」

另一處有名作品，是哈佛大學的薩克勒博物館（Arthur M.Sackler Museum, Harvard University），完成於 1984 年。史特林在設計中採用了傳統的平面結構，不過卻出現了抽象和變異風格。從 1979 年設計到 1984 年建成的這段時期，正是後現代主義盛行的時候，這幢建築和斯圖加特美術館一樣也包含著並列、衝突和拼貼的手法。史特林將這些元素處理得幽默而又不失優雅。

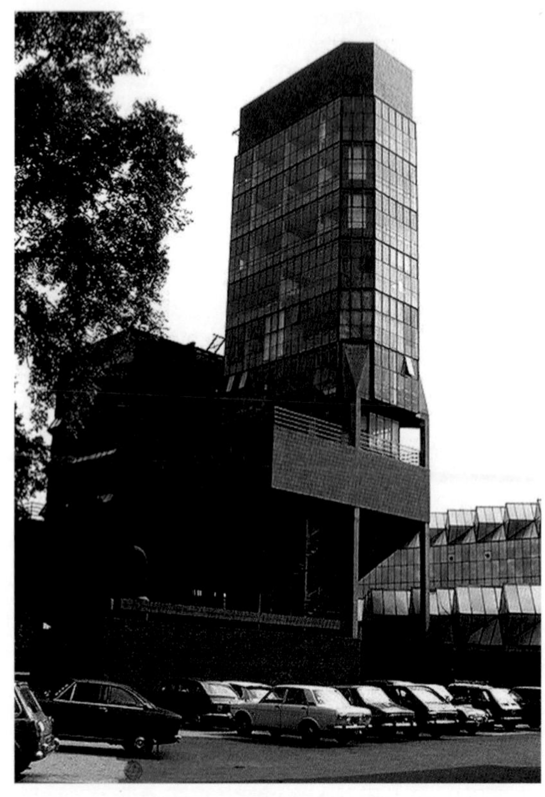

※（左）在萊斯特大學的工程大樓中，史特林成功運用玻璃塑造出別緻的建築外形。

※（下）佛格博物館臨街立面像一個抽象的臉譜圖案，凝視著面前的街道和建築。

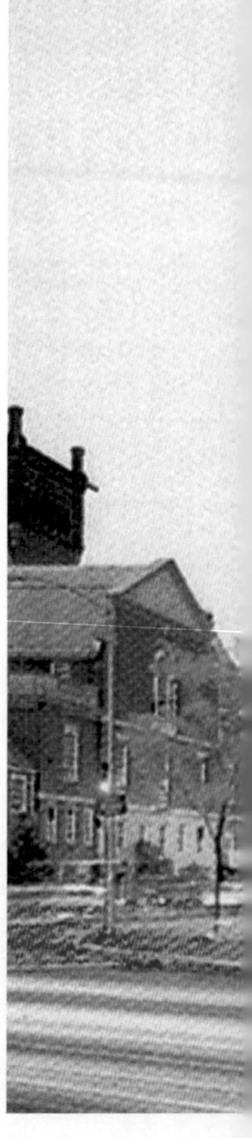

建築師在設計中預留了一個通往街對面的佛格博物館的天橋位置，在計畫中，這個天橋將兩座博物館連成一體，但這個計畫至今也沒有得到實現。史特林似乎早就預料到了這一點，那個預留的方形窗洞和入口兩側兩根巨柱一起組成一個抽象的臉譜圖案，凝視著面前的街道和建築。

史特林的建築風格一直處在不斷變化當中，他自己就曾經說過：「我們的設計呈現出系列發展的傾向，20 世紀的 50 年代我們注重於磚體建築，60 年代則是玻璃表面和磚石板，然後是混凝土建築，到 60 年代末我們又開始關注所謂的高科技建築。到了 70 年代，我開始利用磚和抹牆泥灰使公共建築具有更加普通的外表。」在 70 年代中期，史特林的建築風格出現了很大的轉變，他更著重於對歷史的引用和紀念性意義。史特林的後期作品顯然受到了新理性主義的影響，他不再追隨任何一種流派，而是無拘無束地使用各種建築語彙，成為獨樹一幟的建築大師。

1992 年 6 月 25 日，史特林在倫敦去世。在他去世之後，英國皇家建築師學會以他的名字設置了一項年獎「史特林獎」，該獎項從 1996 年開始頒發，表彰在過去一年裡完成的最優秀英國建築。

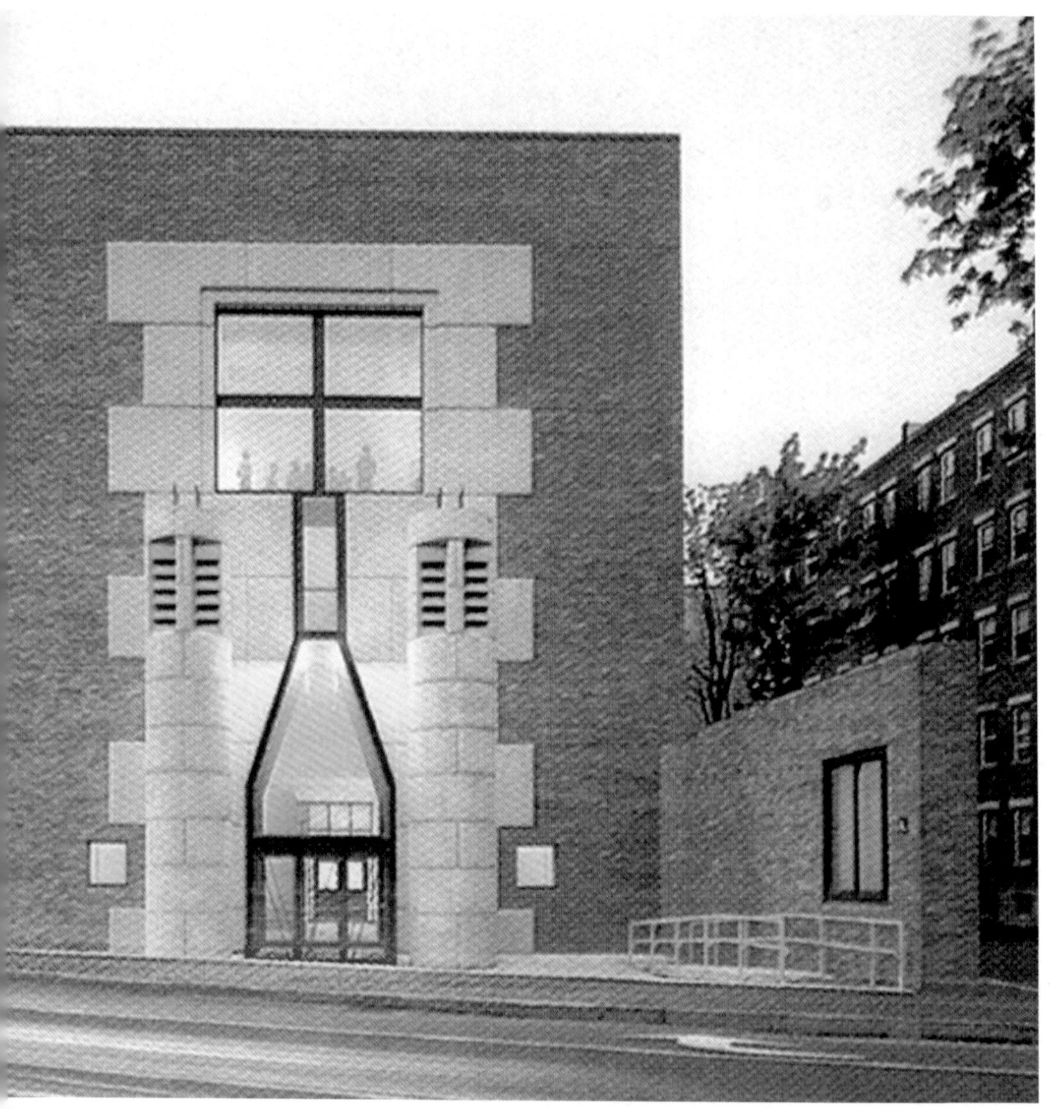

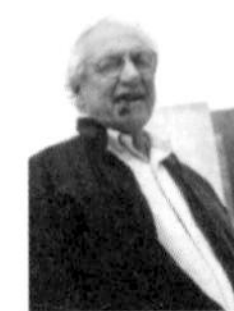

法蘭克・蓋瑞

建築界的畢卡索

Frank Gehry（加拿大 1929- ）

這個反傳統的建築師的童年似乎和別的孩子沒有什麼兩樣。1929年2月28日，法蘭克・蓋瑞出生在加拿大多倫多一個信奉天主教的猶太人家庭，17歲時移民到美國，後進入了南加州大學學習建築專業。之後，又進入哈佛大學進修了一年城市規劃方面的課程。

1961年，蓋瑞懷著對科比意的尊敬去了法國巴黎，在一所事務所做建築師。在法國，蓋瑞意識到與自己理想的嚴重差異，並開始覺得大學苦心鑽研法國浪漫主義建築，簡直就是在浪費時間。蓋瑞在第二年回到洛杉磯，並開辦了一家自己的事務所。兩年後，蓋瑞接受藝術家登辛格的邀請，在梅爾羅斯大街為這位藝術家設計一間工作室，這也是蓋瑞早期接手的最為重要的建築作品。那座雕刻般的、剝裂的、極簡主義建築由鏈條相連，並充斥著波浪起伏的金屬和雜亂的藝術化網格。雖然，這樣脫離現實的建築，倍受藝術家們讚賞，但是卻遭到了建築師們的嘲笑。他們認為，這種隨意的建築形式是對建築的褻瀆，把工廠用的窗戶放在建築設計中是一種缺乏生活格調的可怕行為。

設計理念上的差異，使蓋瑞成了形影相弔的「局外人」，正如他自己形容的：「當我和藝術家們在一起的時候，我感覺是在家裡；而當我和建築師們在一起的時候，我感覺自己是個外人。」

1977年，蓋瑞在南加州的海濱小城聖塔莫尼卡買下了一棟普通的兩層住宅。這棟木造結構的荷蘭式小住宅非常陳舊，第二年，蓋瑞決定在大體保留原有住房的基礎上，向東、西、北三面擴建。東西兩面的擴展部分各為一個狹長的門廳，北面臨街的一邊擴充最多，中間部分是廚房，餐廳在廚房的東邊。

住宅臺階和二層出挑，具有抽象造型的組合金屬網架加強了入口的導向性。廚房天窗是一個翻倒的鋼框玻璃立方體，似乎隨時都有傾倒的可能，它的奇特造型成為整座建築最引人注目的部分。其實這一造型也是出於功能方面的考慮：一來可以獲得最大限度的採光，畢竟

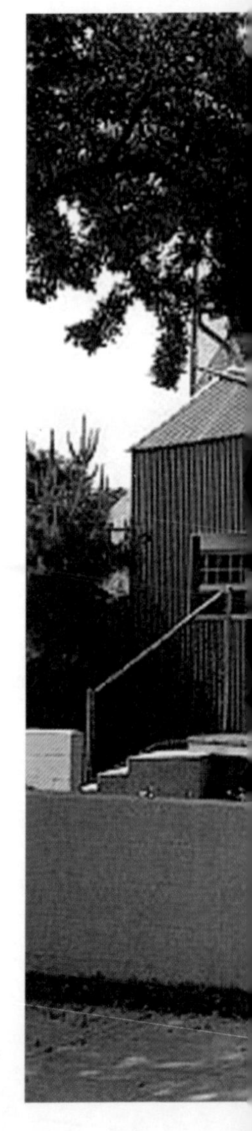

※位於街道拐角處的聖塔莫尼卡自宅設計另類，居住條件優越，是蓋瑞設計生涯中的一個重要轉捩點。

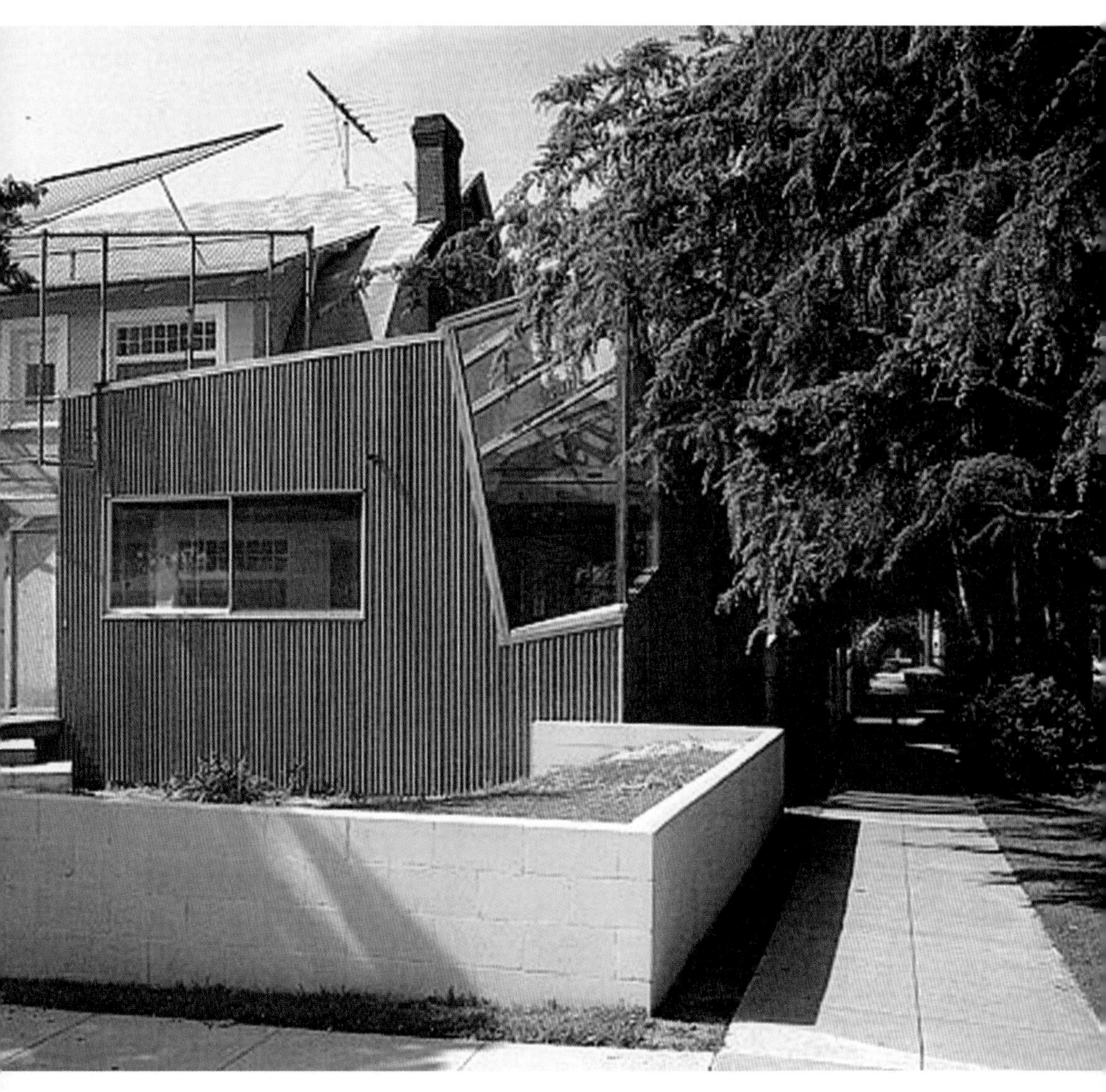

立方體中有 4 個面可以直接與外界接觸，而位於下部的另兩個面則有著反射、透射、漫射等調節作用，從而使陽光充足、均勻地散落在室內；另外透過頂部的玻璃還可觀賞宅旁的樹木、天空等景物，是人與自然最好的對話視窗。其餘的屋頂上有選擇地安置鐵絲網片。自宅的餐廳在街道轉角處，蓋瑞特意在此佈置一個斜放的角窗，這樣做的目的仍然是為了餐廳的採光及擴大視野的需要。

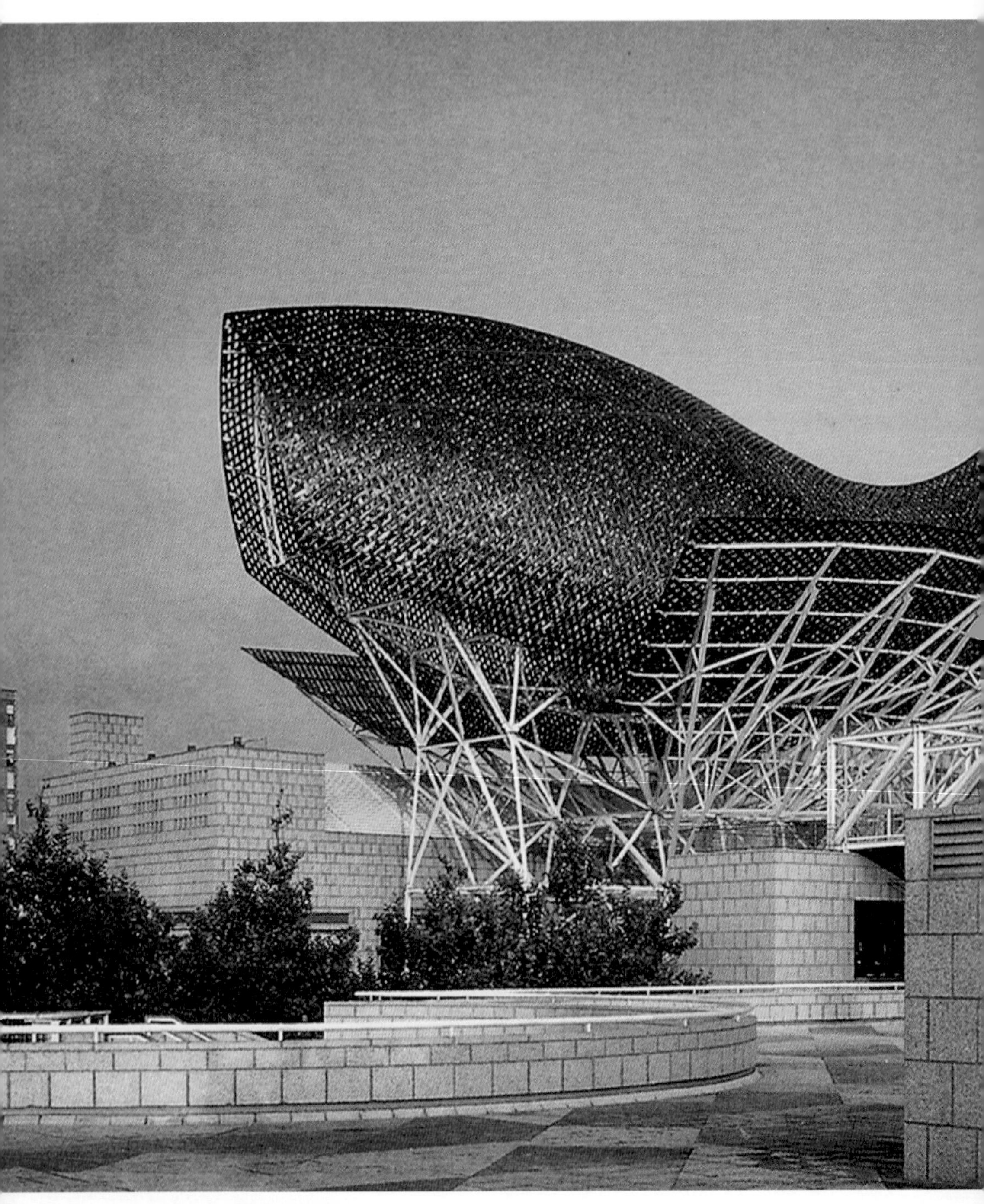

中孔金屬魚雕刻是
於西班牙巴塞隆納奧
運克村中的紀念性作
，被看作是蓋瑞「魚
作品」中的巔峰之作。

住宅的室內設計也是別有風格，原有建築的木構架不僅露了出來，而且有些牆面還被打掉了抹灰層，露出木板條。令人欽佩的是，在這座建築中蓋瑞利用了大量的廉價工業材料，如波形金屬板、金屬網和木夾板等，降低了造價。這也是這座建築在美國經濟蕭條的 20 世紀 70 年代引起人們注意的重要原因之一。

住宅改建完畢以後，成為美國傳媒關注的對象，甚至有人形容這棟房子是一個「畸形兒」。但是，當好奇的人們到此參觀，瞭解它的實際功能以後，就會改變原有的看法，讚歎代替了鄙視。蓋瑞對外界的質疑也總是保持著一貫的態度，這棟房子是用來做研究和發展用的，如果墨守成規的話，那建築師就會永遠是一隻困在籠子裡的鳥。

蓋瑞小時候非常喜歡魚，可能是受此影響，成年後的蓋瑞非常擅長發揮魚鱗層層疊疊的美感。而且，蓋瑞有一個習慣，就是每當自己的設計思路表達不出來的時候，他就開始畫魚。關於的魚的作品，最著名的是 1986 年設計、一座被稱為「玻璃魚雕刻」的建築，有 3 層樓高，位於明尼蘇達州沃克藝術中心。之後，他在日本的神戶設計了 8 層樓高的「金屬網製魚雕刻」，又被稱為「魚舞餐廳」。1992 年，蓋瑞設計的「沖孔金屬魚雕刻」被看作是「魚的作品」中的巔峰之作。該建築位於西班牙巴塞隆納奧運村裡，有 54 公尺長，12 層樓高。由於借助了電腦的幫助，工作的效率和準確性提高了不少，魚身扭動的豐腴和片片魚鱗的簡約被生動地表達出來。就蓋瑞個人看來，這是一個獨立的作品，是建築文化上的一種試驗，那些試圖將後現代主義或其他風格牽扯進來的評價是沒有意義的。

與蓋瑞設計的動物相比，他對建築外形的設計顯得不太成熟。如蓋瑞在 20 世紀 80 年代為佳德廣告代理公司設計的西海岸總部大樓。該建築位於加州威尼斯市的緬因街上，是一個只有三層的辦公大樓。這所建築的最大敗筆是，蓋瑞把大樓的入口設計成了一個極為逼真的大尺度雙筒望遠鏡，給人的感覺就像一條魚長了兩條尾巴。

雙筒望遠鏡裡面包含著會議室和研究室，目鏡處就是天窗所在。望遠鏡的一邊是曲面的螢幕牆，另一邊是雕塑般林立的柱子，並用銅箔覆蓋。據說當初蓋瑞在和業主討論方案的時候，停車場的入口如何設計讓他們遇到瓶頸。蓋瑞順手將會議桌上的望遠鏡立在了入口處，沒想到竟得到了業主的同意。儘管這是蓋瑞生涯中一處不成熟的作品，但是在這所建築中所設計的魚鱗會議室卻展現了他令人驚豔的一面。盤旋在屋頂上的魚腹有 18 公尺長，外表是鍍鋅的金屬片，魚骨結構的木料則是「長在肚子裡面」。

蓋瑞從 20 世紀 80 年代後期更加注重有機形體的組合，並利用特殊的金屬材料來達到沒有結構可言的浪漫境界。這一時期比較有代表性的建築就是蓋瑞於 1987 年在德國魏爾市設計建造的維特拉傢俱博物館。

從遠處看去，博物館就像是一個置於自然風景中的風車。雖然蓋瑞對入口、門廳、雨棚、電梯、天窗等進行了變形處理，並通過肢解、扭轉、變異、並置等手法對其進行了重新整合，使這座建築看上去顯得雜亂不堪。但是，仔細分析一下就會發現，這座建築結構簡單規整，功能佈局合理。這是因為建築中的怪異之處都是非主體功能的部分，建築的實際功能並沒有受到影響。在室內的設計中，蓋瑞特別注重了光影的效果，比如扭轉的天窗所造成的外觀造型和光影變化，直接影響了博物館內部的藝術效果。

※ 維特拉傢俱博物館像是一個置於自然風景中風車。

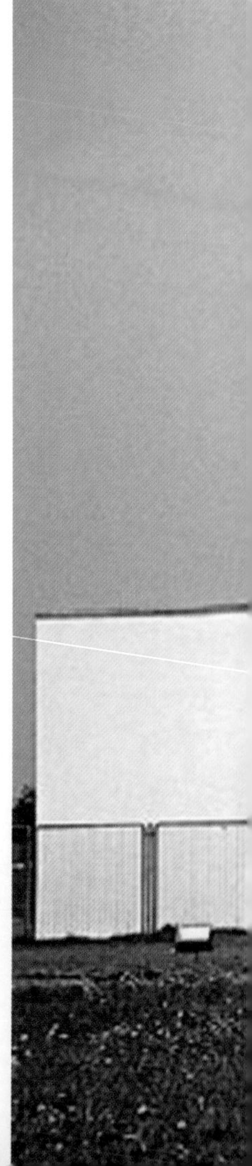

魏斯曼博物館（Weisman Art Museum）是蓋瑞在 90 年代初的代表性作品。該博物館坐落在密西西比河畔的明尼蘇達大學校園內，北邊是一座橋樑，東邊是考夫曼紀念廣場，南邊是一座會館，西邊是東河路。從連接橋樑和考夫曼紀念廣場的一個人行天橋可以進入博物館的主層，而博物館的裝卸貨區域則被限制在東河路的下層，從而保證了各自的獨立性。

博物館共有四層，分別對應著兩處入口。各個畫廊位於博物館的東南部，巨大的矩形空間構成了博物館的主層。三個雕刻的天窗位於畫廊的通行區，能夠提供自然光線，洋溢著活躍的生命力。

為了與大學周圍的環境相協調，畫廊和停車坡道的外表以水泥連接的磚塊裝飾，不銹鋼和彩繪金屬被大量應用在人行天橋北面的垂直牆面上，而候車室和博物館西面的垂直牆面則採用了經過處理的不銹鋼。這些材料的運用使得這座呈放射狀的建築在陽光的照射下，泛著耀眼的光芒，尤其是夕陽西下的時候，金色或桃紅色的光芒反射回來，似乎又能看到魚鱗的影子。建成後的魏斯曼博物館成為明尼蘇達大學的標誌性建築，被稱為「校園風鈴」。

1991 年，蓋瑞接受邀請在西班牙的港口城市畢爾包主持設計古根漢博物館（Guggenheim Museum Bilbao）。在這之前，蓋瑞就已經獲得了普立茲克建築獎。

蓋瑞在進行博物館的草圖設計時，腦中一直想像著 16 世紀西班牙航海的圖片：當帆張滿時，在轉動方向的一刹那，海風從兩面吹來，此時的帆就像一團火焰，折疊扭曲著陡然上升，這種連蓋瑞自己都無法準確描述的情景是他最初的建築造型。

博物館於六年之後建成。從外表看，整座建築就像一個盤根錯節的大樹根，又具有有序的邏輯性。建築外部的主要材料是西班牙石灰

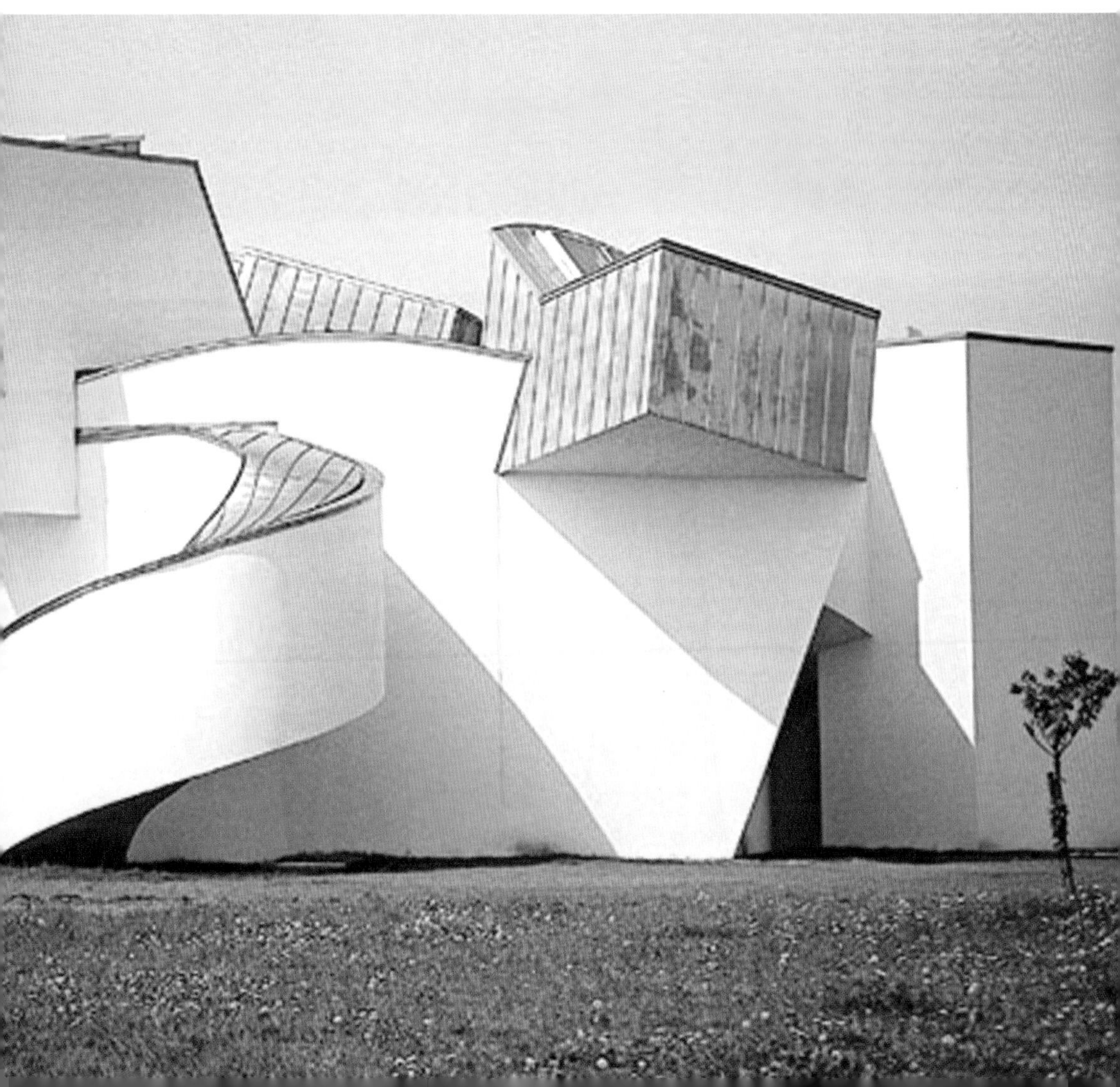

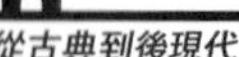

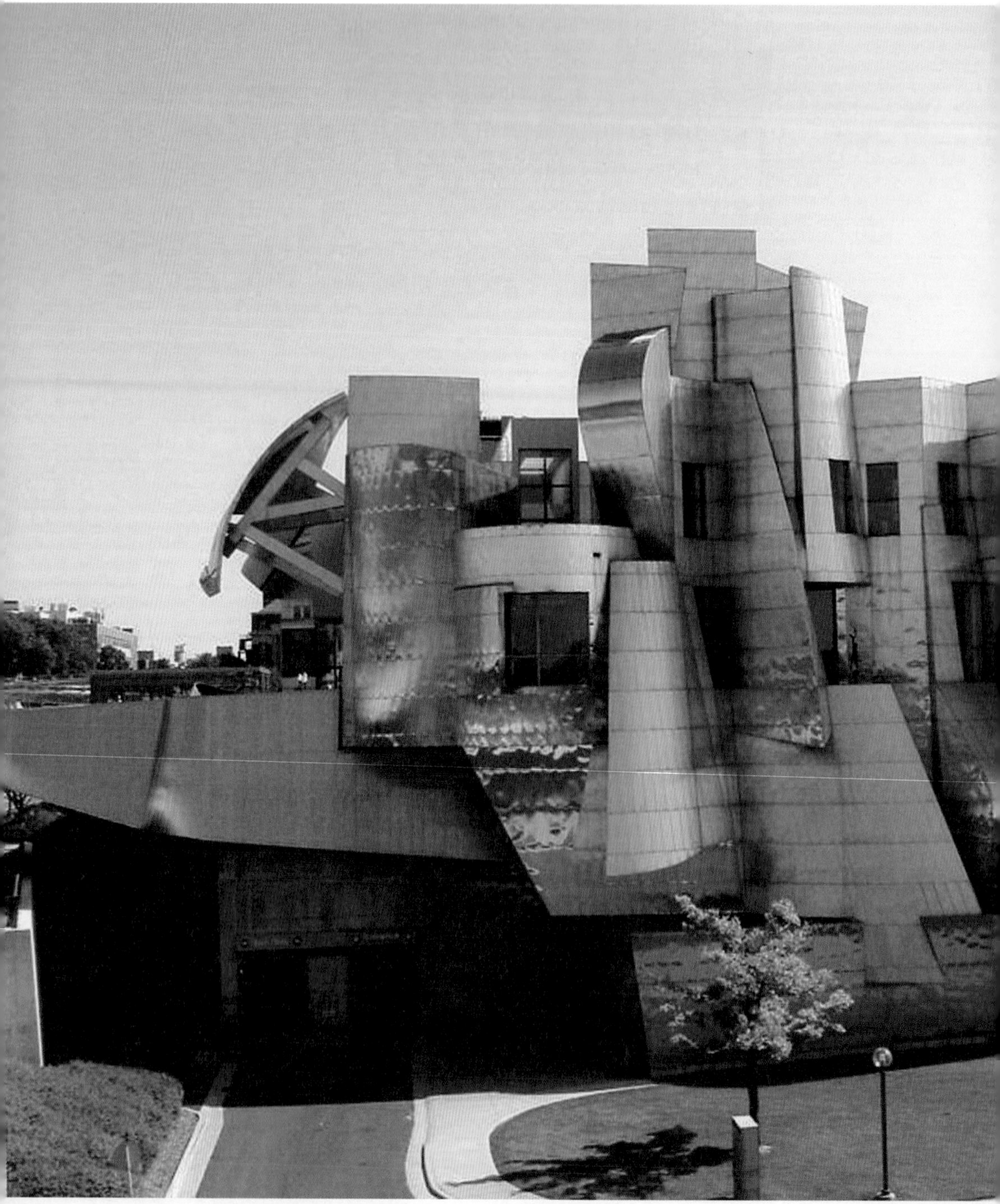

魏斯曼博物館坐落在西西比河畔的明尼蘇大學校園內，當夕陽射在博物館外表面的銹鋼板上時，色彩十絢麗。

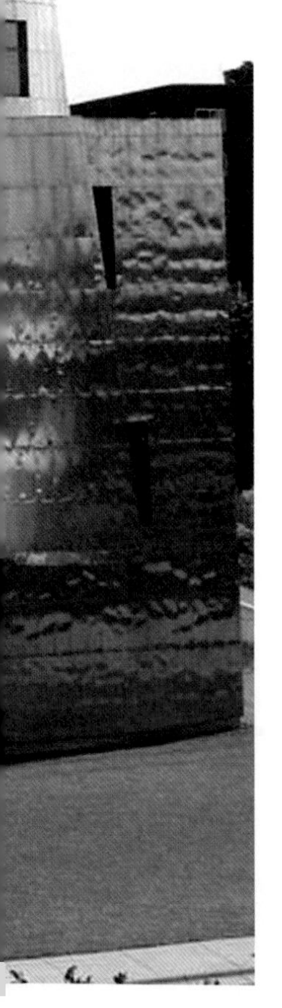

石，像雕塑的建築物外部被鈦金屬薄板覆蓋著，是一群不規則的雙曲面體量組合。

鄰水的北側是橫向不一的三層展廳，以呼應河水的波動。為了避免大尺度建築由於背光而造成的沉悶感，蓋瑞巧妙地將建築外表處理成向各個方向彎曲的曲面，隨著陽光照射角度的變化，建築的各個層面都會產生不斷變動的光影效果。更妙的是蓋瑞將博物館的一部分在高架路下面穿過，並在橋的另一端設計了一座高塔，高架橋被融入建築當中，既利用了有限的土地，又兼顧到了城市的佈局，使這座新建築成為城市生命的一部分。

博物館入口處的中庭設計被蓋瑞形象地稱為「將帽子拋向空中的歡呼聲」，它的規模和尺度是史無前例的，高於河面 50 多公尺。蓋瑞創造出的層疊起伏的曲面，具有強悍的衝擊力，打破了簡單的幾何秩序，這是前所未見的設計。雕塑性的屋頂從中庭升起，當屋頂的玻璃窗打開時，投射下來的光線將會傾瀉下來。大型的玻璃牆開啟了河流及環繞城市的視野，使參觀者與城市之間產生了距離的美感。

另位普立茲克建築獎得主、西班牙建築師拉斐爾．莫尼歐（Rafael Moneo）曾經讚歎說：「沒有任何人類建築的傑作能夠像這座建築一樣，如同火焰般燃燒。」

2003 年完工的洛杉磯迪士尼音樂廳的外型仍然沿用了蓋瑞的一貫風格。建築外部覆蓋著義大利石灰石和不銹鋼，呈現出輕盈的雕塑般造型，奔放大氣，似張開的帆船。相對烏戎設計的雪梨歌劇院，蓋瑞設計的音樂廳更具浪漫氣息和藝術感。

在建築界，蓋瑞被認為是解構主義的代表人物。他顛覆現有規則，利用破裂、傾斜、畸變和扭曲的處理手法，從而達到一種無定則的設計境界。散亂、殘缺的結構，突變的元素，多變的運勢和奇豔的外表成為蓋瑞作品中的必要形式，柔美的曲線和能夠反射陽光的金屬被大量地應用到他的建築當中。

蓋瑞本人卻堅決否認自己是解構主義者，更反對建築師的派別之說。他認為所謂的建築風格應該取決於建築的功能、環境以及各方面的制約因素，那些亂扣帽子的行為只會窒息建築的創作，不利建築未來的發展。

※ 古根漢博物館最初的靈感來自於 16 世紀時期西班牙的航海圖，起帆遠航時，海風吹動船帆，就像一團燃燒的火焰。

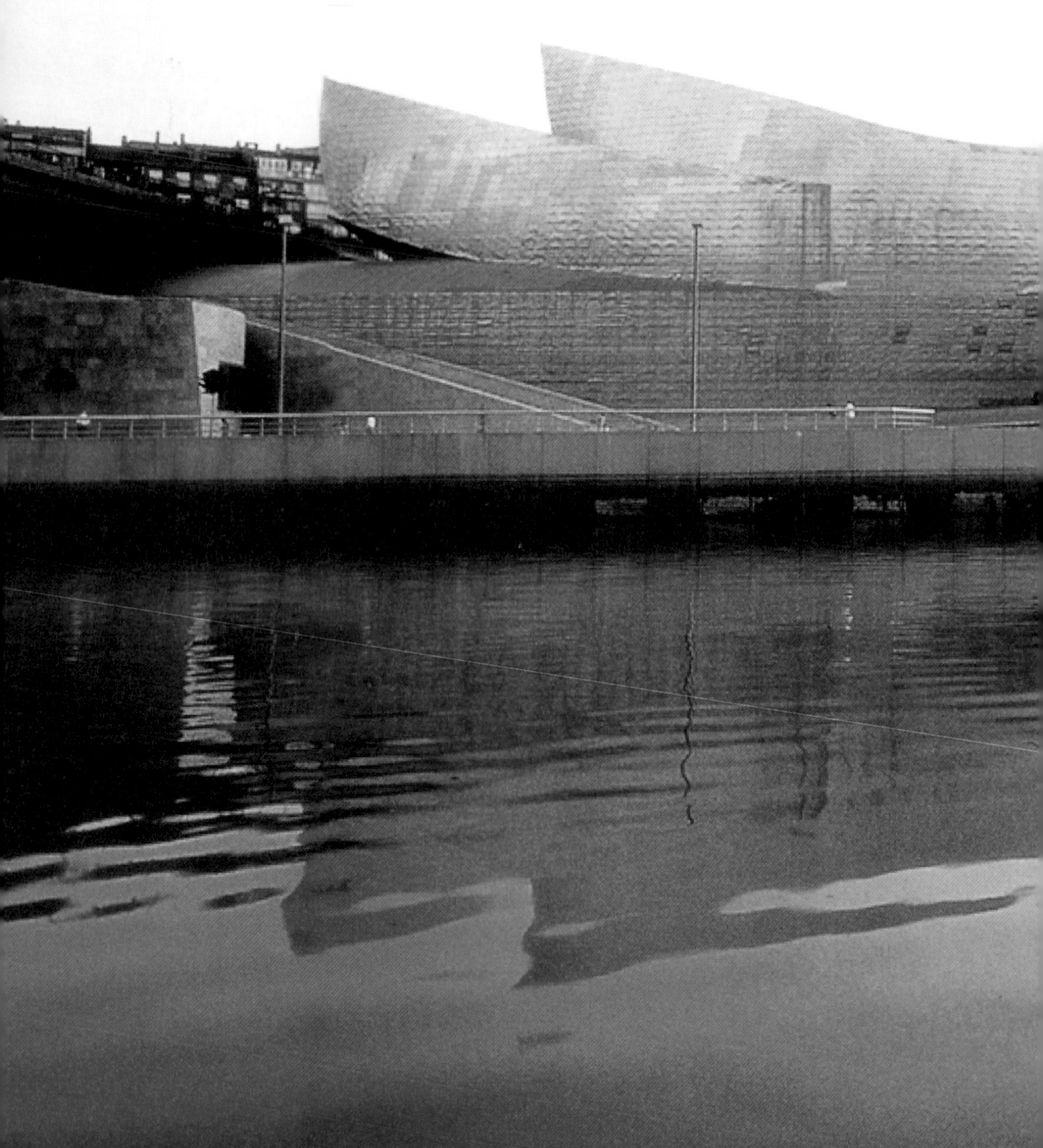

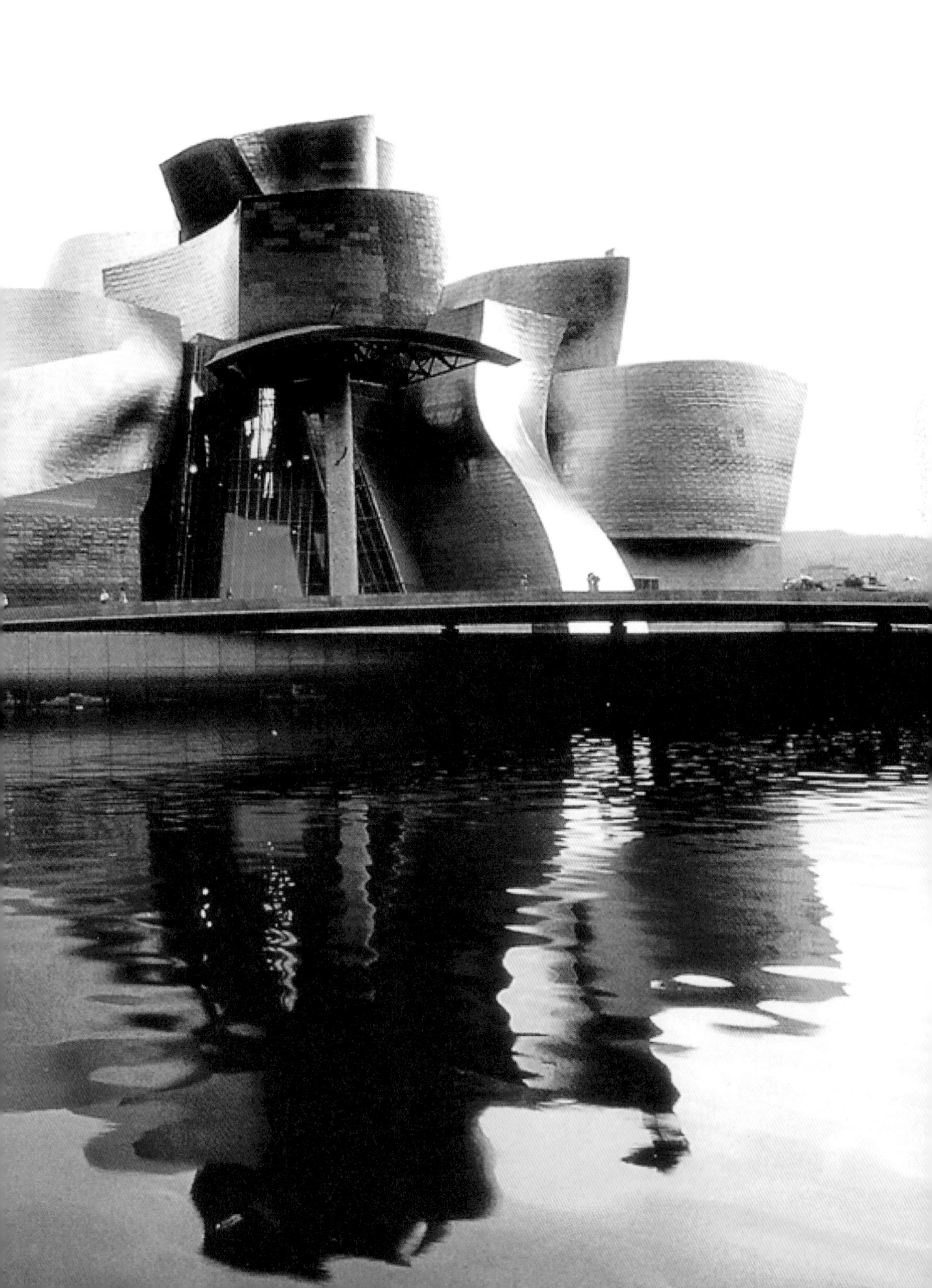

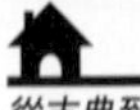

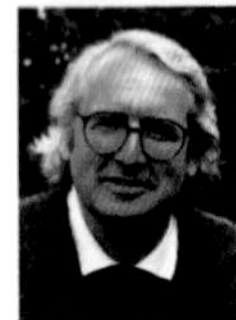

理查・麥爾
給我白色其餘免談
Richard Meier（美國 1934-）

作為一名美國建築師，理查・麥爾有著自己特殊的商標，他在建築設計中重複使用白色表皮，並且堅持建築構成的清晰與條理性，這種風格上的連續性貫穿其整個職業生涯，已經演變成建築事業中的一個標誌性特徵。麥爾也因此成為現代建築中白色派最為重要的代表。

麥爾於 1934 年出生在美國紐澤西州的紐華克，就學於紐約州伊薩卡城康奈爾大學建築系，1957 年畢業。之後，麥爾在紐約的 S.O.M 建築事務所和布勞耶事務所任職，到 1963 年，他開設了自己的建築師事務所。

麥爾是「紐約五人組」的成員之一，紐約五人組提倡與早期現代理性建築類似的風格，注重對空間、形式和結構等的探索，他們通常推崇科比意的作品（也有人稱之為白色風格或後科比意風格）。

麥爾本人的作品則體現出順應自然的傾向，他善於利用白色表達建築本身與周圍環境的和諧關係，其建築的表面材料通常為白色，在周圍綠色的自然景物襯托下，讓人感覺清新高雅。在建築內部，他通常運用垂直空間和天然光線在建築上的反射而富有光影的效果，明顯是對科比意所宣導的立體主義構圖和光影變化的借鑒。

位於康乃狄克州達連灣的史密斯住宅（1965-1967 年）是麥爾早期的代表作品，現已成為現代住宅建築的一個經典案例。麥爾通過透明與實體、曲面和直線形式之間的對比，來區分住宅內公共性間和私密空間。在以後公共建築設計中，麥爾進一步發展了這些概念，而在 20 多年之後設計的加州馬里布的阿卡貝克住宅中，我們仍然可以看到這些概念。

在博物館建築中，麥爾也充分利用光線來定義空間，亞特蘭大的藝術博物館（High Museum of Art,1980-1983）中的中央庭院就是一個代表性的案例，建築師稱它是「一個社會性的聚集場所」。在德國法蘭克福的裝飾藝術博物館中，室內的光影效果也特別強烈。博物館呈

※ 史密斯住宅是麥爾的早期代表作品，也是現代住宅建築的一個經典案例。

一片純白色，立面的比例經過嚴密的推敲，韻律感極強，給人一種純淨高雅的感覺。

理查·麥爾可能是在歐洲作品最多的美國建築師。除了法蘭克福的博物館，麥爾在德國的另外一個城市烏爾姆還建有一座著名的展覽

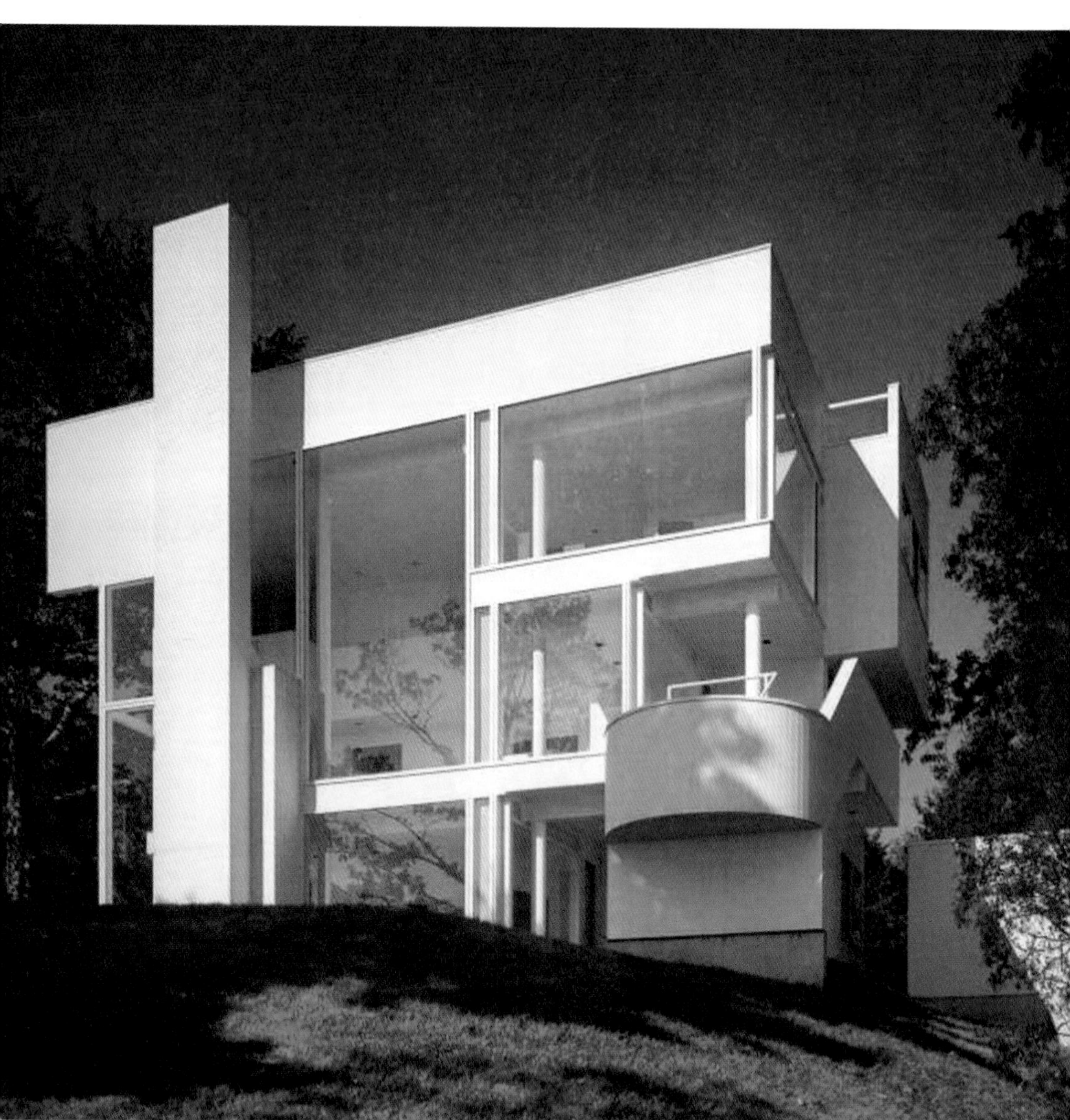

館。烏爾姆擁有世界上最高的教堂，教堂主塔高度達 162 公尺，經歷幾個世紀才最終完工。麥爾設計的展覽館就在這座古老教堂的旁邊。在一個重要建築物旁大興土木，麥爾非常謹慎，就像在羅浮宮中修建金字塔。展覽館於 1986 年開始設計，1993 年建成，共歷時 7 年。展覽館上一如既往地保持了麥爾風格中的優雅與美妙，而在比例等各方面又與附近的教堂保持了非常和諧的關係。

麥爾在歐洲另外重要作品，是海牙市政廳及中心圖書館工程（City Hall and Central Library, 1986-1995），這是該市城區改建專案的核心。麥爾其他著名工程還有巴黎運河總部大樓（1988-1997）以及巴塞隆納的當代藝術博物館（Barcelona Museum of Contemporary Art 1987-1995）等。

洛杉磯的蓋帝藝術中心（Getty Center）當屬麥爾最為重要的作品。蓋帝中心的建設資金來源是石油鉅子保羅．蓋帝設立的蓋帝基金會，這位富豪喜歡收集文藝復興和後印象派時期的歐洲作品，死後留下大筆遺產設立基金會，專門從事世界文化藝術遺產的保護和贊助。基金會將蓋帝藝術中心的基址選在了洛杉磯北部郊外的聖塔莫尼卡山上一塊土地，從這裡可以看到下面的太平洋和東面的洛杉磯市，地理

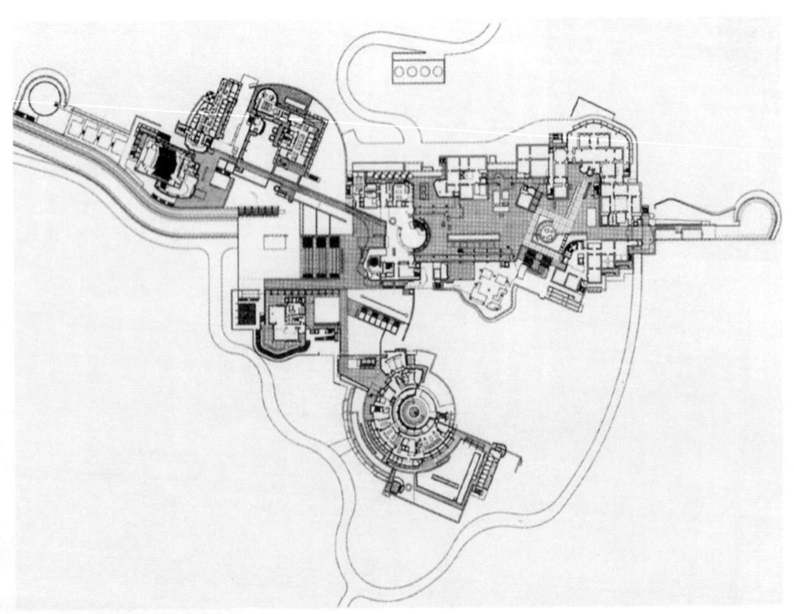

※ 蓋帝中心位於洛杉磯北部郊外聖塔莫尼卡山上一塊較為平坦的空地上，這是中心建築群的分佈圖。

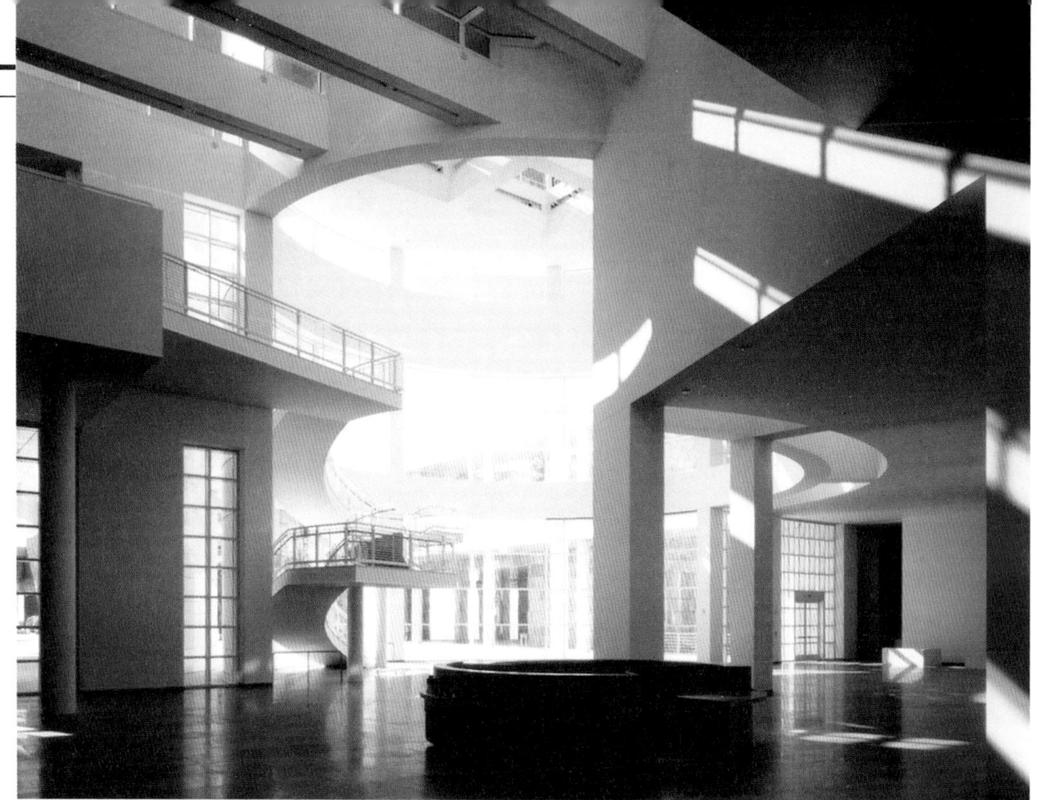

※ 麥爾選用方、圓為主題來處理空間和建築造型，並在其中穿插了其特有的鋼琴曲線形式，使得蓋帝中心的建築群規整而有現代感，

位置非常優越。基金會邀請世界著名的建築師參與到蓋帝中心的競標，麥爾和英國的史特林及日本的槙文彥最終進入決賽階段，1984年，理查・麥爾成功勝出。

蓋帝中心處在山丘的頂部，建築組群呈淺灰白色調，隨山丘起伏高高低低，簡潔文雅。麥爾一直堅持走白色派的路線，但城市的規劃部門卻不願意整個建築物呈白色，因為這裡位於高速路旁，白色會反光晃眼，干擾行車。規劃部門建議改成米色，麥爾堅持自己的經典白色不改，這樣僵持了三年才最終達成妥協：選用白色的自然石材，但不能打磨。

這座藝術中心是世界最貴的博物館建築。整個建築群採用了分散式的佈局方式，包括博物館、藝術與教育所、藝術史與人文研究所、餐飲服務中心、資訊中心、服務大樓等，其中博物館是建築群中最大的一組。麥爾為蓋帝藝術中心設計了兩套交叉組合的軸網，其中一套與洛杉磯的街道網路保持一致，另一套則與相鄰的高速公路保持協調，兩軸以 22.5 度的角度交叉，建築群以此為中心分佈，變化中又滲透著規律。

蓋帝中心建築群規律而有現代感，麥爾選用方、圓為主題來處理空間和建築造型，並在其中穿插其特有的鋼琴曲線形式。另以 9 公尺正方形為基礎，組合成不同的正方體和長方體。博物館主體部分的軸網與城市的街道網路保持一致，建築師將鋼琴曲線應用在建築的兩側，使造型顯得活潑生動。各展館之間用遮蔭廊、亭閣等連接，使觀眾得以輕鬆漫遊其間。沿平臺錯落延續，繁華的洛杉磯、藍色的太平洋盡收眼底。

實際上，麥爾與基金會的想法發生多次衝突，或許是由於建築師名氣太大，往往最後勝利者都是麥爾，當然也有兩個例外。按照麥爾的設計方案，展廳的內部裝飾也一律選用白色，基金會認為白色氛圍不適合展示藝術品，最後麥爾做出了妥協，同意在陳列室中引入其他色調。另一個例外是藝術中心的花園，麥爾設計的方案讓業主非常不滿意，於是他們另外委託了後現代風格的園林設計家設計出一個非常新穎的方案。麥爾與園林設計師也發生了激烈的衝突，雙方互相攻擊。有趣的是，竟然有好事者將雙方的對罵內容錄成影帶，甚至現在市面上還可以買得到。

這個非麥爾設計的園林主題是一條符號性的水溪從建築群中流淌出來，其符號性的表現是，水溪以幾何直線的形狀向下流淌，兩邊是用鋼板鋪成的銳角轉角將水流導入人行道、草地、樹木等，最後彙集到一個圓形、設計成迷宮式的水池中。圓形水池旁是一排鋼柱樹型雕塑，鋼樹上還種植了真實的綠色植物。

2003 年完成的千禧教堂是麥爾的第三座教會建築，前兩座分別是美國加利福尼亞州的水晶教堂（2003 年）和康涅狄格州的哈特福德神學院（1981 年）。千禧教堂工程從 1995 年開始啟動，當時邀請了安藤忠雄、卡拉特拉瓦、彼得．艾森曼（Peter Eisenman）、法蘭克．蓋瑞等著名大師參加設計競標。千禧教堂的得名是因為它是羅馬地區第 50 座新教堂。教堂距離羅馬市中心約 6 英哩，附近是一片 20 世紀 70 年代修建的中低收入居民住宅以及一座公共花園。整個建築包括教堂和社區中心，兩者之間用四層高的中庭連接。三片弧牆是教堂建築中最為閃亮的一筆，它們的高度從 56 英呎、逐步上升到 88 英呎，看上去非常像是白色的風帆。

白色派的建築未必全都是白色，不過對於麥爾而言，這個稱號卻

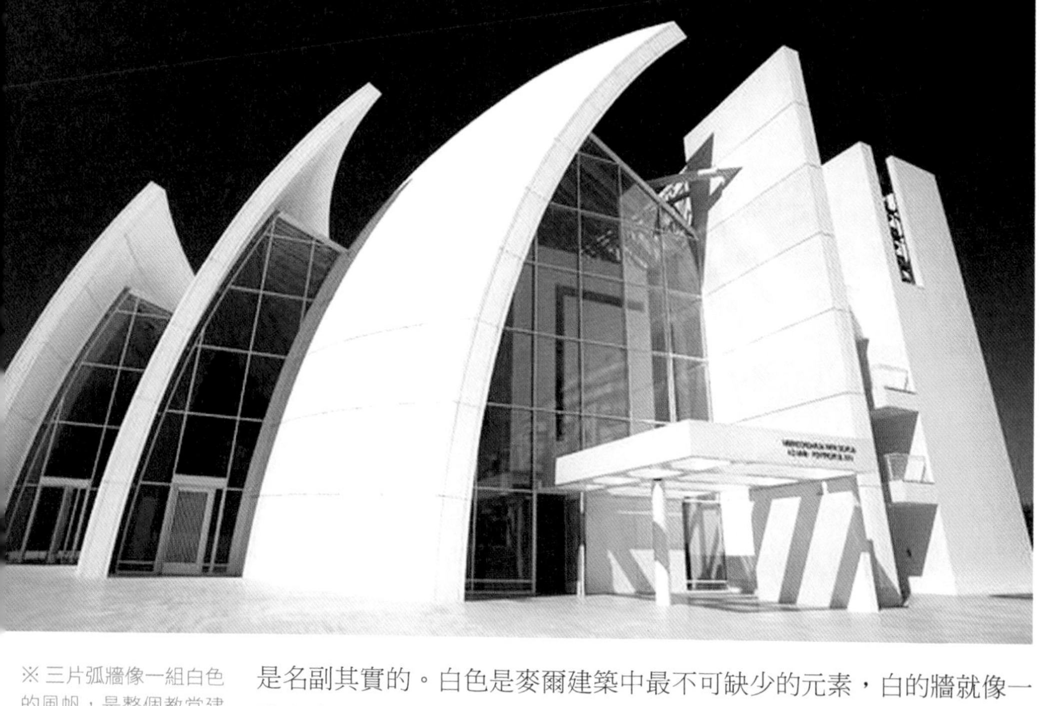

※ 三片弧牆像一組白色的風帆，是整個教堂建築中最為閃亮的一筆。

是名副其實的。白色是麥爾建築中最不可缺少的元素，白的牆就像一塊空白的畫布，光影在其上自由移動書寫出絢爛的圖畫。

麥爾的白色在色彩豔麗的牆、紅黃藍綠的管線，紛繁複雜的裝飾為標誌的種種時髦設計面前，顯示出了一種高雅超凡的氣派。與二戰後開始流行的暴露材料本色的設計相比，他的白色並不是天然的效果，但白色的純淨卻包含了那些本色材料所無可比擬的自然特徵。

麥爾說：「白色是我作品的特色之一，我用白色來澄清建築概念，提高視覺的力量。白色在空間和光的塑造上給了我極大的幫助。」麥爾堅信建築生命力的源泉在於表現空間，他說：「我的工作要重新定義，這種持續不斷的人類秩序，解釋已有與可能之間的關係，從我們的文化中抽象出永恆的主題。」

紐約五人組

紐約五人組稱為The New York Five，指當時在紐約的五個年輕建築師，彼此對建築理念相似，彼此往來密切，被稱為紐約五人組。又有人稱他們風格為「白派、白色風格或後科比意風格」。除了理查麥爾之外，其餘四人分別是Peter Eisenman, Michael Graves, Charles Gwathmey, John Hejduk。

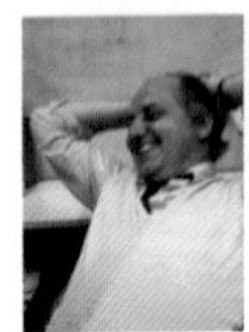

漢斯・豪萊
讓小蠟燭店大放光明

Hans Hollein（奧地利 1934-2014）

在當代奧地利的建築師中，漢斯・豪萊無疑是最有成就的一位。漢斯・豪萊於 1934 年 3 月 30 日出生於奧地利維也納。豪萊獲得了哈肯斯研究所的獎學金，因而有機會到美國求學。在美國求學期間，豪萊得以向一些建築大師學習，其中最令他感到佩服的三位建築大師是密斯、萊特和紐特拉。紐特拉和他一樣，也是維也納人，只不過後來定居美國。

獲得學位之後，豪萊先後在澳洲、南美、德國和瑞典的幾家建築師事務所工作。1965 年，豪萊決定定居維也納，並接下他的第一個建築設計委託，這是一家蠟燭展示商店（Retti candle shop）。關於這項工程，《建築論壇》雜誌曾經介紹道：「比其他建築師的第一次委託都還要小，一個帶有陳列室、僅僅 12 英呎寬的蠟燭小商店。」但正是這樣一間小商店，卻在潮流時尚不斷湧動的維也納街頭佔據了顯著的位置，並為建築師帶來國際性的聲譽。雖然蠟燭店非常小，但是它的周圍都是一些古老的建築物，要讓它和周圍的環境協調並能夠吸引路人的眼光，還是得費相當功夫。在商店的正立面上，建築師運用了鋁製材料進行裝飾，這些稜角分明的幾何線條，使這個小小的正面，從周圍的建築物中突顯出來。正面的構圖非常簡潔，鋁製品的鮮亮外觀與周圍建築物普遍呈現的灰色調形成了鮮明對比。商店內部空間的裝飾實際上是外部裝飾的一種延續，建築師打造了商店內外空間材料與形式的一致性。豪萊的這件處女作得到好評，因此獲得了瑞諾茲紀念獎。

幾年之後，豪萊在維也納又設計建造了一家差不多大小的斯庫林珠寶商店（Schullin Jewellery shop），再一次贏得了建築界專家的稱讚。如果說蠟燭商店，是向人們展示了材料所帶來的美感，那第二座小商店則突顯建築師對於空間處理的能力。

1967 年，豪萊在杜塞朵夫美術學院任教，他擔任教職一直到 1976 年。豪萊在定居維也納之後，仍然經常到美國，並在那兒承接工程。在設計完成維也納的商店之後，豪萊到美國設計了聖路易大學的劇院。建築師採用了結構主義的手法，使劇院的外觀與其內部空間的大小可互相協調。1969 年，豪萊在紐約設計建造了理查・菲肯畫廊。與維也納小商店周圍，簇擁著許多古老優雅建築的街道不同，紐約的這座畫廊所在的環境較為簡陋。與此相適應，建築師設計了一個簡單的白色正立面，從外部看到的只是窗戶和成對的三層樓高圓柱。圓柱上鑲嵌著發亮的金屬，它們就像放置在路邊轉彎處的凸鏡一樣，

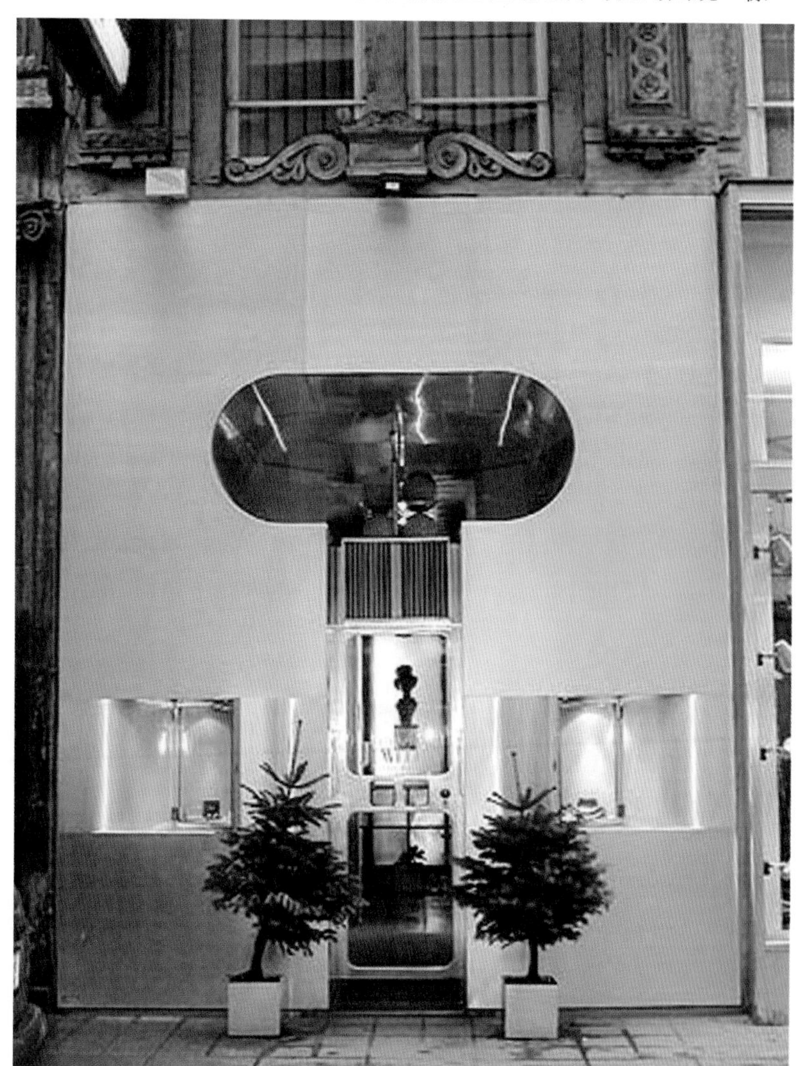

※ 豪萊在維也納街頭設計的這座蠟燭小商店只有 12 英呎寬，卻為他帶來世界性的聲譽。

可以向行人展示身後和前方的景象。畫廊內部為走廊狀的展示房間，除了因應畫廊本身的功能性需求外，還結合了許多複雜的建築元素，以呈現出空間本身所具有的藝術氣質。

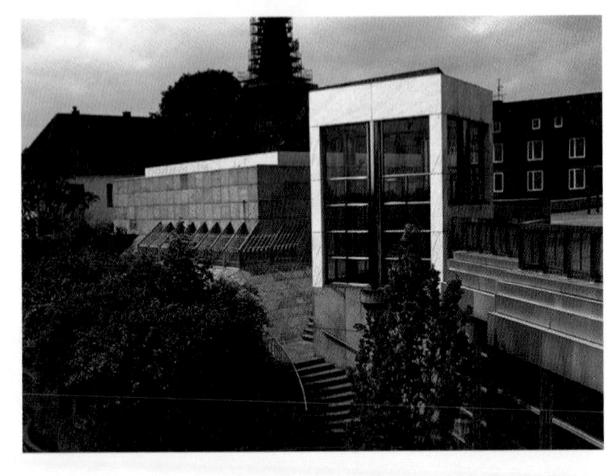

※ 豪萊利用天橋和步行平臺等將市立博物館與原有的城市環境融為一體。

1971 年，豪萊在慕尼黑建造了西門子基金會中心。這座建築緊鄰著具有濃郁巴洛克風格的尼姆芬城堡，為了不破壞原有的建築風貌，建築師降低了新建築的高度，並讓它緊挨著城堡的弧形牆，完成後的新建築在遠景中隱藏在城堡的後面。

同樣是在 1971 年，豪萊在維納斯街頭一座 18 世紀的大樓一層，設計了一座新商店。建築師在商店的建造中，運用了表現現代工業技術的材料，但新建商店的正立面，非常完美地銜接在一起，使人們幾乎看不出短短幾公尺內竟然包含了兩個世紀的漫長光陰。

1972 年，豪萊在德國蒙澄拉德巴赫（Monchengladbach）設計了市立博物館（Abteiberg Museum Monchengladbach）。蒙澄拉德巴赫位於萊茵河畔，具有悠久的歷史傳統，在工業時代，它以紡織業著稱。新的市立博物館坐落在位於市中心的修道院中。該修道院建於西元 793 年，豪萊設計了天橋和步行平臺等，使這座博物館與原有城市環境緊密結合。

豪萊在世界各地設計了許多博物館，法蘭克福現代藝術博物館是最具有代表性的一座。三角形的場地，對於建築師來說是一個挑戰，他先依照地勢設計了一個20世紀早期很流行的蒸汽船型的現代版本。是他對 20 世紀 70 年代後現代主義美學的回應，空間結構安排得非常精妙，形象更是讓人過目難忘。

※ 法蘭克福現代藝術博物館就像是一艘蒸汽船，獨特的形象令人過目難忘。

豪萊的建築作品遍佈世界各地，臺灣也有他的作品。豪萊根據淡水河畔的自然風光，設計了「海揚」社區（捷運淡水站附近），他在設計中運用了「龍」的概念，共有六個主體。豪萊延續他最擅長的玻璃切割手法及雕刻氣勢，除了高樓層閃亮的立面外，還利用多種材質，如閃光釉、金屬框架，運用大陽臺、露臺等懸掛物件，結合金屬頂逃生避難平臺，形成一個整體的頂部。當夜間燈光亮起，在不同的色彩燈光映襯下，屋頂顯示出了飛翔的姿態，神秘而高貴。

雖然豪萊以建築為職業，但他也經常從事其他的藝術創作，他甚至有不少作品被一些美術館或私人所珍藏。1985 年，豪萊榮獲普立茲克建築獎，評判委員們對他有這樣一段的描述：「他除了是一位建築師，也是一位藝術家，在他所設計的博物館、學校、購物中心和民用住宅中，他常用精緻的細部與大膽的外形及色彩來處理。而且從不害怕同時使用古老的材料與最新的材料。」

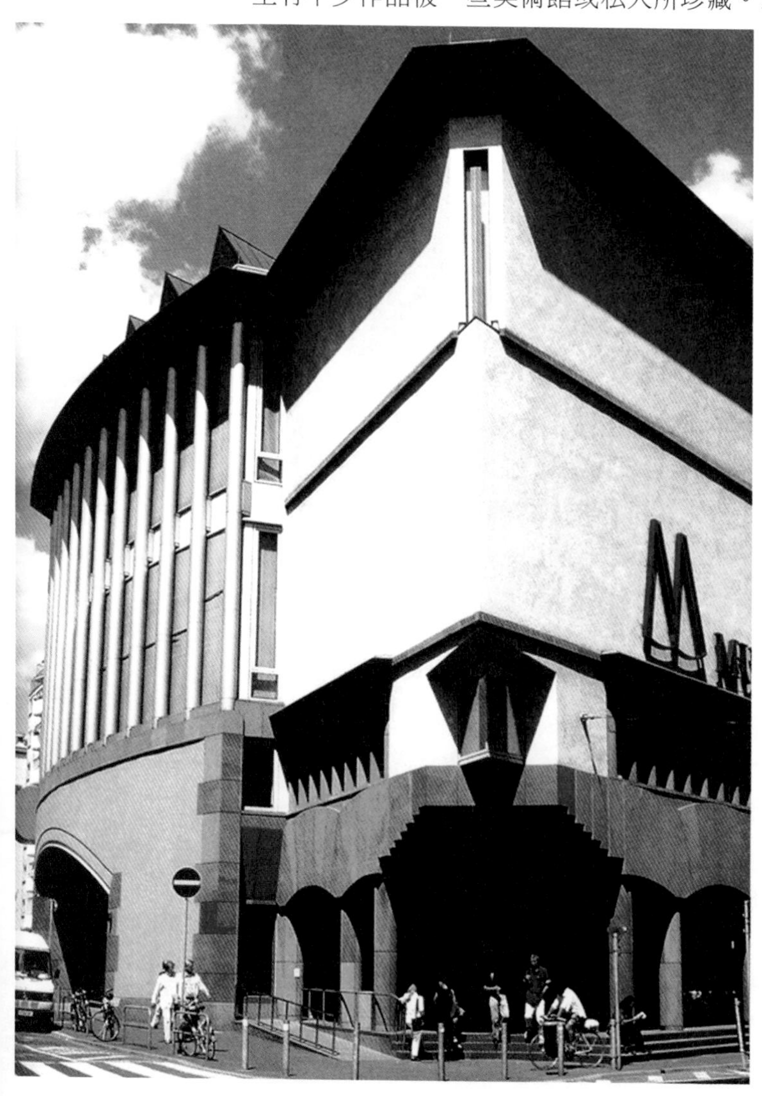

豪萊說過：「建築是一種以建築物來實現精神上的秩序。建築活動是人類的一種基本需求，這種需求首先並不是表現在建立保護性的屋頂，而是表現在創造神聖的建築和預示人類活動的焦點城市的興起上，一切建築都是有宗教意義的。」

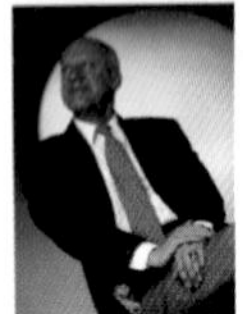

霍朗明
高科技建築代言人
Norman Foster（英國 1935-）

霍朗明於 1935 年 6 月 1 日出生於英國曼徹斯特的一個貧民區，他在曼徹斯特市政府的財政辦公室做了兩年的出納員之後，加入了英國皇家空軍，其間，他對建築的興趣與日俱增。從軍隊退伍之後，霍朗明做過許多工作，他烤過麵包、賣過傢俱，也曾經在工廠做工人。1956 年，霍朗明進入曼徹斯特大學攻讀建築及都市規劃，他在半工半讀的狀態下完成了學業，1961 年畢業後，他獲得了耶魯大學的亨利研究基金，1962 年，他得到建築碩士學位。

霍朗明在美國的都市更新規劃中做過一些工作，他於 1963 倫敦合夥組成四人公司（Team 4, Norman Foster, Wendy Cheesman, Richard Rogers and Su Rogers）。

1964 年，霍朗明與同樣為建築師的溫蒂．徹斯曼結婚，他們在婚後育有兩個孩子。1967 年開始，霍朗明與他太太同組公司繼續執業，這時的事務所包括了 8 位合夥人。霍朗明的第一個建築作品是在四人小組時期，與合夥人一起完成的，是為成員之一理查．羅傑斯的父母所做的設計。在這一作品中，建築師利用了許多傳統的設計主題，但同時建築師們也注意到了生態等新潮的概念，從中可以看出未來高科技派的某些特點。

四人小組的最後一件作品是一座電子廠房的設計。這座建築的外形簡潔而優美，充分運用了金屬材料和結構，廠房屋頂的金屬斷面同時也是埋入式燈管的反光板等。這件作品使霍朗明廣為人知，同時霍朗明也逐漸成為高科技建築流派中最重要的代表人物之一。

霍朗明事務所的第一批作品，是倫敦港口的業務中心和客運站。其中，在奧爾森中心，霍朗明在建築的表面採用了反光鏡，它們鑲嵌在非常薄的鋁框內，倒映出一個繁忙的港口世界。這種創新運用玻璃方法，促生日後許多玻璃建築物，在霍朗明的影響下，建築師們不斷減少固定玻璃所用的金屬物。

霍朗明對高科技建築嚮往，導因他的成長經驗。他生長在貧民

※ 聖伯利藝術中心既具有開放的結構，同時又自我容納，具極強戲劇效果。

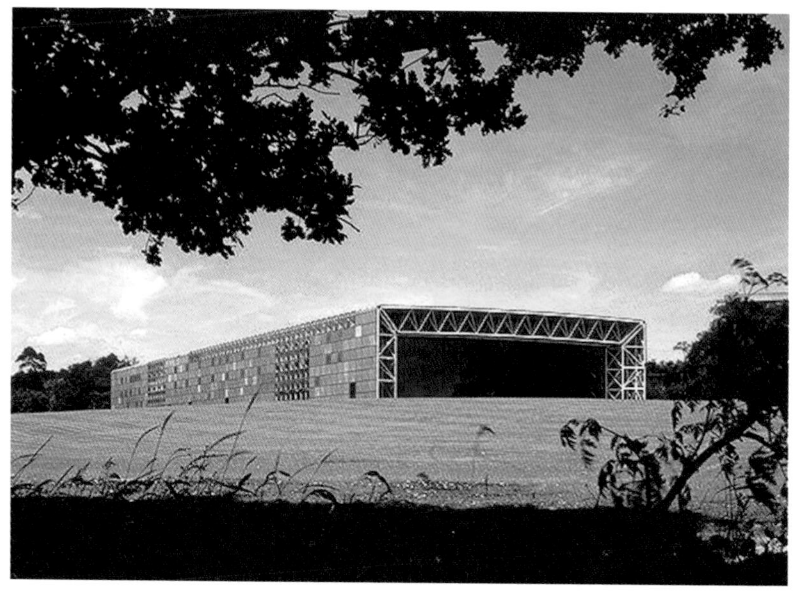

區，一直對破落的社區和困窘工作場所感到不安與困擾，成為建築師之後，霍朗明就極力思索如何為普通市民、碼頭工人、中產階級提供更佳的生活以及工作環境。

霍朗明熱心於將工業技術與建築緊密地結合，他借此去發展創造新的建築形態。在 20 世紀的 70 年代，霍朗明的建築設計生涯出現轉變。1975 年，霍朗明終於有機會證明他是一個技術天才。他將在伊普斯威奇為保險經紀公司設計一個新的行政總部。

伊普斯威奇是英國東部一個擁有豐富傳統的小鎮，那裡有迂迴鄉道和路徑，散佈著許多木造的房屋和石造教堂。而隨著工業化的發展，逐漸充滿了粗短的辦公室街道，圓形的道路以及無數層的停車場和難看的建築，這個地方的原有風味已經受到極大的破壞。霍朗明大膽地在伊普斯威奇舊有的建築中，插入一個流動式的黑玻璃建築物，它的不規則立面讓人想起 1919 年時密斯・凡德羅設計的一座摩天大樓，波浪起伏的無縫玻璃、表現出建築師卓越的設計和細緻的處理手法。這是霍朗明超越前輩之作，在這座建築中，他完全表現優美與愜意。

1977 年，霍朗明設計了位於紐佛克的聖伯利視覺藝術中心（Sainsbury Centre for Visual Arts）。這是一個 U 形的建築物，具有開放結構。它坐落在一片翠綠的草地中，兩翼圍合成一個帶有頂棚的巨大廣場，寬大的陳列館大廳就位於其中。這樣的造型使建築具有極強的戲劇效果，彷彿外部空間正在努力穿透這座巨大的建築物。而建築師對於材料的使用也是別出心裁，特別是鋁的運用，表現出極高的製作技巧，在現代建築中已經被忽略許久的手工藝在這裡重現往日光華。

霍朗明從 1980 年開始設計雷諾產品配送中心，該項工程完成於 1983 年。這是一座建造於鋼筋混凝土板之上的鋼結構建築，採用了漆色鋼、玻璃、鋁覆面板、橡膠地面等材料。該建築位於斯溫登西端一塊不規則的斜坡地上，由於當地的規劃師非常喜歡霍朗明設計的方案，於是同意將原來規定的 50%的土地使用率提高到 67%，使雷諾公司一下子增加了 10 萬平方公尺的建築面積。整個建築由 42 個 24 公尺見方的模數單元組成，每一模數單元的內部高度為 7.5 公尺、頂點高 9.5 公尺、懸掛在 16 公尺高的柱子上。建築內部包括倉庫、產品配送中心、地區辦公室、汽車展廳、餐廳、培訓學校等。漆成黃色的結構鋼框架、懸挑於外牆玻璃之外，使它懸掛在中空鋼槍上的複雜拱形鋼樑組件清晰可見。屋頂是連續的增強 PVC 薄膜，在每根柱子

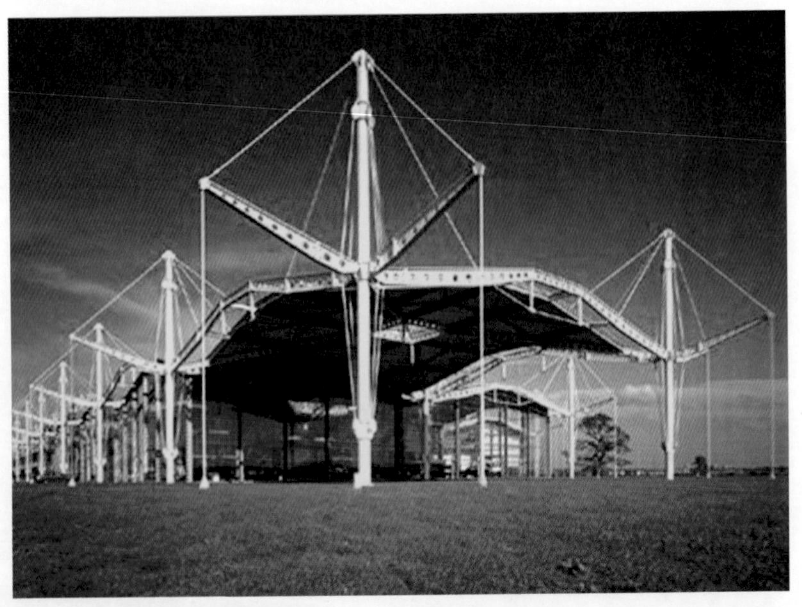

※ 雷諾產品中心的外形非常獨特，霍朗明採用桅杆結構，用 42 個單元組成了整個建築。

※霍朗明在設計斯坦斯特德機場時力求返璞歸真，獨特的設計不僅減少了造價，而且使機場的運行更有效率。

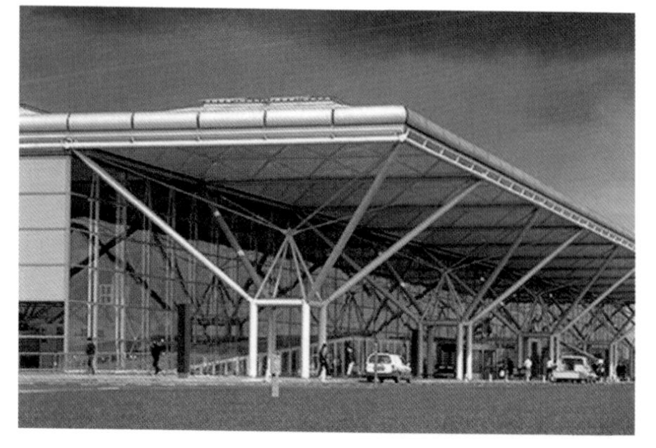

的位置，建築師都使用了透明玻璃板使屋頂透空，這樣不僅為室內帶來自然光線，而且從室內就能夠看到外部的桅杆結構。

同樣是在1980年，霍朗明開始設計斯坦斯特德機場。在總體規劃方面，建築師力圖返璞歸真，只保留早期機場的基本要素：跑道、候機室和到港的道路。建築師將那些通常安裝在屋頂或地面上的設備都安放到候機大廳的地下，這不僅達到了節能的目的，而且將機場對周圍景觀的影響減到最小。

此外，自然光線透過玻璃側牆和屋頂天窗可以直接照進大廳。屋頂天棚由一個鋼管結構的「大樹」支撐，人工光線同時也可被拱形屋頂的反光底面反射到室內。儘管候機室只比基地上的大樹稍稍高一點，但無論白天還是夜晚，它站在那裡總是顯得有力而個性鮮明。斯坦斯特德機場候機室的造價，低於任何以往英國機場候機室建築，而且它的經營費用也比同類建築低了50%。

霍朗明接下來設計的香港上海匯豐銀行總部，使他擁有全球性的知名度。位香港皇后大道的匯豐銀行的外型就像一個巨大的機械人，全開放式的透視設計、具有高科技建築特徵，是20世紀80年代香港最具代表性建築物之一。這座大廈於1985年11月建成，樓高52層。整座大廈幾乎全部由鋼鐵構成，所有結構依靠8組鋼柱支撐，建築師在建造中採用了20世紀垂懸式橋樑的結構理論和技術。大廈的外殼由數以千計的不同形狀的銀灰鋁板元件裝嵌而成。大廈外觀呈V字形，外牆上的玻璃幕牆共3200平方公尺。進入大廈有一面積達3514平方公尺的公眾廣場，中有高達52公尺（12層）的中軸庭，外部的自然光線從正面窗戶直接照射進來。建築物正前方的花園中還設有反射裝置，在接受到陽光後可以將它們折射入中軸庭。銀行大廳設於中軸庭周圍，這裡有兩座世界最長的虛懸自動電動手扶梯直達大廳。全樓共配備了電梯共 23 部、電動手扶梯 62 部，另外，大樓內部還設計建立了先進的資料傳遞系統，即資料處理車，可把資料由地下室第一層的中央控制站，傳送到設於其他 34 層的分站。

香港上海匯豐銀行大樓共耗資 6.7 億美元，是香港造價最高的銀

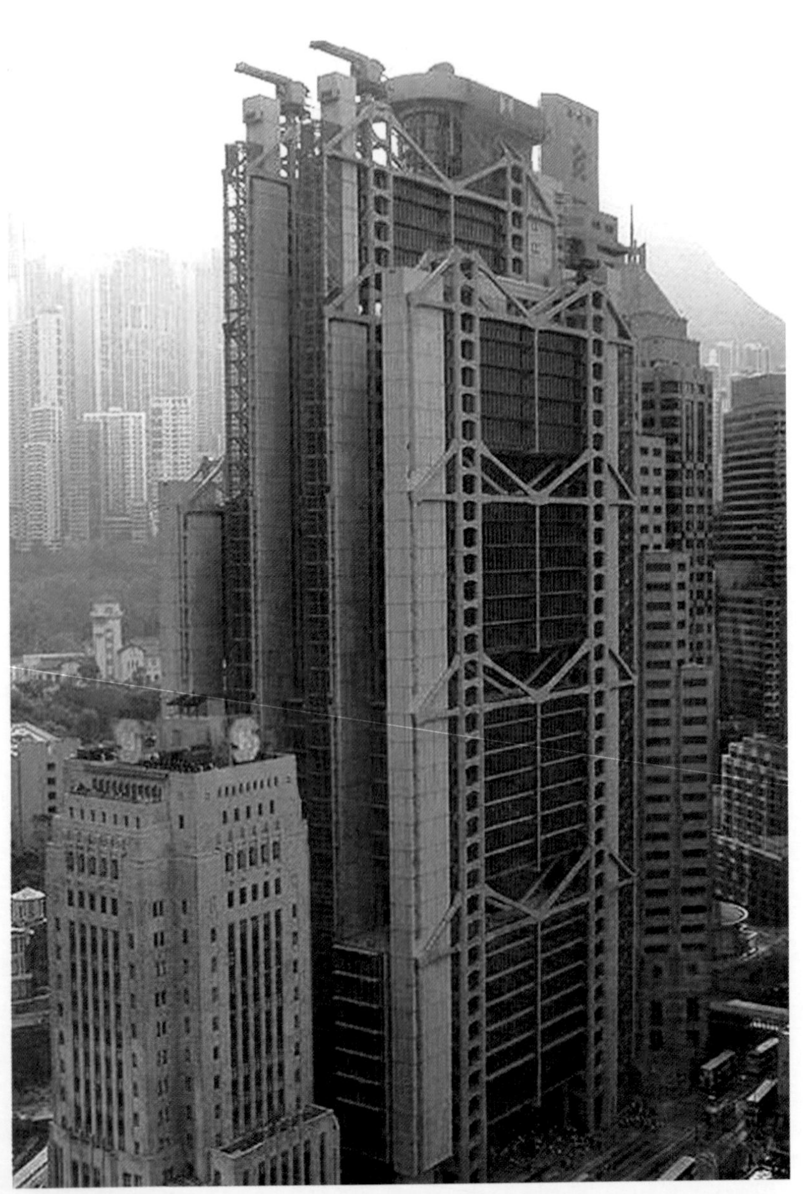

※ 香港上海匯豐銀行總部的外形像一個巨大的機器人，體現了高科技時代的建築成就。

行大廈。

1992 年，霍朗明成為德國柏林國會大廈改建案的設計者。設計方案的不僅保留了原有建築的外形，而且使它變成一座生態建築，看上去十分簡單的玻璃穹頂具有豐富的內涵。霍朗明的改建方案，表現了對自然資源的合理利用，使生態建築的概念進一步深入人心。

柏林國會大廈始建於 1894 年，原名為帝國大廈，在二戰期間遭到了嚴重的破壞。改建後議會大廳照明主要依靠自然採光，上部的自然光線通過透明的穹頂進入大廳內部，建築師另外設計了倒錐體的反射以將水平光反射到其下的議會大廳，而大廳兩側的天井也可以補充自然光線，保持議會大廳內的照明，使人工照明所需耗能大為減少。穹頂內設有一個隨日照方向自動調整方位的遮光板，它的作用是防止熱輻射並避免眩光。沿著導軌緩緩移動的遮光板和倒錐形反射體都有著極強的雕塑感，以至有人把那個倒錐體稱做「光雕」或「鏡面噴泉」。到了晚上，穹頂的作用正好與白天相反，室內燈光向外放射，玻璃穹頂變成一座燈塔模樣的發光體，是柏林夜間的一處獨特景觀。

改建後的柏林國會大廈採用自然通風系統。新鮮空氣從西門廊的簷部進入大廳地板下的風道及座位下的風口，低速而均勻地散發到大廳內，然後再從穹頂內倒錐體的中空部分排到室外，這時的倒錐體就成了一個通風口。

大廈屋頂上設有太陽能發電裝置，可與屋頂的自動遮陽系統結合成發電裝置，最高可以發電 40 千瓦，議會大廳的遮陽和通風系統的動力都源自於這一電力系統。柏林國會大廈的地下還新開發了兩個地下蓄水層，經由能量轉換，夏天不但可降溫，冬季也可保暖。

1994 年，霍朗明設計了位於法蘭克福的德意志商業銀行總部大樓，1997 年竣工。這座高 300 公尺的三角形高塔是目前歐洲最高的辦公樓，也是世界上第一座高層生態建築。除非是在極少數的嚴寒或酷暑天氣中，整棟大樓全部採用自然通風和溫度調節，將耗能降到了最低。

霍朗明的建築作品分佈在世界各地，例如，坐落在上海外灘與南外灘交界處的久事大廈。該樓總高 168 公尺，地上 40 層，是亞洲第一幢採用雙層透明動態玻璃帷幕的現代建築。外層是透明的 LOW-E 鋼化玻璃，內層是可以開啟的潔淨透明鋼化玻璃，內外層間隔 32 公分，中間設置寬 3.5 公分的鋁百葉窗，葉片上佈滿小孔、內外玻璃之間有排風系統，將玻璃內的熱空氣排出，有極高的節能功效。

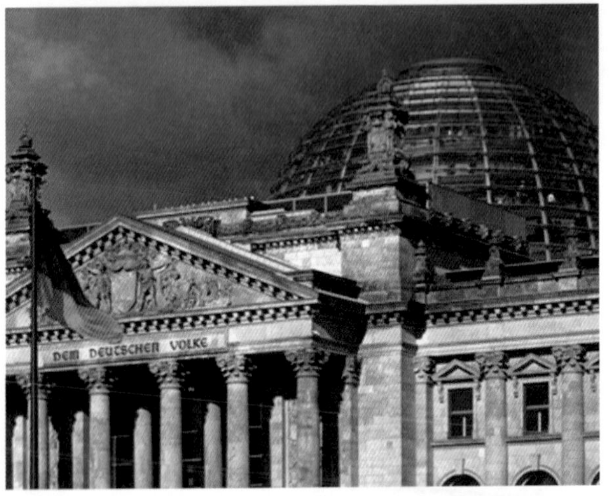

※ 霍朗明為柏林國會大廈設計了透明的屋頂，這樣的處理不僅使建築更加美觀，也大大減少了建築內部的人工照明。

霍朗明還參與橋樑的設計，坐落在法國南部塔恩河谷的米約大橋就是出自他的手筆。該橋為斜張式的長橋，於在 2004 年正式竣工，是目前世界上最高的大橋，橋面與地面最低處垂直距離達 270 公尺。大橋全長達 2460 公尺，但只用了 7 個橋墩支撐，其中最高的一個橋墩達 343 公尺，超過法國巴黎著名的埃菲爾鐵塔 23 公尺，堪稱世界上最高橋墩。大橋總重 29 萬噸，其中僅鋼結構橋面就重達 3.6 萬噸，造型宏偉挺拔。大橋可以抵禦時速 250 公里的大風，霍朗明巧妙地將大橋橋面結構設計成三角形，有效減少風阻，

霍朗明和兩名合夥人在 2003 年通過競標，成功取得了資金高達 20 億美元的北京機場新航站修建案，這項建案將使現在機場的容量擴大到兩倍以上。另外，香港新國際機場（赤鱲角機場）也是霍朗明的承建項目。

霍朗明獲得過多種獎項，其中最重要的是 1999 年獲得的普立茲克獎。他還於 1990 年被英國女王封為爵士。霍朗明因為在高科技結構建築方面的突出成就，引領英國當代建築的潮流。積極地探討工業科技高度發展下的建築手法創新，同時他也非常注重建築物的細部處理，對於每個不同的個案，都運用不同的細部設計，這是霍朗明作品最具特色的地方。

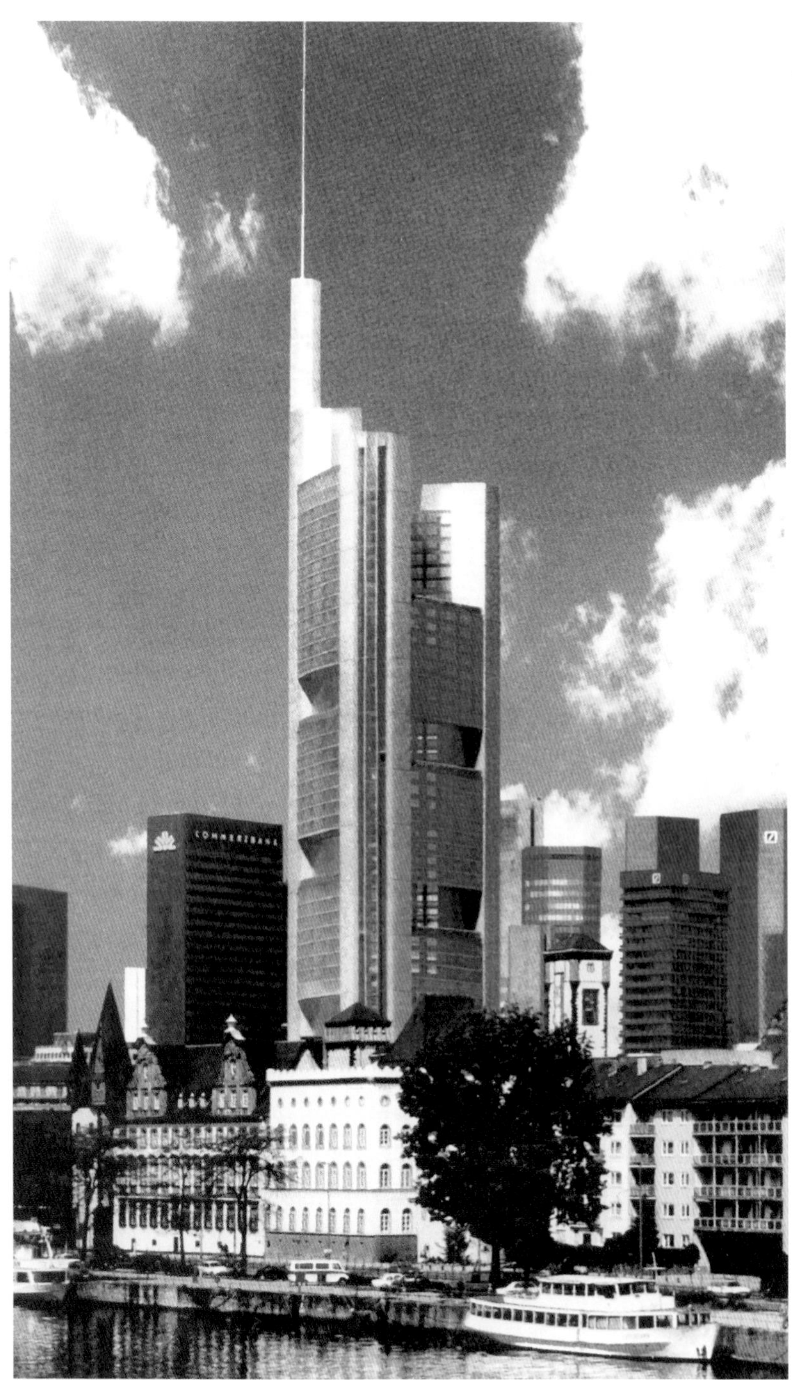

※ 德意志商業銀行總部大樓是世界上第一座高層生態建築，也是目前歐洲最高的辦公樓。

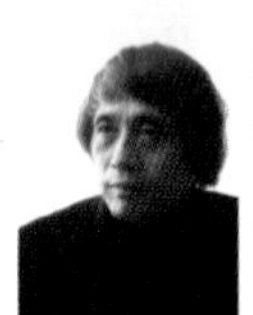

安藤忠雄
建築需要歷史的靈魂

Ando Tadao（日本 1941- ）

安藤忠雄的建築設計理念緊扣著日本文化精神，並大膽包容各種文化之長，創造出了一個屬於自己的建築文化理念。

1941 年，安藤出生在日本大阪一個貧窮的家庭裡。小時候的安藤對木頭、石土等材質表現出濃烈的興趣，15 歲時，安藤第一次和工匠們參加自家房子的改建工作，從此萌發要成為建築師的願望。

1965 年，安藤去歐洲，他想看一看歐洲的建築到底是什麼模樣，同時拜訪自己心目中的大師科比意，以實現自己多年的心願。雖然沒能實現拜見科比意的願望，但此行收穫頗多。他得出結論，歐洲建築從邏輯構成的原理出發，逐步向局部展開，注重整體。相較而言，日本的建築設計是依靠傳統的技巧與感覺，從局部構思入手。

1969 年，安藤結束了旅行，在大阪開設自己的建築設計所。富島住宅是安藤設計建造的第一個專案，位於大阪市中心梅田附近，地基只有 47 平方公尺，周圍是街道小工廠和密集的小屋。在預算資金非常有限的情況下，安藤選擇了能夠獲得最大容積率的清水混凝土作為建築材料，不但廉價，而且不用裝飾材料，拆掉範本就可以原封不動地使用，省時省力。沒想到，這個出於經濟考慮的選擇卻成了他一生的摯愛，並不斷運用在他以後設計的建築當中，成為日本建築的一大特色。為了保證住宅的私密性，安藤決定從天窗採光，避免鄰里之間的相互影響；而且牆面上盡可能減少設置通風和採光的開口，將住宅外面嘈雜的環境隔離開來。

後來，安藤買下富島住宅作為自己的事務所。之後進行了三次改擴建，最後建造成一個全新的建築，以應付不斷增長的業務需要。新的建築共有七層，地上五層、地下兩層，內部是一個五層貫通的空間。豐沛的光線通過中庭一直傾瀉到底層，讓工作人員感覺到時間與季節的變化。樓梯在建築的盡頭，通過天橋到達每層工作室。

對安藤的建築事業有著里程碑意義的建築是他在 1975 年設計的「住吉的長屋」，工程竣工以後不但獲得了社會的普遍讚譽，而且日

※結構簡潔、空間多樣、私密性強並且有充足的陽光才是住吉的長屋的價值所在。

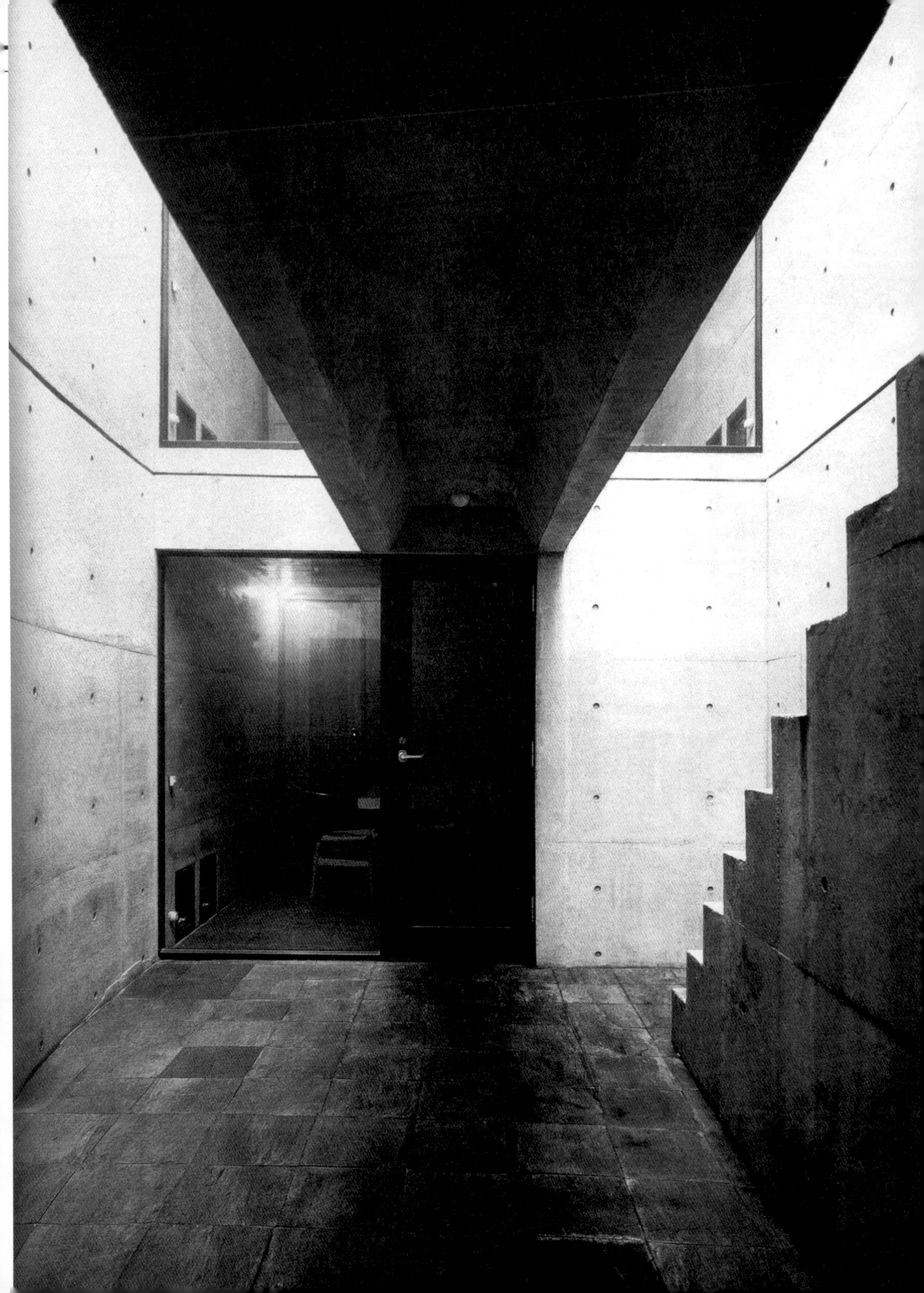

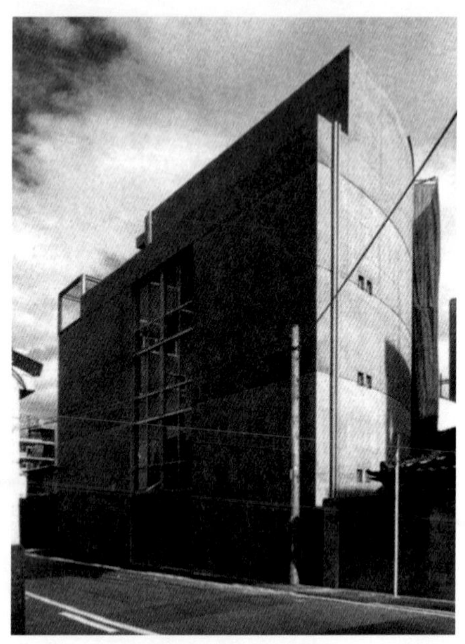

※安藤忠雄及合夥人事務所，由在富島住宅基礎上擴建而成，已經很難找到原有住宅的影子。

本建築學會竟破天荒地決定將學會大獎頒給這樣一個單體住宅建築。

長屋是大阪比較普遍的一種住宅，連續排列，空間局促，內有中庭、通道和後庭等三層木結構空間。安藤從小就立志改變當地人們的起居環境，當住吉的長屋房主找到他時，他就勸說房主放棄西班牙風格。因為在安藤看來，寧可使房子變小，也要設置一個庭院空間，將關西人常年居住的長屋變成擁有較高生活品質的現代建築。

「住吉的長屋」基地面積僅 65 平方公尺，為滿足房主的最大要求，並貫徹自己的設計思想，安藤把長屋設計成一個表現抽象藝術的混凝土盒子。在這個理想的畫面中，安藤力求做到結構簡潔但空間多樣化，生活環境私密性強又有充足陽光。

平面圖分成三部分，作為日常生活中心的庭院設置在長屋的中間，占整個地基的三分之一，從這裡可以通到長屋裡的每一個房間。庭院底層一側是客廳，另一側是廚房、餐廳和衛浴；庭院上層是主臥室和兒童房，這種垂直排列的結構讓住宅各房間都有著充分私密性。單純從外表看來，長屋似乎是一個沒有光線的黑盒子，其實高大寬敞的中部庭院已經將光線充分引入室內。

內部裝修用的材料多為自然材料，地板和傢俱都是木質。在這一點上，安藤的精緻和細心，完全是一派日本建築師做事的態度，無論是腳踩到的地板，還是手搆得著的傢俱全部採用自然材料。另外，安藤在所有的牆體上設置了通風的小地窗，是一個天然的空調裝置。

一般看來，現代建築應該通過設置內部通道來合理地佈置空間，盡可能地縮短交通流線，提高功能性和連續性，然而安藤的設計卻背離這個原則，因為它的起居室和廚房是不連續的，如果遇到下雨天去廚房或廁所還必須打著傘過去。對此，安藤解釋說，這的確是非常彆扭的事情，但是在春秋季節沒雨的日子卻很舒服。另外，用地和預算也很有限，不能給房主增加額外的負擔。在簡潔的混凝土方盒子，盡可能地放入更多好想法，將關西居民繼承下來的傳統居住方式，以及對自然的認識等統統裝進去，是他考慮再三的結果，也是這棟房子的最大利益所在。

在安藤看來，現代主義建築一面倒的否定過去形式主義建築，同時也否定了文化精神，造成現代主義發展的瓶頸。而後來人們體認這之間矛盾，又試圖從風土性、地域性中找到現代主義的新契機，但是遺憾的是，這些努力大都停留在表面，而沒有在精神上加以繼承和發展。如果在一座建築中，沒有延續地理、文化、歷史脈絡，脫離了當地的風土和文化生活，甚至忽視那些引人注目的一草一木，就不能賦予建築靈魂與責任。安藤深刻反思這些問題，並逐漸摸索到了自己努力的方向，1981 年設計的小筱住宅顯示安藤的建築設計逐漸走向成熟風格。

小筱住宅位於兵庫縣蘆屋市一個傾斜的坡地上。為了創造出融入自然的生活場所，安藤將兩個混凝土矩形體塊植入公園的坡地，順勢而下、平行佈置，巧妙地避開散佈在周圍的樹木。其中的一個體塊有兩層，底層包括一個挑高兩層的起居室、廚房和餐廳，上層是主臥室。另一個體塊包括了一排 6 間的兒童臥房和一個鋪有榻榻米的房間，門廊和浴室也在其內。兩個體塊之間是處理光潔的斜式庭院，展現場地原有的自然地勢。

扇形的建築是在主體住宅建成四年後增建的，在直線構成的體系中、引入弧形而得到的新的構圖。一片草地將原有的建築和擴建部分分開，小半圓的弧牆用來擋土，並劃定了場地的範圍。與之前其他建築物採用的直線採光模式不同的是，建築師沿著弧牆設計了頂部天窗，光線射入後在牆體上形成斑駁的光影。縱觀整座建築，絲毫看不出擴建的痕跡，實際上保持著一個完整的結構，卻又各成一體。

英國建築評論家肯尼士・弗蘭姆普敦在考察了小筱住宅以後認為，安藤在材料和技術上並沒有出奇的地方，仍然採用了現代的普遍手段，但是卻對根植於歷史或風土地域的固有的東西進行了有益的探

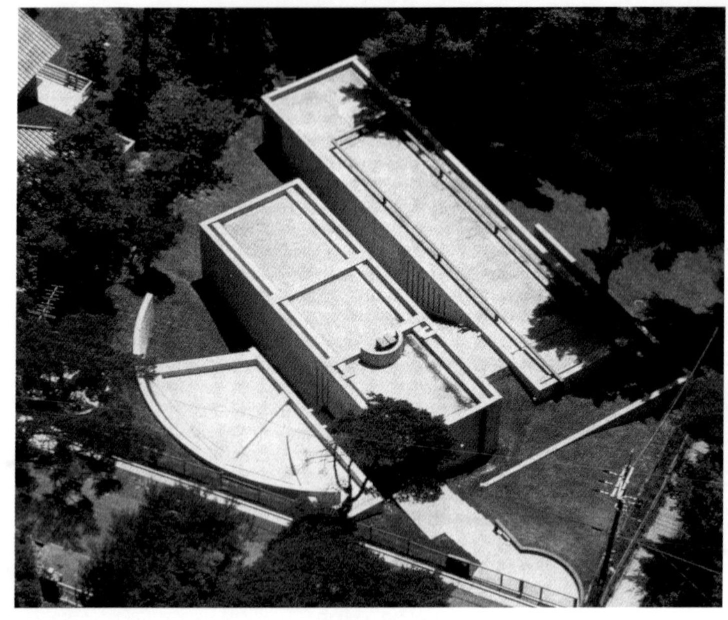

索，達到了人與自然的和諧統一，表現人的某種本質性需求。

1978年開始建造的六甲工程是安藤最具代表性的集合住宅。六甲山是位於神戶的一座岩石山，土石滑落現象時有所聞。如何建設護崖壁仍然是一個大的問題，最初安藤視察六甲山時，發現朝南的山坡大概有60度左右的坡度，如果原封不動的話，就有可能埋下隱患，危及建築的安全，因此，需要將斜面的基礎做成護崖牆。而安藤的巧妙之處就在於利用了靠在60度斜面上的護崖牆，順應山勢，在其上面建造梯形的集合住宅。

1983年，六甲集合住宅一期工程完工了。順山而建的建築，高低錯開，平面對稱。在坡道上建了20戶住宅，戶型不一、大小不同，但是每戶卻都擁有一個大陽臺。雖然日本的生活節奏快，經常早出晚歸，難以享受到真正的生活樂趣，但是安藤還是希望在作品中加入生活的元素，使住戶能夠體會到外部空間的好處。另外，安藤還讓每一單位與外面的道路直接相連，並沿著坡道穿插了一些相互關聯空隙。建築邊上的空隙作為機動空間，起到通風和隔離的作用。

早在一期工程完工前期，就有業主邀請安藤在臨近一期工程的旁邊再新建一座新住宅。那也是一座網格重疊的14層集合建築，面積是一期的四倍。由於處在一個溝壑中，適合陡峭的坡地條件，因此更能與自然融為一體，形成一種真正意義上的建築空間秩序。有意思的是，這座建築的50戶平面各不相同。為了創造一個大的公共空間，給周圍環境增添意義，安藤在9層設置了游泳池，從這裡可以眺望大海、淡路島和關西國際機場。

※安藤借用了靠在60度斜面上的護崖牆，順應山勢，在其上面建造了梯形的集合住宅。圖為六甲集合住宅一二期。

※ 兩個混凝土矩形體塊被植入公園的坡地裡，順勢而下，平行佈置，巧妙地避開了散佈在周圍的樹木。

令人擔心的是，二期工程用地的中間有一處地質活動斷層。為此，安藤在建築後方的岩石上設置了鋼纜，用以拽住建築的後背，起到了固定建築的作用，不會使它在地震發生時向前傾斜。阪神大地震以後，安藤特地去觀察建築的狀況，住宅沒有裂縫，住宅內的傢俱也完好無損。

在安藤眾多的公共建築中，大阪府立飛鳥博物館是一座傑出的博物館建築，位於大阪府南部。由於大阪是日本歷史上最早的政治中心，因此這裡古墓眾多，大概有 200 多座，其中有四座王室墓葬。飛鳥博物館就是為了展出和研究古墓文化而建造。為了與古墓的格調相吻合，安藤把這座建築設計成抽象化的古墓形象，成為一個臺階式的小山丘。在博物館的周圍是眾多李樹、一個池塘和環繞博物館的步道，營造一種莊嚴、肅穆的氛圍。博物館的屋頂是一個巨大的臺階式廣場，可以用來舉辦音樂會、戲曲表演等活動。

大山崎山莊美術館是安藤改造的另一座重要文化設施。這座建築最早建於 1915 年，是關西著名的實業家賀正太郎的別墅。賀正太郎在當地經營證券業，曾經留學英國，因此大山崎山莊頗具英國式的味道。1993 年，安藤接受大山崎山莊現在的業主朝日啤酒公司的委託將它改建成美術館。在安藤看來，如果這座建築忽視了歷史和風土的要素，不能與周圍的環境相協調的話，就會失去建築的文化內涵。為了實現建築與用地的對話，安藤首先要將舊館恢復到了 70 年前的狀態，期間他不辭辛苦地拜會了京都大學的學者和當地耆老。

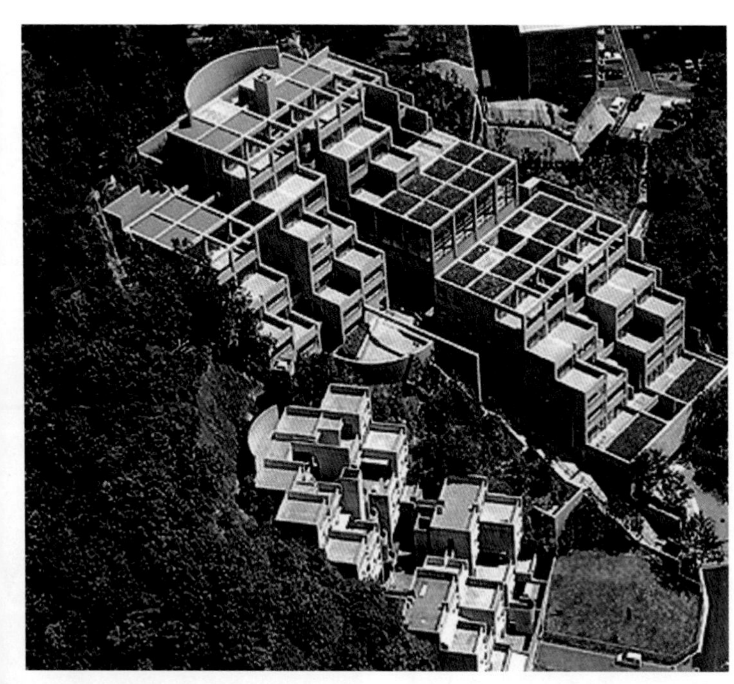

為了不破壞周圍的

環境，安藤嚴格控制新美術館體積，一個直徑 6.25 公尺的圓形展廳被設計在地下，緊挨著已有建築。展廳的頂上和周圍栽種著植物，儘量掩飾新的建築，達到與原有建築融為一體的目的。展廳和舊建築之間由一條階梯廊道相連，參觀者必須經過舊建築的入口才能進入展廳，這是安藤出於對舊建築的尊重而特意安排。花園裡的水池也是原來就有的，經過修理以後重新使用，見證著新舊更替和內外融合。

水的教堂和光的教堂是安藤宗教建築的代表作。其中，水的教堂位於日本最冷的北海道地區的高原上，教堂建在一個人工湖的湖邊，由兩個一大一小的正方形體塊組成。入口處是淙淙的泉水伴行，門廳是一個充滿陽光的「盒子」。教堂內部簡潔、明淨，透過聖壇的玻璃帷幕，能夠看到平靜的湖水和矗立在水中的大十字架。光的教堂位於

※ 水的教堂（右）和光的教堂（左）是安藤忠雄在宗教建築方面的代表作品。

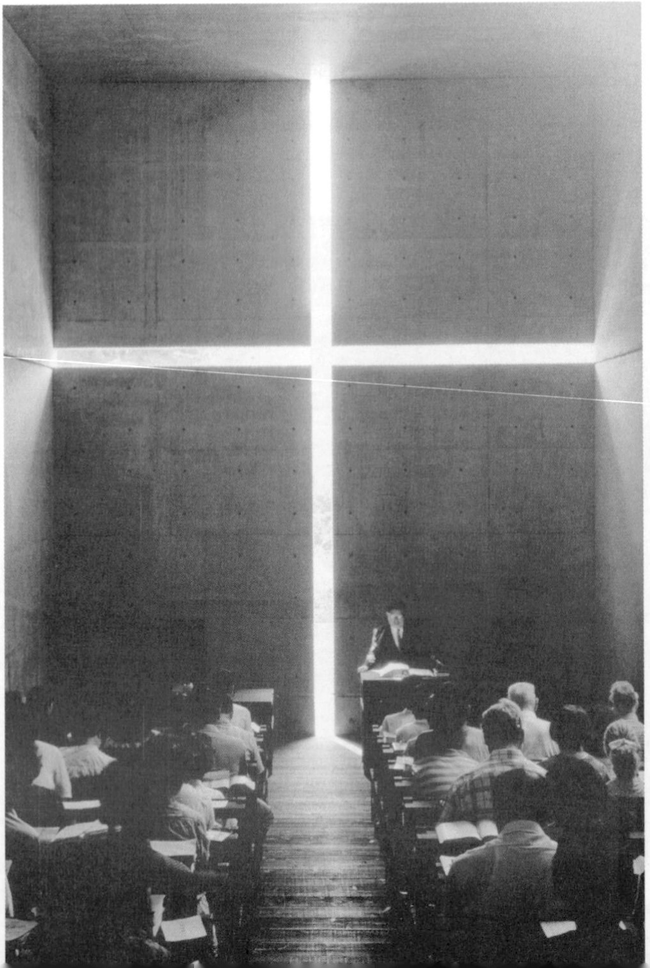

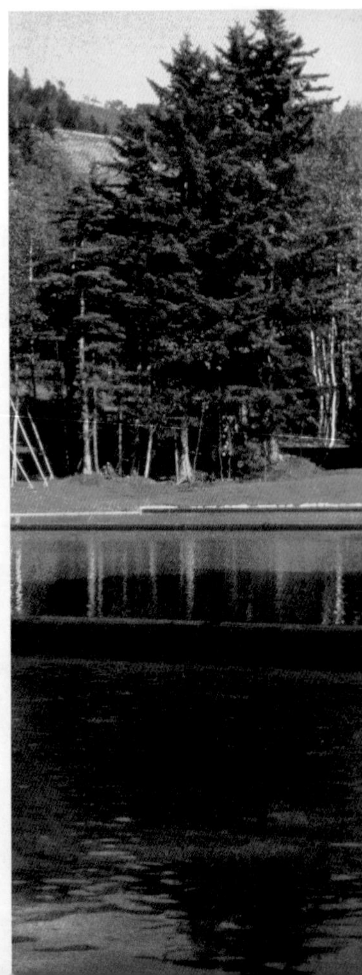

大阪市郊一處寧靜的住宅區，它最出色的地方就是光線通過聖壇後面牆體上的十字開口穿入漆黑的「盒子」建築。陽光照射進來後，在牆體上形成十字形圖案，和地面上形成的細長形的圖案交相輝映，讓人的心靈在此感受到自然所賦予的神聖和典雅。室內鋪就的地板，略顯天然的粗糙感。空間的開口有限，在黑暗的襯托下顯得光亮的純粹。總之，安藤在教堂建築中所要努力表達的一個理念就是通過感官來感知建築，從而創造出一種虔誠、迷離的意境。

安藤曾經這樣表達他的建築理念：「對我來說，最好是建造沒有屋頂的建築，那麼自然將會觸手可及。」1995 年，安藤忠雄獲得普立茲克建築獎。

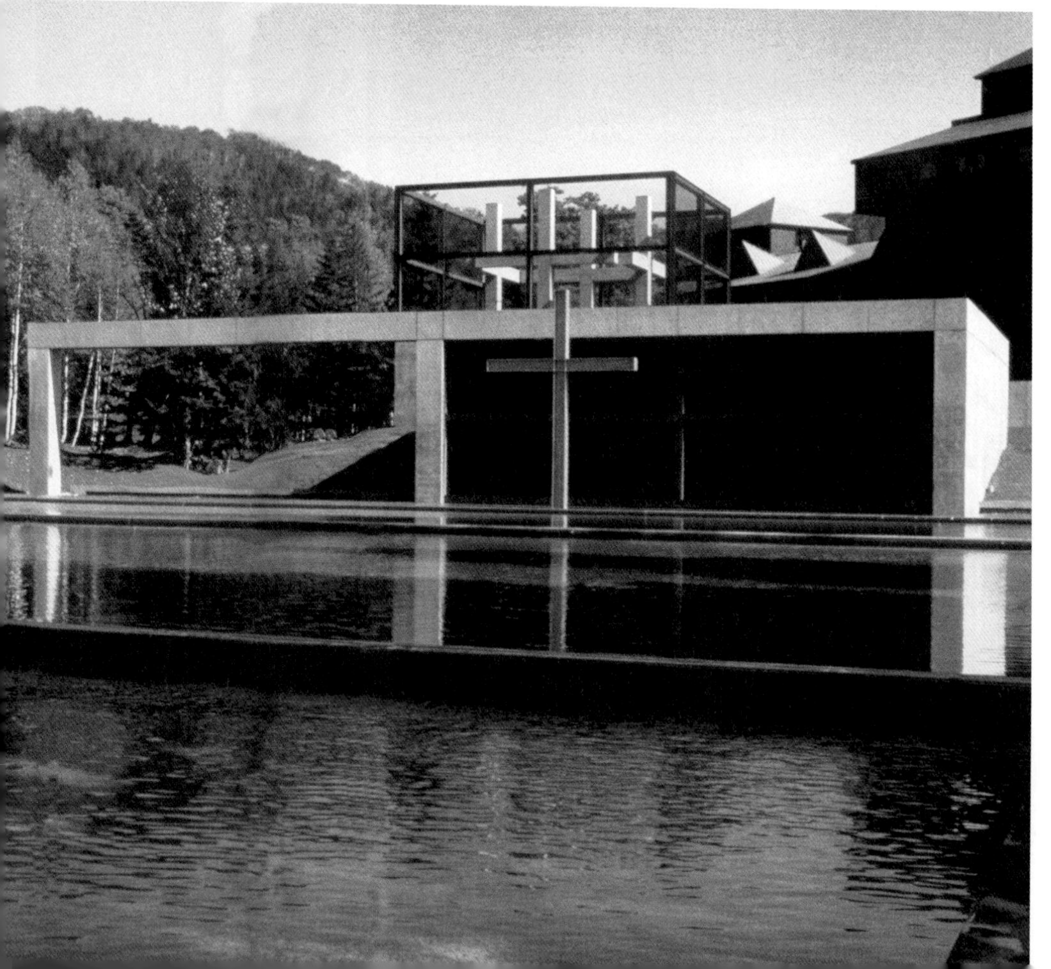

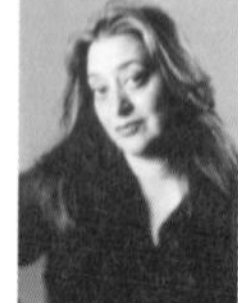

薩哈・哈迪
前衛藝術風格建築師

Zaha Hadid（伊拉克 1950-）

薩哈・哈迪 2005 獲頒普立茲克獎，是獎項的第一位女性得主。她是 20 世紀後期國際上最有爭議的建築師之一，她的設計通常會被看作是離經叛道的草率之作，而她那些獨特的表現圖，讓很多同行都看不懂。

哈迪於 1950 年 10 月出生在伊拉克首都巴格達。孩童時的哈迪癡迷於精美的波斯地毯，21 歲時她離開家鄉去黎巴嫩貝魯特的大學攻讀數學，後來，又赴英國學習建築。1977 年，哈迪以優異的成績從倫敦建築師聯盟學院畢業，獲得了建築學學位。她的畢業設計作品是位於泰晤士河上的一座橋上旅館——馬列維奇德。這座虛擬橋將19 世紀的區域與南岸地區的景觀連接起來，而南岸的景觀則是一座 20 世紀 50 年代粗獷主義風格的建築聯合體。哈迪力求將有限制條件轉換為新的空間形式，運用隨機構成的極致主義造型來滿足基地的需求。

大多數建築師在構思新作品時會簡單畫出粗略草圖，而把完整的、寫實的表現圖作為最終成果。但是哈迪卻恰恰相反，常把探討方案中的草圖畫得異常工整，而且每張草圖無一

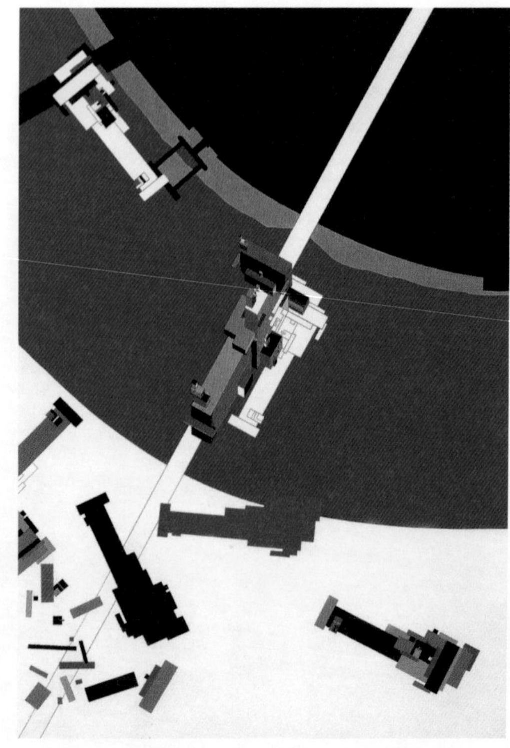

※ 馬列維奇德構造是哈迪的畢業設計作品，她以泰晤士河上的一座橋上旅館為主題，展開構思。

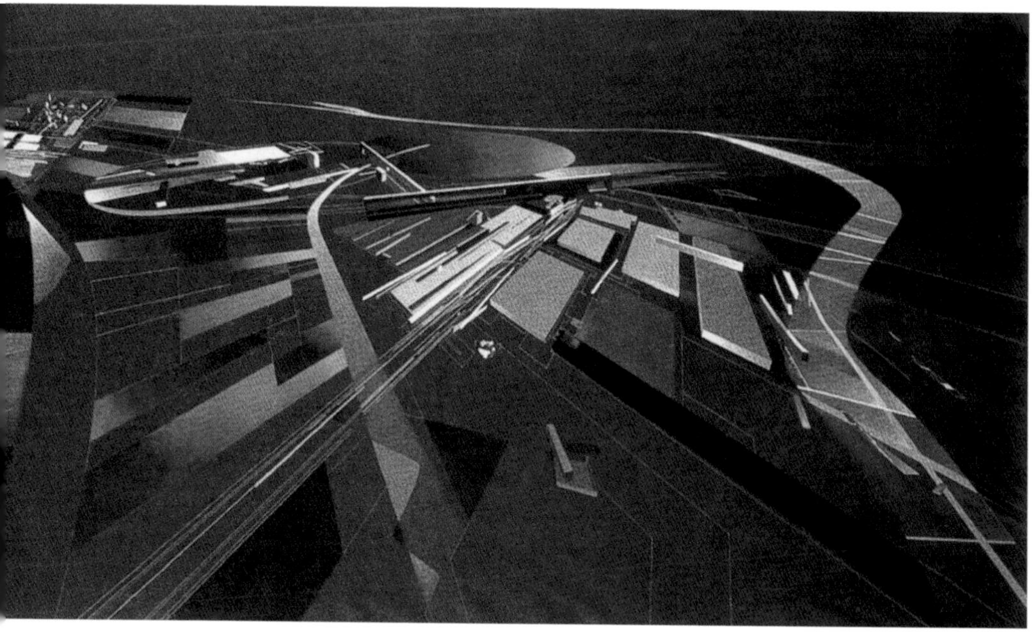

※哈迪繪製的從空中俯瞰維特拉傢俱廠消防站的效果圖。

例外都是一幅完美的抽象繪畫。據說哈迪在一項工程的設計過程中曾完成百餘幅的抽象畫草圖，而且畫面組合多樣，表現手法多變。如果拋開建築師不談，哈迪的繪畫結合了立體主義和超現實主義風格，還具有構成主義的風格。

畢業之後，哈迪進入雷姆・庫哈斯主持的大都會建築事務所工作，由於庫哈斯深受前蘇聯 20 年代前衛藝術的影響，因此注重運用動態的構成，並推廣到城市設計當中。毫無疑問，這也深深影響了哈迪，哈迪也對前衛派藝術表現出濃厚的興趣。1979 年，哈迪成立了自己的工作室，並在英國建築師聯盟學院擔任教學工作。1983 年哈迪參加了香港山峰俱樂部的競標，在眾多國際重量級建築師之中，當時默默無名、33 歲的哈迪出乎意料勝出。

哈迪設計了一個由三個水平體組成的俱樂部，功能分區相對獨立。第一個水平體半埋在地下，由 15 套相當於兩層樓高的單元組成。第二個平面組合，由 20 套旅館式公寓組成。第三個水平體則安排了複式的私人豪華公寓。第二體塊和第三體塊之間是一個被架空的開放式俱樂部，像一顆懸掛在半空中的星星，包括健身房、速食餐廳和圖書館等。為了迎合山勢的錯落感，建築物上部三層功能不同的體塊相

互扭轉、錯動，間或有垂直、斷開的空間。總之，建築體塊的扭轉錯開、垂直支撐的傾斜、空間穿插的變化和彎曲的坡道造成了一種富有韻律的感覺，恰似一束溫柔的光線在錯落有致的建築群中穿插遊動。不過令人遺憾的是，由於亞洲金融危機的爆發，這個設計案子最終未能實施。

也許是人們對於其撲朔迷離的建築表現圖的擔心，哈迪所能接手的建設項目很少，但是隨著 1993 年在德國萊茵河畔魏鎮的維特拉傢俱廠消防站的建成，人們改變了對她的印象。

原來的維特拉傢俱廠毀於一場大火，這一次不僅要建造一組更為出色的建築群，還要設置專門的消防站，以防止此類事件的再次發生。

值得注意的是，傢俱廠前區是法蘭克・蓋瑞設計的博物館和安藤忠雄設計的會議廳，這些建築對於後來的建築師來說是一個不小的挑戰。靠近工廠主入口的博物館，非常醒目。安藤設計的會議廳是作為博物館的配角出現的，沒有喧賓奪主的味道，雖然風格各異卻非常和諧。因此與現有建築的搭配成了哈迪首先面對的難題。接手以後，哈迪細心分析了消防站周圍的環境。農田和鐵路相互對應，廠房佈局和農田的肌理又相對規整，在這個相對平整的靜態平面中，消防站應該作為一種特殊的動態因素插入工廠的網路當中，樹立消防站的個性形象，從而提高警覺意識。同時哈迪也必須考慮整個場地的協調性，使消防站沿著街道的一面富有韻律，成為農田線性圖案的一個延伸。為了凸現建築物的個性，建築師以幾道具有動態的牆表達了它的屏障作用，進而發展成幾個交叉、動態的塊體。那些剛勁、有力的建物造型簡單、誇張，好像牛犄角一樣旁若無人地張揚著個性，但又是限定在自己的領地範圍內。為了提高警覺意識，這種緊張、刺激的造型，讓建築物十足個性化。

就消防站的具體功能來說，內部可以停放 5 輛消防車，同時設有為 35 名消防隊員服務的輔助設施，包括更衣室、衛生間、訓練室、俱樂部、會議室、餐廳等。主體車庫面積是 370 平方公尺，入口前的雨棚向上傾斜，懸挑的尖角處理得乾淨俐落。當然，從懸挑的尖角頂端到根部長約 12 公尺，在這個設計上面多少是有一點浪費材料的感覺，但是如果去掉的話，恐怕又不能完整地表達哈迪的思想。鋼管的

※ 展覽館是細長的、貼地而行的自然造型，簡潔的裸露外表猶如少女秀美的大腿。

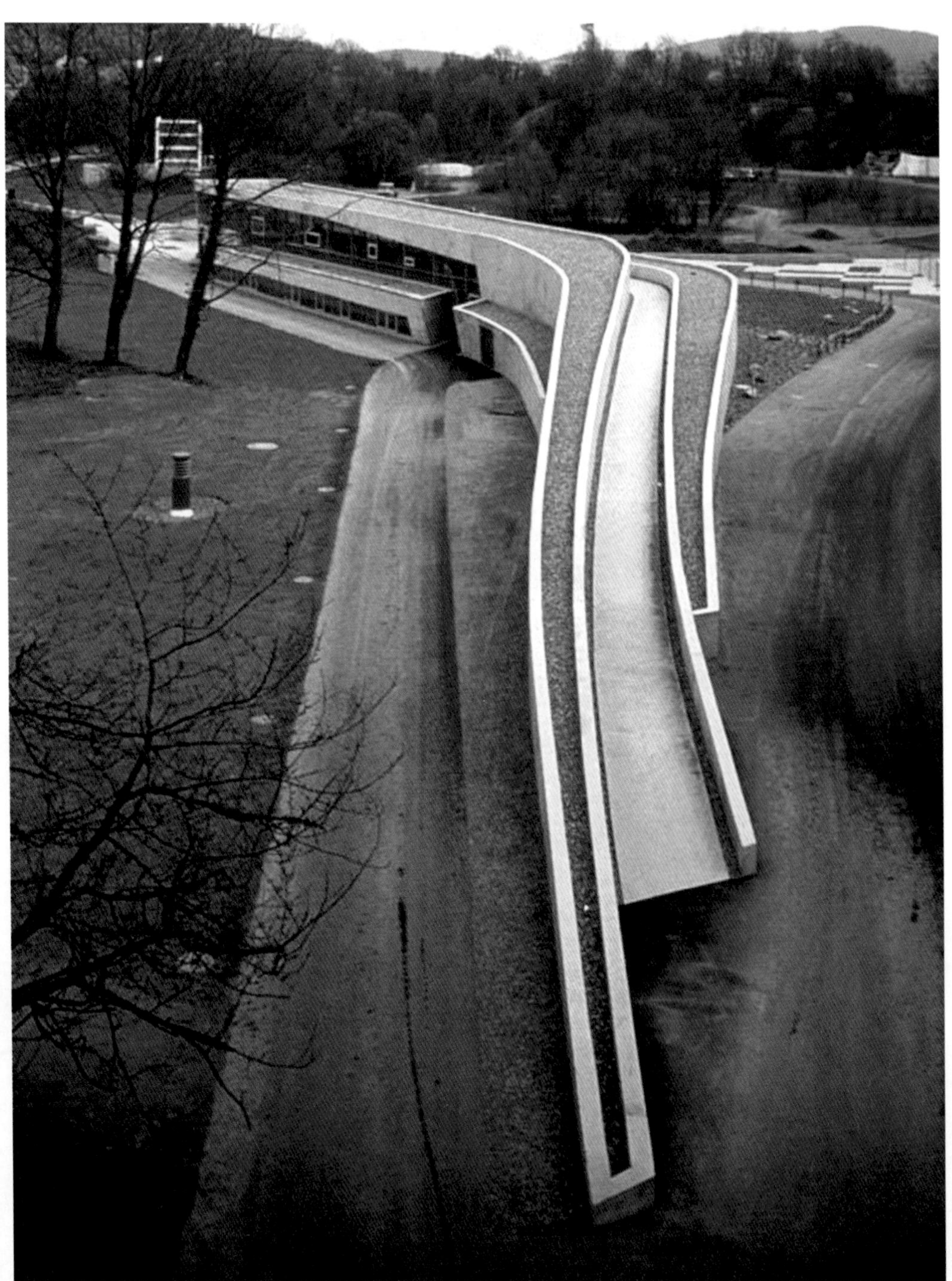

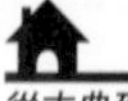

支柱與三角刀般的鋼筋混凝土雨棚是一幅前衛的建築構圖，再加上雨棚投射到牆面上的陰影，構成了一幅玄秘的建築抽象畫。

三年後，哈迪又為魏鎮舉行的園藝博覽會設計了一座展覽館。建築所處的位置有三條道路交織在一起，加上擬建的展覽館，組成了四個部分交織的空間。一條小路緊貼著展覽館的南邊，另外一條從它的後邊延伸過來，略微傾斜，而第三條道路則呈對角線從展覽館的室內穿過。因此，展覽館的造型被設計成了細長的、貼地而行的自然造型，簡潔的裸露外表猶如少女秀美的大腿一樣，充滿動感和活力。

1999 年，哈迪在奧地利設計了一個滑雪跳臺。是屬於奧運競技場整修工程的一部分，當局希望新建一個滑雪跳臺，以取代原先已不符合國際標準的跳臺。新的滑雪臺大約 90 公尺長，將近 50 公尺高，

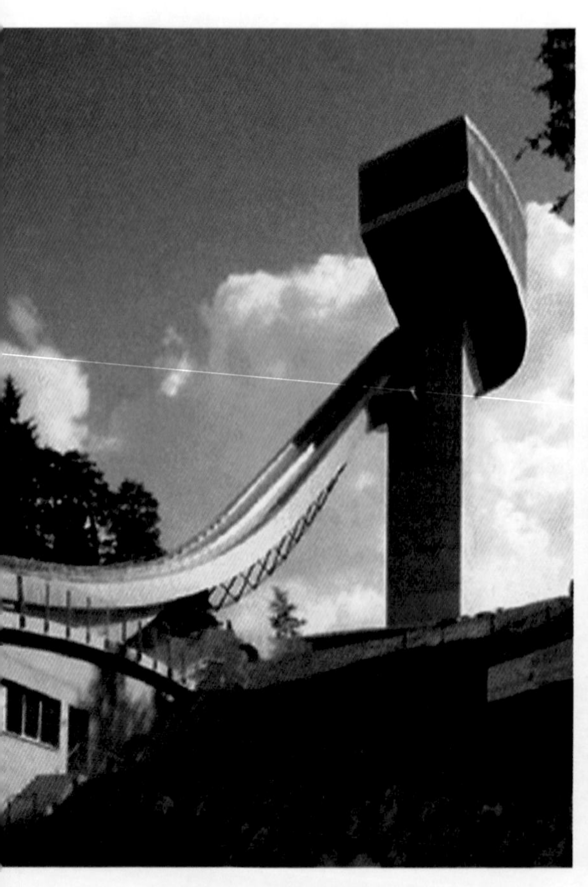

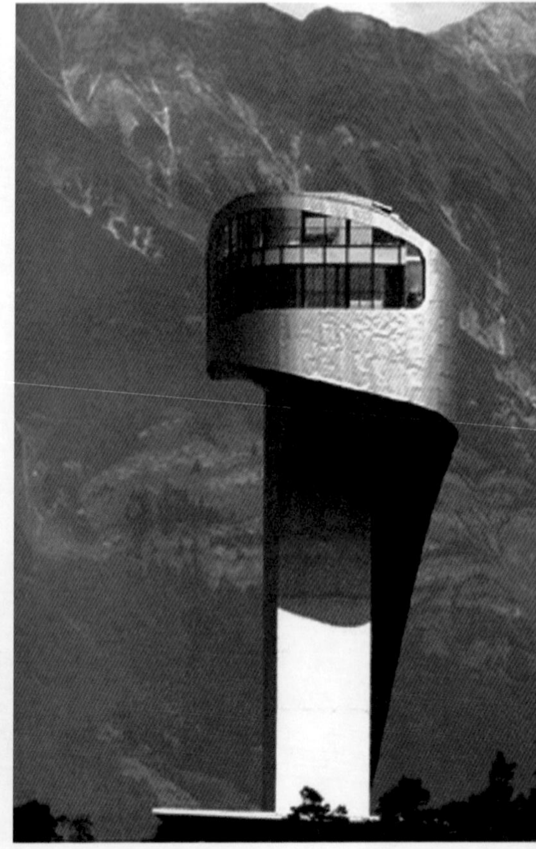

※ 辛辛那提當代藝術中心是哈迪在美國設計的第一件作品，外表像是一塊大岩石，漂浮在幾根柱子上面。

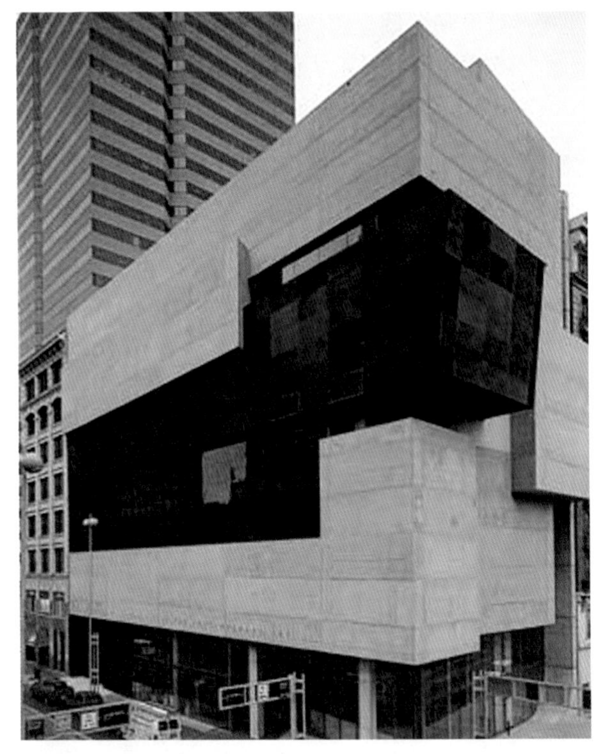

由一座塔和一座傾斜的橋組合而成，這些看似簡單的幾何圖形，卻形成具開放性、具強度且更穩固的建物。高塔為混凝土結構，內有兩部電梯可以把參觀者帶到頂部的咖啡廳內。空中的鋼結構整合了滑雪的斜坡和咖啡廳，使二者成為一個統一的整體。該混合體不但包含了高度專業化的體育設施和公共空間，而且兼顧了山脈的自然景致。觀眾坐在咖啡廳裡就能欣賞到運動員飛躍的身姿，同時也可以觀賞到周圍的高山景觀。

哈迪在美國辛辛那提設計的當代藝術中心也是一個極有說服力的建築作品。原來的藝術中心建於 1939 年，是由三位當地女性創辦，曾經是前衛藝術人士活躍之處。1998 年，藝術中心決定委託哈迪負責新的藝術中心設計，這是她在美國設計的第一件作品。

從外表看，藝術中心就像是一個拔地而起的懸石，漂浮在幾個柱子上面。名為城市地毯的斜坡式底層地面，創造出水平與垂直的組合，這樣就提升了藝術中心的潛能，具有奪目的現代效果，符合短期收集藝術品的需要。另外，這樣的設計也沒有截斷藝術中心和周圍的聯繫，成為建築與外界對話的視窗。地處街角的藝術中心，有兩個對比強烈的正面，外表光整有力、色彩迴異，加上透明裝飾的拼貼，使這座建築呈現出流動的質感與藝術生命力。從功能上看，展覽空間垂

※ 新滑雪跳由一座的高塔和一座傾斜的橋組合而成，簡單、穩固而開放。

直排列、水平錯開連接，就像是一個立體拼圖。

2003 年這幢 8 層樓高的藝術中心正式完工，當那些位於轉角處大小不等的「盒子」優美地層層疊加在全玻璃構造的入口大廳上面

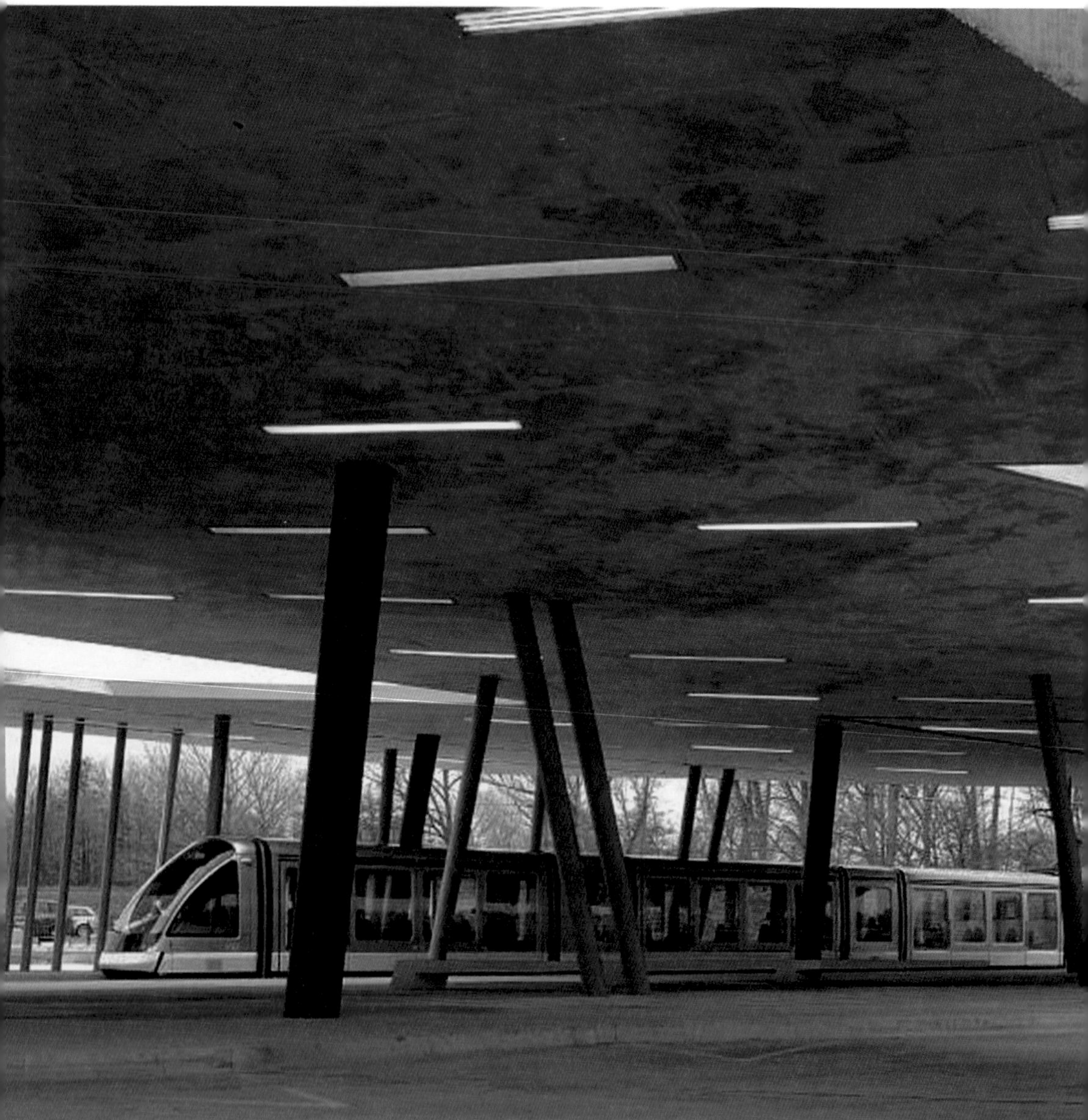

※ 停車場寬鬆、動感猶如舞臺上的芭蕾演員一樣收放自如。

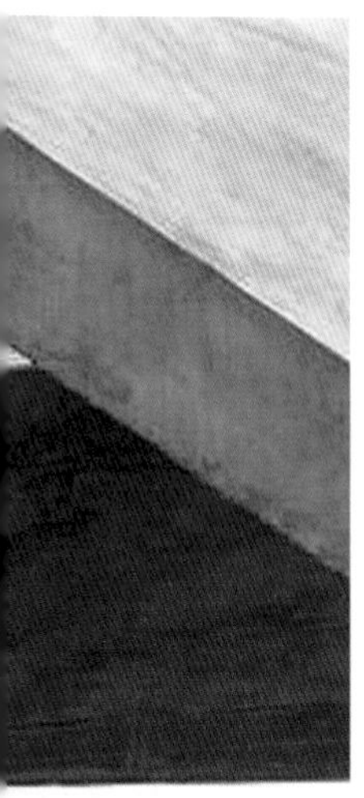

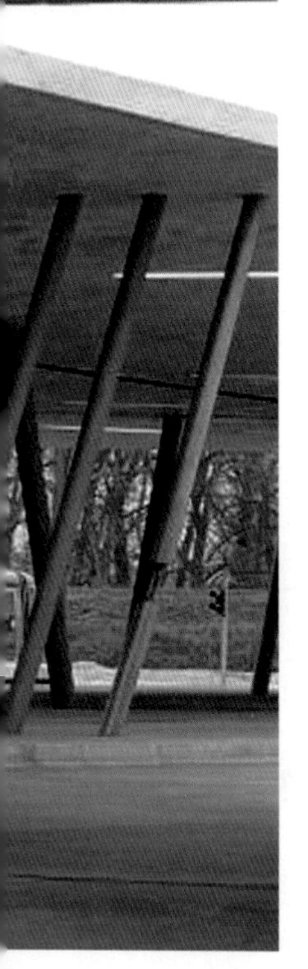

時，這座新的藝術中心，延續著創新的傳統，成為歷史上一個里程碑。

哈迪另一件重要作品位於法國史特拉斯堡。為了應對城市中心不斷增長的人口壓力和環境污染，史特拉斯堡市政當局決定興建一條新的電車路線，讓市民把汽車停在城外的停車場，然後換乘電車去市中心上班。穿越史特拉斯堡東西向的 A 號線路先建好了。稍後，南北向 B 號線，也在新瑞建築師與藝術家的合作下落成。哈迪所設計的電車站和 700 輛車位的停車場就位於此線路的北部端點。

整個停車場可以看作是一個動態的面和線交疊。場地承載著電車、汽車和行人，而且全部又被限定在一個系統的方向和軌跡上面，從而構成了一個不斷轉換的體系。同時，不同交通方式之間，即汽車、電車、火車的相互轉換也被限制在這個固定的區域，因此創造一個便捷、實用和美感的交通設施。停車場必須可停放 700 輛車，規模頗大，場地被設計成了黑色，這種素雅的色調降低了喧鬧的氣氛，每一輛車的停放空間和發車方向被南北向排列、對比強烈的白線標示出來，並且按照場地邊界的曲線率逐漸旋轉。每一個空間都有一根垂直的光柱，和地面上的那些線條形成對比，頗具空靈的味道。

一塊深色的混凝土區域逐漸貫穿停車場地，有連接車站空間的作用。地面傾斜的坡度通過光柱被整合起來，避免單調的地面形態，頗具動感和情趣。總之，哈迪試圖在各種尺度上把動態和靜態的元素互相置換，以此製造一個寬鬆、動感的交通空間。事實上，無論是場地、光線和空間的組合，還是從開放的景觀空間和室內公共空間之間的轉換上來看，哈迪有意模糊了自然和人工環境之間的界限，努力使這個空間在功能和流線上清晰化，提高了交通的效率和市民的生活品質。

中國的廣州歌劇院，是哈迪在亞洲的代表作。2003 年，在經過多輪的篩選之後，由哈迪設計、被稱作「圓潤雙礫」的廣州歌劇院方案最終脫穎而出。哈迪的方案是一個非規則的幾何形體，以灰黑色調的「雙礫」構成自然、粗野的原始造型，與周邊的高樓形成強烈對比，意圖在喧囂的大都市中爭得片刻寧靜。「雙礫」隱喻珠江河畔流水中的岩石，不規則的動態形體就像江水長期沖刷而下，其朦朧、模糊的造型顯示了一種似動非動的活力。

在這樣一個極富創意的龐大建築形體之下，其功能與外形的統合，是一個很大的挑戰，尤其是在採光、表面防水、隔熱等設計都需要進一步研究。在外立面材料的使用上，歌劇院捨棄哈迪最初提出的「素混凝土」，而改用花崗岩。主要原因就是表面粗糙、不磨光的素混凝土不適合廣州的氣候特徵，其色調也不符合中國人的視覺習慣。

有人認為廣州大劇院的設計方案和周圍的環境不協調，反差太大，哈迪的解釋是：「我不相信和諧。如果你旁邊有一堆屎，你也會去效仿它，就因為你想跟它和諧嗎？」哈迪說，我們應該創造一種新的語境，肇始一種新的觀念，使下一個建築有一個不同的語境，不再模仿與你毗鄰的糟糕東西。她耐心地創造和提煉建築語彙，為建築藝術提供新的思路。正如普立茲克評審團成員羅夫菲爾鮑姆評價的那樣：「哈迪擴展了建築空間表達的可能性，其複雜的建築充分展現了她創新的能力。」

※廣州大劇院已於 2010 年完工，設計師哈迪則在 2011 年 2 月首次造訪了廣州大劇院。

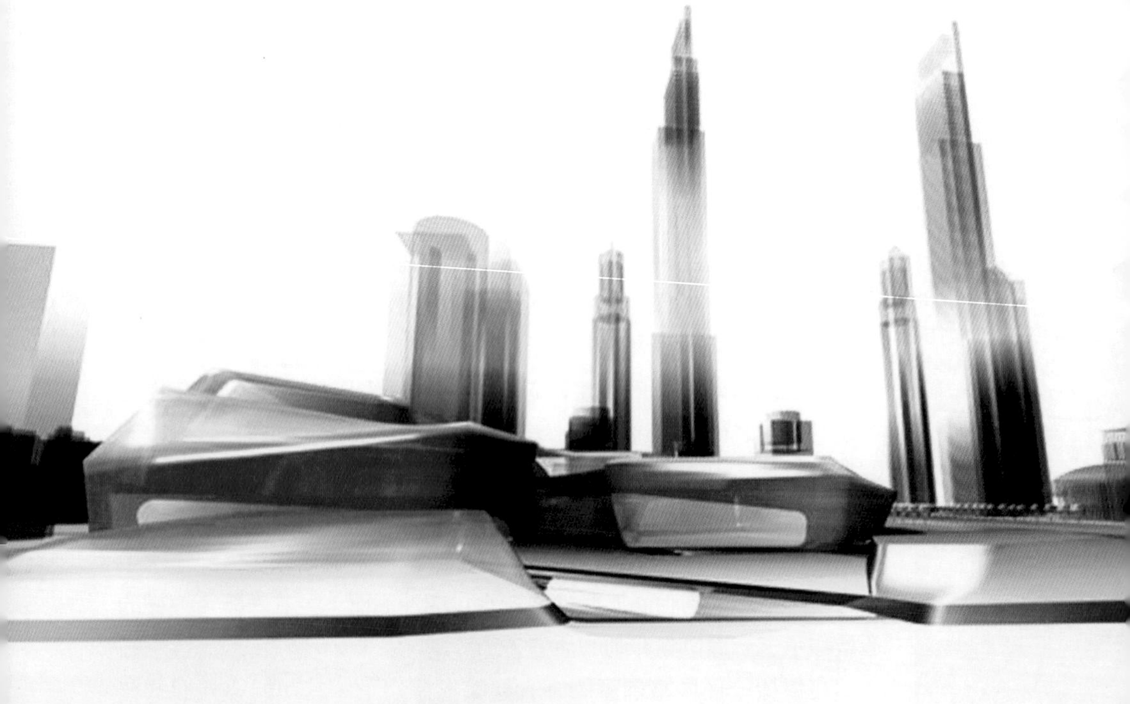